JN409788

한국 현대문학사상의 발견

한국 현대문학사상의 발견

초판 1쇄 발행 | 2008년 12월 23일

지은이 | 조남현
펴낸이 | 이재선
펴낸곳 | 신구문화사

등록 | 1968년 6월 10일 제1-205호
주소 | 경기도 성남시 중원구 금광2동 2661
전화 | 031-741-3055~6
팩스 | 031-741-3054
이메일 | shingupub@naver.com
홈페이지 | www.shingubook.com

ISBN 978-89-7668-156-0 93810

지은이와의 협의에 따라 인지는 생략합니다.
책값은 뒤표지에 있습니다.

한국 현대문학사상의 발견

조 남 현 지음

신구문화사

머리말

2005년 봄에 『한국현대작가의 시야』를 펴낸 이후 대략 3년 동안 쓴 글 14편을 묶는다. 순서대로 보아 「일제하 잡지의 성향과 현대시조의 경향」에서 「한국현대작가들의 '도시' 인식 방법」까지의 6편은 흔히 말하는 학술논문의 형식적 요건을 갖춘 것이고 「소설의 발달, 사상의 성장」에서 「문학전문용어의 외연과 사용방법」까지의 7편은 외각주가 제시되어 있지 않거나 원고분량이 100매 미달이어서 논문의 형식적 요건은 충족시키지 못한 공통점을 갖는다. 물론 내용을 보면 이 7편의 글은 소설사적 기술, 작품론, 메타비평 등으로 나눌 수 있을 만큼의 의미를 지니고 있기는 하다. 맨 끝에 배치된 「절창에 이르는 길」은 분량이 좀 긴 현장비평으로, 개인적으로는 현장비평 중심의 평론집을 언제 묶을지 기약할 수 없어 이번에 책에 넣기로 하였다.

14편의 글 중 「일제하 잡지의 성향과 현대시조의 경향」, 「저항성의 협주와 현실참여방법의 차별화」, 「해방 직후의 "역사" 표제 소설 연구」, 「6·25소설의 인식론과 방법론」, 「일원론과 이항대립론과 복수론」 등 5편은 학술대회나 문학심포지엄에서 기조발표나 주제발표한 것을 나중에 크게 수정·보완한 공통점을 지닌다. 시간과 기회가 주어진다면 「6·25소설이 인식론과 방법론」과 「일원론과 이항대립론과 복수론」은 계속 보완하고 싶다. 이 두 논문은 단행본으로 발전시킬 수 있는 테마이기도 하다. 「일제하 잡지의 성향과 현대시조의 경향」, 「해방 직후의 "역사" 표제 소설 연구」는 연구대상이 된 매체나 시기가 한정되어 있어 자료를 거의 다 찾아내는 것은 그리 어려운 일이 아니었다.

이 책에 묶어 놓은 글은 이런 이유와 저런 사연으로 모두 애착이 가기는 하지만, 또 수정하거나 보완한 흔적이 많으면 많은 글일수록 더욱 애착이 가는 법이긴 하지만, 게다가 있을 수 있는 독자반응도 고려해야 되겠지만 「일제하 잡지의 성향과 현대시조의 경향」, 「이돈화 사상의 형성과 전개」, 「김동리의 당대소설의 계열」, 「해방 직후의 "역사" 표제 소설 연구」, 「일원론과 이항대립론과 복수론」 등 5편을 이 책을 떠받치는 논문으로 꼽고 싶다. 이 5편은 나름대로 새로운 해석이나 발견의 소산으로 볼 수 있기 때문이다. 일제하 잡지들 중 상당수는 특정 경향의 시조작품을 소개하여 자신을 특화했음을 밝혀내었고, 천도교 이론가이자 『개벽』 편집자였던 이돈화는 이제 한국문학사상사의 중심대열에 들어와야 할 만큼의 의미를 지닌 존재임을 입증해내었고, 김동리는 "생의 구경적 형식"을 모색한 작가라는 평가를 넘어서서 해방 직후에 장편 「해방」을 비롯하여 「지연기」, 「윤회설」, 「형제」 등과 같은 이데올로기소설과 당대소설을 쓴 작가로 재조명되어야 함을 실천에 옮겼고, 해방 직후 우리작가들이 식민지시대를 성찰하는 "역사" 표제 소설을 의외로 많이 써내었음을 파악하게 되었고, 우리 학계에서의 여러 분류법이 상식선에 고착되어 있음을 확인할 수 있었다. '기본시각'이란 말로 바꾸어 부를 수 있는 이 분류법의 문제는 우리 한국문학연구자들만의 문제가 아니다. 우리 사회나 역사를 통찰할 때에도 깊게 생각해 보아야 할 문제이기도 하다.

그래서 이 책의 제목도 그동안 낸 졸서 『한국 현대문학사상 연구』, 『한국 현대문학사상 논구』, 『한국 현대문학사상 탐구』에 이어 『한국 현대문학사상의 발견』으로 잡기로 했다. 어려운 때 출판의 기회를 주신 신구문화사에 감사드린다.

2008년 11월

조남현

차례

일제하 잡지의 성향과 현대시조의 경향

1. 도입

고시조의 극복 또는 현대시조의 첫 장면이라고 할 수 있는 개화기시조는 〈대한매일신보〉(1904. 7. 18~1910. 8. 29)와 〈대한민보〉(1909. 6. 2~1910. 8. 31) 고정란에 실린 535편 정도를 위주로 모두 580편 가량이 발표되었다. 특히, 380여 편을 발표했던 〈대한매일신보〉와 155편을 발표했던 〈대한민보〉는 당시의 국내 독자들에게 친숙한 시조양식을 애국계몽으로서의 신문의 사명을 효과적으로 수행하는 도구로 삼았다.

개화기시조의 경우, 모든 시조가 기본적으로 고시조의 표현방법과 표기법을 계승하는 가운데 적지 않은 작품들이 고시조의 패러디라든가 홍디렁의 수용 등을 꾀하고 있어 외형상으로는 고시조를 넘어섰다고 보기 어려운 면도 있다. 그러나 개화기시조는 주제면에서는 애국심, 충절, 단결심, 근면성, 교육입국론 등을 강조한 실력양성론 계열과 영웅대망론, 무력예찬, 복수심 등을 강조한 무력투쟁론 계열로 대별할 수 있을 정도로 적극적인 역사 참여의 태도를 취하였다. 개화기시조에 오면 고시조의 지배적인 유형이었던 자연시는 거의 보이지 않는 대신 신문시, 사상시, 시대시, 참여시, 진보시, 인도시, 선전시, 투쟁시 등이 나타나게 되었다.[1)]

1910~1940년대에는 〈청춘〉, 〈조선문단〉, 〈신민〉, 〈동광〉, 〈신생〉, 〈시문학〉, 〈비판〉, 〈신동아〉, 〈신인문학〉, 〈삼천리〉, 〈문장〉 등에 여러 편의 주목할 만한 현대시조가 발표되었고, 〈현대평론〉, 〈별건곤〉, 〈대조〉, 〈학등〉, 〈동방평론〉, 〈중앙〉, 〈삼천리문학〉, 〈풍림〉 등에도 한두 편의 시조가 발표되었다. 이미 개화기시조가 주로 신문매체의 발행정신을 대변하거나 반영한 것으로 입증되었거니와 일제치하에서의 현대시조에 대해서도 잡지매체의 성향과 연결짓는 가운데 그 경향을 파악해 볼 수 있을 것이다.

2. 〈청춘〉, 고시조의 계승과 극복

〈청춘〉(1914.10~1918. 9, 통권 15호)은 최남선이 편집책임을 맡았고 이광수가 「김경」, 「소년의 비애」, 「어린 벗에게」, 「방황」, 「윤광호」 등과 같은 소설을 집중적으로 발표했을 정도로 깊게 관여했던 종합지였다. 기본적으로 〈청춘〉은 〈소년〉의 연장선에서 세계와 문명을 지향하여 해외문화의 수용에 적극적인 태도를 취했다.

시양식에 있어서 〈청춘〉은 신시, 한시, 시조의 경쟁관계 혹은 공존관계를 보여 주었다. 소설과 논설을 단연 이광수가 주도했다면 신시와 시조는 최남선이 주도했다. 최남선은 「가을, 님생각」(2호, 1914. 11), 「붓」(3호, 1914. 2), 「내속」(8호, 1917. 6), 「扶餘가는 이에게」(9호, 1917. 7), 「녀름길」(10호, 1917. 9), 「매암이」(12호, 1918. 3)를, 이광수는 「窮한 선

1) 졸고, 「개화기시조의 형식과 의식」, 『한국현대문학사상논구』, 서울대출판부, 1999, pp.95~114.

비」(8호, 1917. 6)를 발표하였다. 최남선의 「가을, 님생각」(3수)은 가을에 누런 들과 붉은 산과 푸른 하늘을 보면서 님을 그리워하는 마음을 드러내었고 「붓」(3수)은 논리학과 심리학의 담당교사가 혹독한 가난 속에서도 공부에 전념하는 모습을 그려 보였다.

그리고 「내속」은 사람과 사람은 서로 알기가 어렵다는 일종의 불가지론에 도달하였고 「扶餘가는 이에게」(3수)는 낙화암, 반월성, 삼충사, 대왕포, 영월, 송월(제1수), 임하궁(제2수), 백온대(제3수) 등과 같은 부여 일대의 유적지를 돌아보면서 백제의 역사와 멸망을 떠올렸고 「녀름길」(3수)은 냇가와 붉은 산 아래와 숲속에서 여름의 분위기를 노래하였고 「매암이」(3수)는 매미 우는 소리에다 세상이 맵고, 괴괴하고, 더운 것을 물리쳐야 한다는 뜻을 의탁하고 있다. 이처럼 〈청춘〉의 시조는 역사시, 기행시, 자연시, 사랑시 뿐만 아니라 「붓」이나 「궁한 선비」로 대표되는 시대시(Zeitgedicht), 세계고시(Weltschmerzdichtung)의 형태도 내보였다. 편수로 본다면 경(景)에서 정(情)으로 나아간 자연시가 가장 많다. 고시조의 입장에서 보면, 최남선의 시조는 '형태'에 속하고 이광수의 시조는 '이형태(異形態)'가 된다.

「부여가는 이에게」는 주제나 이미지의 면에서 뿐만 아니라 형식면에서도 깊은 인상을 남기고 있다. 다음에서 볼 수 있는 것처럼 시조의 이해를 돕기 위해 정사나 야사의 내용으로 각주를 다는 독특한 방식을 취하고 있기 때문이다.

落花巖 꼿 이울때 半月城 가는 그대
迎月送月 못하여도 三忠祠 부대 찻소
즈믄해 묵은 익기를 뉘야 쓸가 하노라

半月城은 百濟의 都城이오 落花巖은 義慈王이 喪國할때에 宮女들이 赴水殉節하든 데오 三忠祠는 濟末節臣 成忠 興首 階伯을 祀한데니 今에는 斷碣이 僅存할 뿐이며 迎月, 送月은 아울러 百濟의 遊臺名 (제1수)

최남선은 「부어가는 이에게」를 통해 조선의 멸망을 환기시킬 수 있는 백제의 멸망을 떠올린 것으로 볼 수도 있다. 최남선의 「붓」과 이광수의 「궁한 선비」는 선비들의 생활고와 몰락을 부각시키는 식으로 현실과 직접 대면함으로써 시인적 관심을 넓힌 결과를 빚어내고 있다.

> 깁 우산이 우슴을 싸 人力車에 실녀가고
> 보리동지 내민 배를 自動車가 날을 때에
> 샌님집 다 달은 붓은 촉째 업서가더라 (「붓」의 제1수)

> 꺽글가 말가하야 붓대들고 망사리니
> 비누물 풀어들고 마츰 달겨드는 아이
> 절할게 그대를 뽑아 나를 달라하더라 (「붓」의 제3수)

최남선은 샌님을 호시절을 만난 기생이나 벼슬아치에 비교함으로써 더욱 곤궁한 모습으로 보이게 만들고 있으며 "붓"이 받는 천대가 선비의 몰락을 대유(代喩)하게 만들고 있다. 나라를 다스리고 국운을 좌우하는 위세까지 보였던 선비의 "붓"은 이제는 어린 아이의 장난감으로 전락할 지경에 이르렀다는 것이다. 최남선은 탄식하는 수준에서 끝내고 있지만, 당시의 독자들은 선비의 몰락은 민족의 몰락을 가져올 수 있다는 위기의식도 읽어낼 수 있었을 것이다. 최남선의 「붓」(3수)이 발표된 지 3년 후에 이광수의 「궁한 선비」(4수)가 발표되었다. 이광수의 「궁한 선비」가 좀 더 구체적인 표현을 꾀했다는 점과 희극적 요소를 가미했다는 점이 두 시조의 거리를 벌려놓고 있다.

> 지아비는 쭈구리고 창구녕 둘러때고
> 지어미 「집어」하며 洋襪바닥 깁노매라
> 「이것도 집이오?」 하거늘 「둥지외다」 하더라

기침증을 핑계삼아 알엣목에 니불펴고
선비와 아해들이 자리밋헤 발을너코
안해는 저고리짓고 선비는 글짓더라

두달만에 처음타온 百兩月給 압헤노코
선비님은 책을사러 안해는 무명사러
楚漢이 으르넌次에 쌀갑내라 하더라

中學校에 으뜸敎師 老學者로 自處헌몸
論理學 心理學맛 이제야 처음들여
한손에 담배대들고 꾸덕꾸덕 파더라

"洋襪바닥", "百兩月給", "中學校", "論理學", "心理學" 등과 같은 현대적 용어와 "깁노매라", "하더라", "파더라" 등과 같은 고시조적 어투의 결합은 당대 현대시조의 어중간한 위치를 잘 일러준다. 기본적으로 〈청춘〉이 해외, 근대, 문명 등에 눈길을 돌린 것과 최남선과 이광수가 시조를 통해 시대의 변화를 직시한 것은 대조적이라고 할 수 있다. 〈청춘〉의 이상주의 · 세계주의 · 미래주의 지향과 최남선 · 이광수가 시조를 통해 드러낸 '우리것의 과거와 오늘에 대한 애정' 이 교차하고 있다.

3. 〈조선문단〉, 시조부흥운동, 경즉정(景卽情) 시학의 지배

방인근이 창간했고 이광수가 주재했던 순문예지 〈조선문단〉(1924. 10~1927. 3, 통권 20호, 1935. 4~1935. 12, 통권 3호)은 이광수가 주재했던 2년 동안은 현실초월의 문학, 개인서정의 문학을 지향했다. 나중에 가서 시유형도 최서해, 나도향, 염상섭 등의 리얼리즘적 소설의 경향을 따라 다소 다양하게 나타나기는 하였지만 현대시조의 경우에는 아무래도 '현대' 보다는 '시조' 에 무게가 가 있었던 것으로 나타난다. 최남선의 「여윈 어머니」(3수)(12호, 1925. 10), 「낙랑의 꿈자최」(3수)(14호, 1926. 3), 「九月山 가는 길에서」(3수)(18호, 1927. 1), 이광수의 「눈」(3수)(1927. 1), 「새해의 희망」(3수)(21호, 1935. 2), 주요한의 「생각」(3수), 「보지못한 님」(7수), 「애」(4수)(11호, 1925. 8), 「달밤 秦淮에서」(6수)(12호, 1925. 10), 「부르심」(9수)(13호, 1925. 11), 「나그내」(8수)(14호, 1926. 3), 이병기의 「한강을 지나며」(1수), 「고향길에」(5수), 「탄식」(1수), 「이태원묘지에서」(1수), 「또」(1수), 「즉경」(1수), 「만감(慢感)」(1수) (12호, 1925. 10), 「알흐면서 어버이생각」(5수)(16호, 1926. 5), 「승후(乘候)」(4수)(21호, 1935. 2), 「나리는 비」(3수)(23호, 1935. 5), 이은상의 「별리사곡」(4수)(15호, 1926. 4), 조운의 「법성포십이경(法聖浦十二景)」(12수)(8호, 1925. 5), 「영호청조(暎湖淸調)」(13수)(12호, 1925. 10), 「아이고 아이고」(3수)(17호, 1926. 6), 적라산인(赤羅山人: 金永鎭)의 「춘신」(3수)(15호, 1926. 4), 「미로」(3수)(18호, 1927. 1), 김오남의 「무제음」(2수)(22호, 1935. 4), 「무제음」(2수) (23호, 1935. 5), 장정심의 「영월행」(6수)(22호, 1935. 4), 「관악산」(10수)(23호, 1935. 5), 「蝀龍窟」(14수)(25호, 1935. 12), 권구현의 「시조5장」(5수)(23호, 1935. 5), 신불출의 「가는 사람」(2수)(23호, 1935. 5), 「마음」(3수)(1935. 5), 「믿음」(3수)(1935. 5) 등이 발표되었다.

〈청춘〉이 최남선과 이광수의 독무대였다면 〈조선문단〉에서는 최남선, 이광수, 주요한, 이병기, 조운, 적라산인, 장정심, 김오남 등이 주류를 형성했다. 최남선의 「낙랑의 꿈자최」, 주요한의 「달밤 진회에서」, 이병기의 「이태원묘지에서」, 「즉경」, 「만감」, 조운의 「법성포십이경」, 장정심의 「영월행」, 「관악산」, 「동용굴」 등은 기행시나 서경시로 묶을 수 있고 주요한의 「생각」, 「보지 못한 님」, 「애」, 「부르심」, 이병기의 「나리는 비」, 적라산인의 「춘신」, 김오남의 「무제음」(1935. 4), 권구현의 「시조5장」 등은 사랑시로 묶을 수 있다. 그리고 최남선의 「구월산 가는 길에서」, 이광수의 「눈」, 이병기의 「한강을 지나며」, 「승후」 등은 자연시(Naturdichtung)로, 주요한의 「나그내」, 이병기의 「고향길에」, 이은상의 「별리사곡」 등은 고향시(Heimatgedicht)로, 최남선의 「여읜 어머니」, 「알흐면서 어버이생각」 등은 사모시(思母詩)로 유별화할 수 있다. 이때의 역사시, 기행시, 자연시 등은 명확하게 구분하기 어려운 면이 있기는 하지만 대체로 경즉정(景卽情)의 시학에 근거했다고 할 수 있다. 그만큼 대상지향적인 성격이 강했던 것으로 볼 수 있다. 이에 반해 사랑시나 사모시는 시인의 감정을 토로하는데 역점을 둔 주체지향적인 태도를 드러낸다. 〈조선문단〉 소재 시조의 경우, 양적인 면에서는 대상지향적인 작품이 우위를 보인다. 조운, 장정심, 김영진, 김오남, 권구현 등과 같은 신인들도 서경적이거나 대상지향적인 태도에서 벗어나려고 하지 않았다. 다음과 같은 예가 있다.

山으로 올으는듯 山에서 나리는듯
오는듯이 가는듯가 가는듯이 노는듯가
沙工아 山影이 잠겻느냐 桃花떳나 보아라
(「법성포십이경」의 제1수 「선진귀범(仙津歸帆)」)

海光이 늘실늘실 하늘에 다앗는데
먼곳은 金빗이오 갓가운곳 桃花로다
落霞에 갈매기펄펄 어갸뒤야… (제3수 「서산낙조」)

잔물에 沙工아희 半空에 종지리새
개건너 山비탈에 樵童의 노래소리
굴까는 큰아기들도 흥글흥글하더라 (제11수 「마촌초가(馬村樵歌」)

달이 배를 따르다가 배가 달을 따르다가
뱃머리 빙긋돌제 물결이 櫓에 부드치면

앗불사 조각조각 부서저 뱃전으로 돌더라 (제5수「영호청조(暎湖淸調)」)

배를 실흔 가을바다 배에 실닌 가을달빗
上下 萬里에 愁心을 못니기어
외로운 나그내는 눈물겨워하노라 (제8수「영호청조」)

"수심을 못니기어", "눈물겨워하노라" "의지업서 하노라" 등과 같이 구투의 어조를 통해 소박하면서 비개성적인 감정이 유로되어 있는 것을 쉽게 찾아 볼 수 있다. 아래의 시조에서 볼 수 있는 것처럼 박학다식한 역사가가 쓴 시조나 여성시인이 산을 돌아보고 난 후 쓴 시조에서 노정된 서정과 인식은 소박함과 상식성을 웃돌지 못하고 있다. 이 시조들은 시조양식에서 구투가 남아 있는 이유의 하나가 제한된 시어사용에 있음을 잘 드러내고 있다.

(다섯 식구의 유해가 살만슬엇지 뼈는 곱다케 남아잇고 살에 다핫든 경라의 옷자락이 여전히 그 뼈를 싸고 잇다)
한조각 비단이라 허투히 보지마라
이천년 꽃다우심 거긔듬북 심엿나니
올올이 짜고 울인들 실흘줄이 잇스랴
(최남선의「낙랑의 꿈자최」의 제3수)

우에는 萬岳이오 아래는 千壑인데
谷谷이 靑松이오 處處이 春花로다
金剛山 어데라 햇나 나는옌가 하엿소 (장정심의「관악산」)[2]

2) 장정심은「관악산」을 첫수로 하여「戀主臺」「三幕寺」「開閉門」「念佛菴」「甘靈泉」「진달래」「할미꽃」「山路」등으로 구성된 연시조를 썼다.

人生의 一生行路 같으렀다
못갈듯 하든길을 모를제 다가듯이
못살듯 하든 생명도 쉽사리 사오리다 (장정심의 「산로」)

다음의 작품에서 볼 수 있는 것처럼 주요한의 시조와 최남선의 시조는 '님'은 다의적으로 해석될 가능성을 안고 있음을 공통적으로 제시하면서 결과적으로 현대시조는 현재보다는 과거에, 인간사보다는 내사연에, 개인의 목소리보다는 보편적 목소리에 훨씬 더 큰 관심을 지닌 것임을 똑같이 일러 주고 있다.

못뵌님 그리움이 뵌님보다 더한지오
뵌후에 그리움이 이보다 못한다면
안 뵙고 지나는 것이 더조흘가 합니다
(주요한의 「보지 못한 님」의 제3수)

님이 오라시매 물과불을 마다하리
님이 가라시매 못가올데 업슬것이
임에게 바친 몸이니 님의뜻만 따르리
(수요한의 「부르심」의 제3수)

다사하신 님의품이 가지록 그릴세라
쓸쓸한 가을바람 나무벌서 흔들도다
인제아 어는손발을 뉘세가서 가리오
(최남선의 「여읜 어머니」의 제3수)

〈조선문단〉은 시조부흥운동의 무대가 되었던 잡지이기도 하다. 특히 최남선은 조선심이란 개념을 제시하면서 구조, 음절, 단락 등의 정형을 지닌 유일한 성형문학(成形文學)이라고 한 「조선국민문학으로의 시조」(16호, 1926. 5)와 시조의 기원을 고대국가에서 찾은 「시조태반으로서의 조선민성과 민속」(17호, 1926. 6)을 발표하였고 조운[3]은 개화기 이후의 잡지를 시조소개에 힘쓴 부류와 그렇지 않은 부류로 나누어본 「병인년과 시조」를 발표하였다. 「병인년과 시조」에서는 개화기 이래 시조가 푸대접받은 이유를 구체적으로 제시했고 현대시조를 열심히 쓴 시인들과 적극적으로 소개한 잡지들을 거명했다. 시조부흥운동은 '현대시조'에서 '현대'보다는 '시조'에 역점을 둔 것으로, 현대시조를 고시조의 계승의 형식으로 고착시키려 한 성격이 강했다. 〈조선문단〉에 수록된 시조작품들은 대체로 시조부흥운동에 부응한 결과를 낳았다. "짐을 매어놓고 떠나려하시는 이날/어둔 새벽부터 시름없이 나리는비/來日도 나리오소서 連日두고 오소서"를 포함하여 3수로 구성된 연시조로, 후세 독자들 사이에서 절창으로 평가된 가람의 「나리는 비」(3수)도 1935년 5월호에 가서야 발표된 것이다.

4. 〈신민〉, 이병기 주도, 서경과 사랑과 우정의 시조

월간종합지인 〈신민〉(1925. 5~1932. 6, 통권 73호)은 〈유도(儒道)〉(1921년 2월호로 창간)의 후신으로 편집인 겸 발행인인 이각종(李覺鍾)이 창간호 논설 「신흥민족의 초발심」에서 "민족의기를 진작하자, 생활문제를 해결하자, 사회를 개조하자"와 같은 세 가지 주장을 펼친 데서 그 정신을 찾을 수 있는 것처럼 진취적이며 저항적인 색채가 분명하다. 〈신민〉은 1927년 3월호에서 「시조는 부흥할 것이냐?」라는 큰 제목 아래 이병기, 염

3) 1898년 전남 영광에서 출생, 1920년대에는 국민문학파 중심의 시조부흥운동에 적극 참여했으나 해방 이후에는 조선문학가동맹에서 활동하다가 월북했다.

상섭, 민태원, 주요한, 손진태, 양주동, 이윤재 등의 의견을 받았다. 염상섭은 향토취(鄕土臭)와 민족향(民族香)이 가득한 것 때문에 시조를 부정하는 사람들은 조선에서 얼른 떠나라고 하였고, 민태원은 시조는 부흥되어도 곧 침체될 것이라고 하였고, 주요한은 시조부흥운동은 신시에까지 큰 영향을 미칠 것이라고 하였고, 손진태는 고시조, 고형, 고어를 고집하는 경향은 극복되어야 할 것이라고 했다. 정지용은 현대시인답게 "예전 피리로 새 곡조를 불어내십시오"라고 주문했다. 〈신민〉에는 적라산인의 「서경만음」(1925. 10), 「낙엽」(1925. 11), 이병기의 「XX군에게」(3수)(1927. 2), 「봄의 서울」(6수)(1927. 5), 「가을」(3수), 「사랑하는 XX에게」(3수)(1927. 10), 「겨울새벽」, 조운의 「고대」(3수)(1927. 2) 정도가 발표되었다. 이병기의 「봄의 서울」은 "성하든 오얏나무 거의다 삭어지고/한양성 낡은터에 벗지꼬치 한철일네/동무여 벗나무 알에서 봄놀이나 하려나"(제6수)에서 볼 수 있는 것처럼 전형적인 서경시의 수준에 머물고 있다. 「가을」과 「사랑하는 XX에게」는 님을 그리워하는 사랑시로 묶을 수 있다. 그러나 이병기는 남녀간의 사랑의 감정을 토로한 사랑시 이외에 친구간의 신의나 동지의식을 노래한 우정시(Freundschaftsgedicht)를 발표하기도 하였다.

> 한 일에 뜻 다르면 지척인들 갓갑다리
> 두 몸이 한 밤이면 천만리들 머다하리
> 멀어도 머잔은 곳에 계시온듯 하여라
>
> (이병기의 「XX군에게」의 제1수)

"올대면 오려무나 말네넌 발려부나/한양성 일천리가 머대야 하로길을/차라리 내가고마지 기다리든 못하리"(「고대」의 제2수)에서 볼 수 있는 것처럼 조운도 친구를 목마르게 기다리고 있는 심정을 드러내고 있다.

5. 〈동광〉, 안창호주의, 사상시와 참여시의 주류화

〈동광〉(1926. 5~1927. 8, 1931. 1~1933. 1)은 주요한이 발행인을 맡았고 이광수가 적극 관여했던 기관지였다. 이 잡지에는 최남선의 「낙동강을 내려다 보면서」(3수)(제2호, 1926. 6), 「단군굴에서」(3수)(제4호, 1926. 8), 「강서삼묘에서」(3수)(제6호, 1926. 10), 「산거잡영(山居雜詠)」(3수)(제26호, 1931. 10), 정인보의 「박연행」(10수)(18호, 1931. 2), 이광수의 「우리의 뜻」(8수)(21호, 1931. 5), 「전원에 가시는 이」(3수)(제30호, 1932. 2), 주요한의 「발자취」(19수)(제1호, 1926. 5), 「새해」(4수)(제9호, 1927. 1), 「봄비」(4수)(제12호, 1927. 4), 이병기의 「고향으로 돌아갑시다」(3수)(제11호, 1927. 3), 이은상의 「오월」(3수)(13호, 1927. 5), 「인생」(23호, 1931. 7), 양주동의 「희작 삼장」(3수)(24호, 1931. 8), 조운의 「사향」(3수)(제8호, 1926. 12), 「해」(3수)(11호, 1927. 3), 「도라다 뵈는 길」(4수)(17호, 1931. 1), 「비맞고 찾아온 벗에게」(2수)(제36호, 1932. 8), 이탁의 「용문산 오르는 길에」(제26호, 1931. 10), 「송도기행」(4수)(30호, 1932. 2), 「수감단음(隨感短吟)」(4수)(35호, 1932. 7), 「귀향소감」(2수)(38호, 1932. 10), 조종현의 「성북춘회(城北春懷)」(3수)(제17호, 1931. 1), 「눈오시는 밤」(3수)(제19호, 1931. 3), 「한강수」(3수)(20호, 1931. 4), 「보신각종」(3수)(23호, 1931. 7), 「애닯은 추억」(4수)(26호, 1931. 10), 「세모의 강산」(4수)(28호, 1931. 12), 「호풍이역(胡風異域)」(4수)(33호, 1932. 5), 「이땅의 형제여」(4수)(33호, 1932. 5), 「동방의 광명」(5수)(34호, 1932. 6), 「전원에 드는 가을」(4수)(39호, 1932. 11), 「그러구료 가련가」(25호, 1931. 10), 전무길의 「소등잡영십수(消燈雜詠十首)」(10수)(24호, 1931. 8), 「염천고음십수(炎天苦吟十首)」(10수)(25호, 1931. 9), 「그러구료 가련가」(26호, 1931. 10) 등이 발표되었다.

최남선의 「단군굴에서」, 「강서삼묘에서」, 「낙동강을 내려다 보면서」, 조종현의 「성북춘회」, 「보신각종」, 정인보의 「박연행」, 이탁의 「송도기행」 등은 역사시나 기행시의 범주로 묶을 수 있고 조운의 「사향」, 이병기의 「고향으로 돌아갑시다」, 이탁의 「귀향소감」, 이광수의 「전원에 가시는 이」는 사향시나 귀향시로 묶을 수 있고, 최남선의 「낙동강을 내려다보면서」, 조운의 「해」, 이은상의 「오월」, 조종현의 「한강수」, 「전원에 드는 가을」 등은 자연시로 범주화할 수 있다. 조운의 「돌아다 뵈는길」, 조종현의 「눈오시는 밤」, 「호풍이역」, 「이땅의 형제여」, 「세모의 강산」, 전무길의 「소등집영십수」, 「염천고음십수」, 조운의 「비맞고 찾아온 벗에게」 등은 시대시나 참여시(Engagierte Lyrik)로 묶을 수 있다. 그런가 하면 최남선의 「단군굴에서」, 주요한의 「발자취」, 이병기의 「고향으로 돌아갑시다」, 조운의 「해」, 조종현의 「성북춘회」 등은 "님"을 등장시킨 공통점을 갖는다. "님"은 최남선의 「단군굴에서」는 단군을, 주요한의 「발자취」는 그리움의 대상 모두를, 이병기의 「고향으로 돌아갑시다」는 연인이나 조국을, 조운의 「해」는 해를, 조종현의 「성북춘회」는 조상을 가리키고 있다.

이광수의 「우리의 뜻」(1931. 5)과 조종현의 「동방의 광명」(1932. 6)은 시조형식을 빌려 〈동광〉의 정신을 설명한 점에서 사상시(Ideendichtung)가 된다.

◇

거짓말 마사이다, 속이는 일 잇사이다
혀끊어 벙얼이도, 숨멎어 죽사와도
거짓말 속이는 일을 다시 하올 우리리까

◇

남이 살 하옵거든 내 한듯이 깃소리라
불행 잘못해도 슳어한들 미워하랴
도모지 동족끼리는 사랑 깊게 하리라

◇

내몸이 무엇이오, 한 때에는 죽을 것이

고락을 헤오리까 한바탕 꿈이로다
조고만 목숨이나마 겨레 위해 바치리라

◇

現在를 슳어마소, 장래 앞에 못보는가
남을 믿지마소, 하올이는 나뿐일세
우리는 將來 바라고 一心團結하오리라

◇

버슷은 하로라도 椿나무는 五百春秋
萬年之計를 一旦에야 바라리까
꾸준히 하여만 갈진댄 이룰 날이 잇으리다

◇

우리가 하올 일이 이도 아니 저도 아니
세상이 떠드는 일 그것도 다 아니로다
個人과 團結을 기룸 이뿐이라 하시오

◇

뿌리없는 나무를 심어온지 몇십년고
基礎 안논 집을 세울 공론 그만하소
밭브다 하옵길래로 힘을 먼저 기르소

◇

힘이란 무엇인고 個人의 힘 團結의 힘
힘 가진 個人이 굿게 뭉친 큰 團結이
이는 때 바로 그 때에 큰일 절로 일리라

이광수는 시조에서 자신이 생각하는 〈동광〉의 정신을 거짓말 안하기, 동족사랑, 애국심, 일심단결, 만년대계, 실력양성 등으로 제시하였다. 〈동광〉의 창간호 사설에서는 무실, 역행, 신의, 용기, 사회봉사, 친애관서(親愛寬恕) 등의 좋은 습관을 가져야 한다고 주장했다. 그리고 이광수는 창간호에서 「개인의 일상생활의 혁신이 민족적 발흥의 근본이다」라는 논설을 통해 거짓말을 하지 말자, 할 일이어든 곧 하자, 내가 허락한 단체의 규칙에 충성하자, 용기있는 사람이 되자, 미워하지 말자, 시기하지 말자, 날마다 동포를 위해 할 일을 생각하자, 직업을 위한 공부를 하자, 몸과 옷과 집을 깨끗하게 하자, 세 페이지 이상의 독서를 하고 30분 이상 운동을 하자, 질서를 지키자 등과 같은 새로운 습관을 세우자고 주장하였다. 5년 후에 발표된 시조 「우리의 뜻」은 창간호의 이광수의 논설의 내용에서 긴요한 것과 큰 것을 추려서 표현한 것이라고 할 수 있다. 조종현은 "동광에게"라는 부제가 붙어 있는 「동방의 광명」(5수)에서 "이 백성 살아가다 이땅에 살아오다/한만년 뒤로두고 삼천리 안고갈제/한빛이 바치워오니 앞길 새로 밝도다"(제1수)와 같이 추상적이면서 포괄적인 표현방식을 취하고 있다.

〈동광〉에 오면서 현대시조는 시대시, 사회시, 참여시로 불리우는 새로운 갈래를 타개하고 있다. 조운, 조종현, 전무길은 대부분의 선배시인들과는 달리 현실을 직시하는 태도를 취했다.

밤낮 마조앉아 이아기끝이 없엇것다
三年이 十年만하야 할말이 좀많아리
대하니 말도 눈물도 막혀 물그럼이 보기만

(조운의 「도라다 뵈는 길」[4](4수) 중 제1수)

위 시조의 행간에서 시인의 친구가 사회운동이나 사상운동하다가 감옥살이하고 나온 것임을 읽어낼 수 있다.

4) 「도라다 뵈는 길」에는 제목과 본문 사이에 "들어간지 三年만에 重病으로 나와 적은 방 한간을 세어더 외로이 누어잇는 벗을 차자가 보고 도라오는 길에 車안에서 30.11.1"라는 설명이 있다.(〈동광〉, 1931. 1, p.39)

都市의 處女들아 새벽마다 어델 가노
피는 몸 자랑스러 연주 찍고 분발라도
工場의 큰애기라네 美는 벌서 남의 것
(전무길의 「소등잡영십수(消燈雜詠十首)」의 제1수 「도시의 처녀」)

주려도 참으라고 참된 말도 가로 막네
온몸을 얽어매도 우리의 뜻 높이려건
아즉도 동지없음을 끝내 아쉬하노라 (제4수 「고통」)

불빛과 살내따라 모기의 떼 날러드네
쫓아도 다시 오고 맞고 나선 復讐 오네
사는法 永遠하리니 우리의 길 예잇다 (제5수 「문(蚊)」)

이따에 限定잇고 사람마다 힘다르네
階級이 갈리기를 땅과 힘에 말미암건
文學에 階級잇으랴 원수노친 칼일세 (제8수 「문학과 계급」)

모뽀의 願하는 말 天堂싫고 地獄찾네
天堂엔 카페없고 地獄게집 妖艶타나
하날에 太陽이 밝고 사람에게 道잇건 (제9수 「퇴폐」)

전무길[5]은 불을 끄고 아무렇게나 십수를 읊으면서 제목을 「도시의 처녀」, 「도시의 달」, 「여심(旅心)」, 「고통」, 「문」, 「애인」, 「감우(甘雨)」, 「문학과 계급」, 「퇴폐」, 「단상」 등으로 잡은 것처럼 암시했지만 여공에 대한

5) 1930년 전후하여 「미로」, 「시드는 꽃」 등 여러 편의 소설과 「가면지사를 필주함」(1932), 「아미리가 프로문학운동」(1934) 등 여러 편의 평론을 발표하고 〈조선지광〉과 〈대조〉에 관계했으나 당시 문단에서는 그리 주목을 받지 못했다.

연민, 모기떼로 상징되는 생활의 고통에 대한 각성, 계급문학에의 열정, 모뽀와 모걸에 대한 비판 등은 분명하게 드러내 보이고 있다.

주리고 갈길없이 헤매우는 百姓들이
이땅을 다깨친들 푸른원한 슬어지랴
그러나 참고힘모세 한때함께 쓰려면
(전무길의 「염천고음십수(炎天苦吟十首)」의 제3수 「합력」)

滿洲땅 넓은벌은 임자없이 생겨난곳
뉘가서 밭갈기로 무삼罪라 이름지랴
弱者라 뭇지름받네 强者權利 무엇고 (제4수 「재만동포」)

아는손 모르는者 가려볼것 없다는듯
지나는 浪人소매 부여잡고 아양피네
一圓에 파는몸이건 안오는가 애태네 (제5수 「공창가」)

장사군 외처부름 洋배차요 洋딸기네
洋字만 발리우면 좋은 줄로 알앗드냐
조선무 소선가지맛 입맛알자 첨일네 (제6수 「양화(洋化)」)

이해의 雰圍氣가 作家들의 붓을 꺽네
藝術派 헤매이고 푸로作家 合法싫대
이지래 가만히 죽네 江山함께 가느냐? (제8수 「분위기」)

「소등잡영십수」보다 한 달 늦게 발표된 「염천고유십수」는 「등대」, 「해수욕」, 「합력」, 「재만동포」, 「공창가」, 「양화」, 「사우」, 「분위기」, 「그림배기」, 「평범」 등으로 짜여져 있다. 전무길은 굶주리는 백성, 만주이민,

창녀, 못난사람들이 이루어내는 현실과 사회를 직시하면서 직정적인 태도를 억제하지 않았다. 「소등잡영십수」와 「염천고음십수」는 공분을 드러낸 시조이면서 불만과 저항의지를 내비친 경향시조라고 할 수 있다.

이땅에 부친대로 그런죽엄 원한일껄
호풍이역에 한줌흙이 되단말가
저옳다 웨치는 정의(싸움) 뉘옳은고 몰라라
(조종현의 「호풍이역」[6](4수)의 제3수)

조죽 그것인들 제때나 에올것가
베옷 한 벌만 가리워도 행이시리
고국에 잇는 마음이 노일적이 없어라 (제4수)

조종현은 전무길의 「염천고음십수」 제4수 「재만동포」와 마찬가지로 만주이민을 비참한 현실을 상징하는 존재로 제시하여 비극적인 정조를 일깨워주고 있다. 그런가 하면 "호미자루잡고 出園에 계신이어/산수길러 좋에 그 노랠랑 불지말고/힘길어 새일 하자구 웨쳐주소 그리여"(「이땅의 형제여」의 제1수), "조밥 벤또끼고 공장으로 가신 이어/한숨 쉬우시며 부대 눈물 짓지말고/앞날의 일꾼 될껄 믿어주소 그리여"(제2수)와 같이 농민과 노동자의 비참한 모습을 일깨워주면서 그들을 북돋아주는 시조를 발표하기도 하였다.

그대는 크로폳킨을 좋아 하시나잇고
나는 톨스토이를 좋아하옵네
그대나 내나 다 오늘의 사람은 아니로세

6) 이 시에는 "遭亂同胞를 생각하며"라는 부제가 붙어 있다.
7) 이 시조에는 "權九玄兄이 永同에 歸鄕하심을 보내며"라는 부제가 붙어 있다. 일찍이 권구현은

(이광수의 「田園에 가시는 이」[7](3수)의 제2수)

田園에 가시거든 하올일이 많을 것이
낙대 들이우면 고긴들 아니 물리
고기는 아니 물더라도 물빛보려 하노라 (제3수)

이 시조의 수신자인 권구현은 1920년대 후반에 김화산이나 이향과 함께 아나키즘을 표방했던 시인이요 이론가다. 이광수는 크로포트킨 류의 아나키즘이나 톨스토이 류의 아나키즘을 다 한물 간 것으로 파악하고 있다. 제2수는 사상시로 되어 있지만 3수에 오면 삶의 태도나 어조가 구투로 회귀하고 있음을 보게 된다. 도산 안창호의 사상을 이데올로기화한 〈동광〉에 와서 현대시조는 시대시, 사회시, 참여시, 사상시 등으로 불리우는 새로운 갈래를 확실하게 추가하게 된다.

6. 〈신생〉, 어버이와 국토와 스승을 향한 송(頌)의 형식

〈신생〉은 1928년 10월호로 창간하여 통권 60호인 1934년 1월호로 종간된 잡지로 편집 겸 발행인은 미국인 김조였고 발행소는 경성부 서대문에 주소를 둔 신생사였다. 1928년 11월호부터 편집 겸 발행인이 유형기(柳瀅基)로 바뀌었다. 주간 유형기는 창간사에서 지난 4, 50년 동안 왕성하였던 기독교가 침체상태에 빠져 이제 "종교적으로 도덕적으로 인격적으로 학술적으로 신생함이 있어야 하겠다는 확신을 가지고" 〈신생〉이란 잡지를 내게 된 것이라고 하였다. 가람 이병기의 논문 「시조원류론」이

「시조4장」(〈시대일보〉, 1926. 6. 7)과 「시조3장」(〈시대일보〉, 1926. 6. 20)을 발표한 바 있다. 이 두 편의 시조는 똑같이 "눌린 이의 놀애에서"라는 부제를 달고 있기는 하지만 객관적 현실에 대한 인식이 부족하여 경향시조나 프로시조로 보기는 어렵다.

1929년 1월호에, 「시조의 현재와 장래」가 1929년 4월호에 발표되었던 만큼, 〈신생〉은 기본적으로 시조양식에 큰 관심을 둔 것이라고 할 수 있다. 현대시조로는 정인보의 「자모사(慈母思)」(14수)(1929. 4), 「조춘」(3수)(1929. 4), 「자모사」(13수)(1929. 5), 「자모사」(6수)(1929. 6), 이병기의 「남산의 사시」(4수)(1929. 6), 「석굴암 가는 길에」(2수)(1930. 12), 이광수의 「석왕사에서」(1930. 9), 「눈」(3수)(1930. 12), 외솔의 「한힌샘스승님을 생각함」(12수)(1929. 9), 백악산인의 「근친(覲親)」(3수)(1929. 11), 김상용의 「백두산음 오수」(5수)(1930. 10) 등이 발표되었다.

위당 정인보의 「자모사」는 모두 33수로 이루어진 만큼 해방 이전 현대시조로는 가장 긴 연시조로 볼 수 있다. 이 시조는 "네런듯 가을이라 바람불고 잎드는데/가신님 어이하여돌오실줄 모로는가/살뜰이 기르신아이 웃품준줄 아소서" 로 시작하여 "이만 사실님을 뜻좇아도 못받은가/한번 상해들임 못내살아 억만년을/이제와 뉘우치란들 님이다시 오시랴" 로 끝나고 있다. "안방에 불빛이면 하마님이 계시온듯/닫은창 바삐열다 그몇번 울었든고/산속에 치위일으니 님을어이 하오리" (제7수), "가까이 곁에가면 그무슨 냄새있어/마시어 배부르고 몸에품겨 봄일러니/코 끝에 하마남은가 때때맡아 봅내다" (제23수) 등과 같이 시인은 불효를 자책하고 있으면서 어머니의 희생적인 생전의 모습을 그리는데도 힘썼지만 대체로 한국의 일반적인 어머니의 보편적인 모습을 형상화하는데 그쳤다. 정인보는 시조 속에서 담백하고 겸손하고 진솔한 표현방법을 선택함으로써 의도적으로 이러한 결과를 빚어냈다.

노산 이은상은 「금강영」(1930. 9)이란 기행수필의 중간중간에 금강산의 여러 절경에 탄복한 나머지 무려 32편의 시조를 써서 집어넣었다. 자연시와 송의 형식으로 이루어진 기행시조가 32편이니 〈신생〉은 어버이시 못지않게 기행시도 많인 남긴 것이 된다. 이병기의 「남산의 사시」는 남산의 사계절의 특징을 진달래, 느티나무, 서리, 노송 등으로 파악해내면서 전형적인 계절시(Jahreszeitendichtung)를 이루어내었다. 이중에서도 가을을 배경으로 한 "사꾸라 닢이지고 도리이 솟아나네/남산골 게다소리 저리도 들레이나/찬바람소매에드니 서리칠날 머쟎네"는 고시조에서 자주 보이는 중의법이라든가 풍자법을 취한 것으로 풀이된다. 눈오는 날의 풍경을 그린 이광수의 「눈」에서는 "개와집 덮는눈과 茅屋에 뿌리는 눈이/뉘라서 한눈이라노 한눈은 아닌것이/茅屋에 뿌리는눈은 녹아눈물되더라"(제2수)가 "눈물"로 구현된 사회의식이 가미된 자연시의 경지를 보여주고 있다. "가신지 열다섯해에"라는 부제가 붙어 있는 외솔 최현배의 「한힌샘스승님을 생각함」은 한글의 훌륭함, 세종대왕의 업적, 주시경 선생의 업적을 기리고 선생의 가르침과 외솔의 각오를 드러낸 것으로 구성되어 있다. "거룩하신 世宗大王 온백성 願을일워/二十八字 지어내니 天下에도 第一이라/좋은말 좋은글이니 民福인가 하노라"(제4수), "뜻하심도 크거니와 일우심도 끔찍하다/예로붙어 묵은밭이 고랑마다 일어났네/거기에 좋은씨뿌리니 길이길이 불으리"(제8수), "믿은님이 가셨으니 믿든마음 아득해라/아득한 가운데도 한줄기 빛이난다/님예든 바른길있으니 아니예고 어이리"(제10수) 등이 주목할 만하다. 백악산인의 「근친」은 열두해 만에 뵌 부모님이 너무 늙었으나 여전히 자애로움을 잃지 않았다고 읊은 것으로 정인보의 「자모사」와 함께 어버이시에 들어간다.

〈신생〉에 발표된 시조는 정인보의 「자모사」, 백악산인의 「근친」 등과 같이 어버이를 생각하는 시조, 이병기의 「석굴암 가는 길에」, 이은상의 금강산 기행시조, 김상용의 「백두산음 5수」, 이광수의 「석왕사에서」 등과 같이 국토사랑을 기저로 한 기행시조, 최현배의 「한힌샘 스승님을 생각함」과 같은 스승추모시조 등으로 나누어진다.

7. 〈시문학〉과 〈문예월간〉, 순수시의 연장

1930년 3월에 창간된 〈시문학〉은 박용철이 편집 겸 발행인을 맡아 3

호인 1931년 10월호로 종간되었다. 〈시문학〉을 개제한 〈문예월간〉은 1931년 11월에 창간되었는데 편집 겸 발행인은 여전히 박용철이 맡았다. 〈시문학〉에는 수주 변영로의 「고흔 산길」(3수)(1930. 5), 박용철의 「우리의 젓어머니」(3수)(1930. 5), 「애사 중에서」(6수)(1931. 10) 등이 소개되었고 〈문예월간〉에는 박용철의 「시조6수」(6수)(1931. 11)와 「시조5수」(5수)(1932. 1)가 실려 있다. 수주의 「고흔 산길」은 승가사 가는 길에서 읊조린 것으로 전형적이 자연시에 해당한다. 박용철의 「우리의 젓어머니」의 제목 바로 옆에 부기된 "소년의 말"은 소년이 시적 화자임을 알게 한다.

자유의 푸른하날은 우리의 젓어머니
우리는 어둔속에 엄마를 차저우니
아즉도 젓먹고십은 어린영웅들이다

*

자유의 푸른하날은 우리의 젓어머니
우리는 시퍼런칼 피를보는 싸홈에서
얼골에 칼흔적잇는 사나히가 되련다

*

자유의 푸른하날은 우리의 젓어머니
가벼운 솜자리를 어느결에 거더차고
우리는 찬돌우에서 어린꿈을 맺는다

"자유"를 마냥 광의로만 쓴 것이 아니라면 "자유의 푸른하날은 우리의 젓어머니"라는 후렴구도 의외고 "자유"를 키워드로 삼은 것도 의외다. 제1수에서는 "영웅"이란 낱말이 예사롭지 않게 보이며 제2수는 투쟁적인 기운을 감지하게 만든다. 「애사 중에서」는 망자를 화장한 후 새집에 갔으나 제일 먼저 와 있어야 할 님이 보이지 않으니 더욱 그리워진다는 내용으로 된 조시(Leichengedicht)다. 「시조6수」는 "내금강길과 비로 봉에서" 라는 부제가 붙어 있는 기행시 5수와 "봄언덕" 이라는 자연시 1수가 결합된 시조다. 이때의 기행시 5수는 금강산을 대상으로 한 이은상이나 석굴암을 대상으로 한 이병기가 서경시로 흐른 것과는 달리 주관과 객관의 화음을 들려주려고 하였다. 「시조5수」는 "마음의 墜落試作 二首" 와 "가신님序詩二首" 와 "강가으로 거닐든일" 로 구성되어 있다. 박용철은 시조를 쓰면서도 개인의 추락감이라든가 가신 님에 대한 깊은 그리움을 노래하고 있어 서정시의 수준을 지키려 한 것이 된다. 박용철의 현대시조는 현대시보다는 '우리' 와 '오늘' 의 문제에 더 크게 부심했던 것으로 보인다.

8. 〈비판〉, 이광수와 전무길의 동행

〈비판〉은 1931년 5월호로 창간하여 13호인 1933년 6월호로 종간되었다. 편집 겸 발행인은 북풍회, 신흥청년동맹, 조선공산당의 주요멤버였던 송봉우(宋奉瑀)였다. 창간사(4~5쪽)에서는 비판의 기능을 "비판에 의해서만 세계의 추향을 본질적 발전과정에서 파악할 수 있다", "비판에 의해서만 우리의 진로를 정당히 규정할 수 있다", "우리의 인신과 행동을 심화할 필요를 느낀다" 고 정리했다. 이 잡지에는 사상의 노선이 대조적인 이광수와 전무길 두 사람의 시조만 실려 있는데 이광수는 「비판」(3수)(1931. 5), 「시비」(3수)를, 전무길은 「추야음육수」(6수)(1931. 10), 「희작오수」(5수)(1931. 11), 「풍운을 보며」(2수 삭제), 「십오야」, 「추석」, 「봉고우(逢古友)」 등을 발표하였다.

한나디로 이광수의 시조 「비판」과 「시비」는 잡지 〈비판〉의 정신을 대변하고 있다.

세상에 어려운 일 하나 둘이 아니언만
시비를 가리는것 어려움중 어려움이

삼가고 삼가심으로 하옵소서 하노라

비판이 업는 곳에 진리 어리 나타나리
진리 아니 나타나면 문화 진보 업슬것을
지금에 비판이 나니 바라옴이 만하라

올흔 것 북도들 쌘 자애로운 호미되고
그른 것 버힐 째에 서리가튼 칼이로다
비판의 한몸두날을 그대 알가 하노라

이처럼 이광수는 시비의 어려움, 비판과 진리의 관계, 진리와 문화·진보의 관계, 비판의 양날의 성격 등을 고도로 압축하여 설명해내는 능력을 보여주었다. 시조 「비판」이 원칙론을 제시한 것이라면 시조 「시비」는 현상론을 보여준 것이라고 할 수 있다. 「시비」에서 "옳은것 옳다하고 그른것을 그르다기/게서 더쉬운 일이 세상에는 없으련만/어찧다 약은 사람은 갈팡질팡하는고"(제1수), "칼날이 오더라도 옳은것은 옳은것이/부귀를 주마해도 그른것이/내 맘의 옳고 그름을 섞을줄이 잇으랴"(제2수), "옳은것 보옵고도 옳다고 할까 말까/그른것 보옵고도 그르다고 할까 말까/이럴까 망사리기로 못난 일생 보내어라"(제3수)와 같이 시비를 가리고 사는 것이 결코 쉽지 않음을 고백하였다. 이처럼, 이광수가 사회주의자 송봉우가 발행한 〈비판〉의 정신을 대변했다는 것은 의외며 주로 전무길이 시조를 썼다는 것은 당연한 일로 여겨진다.

전무길의 「추야음육수」는 강산은 변해도 백성만은 살아있음을 상해에서 느낀 「추억」, 벗과 헤어졌지만 죄지은 것은 없다고 한 「실우」, 가을을 맞아 인생무상을 느낀다는 「추회」, 목표를 향한 인고의 노력을 촉구한 「난행(難行)」, 미혼의 외로움을 노래한 「고독」 등과 같이 5수로 구성되어 있으며 제2수는 삭제조치되었다. 다섯 수로 구성되어야 할 「희작오수」는

「노공」, 「의문」, 「각성」의 3수만 나와 있고 이하 2수는 "발표중지" 되었다고 했다. "철이야 박귀여도 이몸에겐 變함업네/온낫과 가을긴밤 新聞社에 무처잇건/號外라 방울소리에 괴로움도 이치네" 로 되어 있는 「노공」은 전무길이 언론정신을 구현하기 위해 얼마나 애쓰고 있는가를 암시해준다. "밤거리 카페마다 젊은이들 지랄치네/문허진 城터기로 滅亡의춤 추단말가/문차고 거리에나면 슯흔 情景 느나니" 와 같이 되어 있는 「각성」은 젊은이들의 타락과 방종을 개탄한 사회시(Gesellschaftsdichtung)다. 모두 5수로 되어 있는 「풍운을 보며」는 첫째 수 「십오야」 앞에 "此間二首略" 이라는 표시가 나와 있다. 이처럼 5~6수로 구성된 전무길의 시조는 1~2수가 삭제조치되는 상처를 보여주고 있는 특징을 지닌다. 그만큼 현실, 사회, 시국에 대해 직접적이며 큰 관심을 보여주었다는 반증이 된다.

9. 〈신동아〉, 현대시조의 답보상태

〈신동아〉(1931. 11~1936. 9, 통권 59호)[8]에는 이병기의 「월출산」(2호, 1931. 12), 「주시경선생묘」(20호, 1933. 6), 「난초」(38호, 1934. 12), 주요한의 「유회삼수(遺懷三首)」(3수), 김팔봉의 「시조」(39호, 1935. 1), 김오남의 「시조13수」(14호, 1932. 12), 「시조5수」(17호, 1933. 3), 「시조9수」(22호, 1933. 8), 「무제음칠수」(7수), 「실제」(2수)(39호, 1935. 1), 송순일의 「영친사(迎親詞)」(6수)(14호, 1932. 12), 「춘한」(3수)(40호, 1935. 2), 「애아사별」(7수)(42호, 1935. 4), 「송덕비」(3수)(51호, 1936. 1), 피천득의 「시조구수」(24호, 1933. 10), 민병균의 「월색」(14호, 1932. 12) 등이 발표되었다. 전체 편수에서는 김오남과 송순일이 〈신동아〉 시조단을 대표한

8) 송진우가 쓴 창간사에서는 조선민족은 바야흐로 "思想的 大醞釀" 을 가질 때가 되었다고 하면서 사상적 대온양은 "민족이 포함한 특색잇는 모든 思想家, 經綸家의 의견을 민족대중의 압헤 제시하야 활발하게 비판하고 흡수케 함에 잇다" 고 하였다.

것이 된다.

김오남의 「시조13수」는 등단작으로 남한산에 올라 괴로운 현실을 벗어나고 싶고 자연에 묻히고 싶다는 마음을 드러내는데 힘썼다. "우러야 하오릿가 우서야 하오릿가/이世上 쓰린 生을 엇지나 하오릿가/엇지를 못하는 生이니 그저 사라갑네다"(제9수) "世上 功名으란 뜬구름밧게두고/天涯地角에 떠도는 몸이되여/내서름 혼자울다가 도라가면 엇덜고"(제13수) 등에서 볼 수 있는 것처럼 체념론의 태도를 드러내고 있다. 「시조5수」에서는 "花影綠陰 새노래에 醉해놀든 곳이로다"(제1수), "白雪은 尺餘積이오 朔風은 到骨冷한데"(제3수), "滿山紅葉이 꽃보다 고으련만"(제4수), "곳이로다"(제1수), "그러하다하리다"(제3수), "구지 직혀주노나"(제4수), "나도 늙자 하노라"(제5수) 등과 같이 구투의 표현방식에서 벗어나지 못하고 있다. 「시조9수」에서는 님과의 이별(제1수), 물소리와 두견이의 소리(제2수), 정한(제3수), 자연에 서름 이입(제4수), 봄과 자연(제5수), 한(제6수), 3월의 새소리와 나비(제7수), 꽃이 지는 한(제8수), 님에 대한 그리움(제9수) 등을 노래하고 있어 별한(別恨)에 초점을 맞춘 것이라고 할 수 있다. 「무제음칠수」에 오면 그리움(제1수), 서름(제6수), 초조감(제7수) 등을 노래한 것과 춘흥(제2수), 물소리(제4수), 추야(제5수) 등을 노래한 것으로 나타나지만 "소하나 동모삼아 사래긴밭을 갈고/오늘도 씨를 뿌려 맛튼 業 다한 農夫/거룩한 그의 職分을 못내 부러합네다"(제3수)와 같이 농민을 대상으로 한 송의 형식도 보여주고 있다.

송순일[9]은 「영친사」에서 30년 전 핏덩이였던 화자를 두고 어디론가 갔다가 백발노인이 되어 돌아온 아버지가 손자와 친지들과 상봉하는 장면을 그리고 있으며 「춘한」은 "임자없는 流水라 어대두고 일음이뇨/겨울묵은 빨내하기 행낭어멈 못살네라/차라리 봄시내물 아조말라버린들……"

9) 유수춘은 「조선현대문예사조」(〈조선일보〉, 1933. 1. 3~1. 5)에서 당시 조선의 문학사상을 민족주의, 사회주의, 사회주의동반자로 3분하면서 송순일을 김해강, 조벽암과 함께 사회주의동반자에 넣었다.

과 같이 행낭계급의 가난과 고통을 털어놓고 있다. 「애아사별」은 작품 말미에 "잃은 딸 정길의 영전에"라는 부기를 통해 시적 상관물이 한 인간으로서는 견디기 힘든 '자식의 죽음' 에 있음을 알게 한다. "지는 꽃은 다시 펴도 네목숨은 못오리니/요만으로 갈량이면 네어미 태였든고/그나마 살은동안에 평안함 있었더냐"(제3수)에서 볼 수 있는 것처럼 시인의 특수체험은 특별한 표현기교에 실리지 않아도 마음을 움직일 수 있는 것임을 실증해준다. 개인적 감정에 빠져 있었던 송순일은 다음과 같이 「송덕비」에서는 불만과 비판이 뒤섞인 공분을 토해내는 용기를 보이게 된다.

저-길가의 頌德碑는 작인들의 피눈물
作權을 떼일세라 없는 돈을 짜낼제
아마도 그 마음 속에-ㄴ 怨恨碑 섰을세라

發起者 舍音이니 그 目的을 알괘라
남의 살 떼여다가 제발도둠 되기로니
못받을 頌德碑에 風樂소리까지야

아모리 人心이 흘였다 하기로니
힘다운 義人이야 서버릴술 있으랴
붉은맘 다-할건대야 頌德碑 뿐이리요

그런가 하면 당시의 대표적 기성시인인 이병기의 「주시경선생묘」(3수)는 "先生의 문임을 찾어 봄마다 오건마는/모래흙 붉은뫼에 새한마리 아니날고/어대서 개구리소리만 고요하게 들리오"(제1수), "모래흙 붉은뫼에 先生의 이한문엄/오고가는 해마다 꽃이야 피든마든/우리의 마음에마다 봄을새겨 두리다"(제3수)에서 볼 수 있는 것처럼 단순한 묘지시(Friedhofsdichtung)의 수준을 벗어나지 못하고 있다. 이 시조에서는 이병기의 속내도 주시경의 발자취도 찾을 수 없기 때문이다.

〈신동아〉에 실린 현대시조작품들은 의식면에서나 형식면에서나 뚜렷한 발전을 이루지 못했다.

10. 〈신인문학〉, 이광수 시조의 영역확대

〈신인문학〉은 1934년 7월에 창간되어 1936년 11월호로 종간된 문예지로, 노자영이 발행인을 맡았을 뿐만 아니라 글도 많이 발표했다. 제호처럼 신인들의 문학을 소개하는데 치중했지만 프로문학을 배제하지는 않으면서도 이광수, 김억, 노자영, 김조규 등과 같은 민족파 문인들의 활무대가 되는 결과를 빚어내었다. 이광수의 「보낸 뒤」(3수)(1935. 4)는 님을 현해탄 건너 보내고 그리워함을 읊은 것이며 평양에서 지은 「대동강」(3수)(1935. 6)은 특히 "東明은 어저께요 王儉이 그저께라/그동 五天年은 눈깜박할 새이로다/앞으로 끝없는 歲月에 네것인가 하노라"와 같은 마지막 수에 잘 나타나 있는 것처럼, 대동강의 풍경을 그리면서 풍경 속에 숨겨져 있는 역사와 또 역사 속에 숨겨져 있는 허무감을 노래하고 있다. 50대 중반의 나이에 들어 지나온 생애를 담담한 어조로 노래한 「즉흥」(3수)(1935. 8)에서는 자신은 욕심없이 안빈낙도의 자세로 살려고 하나 잘 되지 않는다고 고백하였다. 온양을 지나가면서 차창 밖에 펼쳐진 누런 벌판을 보고 쓴 「차중에서」(3수)(1936. 3)는 농민의 처지와 심사를 잘 드러내고 있다.

> 들그득 누른나날 기쁨즉도 하건마는
> 호조쌀 묵은빚에 비기전에 ××이라
> 여름내 들인공력을 하소할곳 어디료.

찬물에 거름주어 더운물에 김을매여
가물어 마음조려 장마들어 마음조려
아끼고 가꾼것이니 내것이라 하시오

한알심어 시백알되니 그간디가 없으려만
해마다 드는풍년 붓는빗을 못따르니
아마도 어느구석에 틈난곳이 있어라.

복자처리의 흔적이 생겨났을 정도로 이광수는, 열심히 농사지었으나 남은 것이 없고 막막한 농민의 심정을 적극대변하고 있다. 어느 한 행도 낭비라고 할 수 없을 만큼 긴밀한 구성력에 도달하고 있다. 이외에 이병기의 꽃시인 「난초」(3수)(1936. 8), 김오남의 이별시 「실제」(1936. 8), 가을에 벗을 그리워하는 박아지의 「먼곳간 벗들에게」(3수)(1936. 10)가 발표되었다.

11. 〈삼천리〉, 다양한 시조유형의 제시

〈삼천리〉는 1929년 7월호로 창간하여 1942년 1월호로 종간된 장수한 잡지다. 주요한의 「새날」(5수)(1929. 12), 신불출의 「개수작」(4수)(1933. 3), 이병기의 「산비」(4수), 신불출의 「호심(湖心)」(4수), 「류(流)」(2수)(1936. 8) 등이 발표되다가 일본제국에 적극 협조하는 편집태도를 취했던 무렵인 1939년 4월호에 이광수는 「기다림」(6수), 「초라한 나」(3수), 「단장을 버리나이다」(3수), 「집은 다 없어도」(5수), 「헛 애 켠가」(3수), 「하나님」(6수), 「긴긴 꿈」(3수), 「잊은 뜻」(3수), 「천지」(3수), 「꿈」(3수), 「여름별」(4수) 등과 같이 한꺼번에 42수나 되는 소시집 분량의 시조를 발표하였다. 그리고 주요한은 1940년 9월호에 「세레나데, 림피안타」(3수), 「베를렌의 탄식」(2수), 「영시에서」(2수), 「뉴스영화」(3수) 등을 발표했다.

주요한의 「새날」은 1930년 새해를 맞는 시점에 발표된 것으로, "새들아 모혀들라 나무들아 피어나라/울고 설어하던 백성들아 힘내어라/새날이 이미왓도다 어서닐어마잣스라"(제4수)와 같이 한국인들에게 힘을 내고 희망을 가지라고 권하고 있다. 신불출의 「개수작」은 자기성찰과 현실파악을 다 살려내고자 한 특이한 제목의 시다. "우리는 오늘까지 입으로해 亡햇거늘/번연히 아는일에 잔소리가 왼일이야/할일엔 손도안대고 개수작만 하느니"(제3수)와 같은 우리민족을 향한 자기비판의 촉구가 주목할 만하다. 이병기의 「산비」는 월명암을 공간배경으로 한 기행시와 예불시를 겹쳐 놓은 두 수와 자연시의 형태를 지닌 두 수로 구성되어 있다. 신불출의 「호심」은 오래된 호수가 무관심과 냉대를 받고 있음을 노래한 것으로, 인간세계의 비정함을 호수에 가탁하고 있다. 「류」에서는 바닷물을 향해 힘차게 흘러가는 시냇물을 그려놓음으로써 「호수」와 대조적인 자리에 있게 한다. 「호심」이 과거가 찬란했던 노인의 노래라면 「류」는 앞을 보고 전진하기에 여념이 없는 청년의 노래라고 할 수 있다.

42수나 되는 이광수의 시조는 "님의 시조"로 일괄할 수 있다. 「기다림」은 조심스럽고도 정성스럽게 님을 기다리는 자세를 보이고 있으며 「단장을 버리나이다」는 이제 뫼올 님이 없으니 꾸밀 일이 없다고 하였으며 「집은 다 없어도」는 가진 것이 전혀 없는 사람이라고 하더라도 님은 다 있는 법이라고 하였다. "누가복음 12장"이라는 부제와 "적게 믿음은 내 어리석은 교만이었습니다"(237쪽)로 시작하는 부기가 붙어 있는 것을 보면 또 "임 아니 겨실진대 어둔 세상 어이 살리/하물며 죽음 길에 의지할이 그 뉘런가/진실로 임 겨오시매 마음든든 하여라"(제4수)와 같은 시조를 보면 이광수가 쓴 "님"의 시조는 기독교시의 색채를 지닌 것으로 볼 수도 있다. 「긴긴 꿈」이나 "나고 자라옴이 임이 내힘 아니어든/죽고 사올 일이 내힘일줄 있을소냐/임이어 부르옵만이 내 힘인가 하노라"와 같이 노래한 「잊은 뜻」은 기독교 찬송가를 떠올리게 한다. 반면에 작품에 들어가기 전에 법화경 한 구절을 인용하고 있는 「꿈」에서의 님은 부처님으로 풀이하게 만든다.

주요한의 「세레나데 림피안타」는 다방에서 스페인 세레나데 림피안타를 들으며 한껏 이국정서에 빠진 시인을 떠올리게 하며 「베를렌의 탄식」은 프랑스시인 폴 베를레느의 「가을의 노래」를 패러디한 흔적을 남기고 있으며 「뉴쓰영화」는 전쟁으로 표출된 시국을 긍정적으로 받아들이라는 친일시로서의 메시지를 전하는 듯하다. 1920년대부터 여러 잡지매체에서 많은 시조를 발표해왔던 시인답게 주요한은 이제 다양한 내용의 시조를 써보이게 되었다.

수십만 모인무리 소리질러 마지하니
영웅 호걸이 득의의 날이로다
역사도 저필름 갓고나 돌고쉬지 안나니

칼묵거 호미별자 꿈을꾼이 그누군가
군긔압장서고 행진나발 불어올제
어찌타 등꼴이 오싹하고 가슴빼근 하나니

12. 〈문장〉, 고전탐구, 자연시의 주류화와 형식미의 고양

〈문장〉(1939. 2~1941. 4, 통권 21호)은 고전탐구로 성격화된 순문예지다. 이때의 고전탐구는 단순한 아케이슴으로 나타나기도 했지만 고전과 정전을 제공하겠다는 고전주의로 구체화되기도 하였다. 〈문장〉(1939. 2~1941. 4)에는 이병기의 「매화」(3수)(1939. 3), 「난초」(2수)(1939. 4), 「고서」(3수)(1940. 2), 변영로의 「미상(微想)」(3수)(1939. 3), 김영진의 「낙랑고경부」(3수)(1939. 4), 조남령의 「창」(3수)(1939. 7), 「금산사」(3수)(1939.

7), 「향수」(5수)(1939. 12), 「봄」(5수)(1940. 5), 「노호(蘆湖)」(3수), 「구악(駒岳)」(3수)(1940. 10), 이광수의 「넉마장사」, 「부성이네」, 「애솔」, 「돌」(1939. 11), 오신혜의 「수양버들」(1939. 7)(3수), 김상옥의 「봉선화」(3수)(1939. 10), 이호우(爾豪愚)의 「달밤」(4수)(1940. 6/7), 주요한의 「송전(松田)서」(4수), 「고궁」, 「금강산화」(6수)(1940. 10), 조운의 「장음」, 「독좌」, 「해문의 아침」(1940. 10), 「고향하늘」, 「찬밤」, 「나올제」(1940. 12) 등이 발표되었다. 편수로 보면 이병기, 조남령, 조운이 주도한 셈이다.

화초를 예찬한 시조에는 이병기의 「매화」, 「난초」, 변영로의 「미상」, 오신혜의 「수양버들」 등이, 기행시에는 조남령의 「금산사」, 「노호」, 「구악」, 주요한의 「금강산화」, 「고궁」 등이, 자연시에는 조남령의 「봄」, 이호우의 「달밤」, 주요한의 「송전서」, 조운의 「고향하늘」 등이, 역사시에는 김영진의 「낙랑고경부」가 들어 간다. 화초를 예찬한 시도 자연시에 포함시킬 수 있다면 〈문장〉의 시조는 자연시가 주도한 것이 된다.

〈문장〉은 이병기의 추천에 의해 조남령(曺南嶺), 김상옥(金相沃), 이호우, 오신혜 등의 신진시조시인이 등장한 것 한 가지만으로도 문학사적 의미가 크다. 특히 김상옥과 이호우에 의해 현대시조가 표현면에서 다시 한 번 구투를 벗어날 수 있었기 때문이다.

본대 그마음은 깨끗함을 즐겨 하여
정한 모래 틈에 뿌리를 서려 두고
微塵도 가까이 않고 雨露 받어 사느니라 (가람의 「난초」의 제2수)

좀먹다 석어지다 하잔히 남은 그것
푸르고 누르고 천년이 하로같고
걷다가 도로 힌 먹이 이는 향은 새롭다 (가람의 「고서」의 제2수)

사양 길쯤 아물 아물 나뭇짐들

그 고개 놀 끼자 다시 넘어 오는양에
울리는 소고소리는 마을 八景이더니 (조남령의 「봄」의 제2수)

동파 봉오리에 꿀벌 잉잉거릴제면
츩캐러 산에 가서 진달래 노래만 하다
등곬에 쪼인 또얏볕에 뼈가 굵어버렸다 (조남령의 「봄」의 제3수)

洛東江 빈나루에 달빛이 푸릅니다
무엔지 그리운밤 지향없이 가굽어서
흘르는 금빛 노을에 배를 맡겨 봅니다 (이호우의 「달밤」의 제1수)

미움도 더러움도 아름다운 사랑으로
온세상 쉬는 숨결 한갈래로 맑습니다
차라리 외로울망정 이밤 더디 새소서 (이호우의 「달밤」의 제4수)

〈문장〉 소재 시조의 고전회귀현상은 고어투의 과다사용에서 잘 나타난다. "아니 황송하리오", "풀이탄다 하여라", "더럽힐줄 있으랴" (금강산화), "물그림이 보노라" (독좌), "밝았더니다, 이밤 더디 새소서" (달밤), "물을주고 보노라" (애솔), "마음저려하외다" (창), "뉘우치게 되노라" (수양버들), "우로받어 사느니라" (난초), "꾀꼬리가 우노나" (구악) 등과 같은 예를 쉽게 찾아 볼 수 있다. 이광수는 「즉흥」이란 큰 제목 아래 「넉마장사」, 「부성이네」 등 네 편을 묶었는데 특히 "지게지고 저울들고 넉마, 수지, 파지장사/황해도 사투리로 익실 섞어 값을 깎아/한짐은 되는 내 책을 七十錢에 사가니라" 와 같은 「넉마장사」와 "과일로 심 안되어 닭을 치다 하더니만/막벌이, 석수일 다 잘하는 부성이네/식전에 세간을 신고 앞개천을 건너더라" 와 같은 「부성이네」에서는 이광수가 서민에게 다가가고 있음을 보게 된다. 이광수는 이미 22년 전에 「궁한 선비」를 통해 자연시나 서경시나 송의 형식이 아니더라도 현대시조를 쓸 수 있음을 실천으로 증명해 준 바 있다. 「넉마장사」와 「부성이네」는 「궁한 선비」의 연장선에 놓고 볼 수 있다.

이병기는 1939년 7월호에서 조남령의 「창」, 「금산사」, 오신혜의 「수양버들」을 신인으로 추천하며 자수 음조와 같은 형식만 맞추어 놓는 것이 능사는 아니라고 하였고 고인의 것을 그 조박(糟粕)보다는 정신을 배워야 한다고 했다. 김상옥의 「봉선화」를 추천하는 자리(1939년 10월호)에서는 표현이 새롭고도 뛰어나다고 칭찬을 아끼지 않았다. 1939년 12월호에서는 조남령의 「향수」를 추천하며 "「향수」의 귀여운 점은 자기에게 맞는 소리를 함이다. 더러 生되고 치기가 있더라도 차라리 그것이 지당하다"고 하였다. 1940년 6월호와 7월호의 합병호에서는 이호우의 「달밤」을 두고 "이호우씨의 「달밤」은 이호우로서의 느낌과 용어를 썼다. 새롭고 깨끗하고 술술하다. 아무 억지도 없고 꾸밈도 없고 구김도 없다"고 칭찬하였다. 이렇듯 〈문장〉에 오면서 현대시조는 기교면에서는 높아졌으되 내용면에서는 좁아진 결과를 낳게 되었다.

(이 논문은 〈경남시조〉 24집(2007년 8월호)에 수록된 「일제하 잡지의 성향과 현대시조의 방향」을 대폭 확대 · 개고한 것이다)

저항성의 협주와 현실참여방법의 차별화

1. 세 작가는 1930년대의 저항작가로 묶을 수 있다.

김유정(金裕貞, 1908~1937), 이무영(李無影, 1908~1960), 김정한(金廷漢, 1908~1996), 유치환(柳致環, 1908~1967)은 1908년에 태어나 1930년대에 본격적인 창작활동을 했다는 공통점을 지닌다. 1933년에서 1937년까지 대략 30여 편의 소설을 발표했던 김유정은 1935년에 「소낙비」, 「만무방」, 「노다지」, 「금따는 콩밭」, 「봄 · 봄」 등 9편을, 1936년에 「봄과 따라지」, 「두꺼비」, 「동백꽃」, 「정조」 등 12편을 몰아서 발표했던 기록을 남기고 있다. 작품의 면면을 보면 김유정은 질적으로는 1935년에 양적으로는 1936년에 절정에 오른 것이 된다.

이무영은 1929년부터 1959년까지 30년 동안 거의 한 해도 거르지 않고 작품을 발표하여 무려 180여 편의 소설을 남겼는데, 연대로는 1930년대에 가장 많은 작품을 발표한 셈이 되고 연도로는 1934년, 1935년, 1953년, 1957년이 각각 10편 이상의 소설작품을 발표한 왕성한 활동기가 된다. 이무영의 경우, 「루바슈카」, 「거미줄을 타고 세상을 건느려는 B녀의 소묘」, 「용자소전」, 「타락녀 이야기」, 「제일과 제일장」 등과 같은 무게 있는 작품들이 줄지어나온 1930년대가 절정기거나 문제의 시기라고 할 수 있다.

90세 가까이 살았던 김정한은 1932년 12월에 「그물」로 첫 선을 보인 이래 1977년에 「오끼나와에서 온 편지」를 발표했을 때까지 45년 동안 50편 가까운 작품을 발표하였다. 김정한으로서는 「인간단지」, 「어둠 속에서」 등 14편의 소설을 발표했던 1970년대가 가장 활발하게 창작활동을 한 시기가 되지만 「사하촌」, 「항진기」, 「기로」 등 7편을 발표했던 시대가 더욱 문제적인 시기가 될 수 있다. 1930년대가 문제적인 시기가 되었던 점에서 1939년에 첫 시집 『청마시초』를 펴낸 청마 유치환도 예외가 아니다.

1908년생이며 1930년대가 가장 문제적 시기라는 공통점 이외에 김유정, 이무영, 김정한, 유치환을 거의 도식화된 문학사적 자리매김이나 평가를 받고 있다는 또 하나의 공통점을 열어 보이고 있다. 김유정, 이무영, 김정한 이들 세 작가는 얼핏 농민소설가로 묶일 수 있다. 특히 이무영의 경우, 1940년대 이후 '대표적인 농민작가' 라는 이름이 무색하지 않을 정도로 많은 농민소설을 써내긴 하였지만 1930년대 문제작들 중에는 농민소설이라고 할 만한 작품이 거의 들어 있지 않다. 김유정은 개성적인 소설담론의 구사와 엽기적이기까지한 인물행태의 제시로 1920~1930년대의 한국 농촌사회의 단면은 열어 놓았으되 농촌현실의 핵심에는 접근하지 못했다는 도식적 평가에 직면하고 있으며, 이무영은 「제일과 제일장」, 「흙의 노예」 류의 농민소설가라는 제한된 평가를 벗어나지 못하고 있으며, 김정한은 「사하촌」의 작가라는 명토가 깊숙하게 박혀 있는 형편이다. 1930년대의 유치환은 '생명' , '의지' , '허무' 등을 노래한 시인이라는 해석에서 헤어나지 못하고 있다.

1930년대의 작품경향만을 고려하면 이들 세 작가들은 농민소설가보다는 저항성이 뚜렷한 작가로 묶는 것이 타당하다. 김유정은 당시 농민들이 생계를 유지하기 위해 종래의 도덕률이 감당하기 어려운 인물행태를 보여줌으로써 '부정의 미학'을 구축할 수 있었다. 이무영은 문인소설, 지식인소설, 주의자소설 등을 집중적으로 써내어 삶의 가치, 양심, 생활 등의 문제를 근본적으로 살펴 볼 수 있었다. 김정한은 부당한 지주나 마름과 맞서 싸우는 소작인을 반복해서 설정했다. 이제 이들이 부정의 정신, 저항의 몸짓을 어떻게 취했는지 구체적으로 살펴 볼 필요가 있다.

2. 김유정도 농촌현실의 근본동인에 다가갔다.

김유정은 「총각과 맹꽁이」, 「노다지」, 「땡볕」, 「심청」 등 30여 편에 가까운 단편소설을 남겼다. 창작활동이 불과 6~7년이었다는 점과 창작활동의 기본여건이 열악했던 점을 고려하면 그가 남긴 30편은 결코 적은 것이라고 할 수 없다. 김유정의 소설을 대상으로 한 지금까지의 연구논저들은 김유정을 1930년대의 대표적인 리얼리스트와 해학미, 단문체, 구어체, 욕설, 반어법, 심리묘사 등을 잘 구현했던 작가로 규정하고 있다. 대개의 논자들은 김유정을 형식이 주제를, 미가 의식을 끌고 갔거나 뒷받침한 작가로 정리하는데 주저하지 않는다. 김유정의 경우, 1920, 30년대의 한국농민들의 삶의 모습을 똑바로 관찰하고 제대로 그려내고자 한 것도 관심을 끌긴 하지만 작중인물의 심리와 행동을 묘사하는데 있어서도 남다른 비상한 터치를 보여 줌으로써 시선을 끄는 것도 사실이다. 그런데 김유정은 주제의 폭도 작지만 주제를 구현하는 과정에서도 단순성을 드러내었음을 부정하기 어렵다. 김유정의 소설은 다음과 같이 몇 가지의 필수 모티프를 반복적으로 제시하고 있다.

폭력 모티프 : 「소낙비」, 「만무방」, 「노다지」, 「금」, 「금따는 콩밭」, 「안해」, 「봄과 따라지」, 「형」

들병이 모티프 : 「총각과 맹꽁이」, 「소낙비」, 「솥」, 「안해」, 「가을」,

「정조」

도둑질이나 속이기 모티프 : 「산골나그네」, 「총각과 맹꽁이」, 「솥」, 「만무방」, 「노다지」, 「금」, 「금따는 콩밭」, 「산골」, 「봄 · 봄」, 「따라지」, 「가을」, 「두꺼비」, 「정조」, 「형」

노름 모티프 : 「소낙비」, 「만무방」

부부도망 모티프 : 「산골나그네」, 「솥」, 「가을」

금점판 모티프 : 「노다지」, 「금」, 「금따는 콩밭」

김유정 소설에서 가장 많이 반복된 모티프는 내가 생존하기 위해 남을 속인다는 모티프이며 가장 충격적인 모티프는 들병이 모티프라고 할 수 있다. 남편이 아내에게 들병이를 권한다는 모티프는 기아를 면하기 위해 최소한의 가족윤리조차 포기해버린다는 1920, 30년대 한국인들의 삶의 한 극상을 가장 잘 반영해 준다. 「솥」에서 가난하고 어리석은 농부 근식은 계숙이라는 들병이의 환심을 사기 위해 집에 있는 여러 살림살이를 훔쳐다가 가져다주는 행위를 반복하다가 나중에는 속은 것을 알고 "들병이란 가난한 농군들의 피를 빨아먹는 여우"라고 비난하게 된다. 「안해」에서 아내가 "들병이가 얼굴만 이뻐서 되는게 아니라던데, 얼굴은 박색이라도 수단이 있어야지"라고 하자 남편인 '나'는 들병이란 "밑천이 뭐 드는 것도 아니고 소리나 몇 마디 반반히 가르쳐서 데리고 나서면 고만이니까" 하는 생각에서 아내에게 소리를 열심히 가르쳐준다. 「정조」에서 행랑어멈의 남편은 아내가 주인아저씨와 계획적으로 성관계를 한 대가로 돈 200원을 받아내어 아내로 하여금 술집을 내게 한다. 「안해」에서 남편은 아내를 들병이로 내보내려다 그만두었고 「정조」에서 남편은 이제 기대에 부풀어 아내를 들병이로 내보낼 참이다. 「소낙비」는 남편 춘호가 노름도 마음대로 할 수 있고 땅도 얻을 수 있다는 기대를 갖고 처에게 매춘을 강요한다는 사건을 설정하고 있다.

그러나 위에 제시된 반복 모티프들에 지나치게 시선을 주다 보면 김유정 소설에 왜곡된 평가를 유도하는 결과가 생길 수도 있다. 위에 제시된 모티프들 자체가 1920, 30년대 한국농민들의 궁핍상을 일러주거나 암시하는 기능을 하고 있기는 하지만 이런 모티프들은 때로는 제1차적이거나 근본적인 현실을 감추어 버린 채 제2차적인 현실로 드러나는 경우가 많다. 김유정은 제1차적이거나 근본적이거나 원인적인 현실을 정면에서 응시한 흔적을 여러 군데서 드러내고 있다. 그 흔적을 면밀하게 살펴 볼 필요가 있다.

(1) 가혹한 도지다. 입쌀 석 섬, 보리 · 콩 두포의 소출은 근근 댓 섬, 나눠 먹기도 못 된다. 본디 밭이 아니다. 고목 느티나무 그늘섬에 가려 여름날 오고 가는 농군이 쉬던 정자터이다. 그것을 지주가 무리로 갈아 도지를 놓아 먹는다. (「총각과 맹꽁이」)[1)]

(2) "이 땀을 흘리고 제누리 없이 일할 수 있나? 진흥회 아니라 제할아버지 온대두." 하고 또 뇌더니 아무도 대답이 없으매 "개 두 없는 놈에게 호포는 올려두 제누리만 안 먹으면 산담 그래" 어조를 높여 일동에게 맞장을 친다. (「총각과 맹꽁이」)[2)]

(3) 춘호는 아직도 분이 못 풀려 뿌루퉁하니 홀로 앉았다. 그는 자기의 고향인 인제를 등진 지 벌써 삼 년이 되었다. 해를 이어 흉작에 농작물은 말 못 되고 따라 빚쟁이들이 위협과 악다구니는 날로 심하였다. 마침내 하릴없이 집, 세간살이를 그대로 내버리고 알몸으로 밤도주를 하였던 것이다. 살기 좋은 곳을 찾는다고 나어린 아내의 손목을 이끌고 이 산 저 산을 넘어 표랑하였다. 그러나 우정 찾아든 것이 고작 이 마을이나 산속은 역시 일반이다. 어느 산골엘 가 호미를 잡아보아도 정은 조그

1) 유인순 편, 김유정단편선, 『동백꽃』, 문학과 지성사, 2005, p.30.
2) 위의 책, p.31.

만치도 안 붙었다. 거기에는 오직 쌀쌀한 불안과 굶주림이 품을 벌려 그를 맞을 뿐이었다. 터무니없다 하여 농토를 안 준다. 일구녕이 없으매 품을 못 판다. 밥이 없다. 결국엔 그는 피폐하여가는 농민 사이를 감도는 엉뚱한 투기심에 몸이 달떴다. (「소낙비」)[3]

(4) 그도 오 년 전에는 사랑하는 아내가 있었고 아들이 있었고 집도 있었고 그때야 어딜 하루라고 집을 떨어져 보았으랴. 밤마다 아내와 마주 앉으면 어찌하면 이 살림이 좀 늘어볼까. 애간장을 태우며 같은 궁리를 되하고 되하였다. 마는 별 뾰죽한 수는 없었다. 농사는 열심히 하는 것 같은 데 알고 보면 남는 건 겨우 남의 빚뿐. 이러다가는 결말엔 봉변을 면치 못할 것이다. (중략) 그 사람들의 이름을 쪽 적어놓았다. 금액은 제각기 그 아래다 달아놓고. 그 옆으론 조금 사이를 떼어 여기 조선문으로 나의 소유는 이것바께 없노라. 나는 오십사 원을 갚을 길이 없으매 죄진 몸이라 도망하니 그대들은 아예 싸울게 아니겠고 서로 의논하여 억울치 않도록 분배하여 가기 바라노라 하는 의미의 성명서를 벽에 남기자 안으로 문들을 걸어닫고 울타리 밑구멍으로 세 식구 빠져나왔다. (「만무방」)[4]

(5) 농토는 모조리 떨어질 것이다. 그러나 대관절 올 밭도지 벼 두 섬 반은 뭘로 해내야 좋을지 . 게다 밭을 망쳤으니 자칫하면 징역을 갈는지도 모른다.(「금따는 콩밭」)[5]

(6) 스뿔르게 농사만 짓고 있다간 결국 비렁뱅이밖에는 더 못 된다. 얼마 안 있으면 산이고 논이고 밭이고 할 것 없이 다 금쟁이 손에 구멍이

3) 위의 책, pp.52~53.
4) 위의 책, pp.91~92.
5) 위의 책, p.149.

뚫리고 뒤집히고 뒤죽박죽이 될 것이다. 그때는 뭘 파 먹고 사나. 자 보아라. 머슴들은 짜위나 한 듯이 일하다 말고 훅닥하면 금점으로들 내빼지 않는가. (「금따는 콩밭」)[6]

(7) 허나 인심을 정말 잃었다면 욕보다 읍의 배참봉 댁 마름으로 더 잃었다. 본디 마름이란 욕 잘하고 사람 잘 치고 그리고 생김생기길 호박개 같아야 쓰는 거지만 장인님은 외양이 똑 됐다. 장인이 닭 한 마리나 좀 보내지 않는다든가 애벌논 때 품을 좀 안 준다든가 하면 그해 가을에는 영락없이 땅이 뚝뚝 떨어진다. 그러면 미리부터 돈도 먹이고 술도 먹이고 안달재신으로 돌아치던 놈이 그 땅을 슬쩍 돌아안는다. 이 바람에 장인님 집 빈 외양간에는 눈깔 커다란 황소 한 놈이 절로 엉금엉금 기어들고 동리사람은 그 욕을 다 먹어가면서도 그래도 굽신굽신하는 게 아닌가. (「봄·봄」)[7]

(8) 마는 누구나 다 일반이겠지. 가다가 속이 맥맥하고 부아가 끓어 오를 적이 있지 않냐. 농사는 지어도 남는 것이 없고 빚에는 몰리고. 게다가 집에 들어서면 자식놈 킹킹거려, 년은 옷이 없으니 떨고 있어 이러한 때 그냥 배길 수야 있느냐. (「안해」)[8]

(9) 그러잖아도 저희는 마름이고 우리는 그 손에서 배재를 얻어 땅을 부치므로 일상 굽실거린다. 우리가 이 마을에 처음 들어와 집이 없어서 곤란으로 지낼 제 집터를 빌리고 그 위에 집을 또 짓도록 마련해준 것도 점순네의 호의였다. (중략) 왜냐하면 내가 점순이하고 일을 저질렀다가는 점순네가 노할 것이고 그러면 우리는 땅도 떨어지고 집도 내쫓기고

6) 위의 책, p.152.
7) 위의 책, p.201.
8) 위의 책, p.218.

하지 않으면 안 되는 까닭이었다. (「동백꽃」)[9]

(1)에서는 "가혹한 도지"와 지주의 횡포가 (2)에서는 가혹한 세금이 농민궁핍의 원인으로 제시되고 있다. (3)은 빚-야반도주-표랑-부적응-투기심과 같은 삶의 변화과정을 요약해서 보여 주고 있다. (4)는 열심히 농사를 지었으나 남는 것은 빚 밖에 없어 결국 빚잔치하고 야반도주하는 과정을 그려 보이고 있다. (5)는 짧은 문장 속에 소작권을 떼일지도 모른다는 불안감, 도지를 낼 수 없다는 절망감, 징역갈지 모른다는 공포심을 압축해 넣고 있다. (6)은 농사만 짓다가는 비렁뱅이되기 십상이라는 불안감에서 금점판으로 가게된 동기를 찾고 있다. (7)은 「봄·봄」에서의 예비 장인이 실은 얼마나 악독하고 교활한 마름인지 폭로하고 있다. (8)에 나타나는 현실은 「소낙비」와 「만무방」에서 잘 나타나고 있다. (9)에는 처녀 총각 사이에 마름집안과 소작인집안의 관계가 변수로 작용할 수 있다는 암시가 깃들어 있다.

3. 이무영은 동반자작가를 이상적인 작가로 생각했다.

이무영이 본격적으로 활동하기 시작했던 1930년대에 발표한 60여 편 가운데서 문제작은 지식인이나 소설가나 주의자가 주인공인 소설에서 대부분 찾아낼 수 있다. 1930년대에 이무영은 농민이나 농촌보다는 자신이 속해 있었던 문인이나 지식인이나 이데올로기의 세계에 더욱 관심이 많았던 것으로 나타난다.

「안해」(〈신생〉, 1930. 10)는 "전과자인 나를 써주는 곳은 아무데도 없엇다. 그렇다고 십오원 밖에 안되는 안해의 월급만 벌건이 바라고 앉엇

9) 위의 책, p.299.

을 수도 물론 없엇다"(p.48)와 같이 주인공의 절박한 형편을 일러주는 문장으로 시작하여 "편지로도 말슴햇지만 참 미안하게 되엇네. 전과를 펵끄을이니 어찌할 수 잇어야지 그리고 자네가 ×××××인 줄을 빤히 알고 보니—"(p.49)와 같이 사상범의 전력이 있기에 신문사 취직이 거부당하는 것으로 끝난 꽁트이다. 이무영은 아내를 곤궁한 생활 속에서도 비슷한 이념을 지닌 동지로 설정했다. 아내는 인쇄소 직공으로 일하면서 〈×긔〉의 발행을 준비하고 있다. 아내는 신문사 영업국 자리가 날 것이라고 기대하다가 안되고만 '나' 에게 "그까짓 돈 삼사십원에 그 놈들한테 목을 매고 지내요. 〈×긔〉는 동지를 더 모아서 계속합시다 그려. 그것이 떳떳하게 않겟어요?" 라고 조언하였다. 작중 아내도 노동자, 지식인, 전위의 삼중의 역할을 해보이고 있는 만큼 「안해」는 지식인소설이며 주의자소설이라고 할 수 있다.

「반역자」(〈비판〉, 1931. 12~1932. 12, 모두 5회 연재)는 세 명의 남녀 사이에서 이념갈등과 애정갈등이 겹쳐 일어난 것을 그린 소설로, 사이비 운동가인 '나' 와 정옥이가 결혼하는 것으로 시작하여 리철마와 정옥이가 결합하여 같이 도망하는 것으로 끝나고 있다. 화자인 '내' 가 반역자로 자인하면서 자기의 라이벌을 영웅적인 존재로 그려놓은 것은 흔치 않은 방법이다. '나' 는 "철마는 순수한 푸로레타리아 산의 뽈세비키엇다. 그러나 나는 불조아의 외아들로 기분에 뜬 뽈세비키라기보다 ××사상의 한 공명자에 지나지 안는다" 고 철마와 자신을 비교한 끝에 부자집 자식으로 기분에 들뜬 허울좋은 사회운동자임을 반성하게 된다. '나' 는 리철마가 일본경찰에 붙들려 간 사이에 정옥을 차지하여 7년 동안을 아이도 낳고 재미있게 살았으나 반역자라는 강박관념에서는 벗어나지 못하였다. 리철마가 강도로 위장하여 '나' 의 집에 들어와 장정옥을 채가버리는 것으로 이 소설은 끝나고 있다.

「두 訓示」(〈동광〉, 1932. 5)는 임금감하 반대의 스트라이크 사건으로 고무공장에서 쫓겨난 후 석 달 동안 돈될 만한 것은 다 팔아 먹은 상철이가 여섯 끼를 내리 굶고 삼청동 빈민굴에서 나와 창덕궁 근처의 서점에 들어가 "사회주의 대의"라는 팜플렛을 오전 한 푼에 팔고 인사동 소재의 중국집에 들어가 호떡을 두 개 먹고 모자라는 돈 대신 모자를 내밀자 주인이 파출소로 끌고 간다는 이야기를 들려준다. 순사한테 뺨과 정강이를 얻어맞고 구류를 살고 나온 상철은 호떡 두 개는 나의 앞길을 밝혀주었다고 뜻모를 인사를 한다. 이 소설은 의성어, 의태어, 중첩어를 유난히 많이 쓴 특징을 보여주고 있다. "날이 어둑어둑하여지며 뒷집에서 상보는 소리가 달가닥달가닥 날때는 아무 보람없는 조바심만 바득바득 났다." "속이 쪽쪽 훑인다. 손톱으로 박박 긁어내리는 듯이 쓰리다. 뱃속에서는 꾸르륵꾸르륵 밥에 주린 창자가 네 굽을 놓는다." "나글나글한 생과자도 되어 보이고 쫀득쫀득한 식빵토막도 되어 보였다." "쿵, 쾅, 삑, 철석하는 모든 음향은 몇 십만 척 지하에서 울려오는 것같다" "김이 무럭무럭 나는 고슬고슬한 밥!" "입술은 바작바짝 탔다. 혓바닥은 난도질을 한 것같이 짜릿짜릿하게 아프다" "바짝 마른 나뭇짐에 불을 펵 지르면 포동포동 살진 암소고기가 지글지글 굽힌다" 등이 그 예다. 그만큼 주인공이 처한 극한상황을 생생하게 묘사한 결과라고 할 수 있다.

「세창침(世昌針)」(〈신동아〉, 1932. 7)은 세계정세 → 일본의 정황 → 철공장사정 → 다섯 직공의 공동숙소 환경 등의 순으로 서술해 놓은 꽁트 정도의 분량이다. 짧은 길이의 소설에 세계정세라든가 일본정황과 같은 큰 배경론을 담을 필요가 있는가 하는 의문을 갖게 한다. 이 소설은 "용철이가 밥버리 — (라기보다도, ××가에게 ×를 ×리는 곧) — 를 단기는 곧은 강기정(岡崎町) ××철공장이엇다."[10]로 시작하여 몇 줄 건넌 후 "때맞임, 구미각국의 자본가들의 코를 납작하게 옹껴놓은 발광(發狂)한 말굽소리가튼 불경기(不景氣)소리가, 찌렁! 하고 횡빈부두(橫濱埠頭)에 울렷을때다. 그리지안어도, 때를 엿보고잇든 빈구내각은 대경실색하

10) 〈신동아〉, 1932. 7, p.131.

야 외마듸소리로 악을 썻을 때다. 「금해금(金解禁)이다!」 사자후(獅子吼) 라고 별명까지잇는 빈구의 호령소리다. 큰 도시는 말할 것도 업지만 담배대 한 개도 이삼십리 나가야 사는 벽촌에까지 금해금소리는 찌렁찌렁 울렷다. 「금해금이다!」 라듸오는 일제히 전국의 중요도시로 방송을 하엿다. 「긴축이다!」 또다시 신문은 보도햇다. 그리고 필경에는 「감봉!」 소리까지, 전국에 퍼젓다."[11]와 같은 배경론 제시로 나아갔다. 이러한 배경론 제시에 이어 철공장에 임금감하반대운동이 일어난 것을 서술하고 있으나 나중에 가서는 6명의 노동자들이 합숙하는 방에 빈대와 벼룩이 많아 도배를 하게 되었다는 식으로 이야기가 끝난다. 소설이 처음에는 전투적인 분위기였으나 뒤로 가면서 스케일이 작은 이야기로 이어진 불균형을 초래하였다. 기본적으로 거대서사를 지향한 이 작품은 노동자들을 주인공으로 한 저항소설의 면모를 지닌 것이라고 할 수 있다.

「루바슈카」(〈신동아〉, 1933. 2)는 '우리회' 회원인 소설가 '나'와 R과 최군이 갈등을 보인 끝에 '나'와 최군이 자기반성하고 새로운 각오를 다지면서 재결합의 기쁨을 맞기까지의 과정을 그린 것이다. '나'는 극심한 생활고로 아내가 가출하고 약 한번 쓰지 못한 채 어린 딸이 폐렴으로 죽는 고통을 겪는다. '나'는 역시 아내가 가출해버린 최군과 가까이 지내면서 연일 술마시며 신세타령을 늘어놓게 되었다. R은 거지노릇과 자살연극을 해가면서까지 남의 동정을 받아 생활해가는 최군을 자기 집에서 내쫓고 '나'에게는 동지관계를 끊어달라고 부탁한다. 이에 '나'는 실로 오랜만에 R과 흉금을 털어놓고 운동의 활성화방법, 자금융통방법, 조직문제 등에 대해 의견을 나누었다. 바로 이때 최군은 루바슈카를 입고 나타나 "이것은 루바슈카다. 로서아청년이 입는 루바슈카다! 이만하면 족하지 안으냐? 자 나의 손을 잡어다오! 나를 동지! 하고 불러다오!"[12]라고 호소하면서 자기를 '우리회'의 동지로 다시 영입해 줄것을 간절히 요구

11) 위의 책, p.134.
12) 〈신동아〉, 1933. 2, p.131.

한다. "××운동의 통일과 ××적 ××들에게 대항하기 위하야 ××로만 조직된 ××회"라든가 "우리회라는 것은 B××에 대항하야 조직된 ×××을 연구하는 그룹 ××회를 말함이엇다"[13]와 같이 복자처리되어 '우리회'의 성격을 정확히 알기는 어렵기는 하지만 이 작품은 생활고로 인해 어려움이 줄지어 오면서 사상운동에서 좌절과 방황을 거듭했던 지식인들이 다시 전열을 가다듬기까지의 과정을 잘 보여준다. 그런 점에서 이 소설은 사상소설이며 주의자소설의 적절한 사례가 된다.

「산장소화」(〈신가정〉, 1933. 6)는 주의자소설이며 여성소설이며 액자소설이다. 앞으로 이사 갈 집의 여주인이 훌륭한 신여성이라고 칭찬한 어머니에게 반감을 가졌던 '그'는 이사 가서 딸이 주워온 편지를 읽고 그 여주인의 한 여성으로서의 애정과 주의자였던 남편의 아내의 책임감 사이에서 고민했던 흔적을 확인하게 된다. 한씨 부인은 종원에게 보낸 편지에서 도덕과 사랑과 모성애와 남편의 운동 사이에서 고민할 수밖에 없다고 하였다. 한씨는 편지의 끝을 "나는 그를 존경합니다. 존경하고 그의 일의 뒤를 받치기 위하여 나의 사랑을 희생합니다. 그는 일찍이 가정보다도 사랑보다도 더 큰 무엇이 있음을 역설해왔습니다. 더 큰 무엇! 나는 '더 큰 무엇'을 위하여 나의 이 애끓는 사랑을 희생합니다. 나는 오늘에야 내가 그에게서 맡은 어린 것들을 큰 일의 후계자로 만드는 것이 그의 큰 뜻을 받음이 된다는 것을 깨달았나이다……"[14]로 맺고 있다. 한씨부인은 자식들을 남편의 뒤를 잇는 존재로 키우겠다는 각오를 밝힘으로써 남편의 동지가 된 셈이다.

「창백한 얼골」(〈신동아〉, 1934. 2)은 소설가인 '나'와 성대를 수석으로 마쳤으나 기어이 문학전공으로 옮긴 친구 정이 구직난에 봉착하여 극도의 가난에서 벗어나지 못하게 되자 마지막에 체면을 가리지 않고 토사운반 노동자로 뛰어들게 된다는 결말을 보여주고 있다. 이들은 그 노동

13) 위의 책, p.129.
14) 『이무영문학전집 2』, 국학자료원, 2000, p.341.

판의 일을 몹시 힘들어 하면서도 대학출신의 신분으로 막노동판에 뛰어든 것을 부끄러워하지 않게 된다. 가난을 견디지 못해 아내는 가출해버리고 중견소설가인 '내'가 매문문사로 전락한 것을 자책하는 점에서 「창백한 얼골」은 최서해의 「전아사」를 떠올리게 한다. 이 작품에서 '나'와 정군이 보인 하향이동 모티프는 채만식의 「레디메이드 인생」과 「명일」을 떠올리게 한다.

「나는 보아 잘 안다」(〈신여성〉, 1934. 4)는 죽은 지 석 달 사흘이 지난 남편 박철이 남편친구 김군에게 몸과 마음을 의탁하고 마침내 딸 옥이를 다른 사람에게 맡겨 버린 아내 윤혜라에게 편지를 쓰는 독특한 형식의 소설이다. 망자를 발신자요 화자로 설정한 유례가 드문 형식의 소설이다. 이 소설에서 "그러나 혜라야, 나는 보아서 잘 안다"라는 어구를 15번 이상이나 반복제시하고 있다. 남편 박철은 사상운동혐의로 수감되었다가 폐결핵에 걸려 가출옥한 후 얼마 안 있다가 죽고 만다. 감옥에 있을 때 아내는 피땀을 흘려 번 돈으로 사식을 대주었고 출옥 후에도 자기 몸을 팔아서까지 치료비를 댔다. 김군은 박철의 임종을 지켰던 친구이자 의사다. 박철이 세상을 떠난 후 김군은 윤혜라와 그 딸을 물심양면으로 도와주던 끝에 서울로 데리고 가 자기병원의 사무원으로 취직시켜주고 은밀하게 정을 나누다 아내에게 들키고 만다. 박철은 아내를 이해하려고 애를 쓰는 기조를 보이면서도 딸 옥이를 다른 사람에게 맡겨 버린 것을 오히려 감사하게 생각하는 태도를 지닌다. "몹시 지쳤구나. 네게는 이것으로 끝을 막고 이제부터 나는 나의 어린 후계자 — 어린 것에게 편지를 쓰겠다. 이것으로 나는 나의 이후의 일을 삼으려는 것이다"[15)]와 같은 결말은 죽은 남편 박철과 살아있는 아내의 정신적 단절을 암시한다. 이런 결말은 앞서 논한 「산장소화」와 좋은 대조를 이루고 있다.

「거미줄을 타고 세상을 건느려는 B녀의 소묘」(〈신동아〉, 1934. 6)는

15) 『이무영문학전집 3』, 국학자료원, 2000, p.47.

대중작가 김한성이 이미 고인이 된 경향작가 장만억과 결별하기까지의 과정과 5년 전에 일방적으로 파혼하고 다른 곳으로 시집갔다가 실패하고 폐병에 걸려 죽어가는 박현순을 극적으로 함홍에서 만나기까지의 과정이 겹쳐진 이야기를 들려준다. 이무영은 소설작품을 통해서도 평론문 못지않은 문단사의 한 귀중한 자료를 제공하는 힘을 보여준다.

> 조선에 「신경향」 문학이 들어오던 초기에 있어서 살인주사침같은 붓끝으로……한우리를 노래하던 아니 고함치던 장군. 잡지 「화성」을 활무대로 대중을………하던 장군! 그러나 그는 붓 끝에 매인 사람이 아니었다. 가느다란 붓끝으로 만은 펄펄끓는 정열을 쏟을 길이 없는 장군이었다. 하로 아츰 그는 붓을 꺾어버렸다. 활활타는 화염 속에다 붓동강이를 살났다. 그러고는 한성을 향하여 웨쳤던 것이다. 「붓을 꺾어 버려라!」(중략) 「너같은 인간은 몣만명이 있어도 일없다. 자 우리가 꺾어버리는 붓이 아깝거든 그 동강이라도 주어가지고 가럼!」 가장 가깝고 가장 많은 이해를 가지고 사괴어 나려오던 장군은 이 말 한마디를 계기로 그로부터 영원히 떠나가버리고 말았던 것이다. 장군으로부터 버림을 받은 한성은 몣해 글너다니는 동안에 다시는 주어져 보지못할 인간쓰러기가 되고 말았다. 비속하기 짝이 없는 조선의 쩌날리즘에 추파를 보내어 종이값도 변변이 못되는 원고료로 그날그날을 연명해가는 그지없이 가엽슨 인간이 되고 말았던 것이다. 「장군과 현순.-그들은 좋은 대상이었다.」 그는 가비어이 한숨을 내쉬었다. 동아줄처럼 믿고 있던 장군이 간지 일년이 못되어 현순도 가고 말았던 것이다.[16]

김한성은 함홍에 있는 장만억의 무덤 앞에서 다시 한번 자신의 작가로서의 삶을 교활함과 간사함과 도피주의로 규정한다. 경향문학의 맹장이

16) 〈신동아〉, 1934. 6, p.214.

었던 장만억을 영웅시한 점에서 또 김한성과 같은 매문문사가 자기반성하고 있는 것으로 그린 점에서 이무영은 경향작가나 동반자작가를 바람직한 작가로 생각한 것이 된다. 김한성은 자기집이 파산했을 때 배신하고 떠나간 현순을 그리워하면서도 복수심을 이기지 못해 현순을 모델로 하여 음탕하고 잔인하고 허영심으로 가득찬 여성을 주인공으로 한 대중장편소설 "십년간"을 쓰기로 계획한 적도 있다. 이 소설의 끝은 전라도로 시집갔다가 실패하고 상해로 건너가 화류계에서 일하다가 병들어 귀국하여 죽어가면서 현순이 남긴 500페이지짜리의 「나의 참회록」을 김한성이 다듬어서 발표하려는 것으로 되어 있다. 작가 이무영은 이러한 주인공의 태도를 경계하는 흔적을 분명하게 남기고 있다. 원래 현순은 "거미줄을 타고 세상을 건느려는 계집"을 자처했었다. 현순은 한성의 품에 안겨 죽어가는 자신을 향해 "거미줄을 타고 세상을 건느려는 어리석기 짝이 없는 계집"으로 판단한다. 김한성은 현순을 향해 "현실을 망각하는 허영녀의 표본"이라고 생각하면서 현순의 자기판단에 동의한다. 남녀의 사랑과 배신을 다룬 이야기가 양적으로는 더 큰 비중을 차지하고는 있지만 이 작품은 소설가소설이며 사상소설의 값진 사례가 되고 있다.

「용자소전」(〈신가정〉, 1934. 11~12)은 의사로 문인친구가 많으며 누이동생 용자를 늘 긍정적으로 생각하는 박진문의 시선으로 용자의 주의자로서의 성장과정을 지켜 본 여성성장소설이다. 오빠의 눈에 용자는 오빠의 중학교 동창이며 문단에서 "동반자작가로 가장 촉망을 받고 있으며" (p.473) 진보적인 생각을 지니고 있는 B로부터 영향을 받았고 가능하면 B와 결혼할 생각을 가진 것처럼 보인다. 용자가 오빠를 향해 너무 봉건적이며 귀족적이라고 비판하는 태도는 용자의 성상을 일러수는 한 지표가 된다. 그럼에도 '나'는 용자를 진보적 사상의 소유자로 인식하면서 동생을 깨끗하면서도 범접할 수 없는 존재로 보았다. 용자는 물심양면에서 공주처럼 컸음에도 고교 졸업 때는 오히려 자신을 극히 평범한 존재로 인식하는 일시적인 혼란을 겪기도 한다. 그런가 하면 사람은 사상이나 이상만으로 살 수 없고 돈도 있어야 된다고 깨닫기도 한다. 이 소설은 '내' 가 종로서 박형사한테 연락을 받고 경찰서에 가 용자가 "해외서 들어온 어떤 청년이 저지른 사건에 관련된 것" 을 알고 다음과 같이 용자가 말하는 것을 듣는 것으로 끝나고 있다.

> "오빠. B를 떼어버린지가 언제라구요! 난 B를 따라가려다가 그만에 지나쳐 버렸지요. 글 쓴다는 자들은 결국 고짓 밖에 못하겠더군요. 원고지에다가는 엉뚱한 패기를 보이지만…딱 큰 일을 당하면 자라 모가지처럼 패기가 쑥 들어가나봐…" 나는 하도 어이가 없어서 아무 말도 못하고 우두커니 서서만 있었다.[17)]

용자는 실천력의 면에서는 동반자작가의 수준을 넘어서 버린 만큼 성장한 것이다.

이무영의 「노래를 잊은 사람」(〈중앙〉, 1934. 11~12)은 "달아달아 밝은 달아/이태백이 노던 달아/저기저기 저달속에/계수나무 박혔으니" 라는 노래가 도시에서 작가노릇을 하다가 두 달 감옥살이하고 아무 것도 가진 것 없이 8년 만에 귀향한 '나' 의 귀에 들려오는 것으로 시작한다. 이 노래는 광인 박정화가 남들이 다 자는 한밤중에 부르고 다니는 것으로 그는 후반부를 "천년만년 사잿더니/천년만년 사잿더니/봉화뚝엔 불꺼지고" 와 같이 자기가 지은 가사로 채워놓았다. 벙어리이면서 사시사철 단벌 옷으로 버티며 밥 한 술에 동네 온갖 궂은일을 하는 성녹이가 겨울에 물방앗간에서 얼어 죽은 것을 보고 분통을 터뜨리다 홱 돌아버린 박정화는 원래 신화청년회의 일원으로 사재를 털어 야학을 운영하고 동네거지들과 생활을 함께하는 청년이었다. 그 후 박정화는 갑자기 도조를 올려 받는 지주에게 반항하다가 감옥에 갇힌 경험을 하였다. 작중의 '나' 는 박정화

---

17) 『이무영문학전집 3』, 국학자료원, 2000, p.493.

가 미치게 된 요인으로 성녹이의 죽음과 감옥살이가 가져다 준 충격 이외에 같이 일하던 청년회원들의 타락과 변절과 취직을 들고 있다. 정신이상자가 된 박정화는 다리 밑에서 이십 명의 거지들과 함께 살면서 때로는 요리집에 가서 사람들에게 마구 호통을 치는 기행을 보이기도 한다. 그 후 '나'는 취직이 되어 서울로 올라가는 기차가 막 출발하기 직전에 박정화의 노랫소리를 듣게 된다. 그는 어떻게 될 것인지 아무도 모른다. 이 소설은 "박정화는 성봉수를 중심으로 한 신화청년회원이다"라는 구절 다음의 10여 행 이상을 삭제한 흔적을 역력하게 보여 준다. 신화회의 성격과 활동상을 서술한 부분이 삭제된 것으로 볼 수 있다.

「타락녀 이야기」(〈신인문학〉, 1935. 3)에서는 과거에 열혈청년이었고 주의자였던 형재가 40원짜리 인쇄소 사무원으로 취직하여 찬영과 다시 만나 비난받고 뺨까지 얻어 맞는다는 이야기를 들려준다. 찬영이 자기를 처음 만났을 때 형재가 "나를 데리고 계급이 어떠니 사회가 어떠니, 아나키즘이 어떤 것이고 하는 어려운 강화를 하는 것을 보고 이렇게 순진한 사나이를 한 번 놀려내는 자미도 글치는 않으리라고 생각했더랍니다."[18] 고 하자 형재는 다 과거지사라고 하고 자기는 지금 사십원 짜라 월급쟁이에 지나지 않는다고 고백하였다. 이에 찬영은 "뭣이라니! 비교적 부르죠아던때 그만큼 계급의식에 눈이 떴던 형재씨가 정말 푸로레타리아가 된 지금와서 그런 의식을 버리다니요? 전보다도 훨신 열열해야만 할 성질이 아니었을까요?"[19]와 같이 큰 소리로 나무란다. 형재가 술에 취해 추태를 보이자 찬영은 형재의 뺨을 때리고 하는 식으로 헤어진 후 형재는 여러 차례 찬영이 있는 호텔이나 술집으로 찾아갔으나 만나지 못하고 이듬해 겨울 실직하고 만다. 룸펜 신세로 도서관에 가 신문을 보고 "××예술가들의 신전술"이란 제목 아래 찬영이가 좌익 예술단체재건을 주도적으로 이끈 활약상을 읽게 된다. 찬영의 실체를 알게 된 형재는 힌없이 부

18) 〈신인문학〉, 1935. 3, p.137.
19) 위의 책, p.137.

끄럽고 초라한 것을 느끼게 된다. 타락한 것은 바로 자기라는 것을 알게 된다.

장편소설 「먼동이 틀 때」(〈동아일보〉, 1935. 8. 6~12. 30)는 인쇄소 직공인 일도가 사랑과 사회운동의 양면에서 최후의 승리자가 되는 것으로 이야기를 끌어갔지만 라이벌이었던 김인화도 프로타고니스트로 설정하였다. 김인화는 "올해 성대를 마친 수재로 학생때부터 시작을 발표하여 동반자층에서는 오래 전부터 인정받아온 시인"[20]으로 가문도 좋고 재산도 많은 전도유망한 청년으로 그려져 있다.

> '신흥예술' 은 김인화의 경영이다. 카프에 가맹치 않은 동반자층의 작가들이 주로 그 집필자가 되어 있는 순문학잡지다. 문학은 선전문이 아니다. 문학은 문학 그 자체대로 뻗칠 길이 있는 것이요 또 뻗쳐 가야만 할 것이다.-이러한 주장 밑에서 카프보다는 훨씬 자유로운 입장에서 편집도 했고 또 이에 공명하는 작가들이 모여드는 유일한 집합장도 되어 있는 터였다.[21]

이상에서 살펴본 이무영의 소설들은 주인공이든 아니든 저항적 존재의 범주에 넣을 수 있는 존재를 내세운 공통점을 보이고 있다.

4. 김정한은 저항적 농민상을 내세우는데 힘썼다.

김정한은 「모래톱 이야기」(1966), 「수라도」(1969), 「인간단지」(1970) 등이 대표작으로 평가된 작가로 1960년대에 자리매김되긴 했지만 그의 작가정신과 작가적 역량은 이미 1930년대의 「그물」 이후의 일련의 단편

20) 『이무영문학전집 3』, 국학자료원, 2000, p.150.
21) 위의 책, p.182.

소설들에서 충분히 입증된 바 있다.

「그물」(〈문학건설〉, 1932. 12)은 지주와 소작인의 갈등을 중심사건으로 한 농민소설이다. 칠월에 지주 박양산의 사음인 김주사가 소작인 또줄에게 와서 느닷없이 5원을 빌려 달라고 했을 때 없다고 하자 김주사는 버럭 화를 내고 가버린다. 겨울이 오자 또줄이가 서 말 반지기 논에 넉 섬 소작료를 바친 것을 보고 마름 김주사가 트집을 잡자 지주 박양산은 나쁜 나락만 가져왔다는 이유로 명년부터 논을 부치지 말라고 한다. 송또줄은 계약기간이 삼년이나 남았는데도 갑자기 지주가 소작권을 떼버린 것은 마름 김주사의 농간 때문이라고 짐작했다. 다음해 춘분에 송또줄이 경작했던 안골 논을 김주사네가 와서 논을 갈게되자 두 집안은 정면으로 충돌하게 된다. 송또줄이 혼자서 김주사네 사람들 셋과 싸우다가 주재소에 끌려가자 조선순사는 지주 편을 들어 소작권이 김주사에게 있다고 유권해석을 한다. 그럼에도 송또줄은 그냥 주저앉지 않는다. 이삼일 뒤 송또줄이 김주사네 집에 가 온갖 욕설을 퍼붓고 대들자 김주사는 50원을 갖고 오면 춘삼이네 소작권을 넘겨주겠다고 하였고 이를 송또줄이 거절하면서 김주사 아들들로부터 구타당한다. 이 소설은 또줄이 복수심을 다지는 열려 있는 결말을 취하고 있다. 지주나 마름의 횡포를 구체적으로 제시한 점, 소작인이 끝까지 대들고 따지고 하는 것으로 그린 점에서 「그물」은 1920년대 프로소설의 저항적 태도에 조금도 뒤지지 않는다.

「사하촌」(〈조선일보〉, 1936. 1. 8~23)은 서두에서 상징소설의 효과를 잘 발휘하고 있다. 지렁이 한 마리에 새까맣게 달라붙은 개미떼, 기둥이 뒤틀어지고 문이 돌아가 버린 오막집, 배배 뒤틀린 고목, 배고파 울다 목이 쉬어 버린 어린애, 류머티즘이 고질병처럼 되어 버린 노인 등은 1920, 30년대 한국농민들의 비참한 모습을 축약해서 보여준 것이라고 할 수 있다. 이 작품은 적극적 리얼리즘이자 비판적 리얼리즘의 모델이라고 할 수 있다. 치삼노인의 아들 들깨가 극심한 가뭄에 물을 자기네 논에만 대려고 하는 중들과 싸우는 모습에서 저항적 농민의 상을 볼 수 있다. 들깨는

"한번이라도 중에게 반항을 하면 두말없이 절논을 떼이고 마는 것" 을 잘 알면서도 중간에서 물막는 중들과 싸우는 것을 서슴지 않는다. 류마치스로 고생하는 치삼노인은 아들 들깨가 보광사 중들과 면장을 욕하자 젊었을 때 자신이 저지른 우행을 떠올리며 후회한다.

> 아들의 불퉁스러운 어조에는 거칠어질대로 거칠어진 농민의 성미가 뚜렷이 엿보였다. 가물은 그들의 신경을 더욱 날카롭게 하였던 것이다. 치삼노인은 '중놈' 이란 바람에 가슴이 선뜩하였다. 그것은 자기들이 부치고 있는 절논 중에서 제일 물길 좋은 두 마지기가, 자기가 젊었을 때, 자손대대로 복 많이 받고 또 극락가리라는 중의 꾐에 속아서 그만 불전에 아니 보광사(普光寺)에 시주한 것이기 때문이다.[22]

치삼노인은 보광사중들이 어떻게 해서 대지주가 되었는지 그 단면을 잘 보여주고 있다. 김정한은 힘은 있지만 부당한 존재들을 향한 반감을 감추지 않고 있다. 중지주와의 직접적인 충돌장면을 설정한 것은 말할 것도 없거니와 성동리의 유력자 최다리주사, 면서기이며 농사조합평의원인 진수, 주재소의 고자쟁이인 이시봉 등은 농민들을 끊임없이 협박하고 착취하는 존재로 그려지고 있다. 농민들을 기준으로 해서 보면 가해자나 방해자의 유형에 들어가는 이런 존재들을 노골적으로 드러내는 것 자체가 쉽지 않았지만 김정한은 이들 존재들을 부정한 태도를 억제하지도 감추지도 않았다. 기골이 장대한 고서방은 물 때문에 중들과 싸우다가 중들의 편을 드는 농사조합서기 기봉이로부터 아랫배를 얻어 맞고 주재소로 끌려가게 되자 용서해달라고 빈다. 그러면서도 고서방은 앞날을 더 걱정한다.

> 그러나 한편, 물을 흐뭇이 댄 보광지-최근에 생긴 중마을-사람들은

22) 강진호 편, 김정한단편선, 『사하촌』, 문학과 지성사, 2004, p.27.

제논물이 행여 아랫논으로 넘어 흐를세라 돋우어 둔 물꼬와 논두렁 낮은 짬을 한층 더 단단히 단속하느라고 몹시 바빴다. 고서방은 분도 분이지만 그보다 내년봄에 영락없이 그 절논 두마지기가 떨어지고 말 것을 생각하면, 앞으로 살아나갈 일이 꿈같이 암담하였다. 아무런 흠이 없어도 물길좋은 봇목 논은 살림하는 중들에게 모조리 떼이는 이즈음에, 아무리 독농가로 신임을 받아오던 고서방일지라도 오늘 저지른 일로 보아서, 논은 으레 빼앗긴 논이라고 실망하지 않을 수가 없었다.[23)]

보광사에서 간평을 나와 과도한 세금과 비료대금을 부과한 것에 마을 농민들은 연기신청을 하였으나 기어이 차압딱지가 붙고 만다. 이 소설은 들깨, 철한이, 또줄이, 봉주 등과 같은 농민들이 모여 차압취소와 소작료 면제를 목표로 보광사 쪽을 향해 가는 것으로 끝난다. 「그물」과 마찬가지로 이후의 주인공의 운명에 대해서는 독자들의 상상력에 맡기고 있다. 작가 김정한조차도 이들 농민들에게 좋은 일이 생기리라고 기대하고 있지 않다.

「옥심이」(〈조선일보〉, 1936. 6. 18~7. 1)는 「사하촌」과 같은 해에 같은 〈조선일보〉에 발표되었던 단편소설로, 문둥병에 걸려 움막에 따로 사는 남편을 두고 자식까지 있는 26세의 옥심이가 동네공사장 감독인 안십장과 눈이 맞아 집을 나갔다가 얼마 후에 자식이 보고 싶어 다시 돌아온다는 이야기를 담고 있다. 이 작품의 첫 장면은 백암사로 통하는 신작로 공사장에 백암사 소작인들이 부역을 나와 고통스럽게 노동하는 모습을 보여주고 있다. 공사장에서 일하는 여자들은 점심을 먹으며 백암사 중들의 마누라들이 팔자가 늘어진 것이 부럽다고 하는 따위의 잡담을 나눈다. 만두할멈은 지금은 속인들이 중을 보고 코가 땅에 닿도록 머리를 숙이는 세상이 되었다고 개탄한다. 두미산 넓은 들판이 거의 다 중의 토지가 되어

23) 위의 책, p.34.

버렸기 때문이라는 것이다. 옥심에게 잘해주는 시아버지도 백암사 농사조합으로부터 아무 이유없이 비료대부를 거절당하는 조치를 당하자 논 떼어 가려는 조짐이 아니냐고 걱정한다. 옥심이가 안십장과 도망가버리고 닷새도 안 지나 옥심이 시아버지 허서방은 10년이나 부쳐오던 절논 너마지기마저 떼여 집안이 영락하게 된다. 물론 「옥심이」의 메인스토리는 옥심이의 탈선과 귀가로 정리되긴 하지만 「그물」과 「사하촌」에서 원인적 사건이요 필수 모티프의 기능을 보여 준 지주의 횡포를 부분적으로 재현해 보이고 있다. 「옥심이」는 「사하촌」과 마찬가지로 중지주의 위세와 횡포를 당시 농민들이 처한 암담한 현실의 근본동인으로 제시하고 있다. 「사하촌」이 지주와 소작인의 대결담으로 전체구조를 만든 것에 반해 「옥심이」에서는 지주를 향한 소작인의 저항은 내세우지 않았다.

「항진기(抗進記)」(〈조선일보〉, 1937. 1. 27~2. 11)는 제목에서부터 작가의 저항의지와 현실타개의지가 감지된다. 이 소설은 두 가지의 갈등관계로 구성되어 있다. 하나는 뜻과 행동을 같이하는 박첨지와 둘째아들 두호가 자칭 사회주의자인 큰아들 태호를 향해 갖는 반감과 부정적 인식을 말하며, 다른 하나는 두호가 자기네 등너머 논의 소작권을 빼앗으려는 사음의 뜻을 꺾어버린 것을 말한다. 이 소설의 제목은 아버지 박첨지가 탐욕스런 마름의 뜻을 거부하고 아들 두호가 직접 맞서 싸우는 후자의 갈등관계를 가리키고 있기는 하지만, 작가 김정한은 부자갈등, 형제갈등으로 착색된 전자의 갈등관계를 그리는데 큰 비중을 두었다. "토지갑시싸니 그러치. 당장 굶어죽는판에 논밧이 쓸데잇든가! 그저 지낼만한 댁에 가서 흰죽 한그릇쯤 어더마시고는 서너마지기씩 착착 뺏겻거던. 너희 칠촌댁 재산도 죄다 그때 걸태질해 들인것이란말야. 우리도 논마지기 조히 갓다바칫지……"[24]와 같이 칠촌댁의 재산형성과정을 암시한 것을 보면 칠촌댁의 도움을 받아 유학갔다 온 태호도 한통속으로 본 것이 된다. 박

24) 〈조선일보〉, 1937. 1. 28.

첨지가 사음의 소작권요구를 묵살해 버린 채 수십명의 야학후원회원들을 동원하여 모내기를 강행하는 것, 박첨지네가 밤사이에 모내기했다는 소식을 듣고 사음이 달려와 노발대발하며 논 한가운데 들어가 두호의 발목을 잡은 것을 두호가 뿌리치자 사음이 두고보자고 하며 뒷걸음치는 것은 소작인 송또줄이 사음 김주사와 육탄전을 벌리거나 폭언하는 식으로 저항한다는 「그물」의 이야기를 재현해낸 것이라고 할 수 있다. 「항진기」에서 나레이터가 여러 차례 반복하여 "사음녀석"이라고 부른 것과 같이 김정한은 노골적으로 소작농의 편을 들고 있으며 지주와 마름에게는 적대적인 태도를 취하였다.

이상의 몇 편의 김정한 소설에서 지주나 마름의 횡포에 소작농이 저항한다는 모티프는 분명히 반복 모티프가 되고 있다. 뿐만 아니라 동네 유력자, 관리, 경관 등과 같이 잘 살거나 권력있는 자들이 모두 한통속이 된다는 이야기도 반복해서 제시하고 있다. 그런데 「항진기」는 「그물」, 「사하촌」, 「옥심이」와는 달리 탐욕스러운 지주나 악독한 사음만을 적으로 두고 있지 않다. 「항진기」(〈조선일보〉, 1937. 2. 4)에서는 열심히 정직하게 일하는 농민의 타자적 존재는 지주세력과 자칭 공산주의자로 나타나고 있다. 이 작품에서는 집안일을 전혀 하지 않고 계속 공산주의 타령만 하는 지식인이 건강하고 순박한 농민들의 반감을 사고 있는 것으로 그려지고 있다. 동생 두호는 "가산을 망친 형", "입으로만 ××주의를 씨부렁거리고 다니는 형"이라고 인식하고 있고 태호는 두호를 향해 "봉건적 혹은 인식부족이니 하며 곧잘 타박만 주었고", "농민이란 건 원래 짬도 없이 고집통이만 세거든!"이라는 관념을 가졌다. 동생이 형에게 왜 취직하지 않고 놀기만 하느냐고 따지자 형은 자기를 죽이면서까지 취직할 수 없다고 하였고 이에 동생이 어떤 일을 하더라도 제 마음만 단단하고 보면 반드시 자기를 살릴 수 있다고 반론을 펴자 형은 그게 바로 억설이라고 하면서 너도 아버지를 닮아 고집통이 농민근성을 가졌다고 비난하며 이러한 근성은 "인식부족과 사회적 훈련의 부족의 탓"이라고 하였다. 이에

질세라 두호는 그래도 “농민근성”이 형처럼 “꿈만 꾸는 근성”보다는 낫다고 반박한다. 두호가 “레닌의 조직론만 읽으면 만사가 해결되는 줄 아오? 조직업시는 아무 일도 못한다고 노상 한탄만 햇지, 이 지방을 위해서 무슨 조직체 하나 맹글어봣소?”라고 묻자 태호는 “지방정세가 그러치 못한걸 어떠케?”하면서 신경질적으로 자기한계를 인정하게 된다. “정세” 타령을 들은 두호는 “보전교군 만승천자 기라리는 것과 마찬가지로군요!”라고 비꼬면서 부디 함렛트나 되지 말라고 경고한다. 이미 아버지 박첨지는 큰아들 태호에게 집안일을 돕든가 취직하든가라고 하면서 얼치기 공산주의자공격론을 펼친 바 있다.

> 취직자리를 구해보라고 그처럼 타일러도 도모지 그럴 념도 안먹고, 그러타고 집안일이나 거덧느냐하면 그것도 하지안코 밤낫 펀둥펀둥 잣바저놀면서 남이 차저다니며 ××주의니 뭐니하고 시시덕거리니 그게 어듸 될일인가! 에이 참 더러운 꼴을 다 보겟네. 괸히 두삼이 본을 바다가지고……이놈아, 그래 두삼이가 무슨 ××주의를 하드냐? 술이나 처먹고 갈보무릅을 베고 누어서 네말맛다나 축음기 소리에 눈물흘리는 그것이 ××주읜가? 갑싼 눈물! 그냥 놀고 처먹을랴니 남부끄러워서 하는 부자집 자식들의 그 엄청난 잠꼬대! 어느놈이 그것을 ××주의라고 하디? 참말로 공산주의자가 듯는다면 배를 안고 나잣버질것일세[25]

물론 박첨지는 마르크시즘의 본질을 어느 정도라도 알고 하는 소리는 아니었으나 당시의 사회주의자들에게서 쉽게 간취되는 행태를 예리하게 지적한 결과가 되기는 했다. 박첨지와 두호가 장마통에 쓰러져 누운 보리를 거두어들이느라고 애쓰는 바로 그 시간에 태호, 태호의 칠촌 아저씨, 두삼이, 농촌지도원 영애 등과 같은 자칭 공산주의자들과 지주는 뱃

25) 〈조선일보〉, 1937. 2. 3.

놀이하면서 술 먹고 노래부르는 모습을 보여 주는 것으로 그리고 있다. 이 소설은 농민인 두호가 이념문제에서나 여성문제에서나 승리하는 것으로 매듭짓고 있다. 두호는 두 통의 편지를 받는데 하나는 형에게서 온 것이며 하나는 영애에게서 온 것이다. 형이 될 수 있는 대로 빨리 일자리를 찾겠다고 하고는 자신이 "공상가"인 대신에 동생은 "생활의 인", "실행의 인"이기에 그대를 존중하고 그대의 충고를 달게 받겠다고 한 것으로 그린 점에서 또 영애가 당신을 그리워하고 있다는 내용의 연서를 보내온 것으로 그린 점에서 결국 김정한은 주의자보다는 농민의 손을 들어준 셈이 된다. 큰 것을 꿈꾸는 공상가보다는 조그만 것이라도 만들어내는 현실주의자 쪽으로 기운 것이다.

김정한은 「항진기」를 발표한 직후에 단편소설 「기로」(〈조선일보〉, 1938. 6. 2~23)를 발표했다. 이 소설은 술장수 생활을 청산하고 은파, 두보 부부가 개골로 와 죽마고우였던 만식의 도움으로 수도저수지 공사장 석수장이 일을 하다가 삯전 문제로 사이가 갈라진 것을 원인적 사건으로 설정하였다. 두보가 저수지 언막이 파괴혐의로 옥살이하고 있을 때 아내 은파는 만식의 유혹에 빠져 도망가려다 아들 일남이가 눈에 밟혀 다시 돌아왔으나 일남이는 이제 막 출옥한 아버지 두보가 데리고 어디론가 가버렸다는 결말을 읽을 수 있다. 이야기 내용에 비해서는 부부가 개골로 가서 정착하는 과정, 집을 얻었을 때 동네 애들이 시비거는 장면, 만식 앞에서 부부싸움하는 장면, 두보가 옥에 있을 때 빨래 품팔이하다가 구장 부인과 다투는 과정 등은 지나치게 길게 처리되었다. 중간중간 대화장면이 길게 처리된 것도 작품의 긴장감을 떨어뜨린다. 이 소설에서 가장 중요한 인간관계는 두보와 만식의 관계나. 두보는 만식과 동향인이요 소학교 동창으로 개골로 가서 만식 덕분에 집도 구하고 일자리도 구했으나 사용자 편에 있는 만식과 삯전 문제로 싸우게 된다. 두 사람은 술 한잔 하면서 격렬한 토론을 벌인다.

"결국 이건 생활이 아니야!"

방안의 오랜 침묵이 겨우 깨지는 모양이다.

은파는 귀를 쫑깃하며 만식의 대답을 기다린다.

"생활이 아니면, 그럼 죽음인가?"

"암 그러치!"

"그럼 자넨 지금 귀신이 돼서 말하는 셈이구먼?"

"귀신이야 아니지만 바로 노동기계지. 인간으로선 이미 신단지했고, 그저 기계로서만 산 셈이지."

"그걸로써 족하지 안흔가? 지금 우리들의 경우로선…"

"천만에! 그건 바로 니-체가 말한 바와가티 현실회피의 비겁한 노예주의거던. 아무리 경우가 딱하기로니 인간까지야 버릴 수 있나, 온!"

"자넨 곧잘 니-체니 뭐니 하지만 거 다 실상 현실은 몰으고서 그저 책상우에서만 따져 낸 위대한 잠꼬댈세. 자네도 그따위 니-체니 인간성이니를 어서 내던지고서 절박한 현실부터 다시 리해해야만 될걸세. 그럴 용기는 업는가? 블닥크의 영웅전이나 한번 읽어보지 그래?"

"영웅전인가?"[26)]

만식은 생활이니 현실이니 하는 것을 두보는 인간이니 자존심이니 하는 것을 중시하는 입장이다. 이 토론이 끝나고 만식과 두보는 피투성이가 되도록 싸웠고 두보는 저수지 언막 파괴혐의로 양서방, 거칠이와 함께 체포되어 여러 달 옥살이한 후 무죄석방되어 나와 아내 은파가 만식이와 애정도피한 현실에 직면하게 된다. 그러나 이 소설은 은파가 아들 일남이 때문에 안십장과 기차를 타고 도망가기 직전 도로 돌아 온 것으로 결말을 처리했다. 「기로」는 2년 전에 발표된 「옥심이」에서 중심 모티프로 제시된 옥심이와 안십장의 애정도피 모티프를 반복설정하고 있다.

26) 〈조선일보〉, 1938. 6. 12.

자식 때문에 되돌아온다는 사건을 똑같이 설정해 보인 것은 모성이 여성성보다 강한 것임을 인정한 것이라고 할 수 있다. 물론 「옥심이」가 모성으로 돌아오는데 성공한 반면 「기로」는 실패한 것으로 그린 차이가 있기는 하다.

「추산당과 곁사람들」(〈문장〉, 1940. 10)은 대처승으로 논밭을 포함하여 많은 재산을 지니고 있는 추산당이 중병에 걸려 임종이 가까워오자 많은 사람들이 분재에 기대를 걸고 찾아오긴 했으나, 명호는 추산당이 종조이면서 동경유학을 잠시 보내준 은혜를 받은 적이 있기는 하나 더러운 무리에 섞이기 싫어 일부러 문병을 가지 않는다. 추산당이 부른다는 전갈을 받고 아버지와 함께 갔다가 추산당에게 사과하기는커녕 논타러 온 것처럼 보일까봐 일부러 오지 않았다는 되바라진 말대꾸를 하여 추산당의 분노를 사고 만다. 추산당은 숨이 끊어진 다음에도 토지대장만은 놓지 않는 기태(奇態)를 보인다. 명호는 인부들이 추산당의 금니를 빼가기 위해 두골을 앞에 놓고 다투는 모습을 보고 충격을 받기도 한다. 이 소설은 추산당의 양자 구룡이가 유서가 없어졌다고 소동을 피는 바람에 여러 사람들에게 구타당하는 것으로 매듭짓고 있다. 작가는 아버지 강첨지와 명호가 추산당을 마지막으로 뵙기 위해 산길을 올라가는 모습을 과다하게 그리면서 "시대가 시대인 만큼, 중도 제맘대로 취처를 해가지고 여염살림을 할뿐더러 이중이떠중이 모나 돈도 하고 나도는 세상이므로 절간에 들어서도 역시 사람의 자최를 잘 볼 수가 없었다"[27]고 비판하기도 한다. 김정한은 추산당 뿐만 아니라 살아생전이나 사후에 추산당 곁에 모인 사람들을 모두 비판하는 부정의 소설을 쓴 것이다. 승속, 남녀, 노소, 신분고하를 가리지 않고 공격의 대상으로 삼았다.

27) 〈문장〉, 1940. 10, p.70.

5. 유치환은 슬픔과 외로움에서 빠져나오지 않았다.

유치환은 1947년 6월 행문사에서 발행한 시집 『생명의 서』의 pp.42~44에 「출생기」라는 시를 수록했다. 그중 "상서롭지 못한 世代의 어둔 바람이 불어오던/ – 隆熙 二年!", "희미한 등잔불 장지 안에/煩文辱禮 事大主義이 辱된 後裔로 세상에 떨어졌나니"와 같은 표현처럼 김유정, 이무영, 김정한, 유치환이 태어났던 1908년은 우리의 국운이 기울어져 가던 시기였다. 유치환은 55편의 시편을 담아 놓은 첫 시집 『청마시초(青馬詩鈔)』(청색지사, 1939)에서 바로 「출생기」에 깃들어 있는 "상서롭지 못하고", "욕되고", "슬픈" 마음을 드러내는데 힘쓴 결과를 보이고 있다. 유치환은 55편의 시 도처에서 슬프고, 허황하고, 외롭고, 고독하고, 적막하고, 적요하고, 의미없고, 춥고, 영락하고, 비노(悲怒)하고 등과 같은 심정이나 상태에서 헤어나지 못하고 있음을 고백하고 있다. 이러한 심정이나 상태를 빚어낸 매개체나 객관적 상관물은 제시되기는 했지만 이들은 한결같이 생활이나 현실에 포함되기 어려운 것들이었다.

"파리한 幻想과 怪夢에/몸을 야위고", "호올로 서러운 춤을 추려느뇨"(박쥐), "이렇게 슬프고도 애닯은 마음을"(기빨), "바람센 오늘은 더욱 너 그리워/긴종일 헛되이 나의 마음은/공중의 旗빨처럼 울고만 있나니"(그리움), "虛荒한 저녁, 慟哭하고 싶은 외로운 心思엔들", "나는 바람처럼 또한/孤獨의 哀傷에 한 道를 가졌노라."(이별), "永遠히 濟度못할 劫罪를 지고/이렇게 寂寞한 骨董이여"(보살상), "여기는 나의 寂寥의 空洞/透明히 絶緣體된 忘却의 邊涯어니/意味없는 哀愁는 드디어 渺漠하야 돌아오지 않고/오로지 無念한 孤獨은 한 마리 小蟹에 滅하나니"(동해안에서), "파리한 사람들은 말없이 움쿠리고 오가거늘/이 치웁고 낡은 現實의 어디에서"(수선화), "오늘의 이 艱難과 不如意를"(점경에서), "이 덛없이 無常한/骨肉에 엉기인 有情의 거미줄을 觀念하며/遙寥한 太虛가온대/오직 孤獨한 홀몸을 凝視하고"(병처), "오르고 깊은 높으고도 슬픈 山 있노니", "그 漠漠한 어둠 속에 尨然히 막아섰을/오오 나의 山이여"(산4), "내려 쪼이는 단양아래 點點히 쪼꾸린 적은 돌맹이여"(정적), "船夫들은 이렇게 배들을 방축에 매어 둔 채로/어디로 다들 避하였는가"(항구에 와서), "나는 젖는대로 비에 젖는/어느 한 마리 외로운 갈매기로다//願하야 이룬바 없고/悔恨은 오직 病같어"(어느 갈매기), "나는 零落한 孤獨의 가마귀", "希望은 떠러진 포켓트로 흘러가고/내 黑奴같이 병들어"(항수), "그 數萬의 발자죽도 술래박퀴도/저 어디메 寂寂히 쓸물처럼 물러가고/오직 亡滅의 虛寂만이 隱身한 네거리에/華麗한 殘骸는 輓章처럼 不吉한 影子를 느려트리고", "나는 醉하야 魍魎처럼 울며 지내가다"(심야), "아아 진실로 커다란 寂寥는", "이 어찌 憂鬱한 情景이리오/나는 목을 메우는 塵埃를 먹고/벙어리같이 悲怒하야"(군중), "白晝는 陰影을 잃고 茫然히 自失하고/멀건히 비인 廓寥한 停車場", "寂寥의 轢死한 하얀 옷자락이 널려있고"(백주의 정거장), "나는 非力하야 앉은뱅이/日曆은 헛되이 모가지에 汚辱의 年輪만 기치고/남은 것은 오직 즘생같은 悲怒이어늘"(비력의 시), "내오늘 病든 즘생처럼", "스스로 悲怒하야 갈곳 없고" "아아 내 어디메 이 卑陋한 人生을 戮屍하료"(가마귀의 노래) 등과 같은 구절들은 시인이 일단 현실이니 생활이니 시대니 하는 것으로부터 벗어나 있음을 보여준다.

그러나 그는 이렇듯 소극적이고 나약하고 정태적(靜態的)인 시만 쓴 것은 아니다. 비록 전자의 경향의 시편보다는 적지만 여러 가지 어둡고 부정적인 현상을 극복하려는 기운과 노력을 보여주기도 했다.

유치환은 「산1」에서 "그 孤獨한 등을 萬里虛空에 들내여/默默히 瞑目하고 自慰히는 너/ 一山이여/내 또한 너저럼 늙노니"라고 산처럼 의젓하게 늙어가겠다고 했고 「수선화」에서는 "그 맑고도 고요한 너의 탄생", "그 純潔하고 優雅한 氣魄", "그 忍苦하고 嚴肅한 뿌리", "반드시 돌아올 本然한 人子의 叡智와 純眞을 너게서 믿노라", "그 한없이 淸楚한 자태"와 같이 '수선화' 로부터 배울 것이 많다고 노래하였다. 「소리개」에서는 "傲

岸하게도/動物性의 땅의 執念을 떠나서/모든 愛念과 因緣의 煩瑣함을 떠나서/사람이 다스리는 世界를 떠나서/그는 저만의 삼가하고도 放膽한 넋을 타고/저 無邊大한 天空을 날어/거기 靜思의 닻을 고요히 놓고"와 같이 사람들에게 이상과 야심과 꿈을 가질 것을 종용하고 있다. 그리고 「철로」에서는 철로를 보고 "意志를 意志하는 深刻한 苦行의 길이로다", "오오 한가닥 自虐에도 가까운 意慾과 熱意의 길이로다"와 같이 의지, 의욕, 열의를 지닐 것을 권하면서 철로 위를 "信念의 피의 불꽃의 火車"가 달리는 장면을 상상했다. 「일월」에서는 "나의 원수와/원수에게 아첨하는 자에겐/가장 옳은 憎惡를 예비하였나니"와 같이 증오심이 오히려 가치있는 삶의 한 요소임을 암시하였다. 「지연(紙鳶)」은 "우르르면 滿滿한 寒天에 紙鳶 몇 개/나의 鄕愁는 또한 天心에도 있었노라"와 같이 단 두 행으로 이루어져 있는데 "천심"은 존철이 되고 있다. "천심"은 하늘의 뜻이기도 하고 하늘을 향한 나의 마음이기도 하다. 뿐만 아니라 천심은 천명이 될 수도 있고 천리가 될 수도 있다.

앞서 논한 것과 같이 여러 가지 정서나 태도로 표현될 수 있는 쇠망, 환멸, 허무 등으로 가득찬 현실을 극복할 수 있는 자세를 비교적 다양하고도 구체적으로 제시한 것으로 「송가」를 들 수 있다.

> 항상 저희는 이렇듯
> 슬프고도 오롯한 系圖를 자랑으로 받들므로
> 머언 遺業을 그대로 이어
> 오직 옳고 强하기를 소망하고
> 좋은 원수를 일컷되
> 간사함은 미워하고
> 어떠한 惡意와 모함에도 견디어
> 끝내 屈從에 길들지 않고
> 하야 눈은 눈으로!

이는 죽엄과 같은, 저희의 피의 法度가 되어지이다.

6. 세 사람은 방법과 이념은 다르지만 적극적으로 현실참여하였다.

이상에서 본 것처럼 김유정, 이무영, 김정한 등 세 작가는 농민소설을 주력해서 쓴 작가라는 공통점 이외에 소설양식은 기존의 삶의 방식, 사고방식, 풍습 등을 거부하거나 뒤집어엎는 거부와 저항의 양식임을 실제 작품을 통해 입증해 보인 공통점을 지닌다. 그런가 하면 이들 세 작가들은 소설양식을 가족갈등이든 빈부갈등이든 이념갈등이든 갈등관계를 설정하고, 파헤치는 양식임을 공통적으로 실천에 옮겨 놓고 있다. 이들 세 작가들은 1920, 30년대 한국인들의 궁핍상과 절망감이 어디에서 왔는가를 끈질기게 문제삼는 한편, 저항성으로 부를 수 있는 현실극복방안을 제시하고자 한 공통점을 보이면서 김유정은 가족갈등이나 빈부갈등에, 이무영은 이념갈등에, 김정한은 빈부갈등에 작가적 관심을 기울이는 차이점을 보였다.

김유정은 1937년에 세상을 떠났고 유치환, 이무영, 김정한은 1945년 8월에 해방을 맞았다. 청마 유치환은 해방 전에 통영협성상업고등학교 교사(1937~1940)를 거쳐 1940년 봄에 가족과 함께 만주 빙강성 연수현으로 옮겨가 농장을 관리하고 정미소를 운영하다가 1945년 해방을 맞아 귀국하여 통영문화협회 초대 회장(1946), 통영여자중학교 교사(1945~1948), 청년문학가협회부회장(1946), 문인구국내조직, 육군 제3사단 종군(1950), 종군문인체험을 살린 『보병과 더불어』 간행(1951), 대한민국 예술원회원 피선(1954), 경주고등학교 교장(1955~1959), 한국시인협회장(1957), 대구매일에 게재한 칼럼이 문제되어 경주고등학교 교장 사임(1959. 9), 경주여자고등학교 교장(1961~1962), 한국예술단체 총연합회 경북지부장 피선

(1963), 한국문인협회부산지부장(1964), 시선집 『파도야 어쩌란 말이냐』 간행(1965) 등과 같은 경력을 거쳤다.[28]

말년인 1965년에 간행된 『파도야 어쩌란 말이냐』에서는 유치환의 문학관이 분명하게 달라졌음을, 또 유치환이 현실참여한 흔적이 뚜렷하게 나타나고 있음을 확인할 수 있다. "김주열군의 주검에"라는 부제가 붙어 있는 「안공에 포탄을 꽂은 꽃」, "3 · 1의 정신이여, 일어서라/깃발이 아니라 실물을!/채색을 핑계말고/순백의 장미를 달라!"와 같이 1960년에 3 · 1절을 맞아 민족적 정기를 되살리자고 한 「하늬바람의 노래」, "다시 8 · 15날에"라는 부제가 붙어 있고 "이제는 무어로 치고 두들겨도/아예 울 줄을 모르는 종이여/안으로만 울고/밖으론 울지 않는 종이여"라고 답답한 심정을 표백한 「노한 종」, 신금단부녀 상봉 기사를 보고 분단의 아픔을 노래한 「암담한 고난의 땅을 향하여 나는 맹세하였다」, 4 · 19 6주년을 맞아 "삼월에 이어/또 하나 사월의/정정히 치켜 선 진노의 나무"와 같이 4 · 19정신의 퇴색을 우려한 「사월의 나무」, 남한산성에 올라 인조 때의 치욕의 역사를 떠올리며 "진실로 진실로 역사는/뉘의 힘에 쓰여짐이 아니거니/스스로 제 손으로 제가 쓰는 것"이라고 비장하게 노래한 「역사를 고쳐 쓰다」, "무명전사 영령전"이란 부제가 붙어 있고 "애흡다!/귀하고 애석하매 너희의 그 목숨과 이름/저 푸른 하늘빛에, 이 소소리바람 맑은/햇빛에, 겨레의 가슴팍에 길이 못박혀 무념 되어 있는도다"라고 매듭지은 「진혼가」, "태풍 사라호 후문"이라는 부제가 붙어 있는 「비극은 없는 것인가?」 등이 유치환의 적극적인 현실참여태도를 입증해주고 있다.

1959년 6월 9일자 〈조선일보〉에 발표한 단연체 32행의 시 「화방(花房)에서」는 참여시의 한 모델로 보아도 될 정도로 당시의 정상배를 향해 높은 토운의 비판력을 행사하고 있다. 다루기 어려운 소재들과 거론하기 어려운 존재들이 뚜렷하게 문면에 비치고 있다. 이 시는 자유당 말기인

28) 남송우 편, 『청마유치환전집 6』, 국학자료원, 2008, pp.489~493.

1959년에 발표되었다는 점 한 가지만으로도 존재가치를 지닌다.

경무대가 보이누나
태평로 의사당이 보이누나
실크 햇트를 멋지게 쓴 홀(笏)을 든 무소불능공(公)이 가시누나
연지곤지 성장한 민의(民意) 부인(夫人)들이 가시누나
그리고 그들을 한사코 얼려 시종 드는
사기씨 부정 선생 조삼모사 영감에 뭇 아유구용 주구배들이
요지경 속처럼 아련아련 뒤치락거리누나
그러나 거기에 아예 나타나 보이지 않는 것이 있으니
그것은 진짜 악의 덩어리, 구더기, 그싯는 분노, 억눌린 눈물!

1960년 11월 16일자 〈민국일보〉에서는 민주당정권이 들어서고 난 직후의 위정자들과 권력지망생들을 향해 점잖게 꾸짖고 있는 6연 44행의 시 「태평로에서」를 발표했다. 이 시는 이 무렵에 시인 자신이 주로 신문지상에 발표했던 시평과 흡사한 내용과 어조를 들려주고 있다. 유치환은 제3연에서 "하기야 이들도 뉘 못잖이/바른 사회를 갈망한다, 정의를 애호한다/그러나 살 수가 없으니! 살기가 딱해서!"라고 이해하려는 움직임도 보여준다. 이중에서도 제5연을 주목할 필요가 있다.

권력의 취득은 정의의 추구와 반비례한다
또한 언제고 권력은 정의를 포기하기 마련인 사실을
젊은 피로써 청결하려던 저 전당 속에서
다시 되풀이됨을 지금 역력히 보거니
그리고 그같은 배신인즉
산란기의 정어리떼처럼 이(利)에로만
윤리의 무정란(無精卵)들로써 보수되거니

유치환은 1950년대와 1960년대에 여러 편의 짤막한 시평을 통해 자신의 현실참여의 정신과 방향을 일러주었다. 「구이팔과 북진의 회고」(〈국제신보〉에 실린 글)에서는 북진통일하지 못하고 다시 압록강 두만강에서 철수하던 것이 아쉽다고 하였고, 3사단 종군문인 시절에는 숙식은 좋지 않았지만 "달아나는 적을 이겨 자꾸 쫓아가는 편이라 즐거웠다"[29]와 같이 자신의 감정을 솔직하게 털어놓았다. 특히, 원산에 갔을 때 길에서 어린 아이의 시체를 보고는 "이렇게도 무모하고 엄청난 죄악을 장본한 공산두목들에게 무한한 증오와 분노가 피를 역류시킴을 못내 견딜 수 없었다"[30]와 같이 북한에 대한 적개심을 감추지 않았다.

「항거정신과 해우창생(海隅蒼生)」(〈대구매일신문〉, 1953. 3. 5)에서는 장관들부터 백성을 제대로 이끌 자세를 갖추라고 충고하였고 「악몽2제」(〈대구매일신문〉, 1960. 8. 13)에서는 해방 직후에 특히 교육계가 제대로 정화되지 않은 면을 지적하면서 이승만 대통령 주변의 권력자들을 향해 쓴 소리를 내뱉었다. 그런데 이 글은 "지난 자유당 치하에 살고 있는 동안 내가 간혹 신문이나 잡지에 주로 그들의 말단정치의 비위를 들어 귀따가운 소릴 한다 하여 경찰국가의 위력 그대로의 사찰대상이 된 영광을 누렸었고 따라서 모처럼 기회 있던 구라파 여행도 제지되었을 뿐만 아니라 마침내는 가졌던 직장마저도 물러나지 않으면 안 되었던 일을 나의 둘레에서는 다 알고 있는 바다"[31]와 같이 적극적으로 정치를 비판하고 사회를 고발한 시인에게 정치권력이 부당하게 제재를 가하였음을 폭로하였다.

"우리의 문화와 문화인"이라는 부제가 붙어 있는 「백번을 참회」(1950년 12월 26일에 일간지에 "전국문화인에게"라는 기획물에 실린 글)에서는 전쟁이 나 조국의 운명이 백척간두에 달려 있는데도 조국의 위기를 구

29) 위의 책, p.65.
30) 위의 책, p.66.
31) 위의 책, p.79.

하기 위해 달려가는 자가 거의 없다는 사실을 지적하면서 참으로 부끄럽고 한심하다고 하였다. “시방 조국의 이 위난을 동족상잔이라 하여 원수 앞에 총 들기를 거부한다면 그것은 가증한 이기적 기회주의에서 오는 자이며, 오히려 아무런 이해도 인연도 없던 외국의 수많은 청년들이 정의의 이름 아래 이 전지에 와서 조용히 죽어가는 사실을 어떻게 설명할 것인가…”[32]라고 비장한 어조로 꾸짖었다. 1960년 4월 3일자 〈대구매일신문〉에 실린 「현실과 문학」에서는 시인은 어려운 때일수록 역사에 참여하고 사회에 뛰어들어야 한다는 시인 유치환으로서는 의외다 싶은 조언을 하였다. 문학인이 현실에 불감하고 오불관하는 이유를 두 가지 경우로 들기는 하면서도 유치환은 어떤 유파의 작가나 시인들이라고 하더라도 현실과 유리될 수는 없는 법이라고 하였다. 초월주의문학도 광의의 휴머니즘의 질료를 제공하는 것이라는 식으로 이른바 순수문학을 감싼 데서 논리의 초점이 흐려지기는 했다.

그는 4 · 19가 일어난 지 한 달 여인 1960년 5월 29일자 〈동아일보〉에서 사월 혁명 이후 지난 날 정권에 아부하고 편승한 문인들에 대한 질타가 있는 것은 당연한 일이라면서 “방관으로써 악을 허용하던 축들이 비굴하게 그 악의 세도가 물러나자 악의 편승하던 축을 문책하는데 큰 소리로 합세한다는 일은 역시 오늘의 시기를 노린 한갓 편승은 아니겠는가?” 고 의문을 표시하였다. 유치환은 침묵과 방관도 못나고 부끄러운 일이라고 하면서 용렬하고 비굴함을 청산하여야 하다고 역설한 다음, 자신이 관계했던 단체, 사업, 행사는 과거 정권에 부화뇌동한 것인 만큼 이제 예술원회원 자리를 물러나 문단적인 연계로부터도 자유무애하게 살고 싶고 문학하고 싶다고 하였다. 당시 유치환의 예술원회원 사퇴는 불의와 부정의 비판이라는 행위 못지않은 의미를 지니는 자기반성의 결행이었다. 유치환은 자기를 반성하는 행위는 타자를 비판하는 행위 못지않은 값

32) 위의 책, p.105.

진 역사참여정신이라고 판단하였던 것이다. 당시 문인들 가운데 유치환만큼 억압과 기휘를 무릅쓰고 비판정신을 행사한 사람은 드물었다. 유치환은 1960년 전후하여 〈대구매일신문〉에 쓴 「땅에 떨어진 것」, 「더욱 의연한 정신을」, 「녹화설법」, 「호남당병 불호남부당병(好男當兵 不好男不當兵)」, 「무연치 않은 것」, 「내 자신을 알라」, 「애국 매국」 등과 같은 시평에서 우리 사회 도처에 도사리고 있는 불의, 부정, 부패 등을 고발하였다. 그는 자유당시절인 1959년에 신흥출판사에서 발행된 자작시해설집 『구름에 그린다』에 수록된 「나와 문학」에서 다음과 같이 진술하고 있다.

> 지각이 있는 사람치고는 누구나 다 그렇겠지마는 현실사회에 일어나는 보고 듣는 일에 대하여 쏠리는 관심이 내게도 대단 많습니다. 더구나 그것이 부정불의한 일일 것 같으면 견딜 수 없을 만큼 흥분하기까지 하기가 일수입니다. 그래서 직접 정치나 사회문제에 관한 작품이나 잡문을 써서는 원고를 청해온 잡지나 신문에서 당국의 기휘를 두려워 은근한 말로 퇫자도 맞고 더러는 발표되어 진정 애국 애족이 무엇인지를 모른 권력의 주구들에게서 부당한 지목과 압력을 받고 지내는 것입니다. 그러나 그렇다고 나는 나대로의 정의감이나 내지는 인생관을 바꾸든지 굽힐 수는 적어도 내가 글을 쓰는 한에는 불가능한 일입니다.(p.151)

일제 때 대체로 침묵의 세월을 보냈던 유치환은 한국전쟁 종군을 겪으면서 공동체의 삶과 현실에 눈을 뜨고 고발이든 비판이든 그에 대한 발언을 하는 것이 문학의 본령의 하나임을 깨닫고 1950년대와 1960년대에는 자기반성, 애국심, 정의, 휴매니즘 등을 지켜내고자 현실참여의 길에 나서게 되었다. 시보다는 논설에 의존하여 참여정신을 펼친 것은 시인으로서는 한계를 보인 것이 된다.

해방 이전에 이무영은 안재좌의 「조선프로레타리아예술운동의 신전망」(〈전선〉, 1933. 1), 김팔봉의 「1933년도 단편창작 76편」(〈신동아〉,

1933. 12), 「조선문학의 현재의 수준」(〈신동아〉, 1934. 1), 박승극의 「조선문학의 재건설」(〈신동아〉, 1935. 6) 등과 같은 동반자작가론에서 유진오와 함께 대표적인 동반자작로 평가되었다. 임화도 해방 직후에 그때까지의 근대소설의 발전과정을 설명하는 석상에서 그동안의 소설의 계열은 민족파/계급파, 순문학파/계급문학파로 대별할 수 있다고 하면서 독자적 경지에 있거나 중간파에 있는 동반자문학이 제3의 갈래로 추가될 수 있다고 주장하였다. 그리고 이무영을 가장 앞줄에 세웠다.[33] 1946년 당시 임화의 눈에는 이무영이 진정한 동반자작가로 비쳤을 것이다. 동반자작가를 일컫는 말로는 혁명의 반려, 수반자, 수반작가, 사회주의동반자, 동반자적 경향작가, 경향작가, 중간파작가, 외곽적 작가, 반려자, 잡계급적 진보적 작가, 진보적 소시민 작가, 진보적 인텔리작가, 자유주의적 중간파작가 등이 있다.[34]

이무영이 1930년대에 발표했던 소설들은 이무영의 동반자작가로서의 위상을 '사회주의동반자'나 '동반자적 경향작가'나 '진보적 인텔리작가'로 보게 만든다. 이무영이 1930년대 일련의 소설에서 이상적인 작가로 꼽았던 동반자작가는 단순한 중간파가 아니었다. 해방 이후 이무영은 전국문화단체총연합회최고위원(1947), 해군 정훈장교 특별 임관(1950. 12), 국방부 정훈감 취임(1953. 2), 해군대령으로 예편(1955), 전국문화단체총연합회 최고위원 재선, 자유문학자협회 부회장, 국제 펜 런던대회에 한국대표로 참가(1956), 단국대학교 교수 취임(1958) 등과 같은 이력을 거쳤다.[35] 이무영은 한국전쟁 3년간의 문학을 "도색화, 안이화, 퇴폐화"라고 비판하면서 특히 문단섹트화를 개탄하고 자유문협이 결성될 수밖에 없었던 필연성을 강조한 「한국분단에 드리는 글」(『예술시보』, 1955년)에서는 다음과 같이 주목할 만한 주장을 펼쳤다.

33) 임화, 「조선소설에 관한 보고」, 조선문학가동맹 편, 『건설기의 조선문학』, 백양당, 1946, p.59.
34) 졸고, 「동반자작가의 성격과 위상」, 『한국현대문학사상연구』, 서울대출판부, 1994, pp.170~171.
35) 『이무영문학전집 6』, 2000, 연보(pp.577~586).

> 문학이란 그 자체가 언제나 현실에 항거적 요소를 띠느니 만큼 일부 문학인이 현실에의 영합으로써 탈선을 하기는 했지만 새로운 진리추구에 강렬한 의욕을 갖고 있는 문학인이 많았음도 사실이다. 이 문학의 본질적인 생리가 자연 문학인으로 하여금 진보적인 사상인이 되게 했고, 이 진보적 사상이 공산독재의 아전인수적인 '진보적 사상'과 혼동, 합류될 위험성이 가장 많았던 것이다. 사실 그때까지의 공산주의는 일(日)의 군국주의와 정면으로 대치하여 공을 세웠었고 우리의 해방에도 기여한 바 없지 않았으므로 민주주의의 가면을 쓴 공산주의에 현혹되기도 쉬웠던 것이다. 그리고 무엇보다도 위험한 일은 1930년을 전후한 7년간 문단 독재의 달콤한 맛을 본 일이 있는 '카프'파 일련의 문학인들이 소련의 강력한 정치세력에 편승하여 문단 '헤게모니' 장악에 혈안이 된 것이었다. 이 적색 소아병자(赤色小兒病者)들과의 치열한 투쟁에서 용감히 싸운 중앙문화협의회를 중심한 여러 문학인들의 공로에 우리는 끝없는 찬사와 경의를 표해 마지 않는다.[36]

이무영은 1930년대에는 동반자작가를 이상적인 작가로 생각했으나 해방을 맞고 한국전쟁을 정훈장교로 겪고 난 후에는 카프작가들의 해방 후의 행태를 "정치세력 편승", "헤게모니 장악에 혈안", "적색소아병자" 등과 같이 비판하는 식으로 변하게 되었다.

이무영이 동반자작가로 이름을 떨쳤던 1930년대 그 무렵에 김정한은 이무영보다는 더욱 저항적인 태도를 여러 차례 보여 주었다. 김정한은 해방 이전에는 교원연맹조직에 관한 이야기를 친구에게 편지로 썼다가 검열에 발각되어 체포(1928), 마르크시스트 이찬, 안막, 이원조 등과 교류, 동경 동지사 발기인으로 활동(1931), 여름 하기방학으로 귀향시 양산 농민봉기사건의 피해조사와 농사재건 등을 위해 개입한 혐의로 피검(1932),

36) 위의 책, pp.402~403.

동아일보 지대독려를 위한 모임이 치안유지법에 저촉되어 유치장생활(1940) 등과 같은 활동상을 보여 주었고 해방 이후에는 미군정에 의해 부산인민위원회 위원장 노백용과 함께 체포(1946), 조선문화단체 총연맹(문련) 부산지부장(1946), 보도연맹가입(1949), 한국전쟁 후 남북문화교류 필요성을 주장한 연설로 5 · 16 직후 부산대학교 교수직 사직(1961), 복직(1965), 한국문인협회 부산지부장(1967), 자유실천문인협의회 고문(1974), 민족작가회의 회장(1987) 등의 이력을 거치면서[37] 민중문학 진영의 한 어른으로 자리하게 되었다.

새로운 자료를 찾아 1946년 2월에 김정한이 조선문학동맹 부산지부 위원장에 선출되었음과 조선예술연맹 부산지구협의회 위원장으로 추대되었음을 밝히고 있는 차민기는 「광복기 김정한의 좌익활동과 문학실천」에서 김정한이 해방 직후에 발표한 단편소설 「옥중회갑」(『전선』, 1946. 3)과 「설날」(『문학비평』, 1947. 6)을 집중분석하였다. 차민기는 여러 선행연구에 힘입어 "「설날」이 발표된 1947년 6월 즈음에 요산은 '공위경축 민주임정촉진 인민대회' 에 '문화인대표' 의 자격으로 참석한다. 당시 조선공산당의 문화전위대였던 문학 · 연극 · 음악 · 미술 등 각 대중예술단체 연합의 대표자격이다"[38]라고 하였고 「설날」은 민전 부산지부 위원장인 노백용과 조선부녀동맹 경남지부 위원인 딸 노남교와 김해군 인민위원회 위원장 노재갑 등 일가에 대한 존경의 눈길을 보낸 소설이라고 하였다.[39]

「설날」은 해방 직후의 김정한의 이념적 향배를 잘 일러주는 작품이다. K도 부녀동맹위원장으로 있는 30세의 호출어머니는 한 달 전부터 남편 친구집에 피신하여 지내다가 1947년 새해를 맞는다. 설빔타령하면서 집

37) 조갑상, 「시대의 질곡과 한 인간의 명징함」, 강진호 편 『김정한』, 새미, 2002, pp.11~23.

38) 차민기, 「광복기 김정한의 좌익활동과 문학실천」, 〈지역문학연구〉 제9호, 경남 · 부산지역문학회, 2004, p.170.

39) 위의 글, p.171.

으로 돌아가자는 아들 호출은 어머니한테 들은 풍월로 아버지는 "독립하구 또 불근 깃발하다가" 죽은 것으로 알고 있다. 호출어머니는 죽은 남편에 대한 생각도 간절하지만 7순 노령의 사상범으로 옥고를 치르고 있는 아버지에 대해서는 연민과 존경심으로 가득차 있다.

> 확실히 평생을 인민의 해방을 위하여 바쳐온 또 바치고 가실 그 끔직한 정신에 대한 숭경심도 더해 잇섯슬것이다. 아무런 공로도 업는 자들이 해방후 갑자기 짐즛 애국자인체 하고 고관대작도 되고 군정고문관도 되어 뽐내고 다니지만 그는 오로지 인민의 참된 벗으로서 「민전」 의장의 자리를 지키고 잇섯스며 그로말미암아 다시금 옥으로 끌려간 것이엇다.[40]

호출어머니는 설날이니까 감시의 눈도 약할 것이고 면회도 쉬울 것이라는 판단 아래 아들을 데리고 동지 진숙이와 함께 형무소로 가 면회신청을 한다. 면회신청하고 기다리는 시간에 다리 다친 멧새를 본 순간 호출어머니는 죽은 남편을 떠올린다.

> 그의 눈에는 뜻박게 새 대신으로 죽은 남편의 피투성이된 환영(幻影)이 어른거리기 시작했던 것이다. 一九四六년 시월 남부조선의 처참한 인민항쟁의 첫 희생자로 사라진 남편! 쌀을 다오! 인민의 권리를 다오! 외치며 도탄에 빠진 인민의 한 사람으로서 인민의 동무로서 싸우다가 원통하게도 반동의 총알에 피를 뿜으며 쓰러진 남편의 그 창백한 얼굴이 불현듯 눈아페 떠올랏다.[41]

면회장에서 생각지도 않던 남동생까지 면회하게 된 호출어머니는 수

40) 〈문학비평〉, 1947. 6, pp.52~53.
41) 위의 글, p.66.

척해지고 한쪽 눈이 실명된 아버지가 얼른 병보석될 수 있도록 노력해야겠다는 생각을 하게 된다. 그리고 자신은 좀 더 활발하게 투쟁해야겠다고 다짐하기도 한다. 호출어머니는 면회를 마치고 돌아오는 길에서 일제청산을 강조한 임화의 시 "깃발을 내리자"를 읊조리며 투쟁정신을 가다듬기도 한다. 이 소설은 호출어머니가 남편의 무덤 앞에서 아들과 함께 "붉은 깃발의 노래"를 부르는 것으로 끝처리되고 있다. 「설날」의 주요인물들은 과거에도 투쟁했고 현재에도 투쟁 중이고 앞으로도 계속 투쟁할 것이라고 다짐하는 인물들로 단색화되고 있다.

이상에서 논한 것처럼, 해방 후에 적극적으로 현실참여했다는 공통점을 보이면서도 김정한, 이무영, 유치환은 각각 해방 직후에, 한국전쟁기에, 이승만정부시절과 4·19 직후에 적극적으로 현실참여하고 나름대로의 이념선택을 하였다는 차이점을 드러내었다.

(이 글은 대산문화재단과 한국작가회의가 공동 주최한 "탄생 100주년 문학인 기념문학제"(2008. 5. 9) '총론'을 확대·개고한 것이다.)

이돈화(李敦化) 사상의 형성과 전개

1. 동학 입문의 계기

야뢰 이돈화(夜雷 李敦化)[1]는 1884년 1월 18일에 함경남도 고원군(高原郡) 화남촌(花南村)에서 태어났다. 이돈화는 "고원하고도 재령산밋헤 화남촌이라는 산곡유협입니다. 이곳으로 말하면 嶺넘어가 평안도 양덕따이요 산뒤가 영홍따입니다. 중간에는 재령산에서 발원한 크도 적도 안이한 화남강(花南江)이 주야로 자연의 노래를 부르면서 부단히 흘너잇는 태고의 촌락이엇습니다"[2]와 같이 자신이 출생하여 자라난 곳을 아름다운 산수를 자랑하는 벽촌으로 묘사하였다. 백여 호의 촌민이 사는 작은

1) 〈별건곤〉, 1930. 5, "명사기벽전람회", p.123.
"이돈화씨는 잠잘 때이면 무슨 소리인지 별안간에 큰소리를 지르고 또 코를 몹시 고는 때문에 엽헤서 자는 사람들이 각금 놀내는 일이 잇다. 그것은 夜雷라는 그의 호와 다소 기연이 잇는것 갓다. 또 어린이를 특히 사랑하야 길을 가다가도 아희들이 작난하고 노는 것을 보넌 가넌 길을 멈추고 가티 작난을 한다. 말도 웅변인 동시에 어음이 특이한 것이 만어서 잘 알어 드를 수 업는 말이 만타. 그중 몃가지의 예를 들어 말하면 젠젠(全然), 소련회(少年會)……
2) 이돈화, 「나의 반생」, 〈천도교회월보〉 249호, 1931. 9, p.20.

마을로 족보도 반상구분도 없었던 것을 고향의 큰 특징으로 제시하였다. 세도가 있으면 굶을 염려는 전혀 없었기에 세도가 있는 사람들을 부러워하고 무서워하는 분위기가 대대로 마을을 감싸 안았다는 점이 강조되었다. 이돈화는 화남촌안에서도 소문난 부잣집의 자손이었기에 13세 때 영흥으로 유학을 떠날 수 있었으며 3년이 지났을 무렵 어른들의 일방적인 혼인결정으로 급거 귀향할 수밖에 없었다.

이돈화는 "자서전" 이란 부제가 붙어 있는 「나의 반생」(〈천도교회월보〉, 1931. 9~1931. 11, 1932. 1)에서 수년에 걸친 자신의 방랑생활을 소상히 소개하는데 치중했다. 함경도, 평안도, 황해도에 걸친 수년 동안의 방랑생활은 "무당을 미워하는 버릇, 淫祀나 崇神을 실혀하는 버릇, 神祠 압헤서 밥못먹는 버릇, 四天王이 보기실은 것"[3] 등과 같은 청소년시절의 반신앙적 태도를 동학 입문으로 바꾸어 놓는 결정적 계기가 되었다. 이돈화는 청년 시절의 자신의 '못된 버릇' 과 '몹쓸 염증' 을 열거해 놓았는데 '못된 버릇' 은 재래종교를 싫어하는 경향을 드러내었고 반대로 '몹쓸 염증' 은 그가 특정종교에 빠질 수 있는 소질이 있음을 암시하였다. "집에 잇기가 실은 것, 세상이 귀치 안은 것, 모든 것이 초개갓치 보히는 것, 나아가서는 이 우주는 무엇이냐 인생은 무엇하러 낫다가 무엇하러 죽느냐 하는 것 등이 잇는데 이런 생각은 나의 선천적 성질이라 할수밧게 업습니다"[4]고 '몹쓸 염증' 을 구체적으로 밝히고 있는 이돈화는 이렇듯 불행한 성질을 가지면 자살하는 길과 하늘 끝까지 돌아다니는 길밖에 없다고 하였고 결국 자신은 방랑의 길을 택하게 된 것이라고 고백하였다. 한마디로, 이돈화는 염세적이며 허무주의적인 기질을 이기지 못해 방랑의 길을 나서게 되었으며 후에 고백한 바와 같이 자신의 방랑벽을 충족시켜주고 보장해주는 것이기에 동학에 들어가게 된 것이다. '갑오난리의 실패', '2세 교조신사 최시형(敎祖神師 崔時亨)의 참형' 등을 겪으면서 전국적으

3) 윗 글, p.23.

4) 윗 글, p.24.

로 교세가 떨어진 것에 반해, 동학난리를 겪지 않은 서북양도가 새로운 교세의 근거지가 된 데는 "외국에 계신 도주장(道主丈)(그때 의암성사(義庵聖師)께서 상해로 하야 일본에 가서 계실때인데 교인들이 도주장이라 부른 것이다)을 이인(異人)으로 알고 밋엇든 것이다. 도주장께서는 반인반신으로 명견만리하는 총명이 잇고 건곤을 탄토(呑吐)하는 도량이 잇고 억조창생을 임의로 살닐만한 대조화를 가진 어른으로 알앗든 것이다"[5]와 같이 의암 손병희에 대한 믿음과 기대가 가장 큰 이유로 작용하고 있었다. 이돈화는 서북 양도에 동학열풍이 조성된 속사정을 다음과 같이 예리하게 파헤쳤다.

> 한쪽으로 정감설(鄭堪說)의 풍설이 진진포포(津津浦浦)에 퍼저서 십승지지를 차자야 산다는 공포심이 민심을 크게 동요하고 잇슬 때에 동학군들은 그것을 이용하야 가지고 십승지지며 궁궁을을(弓弓乙乙)이란 것은 다른것이 안이오 사람의 마음이며 또는 오도의 진리이라고 고함치는 바람에 평등자유의 사상을 갈앙하든 서북백성들은 나도나도하고 동학으로 들어가젓습니다 이때 우리곳에는 동학을 동학이라 하지안코 대개는 '오도(吾道)' 라고 부른 것입니다"[6]

의암 손병희를 향한 기대감과 서북도민의 종교적 갈구는 이돈화 개인의 방랑벽과 함께 이돈화를 동학으로 밀어넣는 힘으로 작용하였다. 아들 돌아오기를 축수하는 일념에서 동학에 입도한 어머니, 동학에 들어오면 돈없이도 잘 돌아다닐 수 있다고 하면서 동학입교를 권고한 아버지, 외

5) 윗 글, p.33.
〈삼천리〉, 1931년 12월호에 실린 「常春園의 孫秉熙氏」(pp.15~17)에서 이돈화는 죽음의 의미, 종류, 임종시의 사람들의 태도 등을 설명히고 의임 손병희가 죽음을 공포와 굴복으로 대하지 않고 초월과 극복으로 대하였음을 밝히고, 선생의 마지막 모습을 죽은 것이 아니라 쉬는 것이라고 표현하였다. 이 글을 통해 이돈화가 손병희를 얼마나 존경했는지를 알게 된다.

6) 윗 글, p.33.

삼촌벌되는 차접주, 38세 나이로 미장가이며 심산유곡에서 도를 닦는 손도통, 평안도 성천에 있는 나용환 대령 등과 같은 여러 존재들도 이돈화를 동학으로 안내하였다. 그는 집에 돌아와 포덕에 종사한 것 때문에 한 달 안에 접주가 될 수 있었다.

이돈화는 1910년 8월에 창간하여 1938년 9월에 폐간된 〈천도교회월보〉에 180편 가까운 글을 발표하였다. 「신념의 신성」(9호, 1911. 4), 「종교통일은 자연의 세」(1911. 6), 「인내천」(1911. 7), 「사후문제」(1912. 2), 「동경대전요지강해」(1912. 6~1912. 9), 「이상중 신광음(理想中 新光陰)」(1913. 1), 「오교(吾敎)의 대종(大宗)」(1917. 12), 「종교적 수양과 처세방법」(1918. 7), 「대신사성령출세설(大神師性靈出世說)」(1918. 7~1918. 11), 「신앙성과 사회성」(1918. 11~1919. 2), 「장래의 종교」(1919. 2~1919. 5), 「최후종교의 대성무량광(大性無量光)」(1919. 6), 「사인여천주의」(1919. 8), 「신신앙」(1919. 11), 「개조와 종교」(1919. 12), 「현대사조와 사인여천주의」(1920. 3), 「철인주의의 장래와 신종교의 가치」(1920. 5), 「자기해방과 인내천주의」(1920. 6~1920. 7), 「사람성의 무궁을 논하노라」(1921. 4, 1921. 6), 「진화의 측면으로 본 인내천」(1922. 2), 「종교의 6대 요소」(1922. 5), 「문화상 보국안민이 중요임무」(1931. 1) 등과 같이 천도교를 선전하거나 새롭게 해석하거나 다른 사상과 연결시켜 근대적이며 세계지향적인 종교로서의 가능성을 타진하는데 힘썼다.

이돈화는 1911년(9편), 1912년(11편), 1918년(29편), 1919년(43편), 1920년(27편), 1921년(11편) 등과 같은 시기에 활발하게 글을 발표하였다. 동학에 입문할 때부터 대표적인 이론가로서의 가능성을 인정받아 〈천도교회월보〉를 이종린과 함께 이끌었던 이돈화는 〈개벽〉 창간을 주도하여 1926년 8월호 통권 72호로 폐간될 때까지 계속 편집인을 맡아 많은 글을 발표함으로써 종교계와 사상계의 중심에 설 수 있었다. 1920년 6월호에서 1921년 12월호까지는 매호 평균 두 편의 논설을, 1922년부터 1926년 폐간될 때까지는 매호 1편 정도의 글을 발표했던 대신 1923년에는 거의 글을 발표하지 않았다. 〈천도교회월보〉와 〈개벽〉지에 발표된 논설을 보면 이돈화는 1918년(34세)에서 1922년(38세)까지 왕성하게 글을 발표했던 것으로 나타난다.

2. 천도교 선교자에서 사회사상가로의 이행

이돈화는 〈개벽〉 창간호인 1920년 6월호에서부터 1921년 3월호까지 9호에 걸쳐 「인내천의 연구」를 발표했다. 6번까지는 번호도 붙이지 않고 「인내천의 연구」라는 동일제목을 유지하였고 7번부터는 「의식상으로 관(觀)한 자아의 관념-인내천의 연구 기7」, 「의문자에게 답함-인내천의 연구 기8」, 「인은 과연 전지전능이 될까-인내천의 연구 기9」와 같이 번호를 부여하고 부제를 본제로 바꾸고 있어 이돈화가 천도교 교리 선전의 수준에서 벗어나 철학적 사유로 나아가려 한 것임을 알게 된다. 그런가하면 이돈화는 천도교가 민족종교에서 벗어나 세계종교로 자리잡기를 바랬다.

「인내천의 연구」(〈개벽〉, 1920. 6)는 "새 사람이 되라 새 사상을 너흐라 새 지식을 배호라 새 사업을 하라 새 예술을 창조하라 온갓 것을 새 것으로 벌려노코 새 것으로 구조하고 새것으로 장식하라 나는 새 것을 모앙하는 자로라 새를 동경하는 자로다"(p.39)와 같이 서두를 연 다음, 동서고금에 걸쳐 새로운 인물로 석가모니, 공자, 야소, 소크라테스, 노자, 니체, 톨스토이, 스토아학파, 루소, 단군, 고주몽, 박혁거세, 을지문덕, 김유신, 을파소, 연개소문, 왕인, 최치원, 이순신, 세종대왕 등을 열거하였지만 "내가 이제 쓰고자 하는 새 사람은 가장 근(近)하고 가장 위대하고 그리하야 종교적 사상으로 조선의 독창인-안이 동양의 독창인-광의로 말하면 세계적 독창인 인내천주의 창도자-최수운선생"(p.41)이라고 글 쓴 의도를 밝혔다.

그리고 공자, 예수, 마호메트를 세계 3대 성인으로 놓고 그들의 기본사상을 논하는 그 수준과 연장선에서 최제우의 생애와 사상을 소개한 것은 이론면에서나마 천도교를 세계종교로 만들려는 열망이 강했다는 의미가 된다. 이돈화는 최제우사상의 비범함을 입증하기 위해 끝에 가서 니체의 사상을 높게 평가하는 가운데 최제우사상을 니체의 "사상적 영원윤회설(永遠輪回說)"(p.49)과 연결시켰다. 이돈화는 1930년대에도 분명하게 수운주의자를 자처했다.[7)]

「인내천의 연구 2」(1920. 7)에서는 철학자 휀길이만의 유래종교 쇠퇴원인설을 인용하여 종교의 경전과 사회의 지식급 도덕진보의 충돌, 개인의 신조와 교회의 신조의 충돌, 속인과 승려의 충돌, 교회와 국가의 충돌 등과 같이 여러 가지 원인을 제시했다(pp.64~65). 유래종교의 쇠퇴원인은 교리가 시대의 진보를 따르지 못하는 점으로 요약할 수 있다는 것이다. 니체사상을 소개하는데도 힘쓴 이 글에서는 니체가 유물론자와 육체적 본능주의자로 오해받기도 했다고 지적하였다. 불교, 유교, 기독교가 상호접근하고 융화하여 통일된 새 종교가 자연스럽게 나올 것이라는 일본의 우키다 가즈타미(浮田和民)의 미래종교론을 소개하기도 하였다. "최수운선생의 사상은 실로 신계적 대각(神啓的 大覺)으로 초연히 종교통일의 기초를 개(開)한 것이라 할지로다. 그는 선생 일대의 신앙과 밋 그의 사상행위로써 넉넉히 이를 증명할 자인저"(p.70)와 같이 이돈화는 최수운주의가 종합종교적 성격을 지향한 것으로 파악하였다. 이돈화는 천도교의 종합종교적 성격을 강조하기 위해 우키다 가즈타미의 유교 불교 기독교 삼교합일과 타카하시 토오르(高橋亨)의 유불선 삼교합일론을 다 취

7) 〈삼천리〉, 1930. 5, p.25, "제씨의 성명"
"선생은 민족주의자입니까, 선생은 실행가와 학자 중 어떤 것이 되겠습니까, 선생은 누구의 영향을 가장 많이 받았습니까" 라는 설문을 받고 이돈화는 "1. 나는 수운주의자입니다. 수운주의는 원대한 이상 하에 엄정한 현실을 밟는 주의임으로 그 내용은 보국, 안민, 지상천국이라는 삼계단이 잇습니다. 이 삼계단은 처음 민족XX, 둘재 경제해방, 셋재 지상천국으로 해석할 슈 잇습니다. 2. 나는 두 가지 다 불능한 인물입니다. 하나 생각 뿐으로 학구에 가깝습니다. 3. 나는 최수운선생의 인격을 놉게 숭배합니다"와 같이 대답했다.

하였다. 타카하시 토오르의 삼교합일론은 중국 육조시대나 신라의 최치원 등과 같은 선례를 제시하였다. 「인내천의 연구 3」(〈개벽〉, 1920. 8)에서는 최제우가 반기독교적 태도와 삼교합일의 정신으로 동학을 열었음을 구체적인 논거를 들어 주장했다.

> 철종 십사년 경신년 사월 오일 경주의 최수운은 야소교의 만연을 어(禦)하는 명목 하에서 동학교를 창개할새 실로 삼교합일을 표방하엿더라 곳 삼교의 장을 취하야 이를 집성하고 오교(吾敎)를 세운다 선언하엿나니 그의 전통의 고제 최시형(高弟 崔時亨)에게 고(誥)하는 사(辭)에 가르대 "입강명륜 거인행의 의성심정(立綱明倫 居仁行義 意誠心正)" 몸으로부터 세(世)에 급(及)함은 유도(儒道)가 이것이오 "사리금욕 선화구세(捨利禁慾 宣化救世)" 도장을 청정히 하야 주(呪)를 창(唱)하며 염주를 손에 함은 불도가 이것이오 "구현교무(究玄校無)" 영욕을 제파하고 청묘를 작진함은 선도가 이것이라 하고 삼교가 공히 우리 교리에 섭(攝)하야 광대무량(廣大無量)한 지보(地步)를 점하야 널리 조선인으로 하야곰 신앙을 일으키게 하는 바이라" (p.73)

최수운의 동학은 유불선의 삼교합일론에서 이루어진 것이라는 주장을 거친 끝에 「인내천의 연구 4」(〈개벽〉, 1920. 9)에서는 최수운의 중심사상이자 천도교의 기본관념을 범신관상(汎神觀上)에 입각한 인내천주의(천의 관념), 만진리를 인내천주의에 귀납하야 총합조화한 유불선합일주의(도의 관념), 인내천 관념에 입각한 영육일치주의(교의 관념)로 정리했다(p.46). 도의 관념을 설명하는 유불선 합일주의는 이미 앞의 「인내천의 연구」에서 설명된 바 있다. 천도교 내의 제1의 이론가 이돈화에 의해 천도교는 인내천주의를 중심개념으로 하되 범신론, 유불선합일주의, 영육일치주의 등과 같은 사상으로 구체화된다.

일찍이 김경재(金璟載)는 천도교의 역사와 철학을 논한 「천도교청년도중에게 여함」(〈삼천리〉, 1934. 8)에서 인내천주의가 절충주의적 체계를 지닌 것이라고 해석하였다.[8] 이돈화는 인내천주의를 다른 시각에서 설명하기도 한다. 즉 진화론적 시각에 서서 우주의 발전단계를 물질단계인 우주진화론, 생명단계인 생물진화론, 영적 단계이며 인간격(人間格)인 사회진화론 등으로 놓고 보면서 인간이 가장 높고 인간 전체 속에는 우주가 들어 있어 사람의 구조는 꼭 우주와 같다고 하였다.[9] 그런 끝에 인내천주의를 "시천주조화정영세불망만사지(侍天主造化定永世不忘萬事知)"라는 13자의 주문으로 요약제시하였다(p.49). 이돈화는 인내천사상을 연구한 끝에 "종교는 상대와 절대의 연쇄이며 신과 인의 관계라"하였고 종교의 목적은 "개인의 위안을 여(與)하며 사회의 평화를 도(圖)한다"(p.50)와 같은 종교본질론과 종교기능론으로 나아갔다. 이돈화는 최수운, 동학, 천도교, 인내천주의를 연구한 끝에 그 당시에는 거의 유일하게 종교사상론을 바탕으로 한 철학사상론이나 사회사상론으로 나아갈 수 있게 되었다.

이 무렵에 발표된 「자기해방과 인내천주의」(〈천도교회월보〉 118호, 1920. 6)에서는 다윈의 적자생존론 소개로 서두를 열면서 당시 전세계적으로 유행했던 데모크라시론과 아나키즘론 중심의 개조사상에 주목하였다. 자기해방의 조건을 의식주의 자주자립, 재능의 자주자립, 의지의 자주자립으로 들면서 의식주의 자주자립은 육체적 방면의 자기해방, 재능의 자주자립은 전공적 업무방면의 자기해방, 의지의 자주자립은 순수정신적 방면의 자기해방이라고 설명하였다(pp.6~7). 이어 「자기해방과 인내천주의 속」(〈천도교회월보〉 119호, 1920. 7)은 자기해방을 경제적 해방인 객관적 해방과 의지의 해방을 일컫는 주관적 해방으로 나누면서 인

---

8) 〈삼천리〉, 1934. 8, p.72.
"이제 천도교를 논함에 잇서 우리에게 가장 지대한 관심을 갓게 하는 것은 인내천주의란 철학상으로 절충주의적 체게우에 입각하여 잇다는 것이다. 계급과 계급간의 경제적 대립은 필연적으로 서로 내립되는 두 개의 철학적 체계를 형성하게 되는 것이니 유물변증법적 세계관과 각종의 관념론적 철학사상이 그것이다. 그런데 이 양대 계급 사이에서 부단히 상하동요하면서 인내천주의는 유심도 아니요 유물도 아니며 물심양자로 천도교 그 스스로의 중에 포용한 것이다"
9) 이돈화, 「인내천과 내세」, 〈삼천리〉, 1936. 1, pp.186~187.

내천사상은 바로 이러한 자기해방을 수행하는 것이라고 주장했다(p.1).

이돈화는 인내천사상을 진화론적 시각으로 보는 태도를 1년 이상 견지했다. 「진화의 측면으로 본 인내천」(〈천도교회월보〉 138호, 1922. 2)에서는 우주는 영원히 진화하는 활동체이며 인류는 우주의 진화적 품성을 가장 능히 발휘해 온 만큼 아직도 한없는 진화의 가능성을 안고 있는 존재라고 하였다. 인간의 무한한 진화가능성은 이미 「인내천의 연구 5」(〈개벽〉, 1920. 11)에서 "인간의 만사는 점차 진화하야 오는 고로 종교도 또한 최후로 창건된 종교가 진(眞)의 종교라고 생각한다"와 같은 구로이와 슈지(黑岩周六)의 최후종교론을 통해 드러난 바 있다. 이돈화는 신의 문제를 우주라든가 물체의 문제와 연결지어 종교에도 진화개념을 적용한 끝에 최후종교는 범신론에 불과하다는 결론을 내렸던 것이다(p.52). 이보다 앞서 「인내천의 연구 4」에서 천도교의 천의 관념이 범신론에 연결되었던 만큼 「인내천의 연구 6」(〈개벽〉, 1920. 12)에서 구로이와 슈지의 범신론으로서의 최후종교가 인내천과 상통하는 것은 당연하다고 할 수 있다.

「페이엘빠하의 '사람' 론에 취하야」(1921. 4)에서 이돈화는 칼 마르크스와 엥겔스에 대하여 공부하다가 그들의 배후에 퍼이에르바하가 있는 것을 발견하게 되었다고 털어놓았다. 이돈화는 퍼이에르바하의 철학사상 가운데서도 특히 '사람주의', 사람과 동물을 명확하게 구분지어 주는 '의식', 인간 스스로가 무한적 성질로 가지고 있는 의식으로서의 '종교' 등에 관심을 가졌다. 퍼이에르바하는 의지, 감정, 이성 등과 연결지어 의식을 논했는데 의식을 "자기 스스로의 완전한 자기증명, 자기확정, 자기자애(自己自愛)"(p.38)로 성격화하였다. 이돈화는 퍼이에르바하를 알게 되면서 신, 존재, 사랑, 행복, 원망, 기적 등의 문제에 대한 어느 정도의 해답을 듣는 기회를 가질 수 있었다.

마침내 이돈화는 특정종교를 선교하고 해설하는 태도에서 벗어나 인간론과 존재론으로 나아갔다. 「오인의 신사생관」(〈개벽〉, 1922. 2)은 '의식과 사생', '생명과 사생', '영혼과 사생' 등의 문제를 살펴 본 것으로 조선인을 포함한 세계인류의 공통된 사생관을 (1) 사람의 신체를 기계로 보아 그 기계가 쇠퇴함과 같이 육체적으로나 정신적으로나 지속성이 없다고 하는 파, (2) 사람의 신체 중에는 일종의 영혼이라 하는 정신적 개체가 있어 육체가 죽는 것과 함께 영혼이 몸밖으로 탈출하야 어느 곳엔지 돌아가는 것이라 신(信)하는 파, (3) 영혼의 실재여하에 대하야 회의를 갖고 부단히 그를 연구하는 파로 구분한(p.118) 다음, 의식상으로 본 사생관을 다음과 같이 정리하였다.

> 의식은 곳 만리만사의 존재적 기초가 되는 것이라 우리가 종교상 의미에서 신(神)을 신(信)하며 불(佛)을 앙(仰)하며 진리를 말하며 실재를 논구하는 것도 다가티 의식의 발원이 아닌 자 업나니 의식의 창조적 표현이 그가 즉 신이 되며 물(物)이 되며 진리가 되며 실재가 되는 것이다. 석가가 열반묘법(涅槃妙法)을 설(說)함도 야소가 천당지옥을 말함도 모두가 그들의 의식적 창조라 하는 외에 호말도 다른것이 잇슬 것이 업겟다. 이와 가티 만사만리의 존재적 기초가 우리의 의식이라 할 것 가트면 우리가 현재 말하는 이 생사문제라 하는 것도 자아의 종말을 사라 하는 것이겟다. 이 의미에서 우리의 이른바 생사관념이라 하는 것도 일종의 의식적 요리에 지내지 아니 한 것이니 영혼의 유무, 정신의 멸불멸(滅不滅), 유령의 윤회전생 등-고래구구한 사후관념도 또한 그들의 의식적 활동의 일종이 잇슴은 명백한 이유이엇다(pp.19~20).

이돈화는 "인내천의 연구 기8"이라는 부제가 붙어 있는 「의문자에게 답함」(〈개벽〉, 1921. 2)에서 천도교에 대한 당시의 여러 종교의 반응 중에서도 기독교의 비판과 경계에 특별히 주목했다. 이돈화는 천도교의 범신론적 성격을 재차 강조하여 "범신관은 물즉신(物卽神), 신즉물(神卽物), 영즉육(靈卽肉), 육즉영(肉卽靈), 즉물심공통(卽物心共通), 영육일치주의(靈肉一致主義)에 입각한 것이라 물심을 통일하고 영육을 일치케 하는 만수일리(萬殊一理)의 실재가 즉 범신관의 신이엇다"(pp.55~56)고 하면서 인내천주의는 만유신격을 인격적 인내천상에 귀납케 하여 교지를 세운 것이라고 하였다. 그리고 인내천적 신종교의 종교적 소질을 ①초인적 세력의 신앙, ② 희망, ③ 경건의 념, ④ 구제의 신념, ⑤ 희생의 정신, ⑥ 인애 등 6가지로 정리하고 각각의 항목을 구체적으로 설명하였다. 인내천주의를 골자로 하는 천도교는 이런 6가지를 사람들에게 안겨 줄 수 있는 것이기에 신흥종교가 될 수 있다는 것이다. 이돈화는 인내천적 신종교의 소질을 설명하는 과정에서 니체사상(1, 2, 3번), 불교(4번), 유교(6번) 등 여러 철학사상이나 종교사상을 이끌어 왔다. 이돈화는 이듬해에 「종교의 6대 요소」를 〈천도교회월보〉 제141호인 1922년 5월호에 발표하였는데 이 글은 바로 「의문자에게 답함」(〈개벽〉, 1921. 2)의 1~3장에서 제1장을 뺀 것과 같다.

「세계 3대 종교의 차이점과 천도교의 인내천주의에 대한 일별」(〈개벽〉, 1924. 3)에서는 유교와 기독교의 차이점, 불교와 기독교의 차이점을 밝히고 난 다음, 인내천주의가 이 세 종교와 어떤 차이를 보이고 있는가를 11가지 측면에서 밝혀 놓았다. ① '신'을 범신관적 일신으로 본 것, ② '우주' 만유는 진화한 것으로 보는 것, ③ '이상경'은 지상천국으로 한 것이니 인내천은 신과 인을 구별하지 않아 인으로써 신성의 생활을 표현하는 날이면 지상이 천국이 된다고 신하는 것이니라, ④ '화복'은 사람의 자업자득의 인과율로 신하는 것, ⑤ '인성의 선악'은 무선무악으로 보는 것, ⑥ 신인적 신정교(神人的 神政教), ⑦ '몰아적주의(沒我的主義)', 인내천은 몰아로써 주아를 얻고 주아로써 몰아를 보게 하는 교화인 것, ⑧ 무궁의 진화로 그 이법을 삼은 것은 기독교의 동적 방면보다 일층 광의적이며 또 의의가 상이한 것, ⑨ '내세', ⑩ '부활', 인내천은 육적 부활을 신함이 안이오 영적 부활을 신하는 것, ⑪ '애', 인내천은 애의 대신 경(敬)을 설한 것이라(pp.52~53)와 같이 인내천주의의 기본이념을 재천명하는 방법을 취하기도 하였고 진화론, 내세와 부활관, 사랑관 등의 면에서 기독교와 직접 비교하는 방법을 쓰기도 하였다.

기독교를 비롯한 다른 종교와 천도교의 차이점은 「천국행」(pp.4~11)에서 더 잘 드러난다. 이돈화는 「천국행」(pp.4~11)에서 하나님을 믿느냐 한울님을 믿느냐고 물어 보는 사람이 있다면 나는 "한울님은 숭배하되 하나님은 부인한다"는 말을 하고 싶다(p.4)고 하면서 하나님과 한울님의 차이를 밝히는 것을 잊지 않았다. 여기서 이돈화는 하나님을 기독교의 하나님으로만 국한시켜 사용한 것은 아니다. "하나님을 숭배하는 일면에는 인간만사를 유일의 천명소출(天命所出)이라 하야 선과 악 모든 것을 천명에 붓치게 되엿다. 그래서 사람성(性)은 자력적 근기(根氣)를 일혀 버리고 점차 타력적 의뢰성을 치게 되엿다. 사람들은 오즉 하나님이 잇슴만 알고 사람자기는 닛고 살앗다."(p.6)와 같이 하나님 숭배가 인간의 약화를 가져온 일면이 있다고 하였다. "하나님은 인격적 신이며 전제적 신이며 만물과 인연을 끈은 신이며 인간계와 천상계를 구별한 신"으로 요약하고 '한'과 '울'의 어의를 정리하면서 "'한울'이라는 말은 전우주를 드러 칭하는 '한울'이다. 시간공간전체를 포용하야 말하는 것이다. 우주의 간(間), 무기(無機), 유기(有機), 비잠동식(飛潛動植), 대천성신 미진섬계(大天星辰 微塵纖界) 모든 것을 포용한 '울이'란 말이다. 그러기에 '한울님'이라는 하는 말 아래는 천지만물을 연통(連通)하는 의미가 잇스며 자연과 인간의 연대책임을 의미한 것이며 인인물물의 상호부조를 의미한 것이다"(p.7)와 같이 한울님의 포용성, 천지만물의 연통성, 상호부조유도 등과 같은 한울님 역능론을 펼쳤다. 하나님이 인간 위에 군림하는 존재라면 한울님은 인간을 포용하면서 인간세계 속에 들어가 있는 존재라는 것이다. 1930년대에 들어서면서 천도교가 다른 종교들과 부단히 경쟁하는 사이에 자기정체성을 갖추게 되었다고 하는 이돈화의 주장은 객관적 논리성을 단단하게 갖춘 이론가로서의 면모를 잘 보여 준다.

「천도교의 공과론」(〈개벽〉, 1934. 11)에서 광제창생 보국안민(廣濟蒼生 輔國安民)을 표방한 동학이 다른 종교들로부터 비판받는 사실을 상기

시키면서 "천도교 70년사는 동학사상과 그를 반대하는 구사상이 서로 경쟁해온 경로를 말하는 것이기도 하다"(p.38)고 해석하였다. 그러면서 유교나 불교가 잡신교화(雜神敎化)하는 경향을 강조하여 "유생의 가정 대부분은 전부가 잡신신앙자"(p.38)라고 하였고 불교에 대해서는 산신당, 칠성당, 지옥신, 기타 잡신, 측간신 등을 들면서 불당도 잡신당화하는 경향이 있다고 지적하였다. 바로 이처럼 조선이 중국과 마찬가지로 세계 유일의 잡신국이 되어 가는 것을 보고 "잡신신앙의 타파"(p.39)를 내걸고 동학이 일어난 것이라는 새로운 주장을 펼쳤다. 동학의 종교사상으로서의 특징, 정치사상으로서의 특징, 동학사상의 형성과정, 동학운동이 조선인들에게 가져다 준 영향과 갑오운동의 실패원인 등을 규명하는 동시에 동학운동이 남긴 긍정적 효과를 역설하기도 하였다. 이돈화의 동학론의 특징의 하나는 동학을 계급의식을 구현한 사상으로 파악한 점에서 찾을 수 있다.

> 원래 동학의 사상은 근본부터 인내천이며 인내천은 실행에서 사인여천으로 나타낫고 사인여천은 자쥬평등의 이상적 표어임으로써 당시의 귀천반상의 별이 심한데 자극과 그들은 의식적으로 계급타파를 목적한 계급의식이 발달되엿든 것이다. 그럼으로 당시 동학의 말에 삼불입(三不入)이라는 말이 잇으니 삼불입은 반불입(班不入), 부불입(富不入), 사불입(士不入)을 이름이니 이 삼계급은 동학에 들기를 싫어한다는 뜻으로서 이 말 한 마디로 볼지라도 그들이 얼마마한 계급의식이 생겻든 것을 알 수 잇다. 그러한 의식의 불길은 그들로 하야곰 평등의 세계를 엇고저하는 혁신사상을 길넛든 것이다(p.40).

「천도교의 공과론」은 〈개벽〉 복간호인 1934년 11월호에 발표되었던 것으로 1920년대에 간행되었던 〈개벽〉이 계급의식을 골자로 한 마르크시즘을 적극적으로 수용했던 배경을 잘 설명해 주고 있다. 이돈화는 마르크시스트를 자처하거나 표방하지는 않았지만 인내천사상을 시대정신에 맞게 해석하거나 실천에 옮기는 방법의 하나로 마르크시즘을 수용했다.

3. 이돈화의 사상의 교사들

「조선인의 민족성을 논하노라」(〈개벽〉, 1920. 11)에서 이돈화는 모 외국잡지에서 동양인의 심리를 "지나인은 직심(直心), 일본인은 충심(忠心), 조선인은 선심(善心)" 이라고 평가한 구절을 인용하면서 "근대 오조선인은 선을 넘우도 소극적으로 해석하며 퇴굴적(退屈的), 비열적(卑劣的)으로 해석한 점이 만이 잇다. 도식무위를 가르처 선이라 하며 퇴굴자약을 가르처 선이라 하며 천치적 무능을 가르처 선이라 하며 무주의무주장을 가르처 선이라 하엿다. 이는 실로 이말문약(李末文弱)의 교화가 선을 악해하야 자(玆)에 지(至)케 함에 급급하엿다. 고로 조선민족은 당초-선으로써 흥(興)하고 다시 선으로써 쇠(衰)하엿다 하야도 과언이 아니라" (pp.5~6)고 주장하였다. 이돈화는 선이 조선인의 민족성임을 인정하였지만 선을 소극적이고 도피적이고 이기적인 삶의 태도로 설명하는 것은 반대하였다. "독일의 열광적 철인 니체는 일즉 선악을 판단하야 강즉선, 약즉악이라하엿다. 이는 물론 과격의 언이라 오인은 이로써 선악의 표준을 삼을 배 아니나 연이나 저리(這理)에는 일종 신성의 교훈이 복재(伏在)하엿슴은 망치 물할지어다" (p.8)와 같이 이돈화는 니체의 선악관을 수용하여 자강의 정신을 강조하게 되었다.

"윤리와 동서문명의 융합", "윤리사상의 2대 특점", "윤리와 사교", "윤리와 가정", "윤리와 세계동포주의" 등의 내용으로 "동양식 윤리사상의 변천" 을 살펴 본 「현대윤리사상의 개관」(〈개벽〉, 1921. 10)의 필자는 백두산인이라는 필명으로 되어 있다. 서양인의 특징을 개인의 자유권리라고 한 반면 동양인의 특징을 계급적 권리의 신성시에서 찾았다(p.29). 개인의 자유권리는 민주주의로 계급적 권리의 신성시는 봉건주의로 바꿀 수 있다. 윤리사상의 2대 특질로 애기심(愛己心)과 애타심(愛他心)을 들고 이를 개인주의와 사회주의로 연결시켰고 애기심과 개인주의의 대표적인 사상가로 니체를, 애타심과 사회주의의 대표적인 사상가로 톨스토이를 꼽았다. 그리고 니체의 사상의 골자를 박애와 위타주의(爲他主義)의 부정, 강즉선(强則善) 약즉악(弱則惡)의 논리, 자아발현주의자(自我發現主義者) 등으로 요약하였다. 톨스토이의 사상으로는 물저항주의(勿抵抗主義), 징병부인주의(徵兵否認主義), 비전쟁(非戰爭), 재판권부인주의(裁判權否認主義), 애타주의(愛他主義) 등을 들었다(pp.31~32). 니체의 사상의 문제점은 지적하지 않고 톨스토이의 사상이 개성 나약, 사회 유약, 무정부주의에의 함몰 등과 같은 한계를 지닌다고 한 점에서 이돈화는 다소 객관성을 놓쳤다고 할 정도로 니체에 경도되었다.

「시대정신에 합일된 사람성주의」(〈개벽〉, 1921. 11)는 "사람주의 본령", "사람주의는 곳 사람성의 무궁을 증명하는 것이라", "사람주의는 사람성의 자연을 발휘하는 주의" 등과 같은 소제목으로 나누어진다. 이 글에서 이돈화는 자신이 퍼이에르바하의 유한적 인식론, 다윈의 종원론(種源論), 러셀의 소유충동론/창조충동론, 루소의 자연복귀설, 노자의 무위자연설, 톨스토이주의, 니체주의, 베이컨의 4대 우상론 등의 영향을 받았음을 드러내고 있다. 이 글은 이돈화가 천도교론에서 시작하여 일반적인 종교론을 거쳐 사회사상론으로 나아가는 과정을 명료하게 보여 준 것인 만큼 각별히 주목할 필요가 있다.

우선 이돈화는 "제1, 사람주의의 본령은 시대의 요구로써 시대의 정신을 체현하야 사람의 의의를 철저케 하는 사, 제2, 사람주의의 본령은 모든 사람의 이상은 사람자기들을 토대로 하고 기한 자이니 고로 이상과 사실을 다가티 사람자기들의 생활만족에 부합케 하는 사, 제3, 사람자기들의 이상을 실현코저 하랴면 전우주의 위력과 감능(堪能)을 사람자기의 중에 체현하야 사람자기의 권능으로써 모든 복능을 증진케 할 사"(p.4) 등과 같이 사람주의의 본령을 시대정신의 체현, 이상과 사실의 부합, 인간의 힘에 의한 복능증진(福能增進) 등으로 조목화하였다. 이돈화는 이 글에서 자신이 강조하고 싶은 대목을 굵은 활자로 표시하여 독자들의 이해를 도와 주었다. "불완전으로부터 점차 완전에 나아가는 향상진보주의이엇다"(p.6), "사람은 자기 잘하니만치 그만치 잘되며 자기 잘못하니만치 그만치 못되어지는 동물이라"(p.7) 등과 같이 큰 활자로 처리된 구절은 사람은 향상이나 진보에의 의지를 본질로 하는 것이라고 일깨워주고 있다. "제1, 사람은 무궁성을 가젓음으로써 사람의 본질은 영원진화하는 것이라할지며 제2, 사람성은 항상-불완전으로부터 완전에 나아가기 위하야 부단의 창조충동을 일으키는 것이라"(p.7) 등과 같이 큰활자로 처리된 구절은 사람에게는 무궁성과 창조충동이 본성으로 작용하는 것이라고 주장한 것이 된다. "사람은 잘하니만치 잘되는 동물, 조선인도 선진문명의 한 사람, 그럼으로 조선인도 저 잘하니만치 잘될수 잇는 소질 즉 인류의 보편성을 가젓슴"(p.8), "사람성의 자연주의는 인류의 평등을 향상적으로 기성(期成)하는 것이라"(p.9), "사람성의 자연주의는 인류의 자유를 인격적으로 융합케 하는 것이라"(p.10), "사람성의 자연주의에는 모든 이상의 건설을 사실로 화할수 잇는 것이라"(p.12) 등과 같이 큰 활자로 처리된 구절은 사람성의 자연주의는 인류평등실현, 인류평등 융합, 이상의 건설 등과 같은 목표를 갖는 것임을 일깨워준다. 이 글은 결론부분에 가서 시대의 정신이 이미 사람주의에 돌아왔다고 선언하였다(p.15).

「조선민족성의 신건설」(〈개벽〉, 1934. 11)에서는 니체의 초인론을 끌어들여 내일의 자아가 오늘의 자아보다 발전되어야 한다는 생각을 펼쳤다. "초인이란 뜻을 이러케 현실적 역사적으로 해석하고 보면 우리는 여기서 초인적 정신을 실제적 행위로 응용할 수 잇스며 그리하야 인간으로서의 인간다운 무한의 희열과 무한의 강력을 탄출할 수 잇스며 모든 사기(死氣)와 정력(惰力) 속으로부터 생기와 활력을 배출할 수 잇스리라 밋는다"는 내용의 초인론을 "사람은 항상 금일의 자아보다 보다 큰 자아가 잇는 것을 이저서는 안된다"(p.4)는 타고르의 말로 보충했다. 초인의 내용을 "이와가튼 초인적 진리는 개성의 발전에 잇서 거의 본능으로 되여진 것이니 생리의 성장 지식능률의 계발 즉 육적 정신적으로 명일의 자아가 금일의 자아보다 커져야 하고 또한 커지는 원리를 가젓다 할 수 잇다"고 설명하면서 초인의 개념을 공자의 부지노지장지(不知老之將至)란 구절을 빌려 '수행'의 개념과 연결지었다.

이돈화는 초인의 개념을 개인적 차원의 개조나 수행으로 설명하는 것에서 멈추지 않고 민족적 차원의 개조나 수행으로 설명하기도 하였다. 이 글에서도 이돈화는 이상, 명일, 건설 등과 같이 미래지향적인 단어를 자주 사용했다. 그는 우리 조선사람이 사대성, 의타성, 당파성, 타력성(惰力性) 등과 같은 결점을 지닌 것으로 평가되고 있다고 하면서(p.5) 바로 이러한 단점들을 고치도록 노력하는 것이 중요한 일이라고 하였다.[10] 말하자면 초인사상은 이러한 노력에 분명한 목적의식을 심어주는 것이라고 할 수 있다. 이 글의 끝부분에서는 악운에 적극적으로 맞서 싸워야지 비굴하게 애원해서는 안된다는 에머슨의 말을 인용하고 나서 다음과 같이 비장한 어조로 잠든 민족을 깨우고자 했다.

> 우리의 현실은 불운의 현실이엇다. 경제적 곤란 문화의 저급 모든 이 현실을 무엇으로써 개벽할 것인가? 이것은 우리가 전에 가젓든 사대성 타력성 당파성 등 이러한 비굴한 애원으로서는 절대로 구제할 수가 없는 시대이다. 어대까지든지 자립(自立) 자성(自誠) 자경(自敬) 자신(自

10) 〈별건곤〉, 1931. 2, p.127, "근로성이 적다"
"조선사람은 부지런치가 못하다. 현재에는 물론 취직할 곳이 업서서 아모리 부지런이 일을 하라고 하야도 일터가 업는 것도 사실이지만은 근본적으로 근로성이 적은 까닭에 일을 맛터도 부지런치 못하며 일이 업스면 또 일을 맹길 생각을 하지도 안는다. 노동자만 보아도 중국사람은 비가오나 바람이 부나 치우나 더우나 쉬지 안코 소소한 임금을 우하야 만흔 노동하지만은 우리조선사람은 멋칠 노동을 하고는 놀면서 그 임금을 소비하야 버린다"

> 信)의 정신으로써 내 살림은 내가 한다는 기백으로 침통 과묵(果默) 은행(隱行) 자중(自重) 자력(自力)으로써 한쪽으로 경제력을 충실하는 동시에 한쪽으로 민족적 신문화를 건설하여야 한다는 수인사대천명(修人事待天命) 이것이 우리의 현실에 대한 태도이다(p.6).

톨스토이를 원용한 글로 「사람성의 해방과 사람성의 자연주의」(〈개벽〉, 1921. 4), 「현대윤리사상의 개관」(〈개벽〉, 1921. 10), 「시대정신에 합일된 사람성주의」(〈개벽〉, 1921. 11), 「환절기와 신상식」(〈개벽〉, 1925. 6) 등이 있으며 러셀을 원용한 글로 「최근사회의 신현상을 보고 도덕심의 수립을 절망(切望)함」(〈개벽〉, 1921. 8), 「시대정신에 합일된 사람성주의」(〈개벽〉, 1921. 11), 「공론의 인으로 초월하야 이상의 인, 주의의 인이 되라」(〈개벽〉, 1922. 5), 「진리의 체험」(〈개벽〉, 1922. 9), 「적자주의에 돌아오라」(〈개벽〉, 1925. 1) 등이 있다. 「사람성의 해방과 사람성의 자연주의」에서는 사람의 개조와 인심의 해방을 역설한 위인들의 대열에 루소, 괴테, 톨스토이 등을 넣었고 「현대윤리사상의 개관」과 「시대정신에 합일된 사람성주의」에서는 현대윤리사상의 2대 특점으로 니체주의(개인주의)와 톨스토이주의(사회주의)를 제시했다. 「환절기와 신상식」도 니체주의와 톨스토이주의를 대립개념으로 놓고 보았다. 「최근사회의 신현상을 보고 도덕심의 수립을 절망함」, 「시대정신에 합일된 사람성주의」, 「진리의 체험」, 「적자주의에 돌아오라」에서는 러셀이 인간의 충동을 소유충동과 창조충동으로 나눈 것을 소개하였고, 「공론의 인으로 초월하야 이상의 인, 주의의 인이 되라」에서는 "참된 자유의 인은 자기로써 조성한 이상을 숭배할 뿐이라"는 러셀의 말을 인용하여 이상의 개념을 새롭게 설명하였다.

〈개벽〉에 발표한 글 가운데 마르크시즘 혹은 계급의식론을 처음 소개한 것으로 「조선노농운동과 단결방법」(〈개벽〉, 1924. 4)을 들 수 있는데 이 글은 "계급의식-정신적 원력-조직의 완전-농민과의 악수"를 부제로 삼은 것으로, 조선청년총동맹의 단결의 성격을 계급의식의 단결, 원력(願力)의 단결, 조직의 원리로 규명하는 과정에서 "유물관의 배후에 정신적 원력이 복재(伏在)한 점에서 처음으로 만사는 필연적 운명에뿐-막기게 되지 안이하고 인간의 의장(意匠) 인간의 의식적 활동이라 하는 위대한 세력 하에 신세계의 건설을 기대할 수 잇는 것이다. 요컨대 조선의 현상도 더욱이 정신적 원력을 제각한 단결로는 도저히 장취의 망(望)을 부칠 수 업는 것이니 이 점이 적은 듯하나 대단히 크게 생각할 문제일 것이다"(p.98)와 같이 마르크시즘이 정신문제를 도외시하는 태도를 비판하였다.

「현대청년의 신수양」(〈개벽〉, 1924. 9)에서는 근래 조선청년들 사이에서 가볍게 넘길 수 없는 자시지벽(自恃之癖)이 유행한다고 하면서 유심론이나 유물론에 대해 분명하게 양비론을 취하였다. 특히 유물론을 신봉하다 보면 인격이니 수양이니 하는 개념을 멸시하는 폐단이 생기기 쉽다고 하였고 칼맑쓰, 크로포토킨, 레닌 등의 노예가 되기 쉽다고 하였다(p.4). 이들의 노예가 되는 것은 이들을 숭배하는 본의가 아니라고 하는 주장은 이돈화 특유의 논리적 성향을 입증한다. "유심론이든 유물론이든 그것 자체로 도성덕립이 되어야 한다. 이것이 우리가 주장하는 신수양"이라고 주장한 것을 보면 이돈화에게 가장 중요한 것은 이념이 아닌 도덕이다. 그가 천도교는 유심론도 유물론도 아니라고 한 것처럼 이돈화는 그 어느 한 쪽으로 기울 수가 없었다.

「교외별전(教外別傳)」(〈개벽〉, 1924. 11)에서는 선행의 동기를 종교적 동기설, 도덕적 동기설, 공리적 동기설 등 3가지로 밝히고 이를 모두 인습적 동기설에 포함시켰고 새로운 동기설로 계급의식 동기설을 제시하였다. "계급의식은 혁신의 사업에 성공할 만한 대동기가 될수 있다"(p.6)고 한 만큼 또 계급의식은 양심적 동기의 발현일 수 있다고 한 만큼 이돈화는 계급의식 자체에는 긍정적인 태도를 취하였다. 이돈화가 지도자들에게 권한 양심적 정의감에는 계급의식이 크게 작용하였다. 이돈화는 유물론이 정신적인 면을 외면한 점은 비판하면서도 계급의식 자체에는 긍정적인 태도를 취하였다. 이때의 계급의식 속에는 빈부차이뿐만 아니라 남녀차별에 대한 인식도 포함되어 있다.

기계의식, 계급의식, 초월의식을 부제로 한 「사람성과 의식태의 관계」(〈개벽〉, 1925. 5)에서는 의식을 "생활력의 의적(意的) 활동"(p.5)이라고 정의한 다음 현대인의 의식을 기계의식, 계급의식, 초월의식 등 세 가지로 분류하고 그 의미를 설명하였다. "계급의식은 순수한 인간자유의지의 창조라 하느니보다 사회상태의 파문으로 영사된 투영적 의식입니다. 그러나 계급의식은 기계의식을 타파케 하고 인간노예화를 방지하는 점에서 확실히 진보한 의식으로 볼 수 잇스며 사회진화를 촉진하는 힘잇는 탄력을 가진 의식으로 볼 수 잇습니다. 이 점에서 현대사회의 개조하는 초점으로 계급의식을 고조할 필요가 잇스며 격려할 필요가 잇습니다"(p.6)와 같이 이돈화는 계급의식이 개인발전, 사회진화, 사회개조를 위해 절대적으로 필요한 개념임을 주장했다. 이돈화는 계급의식을 고조하며 혹은 그를 강고케 하는 동기에 있어서 특히 초월의식을 추천하고 싶다고 하는데까지 나아간다. "마치 식물이 육체를 양(養)하는데만 필요한 것이 안이오 정신을 양(養)함에도 필요함과 가티 초월의식은 유심론자뿐 필요한 의식이 안이오 유물론자에게도 극(極)이 필요한 의식이 됩니다. 깐디에게 필요한 의식이 안이오 칼맑쓰에게도 필요한 의식이 됨니다. 계급의식을 고조한 칼맑쓰의 정신 중에는 적어도 초월의식의 무궁성이 약동되얏슴을 명력(明歷)히 볼 수 잇슴이다"(p.7)와 같이 종교론자답게 종교적 초월의식은 유심론자든 유물론자든 필수사항으로 삼아야 한다고 주장했다. 이돈화는 계급의식과 초월의식의 결합을 이상적인 것으로 생각했다.

계급의식을 강조한 것으로는 「사람성과 의식태의 관계」, 「재외동포에게-특히 지도자되는 여러 선배에게」, 「문명화한 야만인」, 「갑오동학과 계급의식」 등이 있다. 「재외동포에게」에서는 당시 조선이 정치적으로 파탄하고 경제적으로 파멸한 현실을 지적하고 이러한 현상을 극복하려는 운동의 주체를 민족운동자와 사회운동자로 나눌 수 있다고 하면서 사회주의세력이 더욱 강하다고 하였다. 그리고 재외동포에게 동포상쟁하지 말 것, 부락적 영웅주의를 버려야 할 것, 시대지(時代遲)의 사상을 지니지 말 것 등 세 가지를 권하였다(pp.8~9).

「문명화한 야만인」에서는 부자 아버지가 주의자가 되어버린 자식에게 너는 무엇이 부족하여 주의자가 되었느냐 하는 질문을 하자 아들이 정의를 위하여 주의자가 되었노라고 대답하였다고 소개한다. 그리고는 "계급의식은 엇든 대상을 두고 그 대상에 대하야 평등을 구하는 의식인 고로 계급의식 속에는 스스로 정의가 포용하야 잇는 것은 사실"(p.16)이라고 하면서 "엇더한 혁신운동을 보든지 양심운동이 선발대가 되고 계급의식의 운동이 후발대겸 전승대(後發隊兼 全勝隊)가 되는 감이 잇나니 이것은 사정의 필연으로 볼 수 잇다"(p.17)는 말은 이돈화가 계급의식을 긍정적으로 보고 있음을 확인시켜 준다. 그리고 이 사회에는 불평자와 만족자가 있다고 하면서 만족자를 현상유지파, 보수파, 지배계급에의 순종파, 인순고식파, 조화파, 온건파, 부패완고파 등으로 나눈 다음 만족자에게는 전적 인간이 없다, 명일이 없다, 큰 욕망과 갈망이 없다, 한 개의 사이비한 지혜를 가지고 있다(p.19)고 하였다. 이처럼 이돈화는 바람직한 인간의 필수조건으로 발전의지, 창조의지, 저항정신을 꼽았던 만큼 보수적이고 현실타협적인 인간형을 부정한 것이라고 할 수 있다.

「갑오동학과 계급의식」(〈개벽〉, 1926. 4, pp.44~45)에서는 "노예는 언제든지 노예이다 하는 계급의 고정불변한 폐해를 알고 그리하야 그 계급제도를 자기네의 손으로 개조치 안으면 언제든지 노예상태를 불변하리라하는 적극적 의식을 가르친 말이다 이 의식을 주입케 한 본가가 갑오동학이다"(p.45)와 같이 갑오동학을 노예의식에서 벗어나려는 최초의 의거였음을 주장하는 것으로 서두를 떼면서 갑오동학혁명의 가치는 그 내용에서 정치혁명, 계급투쟁, 이상향의 건설 등과 같은 세 가지 의의가 있다고 주장하였다(p.45). 특히 계급투쟁과 연결시킨 대목에서는 "계급투쟁이니 정치혁명을 목적하고 닐어난 동학운동은 드듸여 계급투쟁으로 변하야 민중대 양반, 민중대 부자의 학살이 닐어나진 것"(p.45)이라고 해석하였다. 그리고 "좌우간 동양에 잇서 더욱이 문약 무념(文弱 武恬)한 조선에 잇서 그마마한 민중운동이 닐어나게 된 것은 전혀 동학교화의 계급의식으로 나오게 된 것은 최수운심법의 강력으로 볼 수 잇다"와 같이 최수운주의를 한껏 고평하는 식으로 이 글의 끝맺음을 했다. 이돈화의 해석에 의하면 한국근대사회에서 계급의식은 마르크시즘의 영향만으로 이루어진 것이 아니라 최수운주의의 가르침을 받아 이루어진 면이 있다는 것이다. 이상의 글에서 살펴 본 바와 같이 수운주의자 이돈화는 니체, 퍼이에르바하, 톨스토이, 마르크스 등으로부터 영향을 받았음을 드러내고 있다.[11)]

4. 후천개벽의 실천방안

개조가 된 사회를 이상사회로 본다면 개조가 된 인간은 구체적으로 어떤 인간을 말하는 것이냐에 대한 답을 들려주고 있는 「공론의 인으로 초월하야 이상의 인, 주의의 인이 되라」(〈개벽〉, 1922. 5)는 「신시대와 신인물」(〈개벽〉, 1920. 8)의 연장선에 있다. 이 글은 "개조라 함은 인류의 영력이 자연의 상에 작용함을 이름이라", "자연압박의 정복이 갱히 인류자가 압박의 정복으로 변하야 오는 과정", "영웅적 압박시대가 평민적 평화시대로 변하는 금일", "평민주의에 요구하는 신인물은 여하", "신인물의 구비할만한 자격은 여하" 등과 같은 소제목으로 구성되었다. 영웅주의시대가 사라지고 큰 인물은 나오기 어렵기는 하나 일본 명치유신시대가 평민주의시대의 모범인 것처럼 국민이 발달하면 국가가 커진다는 주

11) 김경재, 「천도교청년도중에게 여(與)함」, 〈삼천리〉, 1934. 8, p.70.
"故梁漢默의 생시에는 그는 노자와 장자 등의 허무주의적의 이론을 마저 드리어 水雲主義들 祖述하려고 하얏스며 그후에 와서 夜雷 李敦化는 럿셀, 바구닝 등의 사상도 약간 참고하면서 맑스의 경제이론도 첨부하야 종래의 유불선 삼교의 종합물인 水雲主義를 祖述하려고 햇다"

장을 펼치고 있다. 이 글의 요점은 신인물의 구비조건을 자주자립의 인물, 실제적 지식을 갖춘 인물, 세계적 지식을 통한 인물, 신념이 확고한 인물 등 네 가지를 제시한데서 찾을 수 있다(pp.20~21). 이돈화는 조선의 근대사회를 만들어 갈 수 있는 동력적인 사상으로 실질주의, 자립주의, 세계지향주의 등을 제기한만큼 시의성을 보여 주고 있다.

「경신년을 보내면서」(〈개벽〉, 1920. 12)는 신생활, 인도정의, 평등자유, 사회문제, 부인문제 등의 소리도 들어 보고 언론계, 단체집합, 종교계 등을 돌아보면서 진보의 움직임이 있다고 인정하였다. 그러나 이돈화는 자기의 주장을 추상적으로만 펼친 것은 아니다. 당시의 사회가 요구하는 바를 잘 파악하여 세부적이고 현실적인 발전방안을 제시할 줄 알았다. "사회현상개관"이란 큰 주제 아래 「나의 생각은 이러합니다」에서 이돈화는 유년교육책으로 언어의 신중한 사용태도 배양, 유희품 제공, 적당하고 편리한 의복 제공, 보다 많은 유치원과 소년단 건축 등을 제시했고(pp.47~50) 부인교육과 여자교육의 진흥과 사회사업의 조장을 역설하는 가운데 공동대옥(共同貸屋), 학생기숙사, 노동자기숙사, 도서관, 사립병원, 사회극 극장 등의 건설을 제안했다(pp.52~54). 사회사업책을 제시하는 가운데서는 부익부 빈익빈의 문제를 주목하여 부익부 빈익빈을 대악물(大惡物)이라고 표현했을 정도다(p.52). 온갖 노동문제, 동맹파업, 공산주의운동, 무정부운동 등은 다 부익부 빈익빈 문제에서 일어난 것이라고 지적하면서 빈부격차의 폐해를 조화롭게 할 자는 오직 사회사업이라고 제안하였다(p.52).

「생활상으로 관한 경제관념의 기초」(〈개벽〉, 1921. 5)는 "욕망의 향상과 욕망의 개조", "생존과 생활의 별(別)을 알라", "경제라는 무엇인고"와 같은 소제목으로 짜여져 있다. 이돈화는 제1장에서 "어찌햇던 사람은 향상을 목적으로 삼는 것이며 향상은 정력의 성왕을 요하는 것이며 정력은 욕망의 활기를 기달이게 되는 것이엇다. 사람은 욕망의 활기에 의하야써 그 개인이나 그 민족의 전도 행복을 점(占)하나니 오인은 삼가 욕망의 가치를 개조케 하고 욕망의 범위를 향상케 할 필요가 유하겟다"

(p.12)고 하면서 표면상으로 향상의지, 정력, 욕망이 없는 우리 조상들의 산림적 처사생활(山林的 處士生活), 방임오세(放任娛世), 안빈낙도(安貧樂道) 등을 비판했다.

「혼돈으로부터 통일에」(〈개벽〉, 1921. 7)는 "혼돈, 몽롱, 방황", "개화, 문명, 문화", "의뢰, 고립, 자립", "개척, 정돈, 통일"의 소제목으로 구성되어 있다. 제1장에서는 현재 우리 조선인들이 과도기에 있어 혼돈, 몽롱, 방황 등을 내보인다고 하였고, 제2장에서는 과도기를 1894~1904년, 1904~1919년, 1919년 이후와 같이 3기로 나누어 살펴보고 있고, 최근 2, 3년간에 나타난 조선인들의 활동을 보면 자립심이 튼튼치 못해 의뢰심과 고립의 대립적인 면을 지니고 있다고 하였다. 그리고 자립의 양대 적(敵)인 의뢰심과 고립이 어떻게 해서 생겨났는지를 잘 파악하고 있다.

> 과거에 재하야 오등조선인이 심히 고립을 취한 원인은 기일은 계급의 관념이며 기타는 지방적 관념이엇나니 차양 관념의 여독은 아즉도 우리의 감상 중에 남아잇서 인으로써 인을 구별하며 지방으로써 지방을 구별하며 혹은 동일단체의 중에도 질투 혐기로써 통일을 도치 못하는 등은 다가티 고립의 죄라 운치 아니치 못할지라 미안한 말이지마는 우리의 사상적 죄악은 실로 의뢰와 고립에 잇다함을 나는 원려업시 말고저 하노라 (중략)개(蓋) 의뢰와 고립은 자립의 양대 적이라 누구던지 자립심이 풍부한 자는 결코 의뢰와 고립을 취치 아니하나니 자립은 즉 의뢰도 아니며 고립도 아닌 순수협동과 전공(專工)의 양조화성(兩調和性)이라(pp.8~9).

제4장에서는 자립 이후에 올 개척, 정돈, 통일의 뜻을 설명하면서 개척의 뜻과 개척자의 명단을 제시했고 조선문화의 정돈사업은 첫째도 교회 둘째도 교회라고 주장했다. 정돈사업은 개인이나 교육의 힘만으로 되는 것은 아니라는 것이다. 「속 토분록(兎糞錄)」(〈개벽〉, 1921. 10)은 ① 자는 사자는 짖는 개만 갓지 못하다, ② 동양의 신종교와 서양의 신종교

의 대조, ③ 현대문명이 과학의 폐해라는 말을 조선인만은 이해하야 들으라, ④ 슬(虱)에게 점심을 먹이는 자, ⑨ 활기와 생맥 등 14개의 장으로 구성되어 있는데 일부 은사적파(隱士的派), 소위 관망파, 종교의 구시대적 요소, 위선자, 인격과 열정이 결여된 진리, 조선인의 활기부족, 조선인의 양반적 유물 등을 공격하였다. 공격대상을 보면 이돈화가 무엇을 긍정하고 어떤 상태를 바람직스럽게 생각했는지 알게 된다. 이돈화는 참여파, 종교의 신시대적 요소, 양심바른 인물, 인격과 열정, 활기 등의 존재나 태도를 긍정하였으며 더 나아가 미래의 조선사회를 살려나갈 수 있는 원동력으로 보았다.

「신조선의 건설과 아동문제」(〈개벽〉, 1921. 12)는 항상 10년 후를 내다 보고 행동하고 생각하라는 충고로 시작하고 있다. 세계적인 추세에 발맞추어 진행되어야 할 조선의 개조사업은 인물개조를 근본으로 하는 것으로, 사람개조는 아동문제를 근본으로 하는 것이라고 하였다. 아동문제 해결책으로는 아동을 존중히 하는 풍토를 양성하는 것과 아동보호기관을 설치하는 것, 소년지도기관을 설치하는 것과 빈곤층 아동을 보호하고 교육시키는 것 등을 급선무로 제시한 것은 미래에 대한 관심을 드러낸 것이다(pp.24~28). 이돈화가 결론부분에 가서 10년 후의 조선을 내다 보면서 아동문제에 각별한 관심을 보인 배경은 "조선사람은 넘우도 금일주의, 찰라주의에 각겨 족음도 장래를 위하는 근기(根氣)잇는 경영이 업슴이 큰 흠이라" (p.28)는 인식으로 설명된다.

「의문」(〈개벽〉, 1924. 6)은 사랑, 천명, 빈곤, 게으름, 배금종(拜金宗)과 배인종(拜人宗) 등의 개념을 근본적으로 성찰한 글이다. 차별애(差別愛)는 애가 아니요 평등애가 인류애다, 평등애의 실현은 정신문제에 있지 않고 물질문제에 있다, 천명은 강자가 약자를 종교적으로 위압하는 술어가 되어 있는데 천명은 그런 때 쓰는 것이 아니다, 민은 이식위천(以食爲天)이란 말은 만고의 절대격언이다 등과 같은 주장들은 이돈화가 차별/평등, 물질/정신, 강자/약자 등의 대립관계를 화두로 삼고 있음을 반영한 것이다.

「조선신문화건설에 대한 도안」(〈개벽〉, 1920. 9)에서는 우승열패의 법칙이 냉정하게 적용되는 이 세계에서 우리 조선사람이 열자의 하나가 된 것은 엄연한 사실이라고 하면서 여기서 기사회생하는 유일한 방법은 하나하나의 실지건설에 착수하는 것이라고 하였다. 조선사람이 세계의 열패자가 된 까닭은 상공업 열패에서 찾을 수 있다고 한 것은 실질주의에 근거한 통찰력의 소산이다. 신문화건설의 방안으로 제1보 지식열, 제2보 교육보급, 제3보 농촌개량, 제4보 도시중심주의, 제5보 전문가, 제6보 사상통일(pp.9~16)을 제시하였다.

「신문화는 무엇에 의하야 건설되랴」(〈천도교회월보〉 131호, 1921. 7)는 민족문화와 직접관계를 가진 것은 종교가 유일의 중요한 위치에 있음은 역사가 증명하는 바, 서양문화와 기독교의 관계, 동양문화와 유불선의 관계는 세계문화의 2대 조류(p.1)라는 주장에서 출발한다. 그리고 "조선으로 조선다운 조선문화를 건설하랴면 대신사(大神師)의 사상을 사(捨)하고는 별로 타도(他途)가 업다하노라"(p.3), "조선의 신문화건설에 취하여 일대 개혁적 사상을 조선인의 뇌수에 주입케 하려면 오인은 대신사의 사상중추인 인내천주의가 그의 가장 신비력을 가졌다 하리라"(p.3)와 같이 조선문화건설의 최적의 방안으로는 인내천주의를 들 수 있다고 하였다. 그러면서 인내천주의를 ① 자주자립의 정신, ② 평등의 관념, ③ 박애의 정신, ④ 향상의 정신, ⑤ 원만의 정신, ⑥ 영구의 정신, ⑦ 도덕의 관념 등과 같이 다양한 정신을 포괄하는 것으로 보았다.

5. 주요저서 개요

『인내천요의(人乃天要義)』(1924년에 초판발행, 1968년에 복간 발행)의 복간본 맨 뒷 페이지를 보면 이돈화는 『인내천요의』, 『수운심법강의』, 『신인철학』, 『천도교창건사』, 『천도교체계약람』, 『천도교리독본』, 『수도요령』, 『새말』, 『복념(福念)』, 『교정쌍전(敎政雙全)』, 『당지(黨志)』, 『천도교요의』, 『천도교사전(天道教史傳)』, 『동학지인생관(東學之人生觀)』 등과 같이 많은 저서를 남긴 것으로 되어 있다.

『인내천요의』는 제1장 서언, 제2장 인내천과 천도, 제3장 인내천과 진리, 제4장 인내천의 목적, 제5장 인내천의 수련, 제6장 인내천에 대한 잡감 등으로 구성되어 있다. 이 중 제4장 인내천의 목적은 제1절 신인관계, 제2절 포덕의 개의, 제3절 광제의 개의와 같이 구성되어 있으며 제5장 인내천의 수련은 제1절 수련과 교화의 특질, 제2절 영부(靈符), 제3절 주문, 제4절 심고(心告), 제5절 계명, 제6절 팔절, 제7절 자연 등과 같이 구성되어 있다. 이 책의 서언에서 이돈화는 종교에 대한 현대인의 견해를 종교적 가치는 과학이나 철학에 밀려 소멸되고 말 것이라는 견해와 재래의 종교는 형식의 변경과 교리의 수정은 있을지라도 그 진리의 신앙은 남아 있을 것이라는 견해로 나눌 수 있다고 하면서 무종교적 태도를 낳은 사상이나 이데올로기의 실체를 밝혔다. 이돈화는 무종교 자체보다는 무종교를 빚어낸 마르크시즘이라든가 아나키즘을 더욱 비판했던 것이다.

> 대개 이 무종교적 사상은 금일에 돌발한 것이 아니요 원인은 근대과학 발흥으로부터 일어난 것이며 따라서 오늘에 이르러 그 세력을 조장한 자는 칼 맑스 및 바꾸닌, 크로포트킨 등의 유물사관에 기인한 사회주의적 사상에 의한 것이다. 그리하여 유물사관으로부터 우러나온 무종교적 사상은 1은 우주를 무신으로 본 것이며 2는 인생을 무영혼으로 본 것이며 3은 화복의 전륜은 인위적 사실에 기인한 것이라 하는 것이며 4는 과학적 증명 이외에 진리를 인정치 못할 것이라 하는 것이며 5는 유래 종교의 교리및 의식이 신화적 미신으로 산출한 바이라고 절증(切增)하는 때문이었다" (p.6).

사람의 생각 가운데서 '무궁' 이라는 관념을 제거하기가 어렵다는 점이 종교적 관념을 낳게 한 것이 아닌가 하면서 "사람성의 개성이 무궁에 접속하였음이 곧 종교적 요소가 된다 함이다"(p.7)와 같이 주장했다. 그러면서도 종교는 시공과 관계된 신념인 고로 새로운 사회는 필연적으로 새로운 사회에 필요한 종교적 관념이 일어나게 되는 것이라고 하여 천도교의 발생을 합리화한다. 이처럼 이돈화는 종교를 영원무궁에 대한 개개인의 본능적 바람의 반영이면서 끊임없이 변하는 시대적 요청의 산물이라고 파악했다.

이어 천도교의 중심개념인 선천시대와 후천시대를 여러 각도에서 대비하였다. 구사회인 선천과 신사회인 후천은 ① 무궁성의 이상적 시대/무궁성의 건설적 시대, ② 사색적 시대/지행적(知行的) 시대, ③ 사람들이 자기네의 본성을 찾기 위하여 공상, 이상, 연구, 사색으로 그것을 토의하는 시대/토의의 결과를 감상하며 선택하여 수정하여 그것을 실제로 개척하는 시대, ④ 망원경으로 피안을 탐상하는 시대/피안에 올라가서 거기에 이상천국을 건설하는 시대 등과 같이 대비된다(p.10). 후천은 후천개벽의 준말로 천도교와 이돈화가 꿈꾸는 새로운 사회를 말하는 것으로 후천개벽의 내용을 구체적으로 제시하였다. 이돈화같은 이론가가 아니고는 이런 구체적 제시는 가능하지 않다.

그리고 신사회에 요하는 인내천의 종교적 요소를 현실신비주의, 위안적 신앙이 아니요 사람성무궁의 실천적 흥미에 기인한 신앙, 타력적 신앙이 아니요 자력적에 기인한 연대성 통일력의 신앙, 경전적 교리가 아니요 공식적 교리일 것, 이상과 사실을 연결하는 활동 등 5가지를 들었다. 이때의 타력적 신앙은 초인적 세력에 대한 귀의, 희망이나 의지를 가리킨다고 하면서 "금일이후의 종교적 신앙은 결코 타력에 기인치 아니하고 사람성무궁으로부터 기인한 전우주의 연대성 통일력의 신앙이 아니면 안될 것이다. 즉 신불(神佛)의 힘을 사람성무궁과 연대통일하는 신앙이라야 할 것이다"(p.16)라고 갈파하였다.

이상과 사실을 연결하는 활동에 대해서는 "선천적 종교는 이상이요, 후천적 종교는 건설이다. 그러므로 구종교와 신종교의 절연한 구별은 전자는 도안적 교리(圖案的 敎理)임에 대하여 후자는 건설적 교훈인 것을 알아야 한다. 따라서 전자는 이상과 사실을 구별한 활동임에 반하여 후자는 이상과 사실을 연결한 활동이어야 한다"(p.18)라고 보충설명하였다. 『수운심법강의』(1926)는 제1장 각도이전(覺道以前)의 행적, 제2장 천사문답(天師問答), 제3장 각도(覺道), 제4장 도리 기1(수심정기(守心正氣)), 제5장 도리 기2(후천개벽), 제6장 도리 기3(신종교의 소질), 제7장 해월선생강화(海月先生講話), 제8장 동경장해(東經章解)로 구성되어 있다.

『신인철학』(1930년 초간, 1963년 중간)은 제1편 우주관, 제2편 인생관, 제3편 사회관, 제4편 개벽사상, 제5편 도덕관으로 구성되어 있으며 제1편 우주관은 제1장 한울, 제2장 양적 한울과 우주의 본체, 제3장 질적 한울과 지기일원실재론(至氣一元實在論) 등으로, 제2편 인생관은 제1장 인내천의 요령, 제2장 사람성무궁, 제3장 우주에 대한 인간의 지위, 제4장 생사문제 등으로, 제3편 사회관은 제1장 사회진화사상, 제2장 사람성자연의 사회진화관, 제3장 사회질병설 등으로, 제4편 개벽사상은 제1장 종교적 사상과 금불문고불문(今不聞古不聞), 제2장 개벽방식과 삼대개벽, 제3장 삼전론과 개벽사상 등으로 제5편 도덕론은 제1장 도의 존재가치, 제2장 자연계의 도덕, 제3장 인간계의 도덕, 제4장 수운주의의 윤리적 도덕률 등으로 구성되어 있다. 부록으로 「동학지인생관」이 있다.

신일철은 중간사에서 「동학지인생관」은 강단에서 교인들을 가르칠 때 작성한 것으로 최후저술이라고 하면서 "『신인철학』에서 보여준 태도가 진취적이요 과학적이었다면 「동학지인생관」의 그것은 정관적이요 명상적이었다"고 비교하고 있다. 바로 『신인철학』의 내용은 이돈화가 〈천도교회월보〉와 〈개벽〉에 집중적으로 발표한 논설들에서 천착했던 문제들을 반영하고 있는 것이기에 논리적이면서 진취적인 성격을 지닌다. 이때의 「동학지인생관」은 대폭 확대되어 1974년에 천도교중앙총부에서 출간되었다. 50여 쪽의 분량으로 제1편 우주관, 제2편 인생관과 같이 구성되었던 1930년도의 「동학지인생관」은 1974년도판에 가면 340쪽 가까운 분량에 제1편 우주관, 제2편 인생관, 제3편 인생문제(福念編), 제4편 인생문제(夜雷 대 正菴 문답편), 부록 교정쌍전(敎政雙全)으로 확대개편된다.

이돈화는 머리말에서 이 책 전체는 "인간 기 자의 학"으로 되어 있다고 하면서 "인간 그 자의 학은 살아있는 자아를 전적 또는 근본적으로 연구하는 학인고로 인간학은 자아의 학이다. 즉 자아 그 자가 무엇인지를 깨닫는 학이다. 자아의 본질은 무엇인가? 본질은 어데서 왔는가!(생), 본질은 어디로 가는가?(사), 가면 어떻게 되는가?(내세), 그러므로 현세의 생활은 이렇게 해야 가하다(처세론)는 근본학일 것이다. 이러한 학을 다루려는 것이 동학지인생관이다"(pp.7~8)와 같이 구체적으로 설명했다. "개벽적 새우주론이란 사람으로서 신을 직각한 신, 즉 사람으로써 신에 합일된 신일 것이되 이를 신의 편으로 보면 사람이 신에 귀의 합일된 것이요, 사람의 편으로 보면 신이 인간 속에 귀일된 것이다. 이는 자력도 아니며 타력도 아닌 동화일치의 힘이며, 이는 범신도 아니요 일신도 아닌 인내천의 신이며, 이는 유심론도 아니요 유물론도 아닌 물심합치의 지기일원론(至氣一元論)이다. 이러한 학을 인간 기자(其者)의 학이라 칭한다"(p.10)라고 한 곳에서 천도교의 기본사상을 포용과 종합으로 파악하려 한 태도를 알 수 있다. 자력과 타력, 범신과 일신, 유심론과 유물론 등에 대한 양자 부정의 태도는 뒤집어 말하면 양자긍정이 될 수도 있는 것이다.

1933년에 편술한 것으로 되어 있는 『천도교창건사』(천도교중앙종리원장판)는 제1편 수운대신사(水雲大神師), 제2편 해월신사(海月神師), 제3편 의암성사(義菴聖師), 제4편 중의제(衆議制)로 구성되어 있는 것처럼 최제우, 최시형, 손병희의 생애와 사상을 소개하는데 목표를 두었다. 제1편의 부록으로 동경대전(東經大全)과 용담유사(龍潭遺詞)가 포함되었고, 제3편의 부록으로 무하설(無何說), 명리전(明理傳), 천도태원설(天道太元說), 대종정의설(大宗正義說), 무체법경(無體法經), 후경(後經), 시문(詩文), 몽중문답가(夢中問答歌) 등이 포함되어 있다.

(범우비평판 한국문학 38, 『이돈화 편』 해설, 범우사, 2007)

김동리의 당대소설의 계열

1. "당대소설"의 의미

「무녀도」(〈중앙〉, 1936. 5), 「황토기」(〈문장〉, 1939. 5), 「달」(〈문화〉, 1947. 4), 「역마」(〈백민〉, 1948. 1), 「등신불」(〈사상계〉, 1961. 11), 「을화」(1978)로 알려지고 성격화된 김동리에게서도 당대소설(Gegenwartsroman)의 계열을 찾을 수 있다. 당대소설의 1차적인 요건은 작가와 소재가 동시대성을 지닌다는 점을 들 수 있다. 김동리의 당대소설의 모델은 극도의 혼란과 불안의 시대인 해방 직후(1945~1948)에 나타났다. 그는 해방 이듬해인 1946년에 단편소설 「윤회설」과 「지연기(紙鳶記)」를, 1947년에 꽁트 「상철이」를, 여순사건 직후인 1949년 봄에 단편소설 「형제」를 발표했고, 남로당 탈퇴성명서가 줄지이 나왔던 무렵인 1949년 9월 1일부터 1950년 2월 16일까지 〈동아일보〉에 장편소설 「해방」을 연재했다. 당대소설은 세태소설, 사회소설, 시대소설 등과 같은 유사어를 지니며 역사소설이나 미래소설과는 대립되는 용어다. 당대소설은 전쟁 중에 전쟁을 소재로 해서 쓴 전시소설에서 모델을 찾을 수 있다. 창작시기와 소재의 시간적 배경이

거의 일치한다는 당대소설의 1차적 요건은 대부분의 작가들에게는 제약이 되거나 혼란을 가져다주기 마련이다. 이 경우의 한국작가들은 표면상으로든 내면적으로든 검열과 필화에의 공포를 느끼곤 했다.

한국작가들은 식민통치, 좌우대립, 전쟁, 쿠데타, 혁명, 정변, 독재체제 등과 같이 자유로운 표현욕구와 진실을 알려야 한다는 작가적 사명감을 억제하거나 왜곡시킨 사건들을 연이어 겪어 온 특이성을 지닌다. 이런 역사적 사건들을 동시대에 다룬 것이라면 그때의 소설은 당대소설이 된다. 당대소설은 '개인의 운명을 좌우하는 당대 사건을 부분적으로라도 직접 다룬 소설' 이라는 정의를 얻게 된다. 당대소설의 진수는 작가가 소재로 취한 당대사건이 아직 종결되지 않은 상태에서 작가가 자기 나름의 해석을 꾀하고 의견을 표출하는 데서 찾을 수 있다. 이런 경우의 작가는 자신을 시험대에 올려놓은 것이 된다. 김동리는 「윤회설」, 「지연기」, 「형제」, 「해방」 등을 통해 자신의 이데올로기를 강화하는 결과를 가져오기는 했지만 자신의 판단이 맞는 것인지 자신의 생각이 인간적인 것인지 자문하기도 했다. 당대소설은 그 작가가 동시대의 작가들 가운데서도 남다른 용기가 있는 존재임을 입증해 주기도 한다.

장편 신문연재소설 「해방」의 결말은 작가에 의해 프로타고니스트로 설정된 우파 인물이자 자칭 민주주의자인 이장우가 대학병원 의사이며 몽양 여운형이 이끄는 인민당을 지지하는 친구 하윤철을 현실을 직시해야 한다고 설득하는 것으로 처리되고 있다. 철학을 전공하고 동아여자대학교에서 국문학과 국사학을 가르치는 교수로 있으면서 우익단체인 대한청년회의 리더 역할을 하는 이장우에게 '현실' 은 어떻게 나타나고 있는가.

「왜 학병동맹을 습격하여 희생자를 내었느냐, 「전평」 간부에 고문을 했느냐 하는 것도 모두 자네의 한때 이상이요 인도적 감정일는지 모르나 현실은 아니야. 현실은 독립과 자유를 부르짖는 애국청년 남녀들이 얼마든지 서백리아로 실려가고 있는가 하면 학병동맹이 습격을 당하고

「전평」 간부가 신문을 당하고 있는 거야」

「그럼 자네가 말하는 현실이란 대체 무엇인가?」

「삼팔선이란 말일세…두개의 세계! 자네 이 두 개의 세계란 무슨 뜻인지 아는가?」

「미국을 대표로 하는 자본주의 세계와 소련을 대표로 하는 공산주의 세계란 말인가? (〈동아일보〉, 1950. 2. 9)

이장우는 현실이란 지식인의 이상지향적인 생각과는 다르게 돌아가는 것임을 일깨워 주고 있다. 이장우가 싸움, 모순, 배신 등으로 파악하고 있는 '현실' 은 '당대' 로 바꿀 수 있다. 바로 김동리는 미군정기의 역사적 사건들과 그에 따른 분위기를 당대에 비평양식 뿐만 아니라 소설양식을 통해서도 정면에서 다루어 내었다. 김동리는 조선문학가동맹에 맞서 1946년 4월 4일에 결성한 조선청년문학협회의 대표적인 논객으로 활동하여 「순수문학의 정의」(〈민주일보〉, 1946. 7. 11~12), 「좌우간의 좌우」(〈백민〉, 1946. 12), 「문학운동의 2대방향」(〈대조〉, 1947. 5), 「순수문학과 제3세계관-김병규씨에 답함」(〈대조〉, 1947. 8), 「생활과 문학의 핵심-김동석군의 본질에 대하야」(〈신천지〉, 1948. 1), 「민족문학론」(〈대조〉, 1948. 8) 등과 같은 평론을 발표하였다. 이러한 평론들은 논쟁의 성격을 지녔거니 현장비평의 성격을 지녔다. 김동리는 이러한 평론들에서 나타난 이념 갈등의 문제를 같은 시기에 「윤회설」, 「지연기」, 「형제」, 「해방」 등과 같은 소설에서도 다룬 것이다. 그리고 이런 작품들은 일정 수준을 유지하고 있다.

2. 해방정국과 「윤회설」, 「지연기」, 「혈거부족」

「윤회설」은 1946년 6월 6일에서 6월 26일까지 〈서울신문〉에 연재되었다. 「윤회설」은 작가가 작품을 끝내고 "졸작 「두꺼비」 참조"라고 후기를 달아놓은 것처럼 해방 이전작 「두꺼비」(〈조광〉, 1939. 8)의 연장선에 올려 놓을 때 제대로 해석될 수 있다. 뿐만 아니라 「두꺼비」는 「윤회설」과 연결되면서 당대소설의 영역으로 들어 올 수 있게 된다. 해방을 맞지 않았더라면 「윤회설」이 나올 수 없었을 것이고 「윤회설」이 나오지 않았더라면 「두꺼비」는 일제하에 한 젊은 지식인의 허무주의적 태도를 그려낸 작품 정도로 평가되고 말았을 것이다. 「두꺼비」와 「윤회설」 사이에 8·15 해방이 가로 놓인 점은 두 작품을 전혀 별개의 것으로 보게 만들기도 한다.

「윤회설」은 철학도인 한종우가 해방 직후에 숙전 교수인 혜련과 누이동생 성란의 집요한 방해공작을 비롯한 여러 장애요인을 극복하고 결혼하기까지의 과정을 그려내고 있다. 종우와 술집여급 정희의 사이를 의심하여 종우의 결혼제의를 쉽게 받아들이지 못하는 혜련, 그녀를 예술가동맹의 동지이자 여성으로 생각하고 있는 박용재, 오빠 종우와 혜련의 결혼을 집요하게 방해하는 성란, 동맹의 중심 역할을 하며 성란을 완전히 좌익이념으로 끌어당긴 남편 윤군 등은 모두 좌익동맹원으로 묶을 수 있다. 한종우가 혜련으로부터 결혼허락을 받아내는 과정은 한종우가 혜련을 동맹에서 끌어내는 과정으로 대치되기도 한다. 한종우가 결혼하는데 성공한 것은 이념상의 동지를 획득하는데도 성공했다는 의미가 된다. 「윤회설」은 "두꺼비를 잡어 먹은 능구렁이는 과연 죽엇다. 그러나 그 죽은 능구렁이의 뼈마디마다 생겨난 그 수만흔 두꺼비의 새끼들은 또 서로 싸호고 서로 미워하기 시작햇다고 생각하엿다"(〈서울신문〉, 1946. 6. 6)와 같이 서두를 열고 있어 위에서 말한 장편소설 「해방」에 나타난 기본적인 현실인식을 먼저 제시한 것이 된다. 능구렁이가 일본제국주의를, 두꺼비가 한국인을 상징하는 것으로 파악하는 것은 어렵지 않다. 해방 전 발표작인 「두꺼비」의 주요인물인 종우, 삼촌, 정희 가운데 해방 후 발표작인 「윤회설」에서 주인공으로 계속 나타나는 존재는 종우 뿐이다. 정희는 구체적으로 나타나지 않고 종우의 약혼녀인 혜련과 누이동생 성란의 의식과 말 속에서만 존재할 뿐이다. 종우가 정희를 여급신세로부터 구해 낸 것은 허무주의가 가져온 한 때의 센티멘탈리즘과 주홍(酒興)의 힘이었다. 다음과 같이 허무주의가 생겨난 배경을 밝혀 냄으로써 「윤회설」에서의 한종우는 단순한 현실적응형 지식인으로부터 벗어나게 되고 「두꺼비」 자체도 일제말엽의 분위기를 제대로 반영한 당대소설로 재해석된다.

> 일즉이 종우의 남매가 그 삼촌을 따라 서울로 이사를 왔을 때는 그 삼촌은 열렬한 소승주의(민족주의)자요 또 예수교인으로 그즘 마츰 옥중에서 병을 얻어 죽게된 그의 형 즉 종우들의 아버지의 뒤를 이으리라 하는 것이었다. 그래 무슨 학원 경영도 해보고 신문사의 주권도 사군 하였다.
> 그것이 근년에 이르러 신문사의 폐간과 학원의 인가취소를 전후하야 소위 그러한 소승적 견지에서 활달한 대승적 리상으로 전향을 하게 된 것이었다. 그 대승주의의 실천으로는 본부의 모씨의 추천으로 C불교 학교의 시간일(講義)를 보게 된 것과 또 총후불교 무슨 연맹의 위원의 한 사람이 된 것이 밖에 더욱 그의 면목이 약여한 실천은 례의 정희사건에 있어 종우의 뜻에 찬동하야 돈 몇천원을 던진 것이다. 삼촌의 박애주의(대승주의)를 조졸찬이 생각하는 종우로서는 이 몇천원의 돈이 무엇보다도 제일 견디기 어려운 가슴의 정처가 안 될 수 없었었다.
>
> (〈조광〉, 1939. 8, p.349)

「두꺼비」에서 한종우는 삼촌이 자신의 친일행위를 합리화하기 위해 대승주의를 내긴 것 때문에 대승주의 반대자가 된 것으로 그려지고 있다. 남을 구제한다느니 남을 가르친다느니 하는 존재를 믿지 않는 한종우로서는 해방 직후에 대승주의를 표방하는 좌익인물들을 고운 시선으로 바라 볼 수 없다. 바로 한종우가 초점화자가 되어 당시의 지식인이니 예술가니 하는 존재들이 급속도로 좌익에 물들어 가는 현상을 우려하는 데서

「윤회설」은 시작된다. 한종우의 애인 혜련이나 누이동생 성란은 처음부터 좌파는 아니었으며 이들 여자들을 좌익으로 끌어 들인 남자들도 대개는 해방을 맞아 좌익으로 전향한 것이었다.

> 처음부터 성란이나 혜련이들이 무조건하고 시류잡설에 추종을 햇섯다면 종우도 이제와 새삼스리 괴러워할 리도 섭섭해 할것도 업스련만 해방 직후 소련군이 내일 들어온다 모레 들어온다 하고 일부에서 선동들을 하게 되자 종우의 친구들도 대부분이 이에 호응하여 전환을 한다 추세(趨勢)를 한다 하엿고, 그러나 성란들은 종우를 차저와서 「모두 겁쟁이들 뿐이애요, 정말 예술적 주관을 가즌 사람이라곤 업는가 봐요」 하며 윤군들의 전향을 비방하던 그엿다. 그 성란이 차츰차츰 남편 (윤군)의 이론에 설득이 되어 이제와서는 종우의 태도에 반감을 갖을 뿐 아니라 엇저다 한번씩 친정이라고 올 적마다 종우에게 도루 선전을 하려들곤 하였다. (〈서울신문〉, 1946. 6. 6)

혜련이가 결혼을 미루는 것을 의아하게 생각한 종우는 혜련이가 토요일마다 예술가동맹에 출입하여 마르크시즘 교육을 받는다는 말을 듣고 그녀를 만나 담판을 짓기로 한다. 혜련이가 동맹에서 박용재라는 강사로부터 "가장 진실한 공산주의자가 되기 위해서 우선 가장 진보적인 민족주의자가 되겠다"(〈서울신문〉, 1946. 6. 12)는 말을 들었다고 하자 종우는 "밤낫 진보적 진보적 떠들긴 해도 실제이론에 잇어서나 행동에 나타나는 걸 보면 수십년전의 캐캐 묵은 팜플레트에서 별로 진보된 건 업스니, 그러고 보면 소위 이 진보적이란 말도 이즘 무슨 민주주의니 무슨 민족이 어떠니 하는 말들처럼 그저 일종의 선전표어에 불과한 모양이지" 하고 비아냥거리다가 "그런데 혜련-나는 대관절 이 진보적이니 퇴보적이니 무슨 주의니 하는 것들이 딱이 실쿠러!"(〈서울신문〉, 1946. 6. 13) 하고 본심을 털어내 보인다. 종우는 해방 전 발표작 「두꺼비」에서 삼촌이

툭하면 내뱉는 "대승주의자가 되어야 한다"는 말에 잔뜩 반감을 품고 있던 차였다. 혜련은 종우가 진보적이란 말, 공산주의, 박용재라는 인간 중 과연 어디에 적의의 표적을 두고 있는 것일까 하고 궁금해 한다. 종우의 비판과 냉소에 혜련이가 화를 내면서 박용재를 은근히 변호하자 종우는 재빨리 한 발자국 물러 서서 중립론으로 방향을 튼다. 종우가 진보적이니 퇴보적이니 민족주의니 공산주의니 하는 용어나 표현을 갖고 다툴 필요가 있겠냐고 반문하면서 "오늘날의 이땅의 민족주의자들이 과연 공산당 측에서 비방하는 것처럼 자본주의와 결탁을 하고 잇다면 그것은 개혁식혀야 할 것이고 또 공산당이 민족진영에서 비난하는 것처럼 소련식 제국주의의 전위가 된다면 이것도 용인할 수 업슬 것이오"(〈서울신문〉, 1946. 6. 14)와 같은 양비론적 태도를 보이자 혜련은 이런 양비론은 좋은 게 좋다는 식과 다름이 없다고 반박한다. 이러한 양비론은 "우리는 저 자본주의의 경제적 계급적 죄악과 모순을 제거하는 동시 공산주의의 기계적 공식논도 버려야 되단 말유. 즉 우리는 경제적으로 계급적으로 해방이 되는 동시 인간성의 자유와 정신적 존엄 이것도 확보해야 한다는거 뿐이지"(〈서울신문〉, 1946. 6. 14)와 같이 절충론으로 이어지고 있다. 작가의 대변인역을 맡고 있는 주인공 한종우는 유심론이나 유물론이나 다 관념론을 벗어나지 못했다는 양비론으로 나아갔는가 하면 인간의 삶은 경제적 조건만으로 이루어지는 것은 아닌 것으로 이외에도 종교적 조건, 예술적 조건, 도덕적 조건 등이 있는 것이라는 식으로 유물론비판으로 쏠리기도 하였다.

종우가 내건 대안의 하나는 '자유정신'이다. 종우는 자유정신을 조상들이 전해 준 측면이 있는 것이라고 하면서 "오늘날 선세계 인류가 도달하려 하고 성취하려 하는 것은 이와가튼 구비한 생활조건이 총화에서 경제균등의 사회를 실현식히는 동시에 인간성의 자유와 정신적 존엄성을 확보하려는 것이며 이러한 진정한 세계사적 과제를 바로 포착하는 것이 가장 진보적이요 과학적인 세계관이 아닐까"(〈서울신문〉, 1946. 6. 15)와 같이 인간성의 자유와 개성의 자유를 인류의 목표로 확대해석하기도 한다. 자유와 존엄성 확보라는 목표에 "경제균등사회의 실현"이라는 목표를 병치시킨 것은 종우로서는 나름대로 파악한 현실과 타협하는 식으로 큰 변화를 보인 것이라고 할 수 있다. 혜련이 일기를 통해서 종우의 아버지가 항일 독립군으로 활동하던 중 언제나 병을 차고 다니면서 왜놈의 목을 베면 그 병에 피를 받아 마셨다는 이야기를 종우가 해주었음을 환기시킨 것은 종우의 사상이 아버지의 영향도 받아가며 오랜 시간에 걸쳐 형성된 것임을 설명해준다.

혜련이 박용재로부터 배운 유물변증법이 진보적이요 과학적인 이론이라고 하자 종우는 조선에서의 사회주의론이나 유물변증법은 대학노트나 팜프렛지식에 불과한 것이라고 반박하면서 평론가요 극작가요 대학강사인 윤군의 지식도 팜플렛지식에서 벗어나지 못하는 것이라고 꼬집었다. 그러자 혜련은 "허지만 그이들은 비록 팜플렛트 범위에서라도 그만한 혁명적 실험을 하고 잇서요"(〈서울신문〉, 1946. 6. 15)라고 응수한다. 평소에도 혜련은 종우를 향해 정신주의적 경향의 과다, 실천력 부족, 육체경멸론 등과 같이 비난해왔던 터다. 혜련은 종우에게 선생님에겐 여전히 정희가 곁에 있고 전공하는 철학이 있지만 나에겐 무엇이 있냐고 종우에게 냉담했던 진짜 이유를 꺼내든다. 혜련은 성란으로부터 거짓 정보를 받아 종우와 정희의 관계를 의심해 온 것이다. 오빠 종우가 사회주의자 윤군과의 결합을 막은 것에 복수하기 위해 누이동생 성란은 종우와 혜련 사이를 갈라 놓는 공작을 집요하게 펼친 것이다. 혜련은 종우의 인간적 호소를 이기지 못해 결혼하게 되면서 표면상으로는 좌파이념에서 떠나게 된다. 종우는 성란에게 "인류적 자존(自尊)을 저주하고 절망하는 것을 마치 무슨 현대인의 의무나 자랑거리인 것처럼 생각하는 건 확실히 제 자신들의 저열과 무성의에서 오는 현대적 타락이요 일종의 우상중독이다"(〈서울신문〉, 1946. 6. 23)와 같이 사회주의가 인간경시론과 비판론에 빠져 있다고 비판하였지만 성란은 끝까지 설득당하지 않는다. 이 소설이 끝날 때까지 이념을 바꾼 인물은 혜련이 한 명 뿐이다. 비록 이 소설이 결혼 다음날 종우 내외가 삼촌내외, 고모내외와 함께 서울운동장에서 열리는 "독립전취국민대회"에 참석하여 인파가 뒤덮은 운동장을 보고는 민족혼이 살아 있다고 자평하기는 했지만 종우는 "불개미떼가치 만흔 두꺼비 새끼들 중에도 성란내외는 역시 들어 잇지 안타는 사실"(〈서울신문〉, 1946. 6. 26)을 확인하게 된다. 「윤회설」의 원인적이며 중심적인 사건은 우익인 오빠와 좌익인 누이동생 사이의 이념대립에서 찾을 수 있다. 이 작품은 단편소설의 분량임에도 지식인소설, 이념소설, 토론소설, 관념소설, 연애소설, 심리소설, 시대소설 등 여러 소설유형이 포개져 있거나 나란히 있는 결과를 보여 주고 있다.

「지연기」는 〈동아일보〉에 1946년 12월 1일부터 12월 11일까지 연재되었다. 이 소설은 소설가이자 정광여학교 조선어교사인 백남수가, 해방 전에 친일적인 태도를 보이다가 해방 이후 학교비품도난사건으로 밀려나자 좌익을 자처하며 살아남기 위해 몸부림치는 김정식 교무주임 세력과 대립하는 것을 중심사건으로 삼고 있다. 주인공 백남수는 양심선언과 친일분자 포용론을 통해 동맹휴학 중인 학생들을 설득시킴으로써 승리한 것으로 묘사되고 있다. 이 소설은 끝부분을 "김선생네 집 굴뚝 위의 전깃줄에 걸린 채 이따금씩 꽁지를 살랑살랑 흔들며 파란 하늘 위로 날아오르려다가는 한 길 채 못 올라가서 거꾸로 낼 박히고 박히곤 하는 재혁의 새하얀 가오리연이 보이었다"(〈동아일보〉, 1946. 12. 11)로 처리한 것처럼 백남수가 친일파, 사이비 사회주의자, 비리교사, 모리배 등으로 규정되고 있는 김선생으로부터 결코 자유롭지 못한 형편에 있음을 상징적으로 그리고 있다. 훗날 김동리가 주인공 이장우를 통해 「해방」에서 제시한 '현실' 개념을 떠올리게 된다. 프로타고니스트 백남수는 안타고니스트 김정식으로부터 완전히 자유로운 것은 아님에도 해방 전이나 후에나 포용론의 기본자세를 버리지 않고 있다. 김동리는 백남수의 피해상이나 김정식의 가해상보다는 백남수의 포용적 자세를 강조하고 싶어한 것이다. 이런 자세는 윤리적 우월성을 간접적으로 드러낸다. 김동리는 「윤회설」에서 누이동생 성란이 오빠의 혼사를 적극 방해하는 행동을 비인간적 행위로 몰아 간 것처럼 「지연기」에서도 자칭 사회주의자인 김정식의 파렴치한 행태를 제시하는데 힘쓰고 있다. 물론 이때의 포용론도 김정식에게 아직은 힘이 있음을 인정하는 태도에서 나온 것으로 볼 수 있다. 그런가 하면 이때의 포용론은 현실로부터 한 걸음 떨어져서 사태를 냉정하게 바라 볼 줄 아는 능력이나 여유의 산물일 수도 있다.

> 그러고 나서는 자기가 보기에도 남수가 일본정신 교육에 있어 너무 소극적인 것같다고 대동아 전쟁의 이념이란 것을 설명해주며 황국신민화의 교육을 강조하야 이에 대한 자기의 신념을 느러노코는 하던 그였다. 그 뒤 남수가 서대문경찰서로 붓잡혀 갔을 때도 그는 즉시로 어느 일자 (日字) 신문지에다 담화를 발표하야 그동안 남수의 사상선도에다 자기의 고심담을 선전한 뒤 사회에 대하야 사과와 유감의 뜻을 표하곤 하던 그였다. 해방과 함께 출감한 남수는 곳 정광여학교에 복직을 하고 김선생과 다시 날마다 얼굴을 바라보게 되었으나 각박스리 시비를 캐고 과거에 범한 상대자의 약점을 들추어내고시픈 남수도 아니었다.
>
> (〈동아일보〉, 1946. 12. 5)

1946년도 〈동아일보〉 연재본은 소설집 「밀다원시대」(삼중당, 1976)에 수록된 텍스트와 여러 가지 차이점을 보여 주고 있다. 주인공 백남수가 백정후로, 소설가가 희곡작가로, 김정식이 김정운으로, 성북동이 누하동으로, 삼선교가 중앙청앞으로, 원남동이 적선동으로, 공산주의가 사회주의로, 일본정신이 황민정신으로, '칠할 오부'가 '십분의 칠팔'로, '변통없이'가 '꼼짝없이'로 바뀐 것은 사소한 변화에 지나지 않는다. 간과하기 어려운 차이를 보인 대목들을 다음과 같이 추려 볼 수 있다.

(1) 연재본 1946년 12월 5일자 : "그것은 결코 문화정도가 우리네보다 나저서 그런건 아닙니다. 그만치 평등적이요 계급적있는 증거올시다"

소설집 수록본 62쪽 : "그것은 결코 문화정도가 우리네보다 낮아서 그런 건 아닙니다. 그만큼 평등적이요 민주적인 증겁니다"

(2) 연재본 12월 5일자 : 남수는 속으로 혀를 찻다. 저런 사람들이 좌익도 하고 우익도 하는 때문에 오늘날의 정계가 이러케 어즈러운 것이라고도 남수는 생각하였다. 떳떳한 좌우익이라면 아는 사람 사이에 왜 인사도 못하고 지낸단 말인가. 더군다나 그들 사이에 좌우익이란 우서운 소리다.

소설집 수록본 63쪽 : 정우는 속으로 혀를 찼다. 저런 사람들이 좌익도 하고 우익도 하기 때문에 오늘날의 정계가 이렇게 어지러운 것일 게라고도 정후는 혼자 속으로 생각해 본다. 떳떳한 좌우익이라면 아는 사람 사이에 왜 인사도 못하고 지낸단 말인가. 더군다나 그들 사이에 좌우익이란 우스운 소리다. 어째서 제국주의만이 좌익이 되고 민주주의는 또 우익이 되어야 한단 말인가.

(3) 연재본 12월 6일자 : 또 동맹휴학이란 것이 일종 유행처럼 되어 있던 그 지음이라 그들의 김씨 복직운동이란 것은 그들을 지지하는 그들과는 특수한 관계에 있던 학생들과 투쟁학생총련맹이란 학생정치단체에 가입되어 있던 일부 학생들과 합동하야 전교학생을 움즉이기에 쉽사리 성공할 수 있었던 것으로

소설집 수록본 66쪽 : 또 동맹휴학이란 것이 일종 유행병처럼 학원을 휩쓸고 있을 때라, 이 바람을 교묘하게 이용한 그들의 김씨 복직운동이

란 것은 그들이 슬그머니 좌익행세를 하면서부터 학생과 선생들 사이에 부쩍 그 세력을 늘리게 되어 본래부터 그들 다섯 사람들과는 특수한 관계에 있었던 일부 학생들과 투쟁학생총연맹이란 학생 정치단체에 가입되어 있던 일부 학생들과의 사이에 합류가 성립되어 이내 전교학생을 움직이기에 쉽사리 성공할 수 있었던 것으로

(4) 연재본 12월 7일자 : 더구나 남수가 보기에도 딱하다고 생각한 것은 학생들의 「맹휴」 소동을 전후하야 김, 장, 윤들이 좌익 행세를 하는 체하는 사실이었다. 남수는 지금까지 한 사람의 교육자란 견지에서 쌍방에 다 냉정한 비판적 태도를 취하여 진실한 사람에 대해서는 좌익이던 우익이던 한가지로 경의를 표해왔던 것이나 일시적 감정과 개인적 불평등으로 좌우익을 빙자하고 이용하는 가짜 좌우익들에 대한 증오와 경멸은 또한 각별나게 준엄한 편이었다. 사람이 저자신에 양심을 가지고 민족에 충실하다면 이미 참된 좌익에도 통하고 우익에도 통하는 것이지 밋바닥이 빤히 드려다 보이는 공식화한 이론이나 편싸움같은 감정에만 부뚤리는 것으로 좌우익을 일삼는대서는 도리어 진실한 좌우익을 매장하는 결과밖에 남지 않으리라고 그는 생각하는 것이었다.

(5) 연재본 12월 11일자 : 내중 학교를 마치고 집으로 돌아오는 길, 같은 전차를 타게 된 정선생은 남수를 보고 싱긋이 웃으며 "해방 육영회 해산된다죠" 하였다. 천만 뜻밖의 소리다. "아아니 김선생이 관계하는 -", "관계가 아니라 주재햇지요 재단도 처음 수십만원 서 있었고 -", "오늘 아침에도 전차에서 만낫는데 통히 그런 빛 없든걸…거 사실이라면 김선생도 올해 운수가 험하군", "그럼, 그런 걸 함브로…" 하고 떪게 웃어 보이며 다시 "우리네 사회사업 그런게 많죠" 하고는 명륜정에서 전차를 내렸다. 삼선교에서 돈암교로 가는 도중 "수월 그릴" 이란 음식점 앞에서 돌연히 전차가 정거를 하며 모다 내리라고 한다.

소설집 수록본 70쪽 : 나중 학교를 마치고 집으로 돌아 오는 길, 같은 전차를 타게 된 정선생은 정호를 보고 싱긋이 웃는 얼굴로 "해방 육영회가 해산된다죠" 하였다. 뜻밖의 소리다. "오늘 아침에도 전차에서 만났는데 통히 그런 빛들이 없던걸…", "그럼 그런걸 함부로 낯에 나타내어요?…것도 오십만원이나 재단을 세웠던겐데", "거 정말이라면 김선생도 올해 운수가 험하군", "험한지 왕(旺)한지 그 속속들이는 좀처럼 모를걸요", "그렇지만 사회적으로는 두 군데나 실패를 했으니까", "실패요? 그까짓 사회적으로야 실패든 말든 몇 갑절 더 실속만 채웠으면 그만이지 뭐 게다가 그이는 이즘 좌익이 되어서 아무리 실수를 해도 사회에서 죄다 변명을 해줄 테니까" 하고 정선생은 떫게 웃어 보이며 광화문에서 전차를 내렸다. 동자동에서 갈월동으로 오는 도중에 수월그릴이란 음식점 앞에서 돌연히 전차가 또 정거를 하며 모두 내리라고 한다.

(1)은 북한에 진주한 소련군인들이 부녀자 강간을 자주 저지른다는 소문에 대해 김선생의 친구가 소련군인을 옹호해서 한 말이다. "평등적이요 계급적있는 증거" 가 "평등적이요 민주적인 증거" 로 바뀐 것은 소설집 수록본에서의 발언자가 소련병을 더욱 긍정적으로 보았다는 의미가 된다. 소설집 수록본은 자연스럽게 독자들의 반감을 고조시키는 효과를 거두고 있다. (2)의 경우, 소설집 수록본에 오면 "어째서 제국주의만이 좌익이 되고 민주주의는 또 우익이 되어야 한단 말인가" 와 같은 의문이 추가되어 있다. 1946년도 연재본에서의 백남수보다 1976년도 소설집에서의 백정후가 해방 직후에 좌우익에 대한 용어사용이 왜곡되어 있음을 더 심각하게 보고 있다. (3)에서는 소설집 수록본에 오면 "이 바람을 교묘하게 이용한", "그들이 슬그머니…그 세력을 늘리게 되어" 등과 같은 구절이 추가된다. 김선생 측을 더욱 악하고 교활한 존재로 그려놓고 있다. (4)는 연재본에만 나와 있다. 연재본에서의 주인공 백남수는 양비론이나 양시론에 근접하는 태도마저 내보이고 있거니와, 1970년대에 오면 작가 김

동리 자신이 이러한 양시론이나 양비론을 허용하기 어려웠을 것이다. 백남수는 김선생 지지학생들을 포함한 모든 학생들을 모아 놓고 친일파와 민족반역자는 청산해야 하지만 신중하게 해야 한다, 자신은 조선어를 배워 두라고 했다가 감옥 갔다 왔지만 나도 친일과 완전히 무관하다고 할 수 없을 정도다, 개념규정도 잘 안된 학원자유니 진보적 민주주의니 하는 생소한 명분을 내걸고 싸우는 대신 국어나 국사 한 글자라도 더 배우는 것이 낫지 않는냐 등과 같은 주장을 펼쳤다. 이처럼 백남수는 신중하고 포용적이고 사려깊은 인물로 그려져 있다. 이에 공명한 학생들은 다음 날로 동맹휴학을 풀게 되었다. (5)에서는 소설집 수록본에 오면 정후의 편을 드는 정선생의 시각에서 김선생을 더욱 교활하고 사악한 존재로 그리고 있다. 지엽적인 것이긴 하지만 연재본에서 남수의 집은 돈암동 쪽에 있는 것으로 소설집 수록본에서 정후의 집은 갈월동 쪽에 있는 것으로 되어 있다.

「혈거부족」(〈백민〉, 1947. 3)은 삼선교와 돈암교 사이에 놓인 산지 일대의 구멍들 속에 살고 있는 여러 사람들의 모습을 그려 보이고 있다. 이들 혈거부족은 해방 직후의 빈궁과 혼란을 일러주는 지표적 존재가 되고 있다. 양담배 장사를 하는 순녀와 고구마를 파는 할머니 사이의 부모자식같은 따뜻한 관계도 있지만 늘 술에 절어 기회만 나면 순녀같은 젊은 여자를 범하려는 애꾸눈 윤서방 같은 존재도 있다. 애꾸눈 윤서방은 끊임없이 불평불만을 내뱉는다. 해방되기 반년 전에 되놈과 싸우다 골병이 든 이래 자기에게 짐이 되어 버린 남편을 두고 있는 점에서 순녀는 순녀대로 더러운 시대의 부호가 되어 있고 평안도 사람으로 며느리가 "원숫놈의 병정들"(p.40)에게 붙들려가 욕을 당하고 대동강물에 빠져 죽은 며느리를 둔 할머니는 할머니대로 시대의 희생자가 되고 있다. 여기서 "원숫놈의 병정들"은 구체적으로 누구를 가리키는지 분명치 않다. 두 여자의 대화를 엿듣고 있던 애꾸눈 윤서방이 "지금 이 시대로 말하면 공산주의 자유시대라고 말할 수가 있는데 말슴이죠, 그렇게 말하면 공산 사상에 대해서 냉정히 비판할 필요성은 없을듯한데"(p.40)라고 말한 것을 보면 소련군이나 인민군같다. 애꾸눈 윤서방은 "지금 이 시대로 말하면 공산주의 자유시대라고 말할 수 있는데"를 틈만 나면 반복하는 것처럼 공산주의자 지지자 같은데 정작 신탁통치에 대해서는 절대 반대한다고 하였다. 윤서방은 공산주의니 신탁통치니 하는 말의 참뜻을 모르면서 유행어처럼 사용하고 있다. 이처럼 뜻도 모르면서 좌익을 지지하는 윤서방도 파렴치하고 더러운 인물로 그려져 있다. 윤서방만 무식한 것은 아니다. 헐거부족 사람들은 우리나라가 제대로 독립되기를 분명하게 갈망하고 있기는 하지만 단순히 입법기관이 생겨난 것을 독립된 것으로 알 정도로 무지하다. 그만큼 당시의 한국인들이 하루빨리 독립되기를 바랐다는 의미가 된다.

3. 「형제」와 「광풍 속에서」의 거리

김동리는 〈白民〉 1949년 3월호에 「형제」라는 단편소설을 발표했다. 여순사건을 시공간적 배경으로 삼고 있는 「형제」는 대동청년단에 속한 형이 동생이 속한 농민조합패들에 의해 두 아들이 살해되었음에도 끝에 가서는 동생의 아들을 대동청년단의 복수극에서 구출하기 위해 도망간다는 극적인 이야기를 들려 주고 있다. 이 소설은 1958년에 인간사에서 간행한 창작집 『실존무(實存舞)』에 「광풍(狂風) 속에서」로 개제되어 수록되어 있다. 그리고 여러 부분이 개작되어 있다.

「형제」(1949)는 이렇게 시작되고 있다.

> 여수(麗水)사건이 일어났던 一九四八年 十월 二十一일 오후. 윤수(允洙)와 정수(正洙)가 경찰서로 붓잡혀 갔다는 소문을 듣자 인봉(仁奉)이는 돌연히 간이 얼어 붙는 듯 가슴이 찌르르하며 머리가 퀭하여졌다.

「윤수야- 윤수야-」

인봉이는 이렇게 큰 아들의 이름을 연달아 부르며 미친 것처럼 경찰서 쪽으로 향해 다름질을 쳤다.(〈백민〉, 1949. 3, p.74)

「광풍 속에서」(1958)는 다음과 같이 서두를 열고 있다.

一九四八년 十월 二十一일 오후, 여수(麗水)의 거리 거리는 아직도, 반란군과 폭도들에 의하여 붉은 피로 물들고 있었다.

윤수(允洙)와 정수(正洙)가 「경찰서」로 끌려 갔다는 소식을 윤수들의 사촌 동생되는, 성수(聖洙)에게서 전해들은 인봉(仁奉)이는 갑자기 온 몸의 피가 머리 위로 쫙 모여드는 듯했다. 지금의 「경찰서」라고 한다면 벌써 이틀이나 적색(赤色) 반란군에 의하여 점령되어 잇는 몸서리나는 〈인간도살장〉을 가리키는 말이었기 때문이었다.

「머, 어디, 겨, 경찰서라고?」

두 눈이 허옇게 뒤집힌 그는 잘 돌아가지도 않는 혀끝으로 겨우 이렇게 되물었다.(『실존무』, 1958, 인간사, p.65)

「광풍 속에서」에서 "반란군과 폭도들에 의해…있었다", "지금의 경찰서라고 한다면…인간도살장을 가리키는 말이었기 때문이었다"와 같이 추가된 구절은 반란군의 인간파괴적 행태를 부각시키는 결과를 가져온다. 「형제」에서는 '반란군'이라든가 '폭도'와 같은 말은 찾을 수 없다. 형 인봉이와 동생 신봉이의 대립상을 그리는데 있어 「형제」와 「광풍 속에서」는 분명한 차이를 드러내고 있다.

「형제」: 인봉이는 대동청년단(大同靑年團), 그 아우 신봉(信奉)이는 농민조합, 그리고 신봉이의 처남 윤규(潤圭)는 아무데도 소속이 없는 소위 중간이었다. (중략) 국군이 경찰서와 학교를 완전히 탈환한 뒤까지도

윤규에게는 아즉도 어쩌면 인민공화국 천하가 되어 있거니 하는 의구심이 풀리지 않았다.(〈백민〉, pp.76~77)

「광풍 속에서」: 성수는 그해 겨우 열한 살, 국민학교 사학년 밖에 되지 않았다. 그러나 그의 아버지는 「농민조합」을 하고 큰 아버지(인봉이)는 「대동청년단」을 하기 때문에 사이가 좋지 못하다는 것 쯤은 잘 알고 있었다. 그것은 그의 아버지가 술만 취하면 큰 아버지(인봉이)의 욕을 하고, 또 언제든지 「인민공화국」 세상이 되면 죽여 버릴 것이라고 별러 오는 것을 여러 번 들었기 때문이었다. 뿐만 아니라 그의 아버지는, 큰 아버지(인봉이)의 욕을 하던 끝에는 의례껀 윤수와 정수들까지도 욕을 걸치곤 했던 것이다.

「애비가 글렀응게 자식들놈까지 그 모양이여. 학련(學聯)인가 지랄인가를 만들어 갖고 학통(學統) 애들에게 반동을 한당게」

그의 아버지가 이렇게 윤수들의 욕을 할 때마다 성수는 어린 마음에도 무엇인지 언짢은 생각이 들곤 하였다. 그것은 윤수와 정수 두 형(사촌)이 성수 저에게는 조금도 잘 못한 것이 없을 뿐 아니라, 길에서 만나더라도 언제나 「성수야」하고 다정스럽게 불러 주곤 했기 때문이었다. 성수는 평소부터 이러한 관계를 대강 알고 있기 때문에, 오늘도 그의 아버지가 「학통」 애들을 시켜서 윤수 형제를 끌고 가게 한 것을 눈치 채긴 하였지만 지금 그렇다고 해서 그 말을 큰 아버지에게 바로 할 수는 없었다.(『실존무』, pp.66~67)

「광풍 속에서」에 오면 동생 신봉이가 "인민공화국 세상을 만들기 위해" 여수사건을 획책한 것으로 그려지고 있으며 그러한 획책의 이면에서 형과 조카에 대한 적개심이 결정적인 동기로 작용했음이 분명하게 드러나고 있다. 위의 인용부분에서 초점화자로 나타나고 있는 아들 성수의 눈에도 아버지 신봉이 유일한 악인으로 비치고 있다. 「형제」나 「광풍 속에서」나 두 형제 사이가 원수처럼 갈라진 계기를 똑같이 5.10선거에서 찾고 있지만, 「광풍 속에서」는 동생 신봉을 건달이요 악질로 몰아가고 있다. 동생 신봉은 공격적인 인물로, 형 인봉은 방어적인 인물로 그려 놓았다. 김동리는 형제간의 갈등이나 대립을 객관적으로 그려 놓은 것 같지만 형 인봉이를 프로타고니스트나 중심적인 초점화자로 내세우는 태도에서 벗어나지 못하였다. 「윤회설」, 「지연기」, 「혈거부족」에서 좌익 쪽 인물의 비윤리적이며 파렴치한 행태를 부각시키고 있는 작가적 태도는 「형제」에서는 우익쪽 인물의 자기희생적이며 포용적인 행동을 그리는 것으로 이어지고 있다.

> 특히 인봉이나 신봉이는 바로 친형제임에도 불구하고, 신봉이가 일본에 가서 바람이 들어 돌아온 뒤부터 하는 일도 없이 밤낮 술과 노름으로 세월을 보내지 않으면 그 형(인봉이)을 찾아 와 트집을 붙이기가 일이었기 때문에 본디부터 사이가 좋지 않던 것이, 이번에는 또 「농민조합」을 한답시고 눈을 부라리며 다니는 것이 몹시 아니꼬왔던 것이다. 인봉이가 결연히 「대동청년단」에 가맹을 하게 된 태반의 이유도 사실은 이 신봉이의 꼴사나운 협박 공갈에 대항하기 위함이었던 것이다. 신봉이가 그 형 인봉이를 극단적으로 미워하며 적대시하기 시작한 것도 이 때부터의 일이다.(『실존무』, p.69)

형 인봉이는 본디 마음이 독하지 못해 동생의 착실하지 못한 태도를 미워했을 뿐이지 원수로 생각한 적도 없고 조카를 자기 자식처럼 대해주었던 것으로 묘사되고 있다. 「형제」에서는 반란군의 앞잡이었던 이종석의 집과 신봉이의 집을 "대청원 몇 사람과 족청원 몇 사람들"(p.79)이 습격한 것으로 서술한데 비해 「광풍 속에서」에 오면 "族靑員 몇 사람"은 빠져 있다. "농민조합 출신의 남로당원으로 반란군에 앞장서서 경관, 학생, 양민을 학살하는데 활약한 이종석"의 집을 습격하는 장면을 묘사하는 대목에서도 두 작품은 분명한 차이를 보였다.

「형제」: 「빨갱이는 씨도 남기지 말고 죽여얀당게」 그들은 이렇게 외치며 이종석의 집을 휩쓸었다. 이종석은 집안에 없었다. 처음 툇마루 앞에서 붓잡힌 것이 이종석의 딸-열세살 난 학생이었다. 군중은 장작 가비로 이 열세살 난 계집애의 머리를 때리고 발길로 지르고하여 그가 피투성이로 완전히 늘어진 것을 본 뒤에야 물너 섰다. 다른 한 패는 방 안에 누어 있는 이종석의 아버지를 그렇게 만들고 또 한 패는 세간을 있는 대로 다 부시어 놓았다.(〈백민〉, pp.79~80)

「광풍 속에서」: 「빨갱이는 씨도 남기지 말고 죽여야 한당께…」
그들은 이렇게 외치며 이종석의 집을 휩쓸었다. 이종석은 집안에 없었다. 처음 툇마루 앞에서 붙잡힌 이종석의 딸, 열세살 난 학생이었다. 군중들은 그녀가 피투성이로 완전히 늘어진 것을 본 뒤에야 물러섰다. 또 한 패는 세간을 있는 대로 다 부셔 놓았다.(『실존무』, p.77)

「광풍 속에서」는 이종석 집을 습격한 대동청년단원들의 잔인한 행위를 희석시키고자 하는 의도를 보인다. 이종석의 13살난 딸이 맞아죽는 장면은 구체적으로 묘사되지도 않았으며 이종석 아버지를 죽이는 장면은 아예 삭제되었다. 김동리는 이미 「형제」에서도 형을 포용성과 인정미 넘치는 인물로 그렸거니와 「광풍 속에서」에 오면 형은 선인이요 피해자로, 동생은 악인이요 가해자로 양극화되어 묘사된다. 이러한 차이는 「형제」가 「광풍 속에서」로 개제되고 개작된 시기가 1950년대 말이라는 사실을 떠올리면 쉽게 이해가 될 것이다. 발표시기(1949년 4월)와 소재로서의 사건발생시기(1948년 10월)가 거의 일치되는 면에서 당대소설의 표본이 된 「형제」는 1950년대 말에 냉전시대를 통과하면서 「광풍 속에서」라는 반공소설 쪽으로 기울었다.

4. 장편소설 「해방」과 단편 「유서방」

「해방」은 1949년 9월 1일부터 1950년 2월 16일까지 156회에 걸쳐 〈동아일보〉에 연재되었던 장편소설이다. 이 소설은 「우성근의 피살」(1949. 9. 1~9. 10), 「친일파 심재영」(1949. 9. 11~10. 4), 「갈렸던 사랑」(1949. 10. 5~10. 20), 「다시 살아나다」(1949. 10. 21~11. 5), 「해방주보사」(1949. 11. 6~11. 28), 「선택의 자유」(1949. 11. 29~12. 11), 「육제(肉祭)」(1949. 12. 12~12. 21), 「서글픈 인과」(1949. 12. 22~1950. 1. 7), 「상철이」(1950. 1. 10~1. 25), 「피흐르는 해방」(1950. 1. 26~2. 8), 「십자가의 윤리」(1950. 2. 9~2. 16) 등과 같은 소제로 구성되어 있다.

「우성근의 피살」에서는 30대 초반인 대한청년회장 우성근이 민청이나 학병동맹 소속원으로 추측되는 3명에 의해 살해되는 것을 중심사건으로 설정하면서 우성근의 동지인 동아여자대학 교수 이장우를 프로타고니스트로 내세우고 있다. 「친일파 심재영」은 우성근의 장인이자 동아여자대학 이사장인 심재영이 항일운동가에서 친일파로 변신하는 과정을 세밀하게 서술하고 있다. 「갈렸던 사랑」은 이장우가 하윤철의 누이동생 하미경과 사랑하다가 헤어진 후 동경으로 건너가 생활하다가 순이를 술집에서 구출해 내온다는 이야기를 들려 주고 있고, 「다시 살아나다」는 이장우와 하미경의 재회를 중심사건으로 설정하고 있다. 「해방주보사」는 해방주보를 발행하여 신문의 위력을 최대한 악용함으로써 거액의 재산을 모으는 신철수의 사기행각과 엽색행각을 주목하게 한다. 「선택의 자유」에서는 동맹을 드나들며 여러 여성동지들과 성관계를 맺는 신철수의 모습을 보여 준다. 「선택의 자유」에서는 우성근 살해범의 한 명인 하기철(하윤철과 하미경의 동생)의 행방이 작중인물들의 가장 큰 관심사로 떠오른다. 「육제」에서 신철수는 하기철의 행방과 생사를 미끼로 하미경을 범하려고 한다. 「서글픈 인과」에서는 이장우, 심양애, 심재영 등이 초점화자로 등장한다. 「상철이」에서는 대한청년회원들이 심재영 비난기사를 낸 해방주보사로 쳐들어 간다는 이야기와 대한청년회가 사실상 온건파와 강경파로 갈린다는 이야기를 들을 수 있다. 「피흐르는 해방」에서는 신철수 체포 및 조사, 우성근 살해범 추적, 조사과정 중 하기철 사망 등의 사건을 접할 수 있다. 「십자가의 윤리」의 중심사건은 자칭 민주주의자 이장우와 중립주의자 하윤철의 사상토론에서 찾을 수 있다. 이 과정에서 이장우는 북한, 소련, 사회주의 등을 반대하는 태도를 분명하게 드러낸다.

「해방」은 근 2년 전인 1947년 11월 〈백민〉에 발표된 「상철이」에서 예고된 것이나 마찬가지다. 미장이로 해수병에 걸린 아버지와 대한독촉청년회의 별동대원인 아들 상철이는 "독립은 어째 돼?", "빨갱이때메 안돼요"라는 대화를 습관적으로 갖는다. 꽁트 「상철이」에서의 상철이는 「해방」에 가서 대한청년회의 사실상의 행동대장 김상철로 재현되고 있다. 「해방」에서 상철은 우성근 살해범을 국군준비대나 민청이나 학병동맹 소속원으로 추리하였다. 우성근은 살해되기 며칠 전에 좌익계열의 청년단체와 군사단체를 일제히 해체하라는 성명서를 발표했던 것이다. 또한 상철은 신철수가 심재영으로부터 기부 거부를 당하자 "친일 거두 심재영의 죄상 : 지금도 일제 재기를 확신코 시기도래를 학수고대"라는 제목으로 폭로기사를 쓴 해방주보를 거의 다 사들이는데 앞장섰는가 하면 우성근 살해범의 한 명인 하기철을 잡아 고문하다가 죽이는 잔인성을 드러내기도 한다.

이 소설에서 김동리는 1949년 9월 11일에서 9월 14일까지에 걸쳐 친일파 심재영의 개인사를 자세하게 기술하고 있다. 심재영의 개인사는 일제의 식민통치사를 축약해 놓은 것으로 볼 수 있을 정도다. 황해도 해주 출생, 일본 와세다대 정경과 수료, 삼일운동 가담, 3년 징역, 출옥 후 신간회 가담, 민족주의사와 우국상개지사로 활약, 문필가로도 활동, 전국적 명망 획득, 재중 한국정부 군자금 총괄 혐의로 체포되어 10년 구형, 3년 언도, 예심 때부터 임시정부 배신 발언과 정보제공, 참회성명서 발표, 사죄서명과 사죄고백 잇달아 발표, 전향성명서 발표, 1년 만에 가출옥, 내지황도선양 모범농촌시찰단 단장, 총력연맹이사, 문필보국회총재, 아오

마츠 토시오(青松俊雄)으로 창씨개명, 내선일체운동 주도, 성전완수 운동 적극 참여, 학병권유 연설, 패망의 분위기에 따른 추종자들의 대거 이탈 등과 같이 전형적인 친일파로 그려 놓았다.

해방 직후 심재영은 동아여자대학 개교에 재산을 쾌척하는 태도를 보이면서도 정치적 관심을 놓지 않았다. "공산당은 어떻게 되고 인민당은 어떻게 되며 한국민주당은 무엇을 하며 국민당엔 누구누구가 모였는가, 심재영의 누를 수 없는 관심과 정열과 의욕은 이러한 문제에만 쏠리어 있었다. 그는 몇 번이나 유해룡을 통하여 정당에 가담할 것을 의논하여 보았으나 그 어느 정당도 그에게 그의 두뇌와 능력을 발휘할 자리와 기회를 허여(許與)하지는 않았다"(1949. 9. 23)는 구절은 참회할 줄 모르는 친일파의 단면을 보여 준다. 심재영은 독립운동가인 친구 우덕구가 일본 경찰로부터 총에 맞아 죽자 중학생인 그 아들 우성근을 데려다 대학다닐 때까지 키웠으며 나중에 사위로 삼았다.

> 태평양 전쟁통에 심재영이 총력연맹 이사도 문필보국회 총재도 새로 다니게 되자 우성근은 여러 번 그에게 충고도 하고 애원도 했으나 그때는 웬일인지 그의 말에 귀가 기울어지지 않아 화만 내고 했는데, 하루는 자기 아버지 무덤에 성묘를 떠난다고 집을 나간 뒤 그 길로 두 해가 넘도록 돌아오지 않더니 만주에서 표연히 서울로 돌아왔다는 것이었다.(1949. 9. 28)

김동리는 해방 직후의 문제적 인물로 친일파 못지않게 모리배에도 주목하였다. 당시 작가로서 모리배의 존재에게 큰 관심을 가진 것은 특별한 일은 아니다. 「해방」에서 해방주보사의 주필이며 좌익동맹 가담자로 닥치는 대로 공갈 협박하여 돈을 뜯어내는 신철수는 프로타고니스트 이장우와 직접 충돌한 적은 없지만 대조적인 삶의 자세를 보여 준다. 해방주보사의 실질적인 사주인 오금례는 무식한 중년 여인으로 옛날 하숙생 신철수를 만나지 않았더라면 계속 장사를 했을 것이다. 오금례는 해방주보 발간을 사회사업으로 여기고 있다. 오금례는 '사회' 란 말을 '돈' 다음으로 신성시하여 '해방', '민족', '우리나라' 란 말을 뜻도 모른 채 좋아하게 되었다. 오금례는 "사회란 것은 세상의 어떤 신성한 것이지만 그것이 눈에 보일 수 있는 형체를 가지고 나타난 것이 곧 신문이거니 생각하여"(1949. 11. 11) 신문발행사업을 벌리게 되었다. 그녀는 이승만 박사 사진을 낼 경우 가급적 크게 내라고 편집사원에게 이례적으로 명령할 만큼 이승만주의자로 그려져 있다. 그녀는 이승만 박사와 김구 선생이 해외에서 조선독립을 위해 고생해 온 것을 강조하면서도 이승만 박사를 더욱 추앙하는 모습을 보인다. 신철수는 "친일파 민족반역자와 및 악질 모리배를 철저히 적발하도록 규탄한다"는데 목표를 둔 것을 해방주보 발행의 명분으로 삼기는 했지만 친일파나 모리배의 혐의를 받고 있는 사람들을 찾아다니며 "문화사업을 위하여, 사회사업을 위하여, 혹은 이재(罹災) 동포를 위하여, 약간의 후의를 베풀어 달라"(1949. 11. 16)고 했다가 말을 듣지 않으면 즉각 폭로기사를 내는 방법을 썼다. 신철수의 부정적 행위는 크게 엽색행각과 사기행각으로 나누어진다.

> 신철수는 이러한 「진보적」 여성들이 일하고 있는 「혁명운동」에 가담하여 늘 하는 소리들, 계급이 어쩌니, 인민이 어쩌니 하고 지껄이다가 밤이 늦으면 그대로 어느 여성동지의 처소에서 신세를 지기가 일수였다.(〈동아일보〉, 1949. 12. 1)

> 신철수가 이렇게 「진보적」 여성들의 지지를 받게 된 데는 물론 그의 방약무인한 파염치적 대담성에도 그 중요한 원인이 있었지만 일방 또 언제나 군색하지 않은 그의 주머니 속의 대비에도 큰 힘이 없지 않았다. 그는 해방주보사의 주필 겸 편집국장이란 명함과 그 창간호 이래의 매호 일부 씩을 가지고 모든 회사의 중역과 금융 재계의 유력자와 또는 반

민자 모리배들을 방문하고는 반 구걸 반 위협으로 거액에 가까운 돈을 긁어 모았다.(〈동아일보〉, 1949. 12. 2)

이장우와 신철수의 대비는 「지연기」에서의 백남수와 김정식의 대립구도를 확대하고 강화한 것으로 볼 수도 있다. 친일분자포용론을 펼친 점에서 이장우는 백남수의 동일 범주로 묶일 가능성이 있기는 하지만 백남수와 달리 이장우는 분명히 우익단체에 몸을 담고 있는 것으로 그려지고 있다. 「해방」에서의 신철수는 「지연기」에서의 김정식보다 훨씬 더 치밀하게 또 적극적으로 사기행각을 펼치고 있다. 「지연기」에서 백남수가 학생들에게 친일파 문제는 신중해야 한다고 한 것처럼 「해방」에서 이장우는 심재영의 친일파 변명론을 경청하는 모습을 보인다. 심재영은 "국내에 있던 자들 치구 직접간접으로 일제에 협력하지 않은 사람이 누구며, 또 해외에서 돌아온 인사들이라고 해서 다 깨끗한 사람들이라고는 누가 보장한단 말이요?" (1949. 12. 30)라고 하면서 일제 때의 조선인들을 고문을 못이겨 할 수 없이 친일파로 돌아 선 사람, 친일하고 싶어도 기회가 없어 친일하지 못한 사람, 친일했어도 뛰어난 사람이 아니어서 일반적으로 모르는 사람 등으로 나눌 수 있다(1950. 1. 5)는 궤변을 늘어놓기도 한다.

신철수는 동아여자대학 숙직실에서 이장우와 하윤철 여동생 하미경이 수년 만에 재회하여 이야기를 나눈 것을 불륜의 현장을 목격한 것처럼 생각하고 미경이를 유혹하기 위해 호텔로 불러내어 하미경의 오빠와 남동생이 좌익에 몸담고 있는 사실을 의도적으로 일깨워 준다.

"미경씨 큰오빠 하윤철씨는 현직 대학병원 재근(在勤) 의사로 대체로 인민당(人民黨) 당적을 가지고 있고, 미경씨의 동생 하기철군은 말씀예요, 조공(朝共) 콤그룹파 전위(前衛)로 현재 민주청년 동맹에서 활약중이어요, 미경씨 자신께서는 말씀예요, 내 친구 고(故) 윤호일군의 미망인으로 정치노선은 큰오빠 하윤철과 비슷하고, 현재는 극우(極右) 청년단체의 과감한 지도자 고(故) 우성근군의 고문겸 참모격이던 이장우군의 애제자 겸 애인이라고 할까…무어라고 할까" (1949. 11. 2)

이장우는 중앙고보 5년 때 후원자였던 형이 사업실패하자 동창생 하윤철의 제의로 성북동 집에 신세진 적이 있었다. 그 후 이장우는 법전에, 하윤철은 의대예과에 입학한다. 동생 기철이 우성근 살해범으로 잡혀 조사받다 죽은 것을 알게 된 하윤철과 이장우는 날카롭게 대립한다.

"난 자네가 그렇게 극우(極右)인줄은 몰랐어. 그 부패하고 억압적이고 보수적인 자본주의세력의 지지자가 될줄은 몰랐어"

"그럼 좌익이란 그 반대란 말인가? 신성하고 자유스럽고 진보적이고!"

"우익보다야 신성하고 자유스럽고 진보적이지"

"그럼 그러한 좌익이 실현되어 있는 곳은 어딘가?……삼팔 이북인가?"

"난 반드시 삼팔 이북이 그렇다는 것은 아니야"

"그럼 소련이란 말인가?"

"이 사람 누구를 조롱을 하나?"

"그럼 자네가 말하는 그 신성하고 자유스럽고 진보적인 좌익이란 어디 있단 말인가?"

"……"

윤철은 처음 자기의 가슴을 가르쳤다.

"우리들의 가슴 속에…그리고 적어도 인민당 지도자들에게만은"

"자네 현실이라는 걸 아는가"

"……!" (〈동아일보〉, 1950. 2. 9)

이장우가 제시한 하윤철에게 제시한 "현실론"은 이 논문의 제1장에서 제시한 바 있다. 이장우는 노골적으로 좌익부정론을 제시하는 대신 좌익을 신성시하는 태도를 경계하는 방법을 취했다. 그리고 "나는 자본주의를 택한 것이 아니고 민주주의를 택한 것이네. 민주주의의 근본정신이 개성의 자유를 존중하는데 있어. 과연 자유경제 자본주의사상에도 통하지 않는 배 아니지만 또 다수 인민을 표준한다는 의미에 있어서는 또한 사회주의에도 통하는 것일세"(1949. 12. 10)라고 자신의 사상적 입장을 밝힌 이장우는 미국식 민주주의를 선택하게 된 배경을 장황하게 설명했다. 민주주의의 실천에 있어서 미국은 60프로 소련은 30프로인 만큼 민족국가를 세우려면 소련의 지리적 압력과 이데올로기 공세에서 벗어나야 하고 또 벗어날 수 있으려면 소련과는 대립적인 또하나의 세계와 악수하지 않을 수 없다고 하였다. 이에 하윤철은 사람에 따라서는 민주주의의 성취도를 소련 60프로, 미국 30프로로 보는 경우도 있으며 이에 따라 미국을 적대세력으로 보는 입장도 있다고 하였으나 강한 어조는 아니었다. 중립파를 자처하는 하윤철이 인민당에 갔었던 것을 몽양선생을 숭배하기 때문이며 당에 있는 친구들을 만나러 가기 위한 것이라고 해명하면서 이렇게 흉금을 털어 놓는 것은 해방 후 처음이라고 한 데서 하윤철의 패배를 감지하게 된다.

「윤회설」의 한종우는 철학자로, 「지연기」의 백남수는 소설가이면서 조선어를 가르치는 교사로, 「해방」에서의 이장우는 철학과 문학을 가르치는 교수로 설정되어 있어 인문학적 지식인이라는 공통점을 지니게 된다. 한종우는 예술가 동맹 소속원과 적극적으로 맞서고 있으며, 백남수는 친일파의 이력을 거쳐 도생하기 위해 좌익을 자처하는 자와 맞서면서 학생들을 자기 편으로 만드는데 성공하였으며, 이장우는 여운형주의자인 하윤철을 설득시키는데 성공하였다. 이장우는 우성근과이라든가 심재영과의 관계를 보면 이념보다는 의리에 더 많이 좌우되는 것 같고 하윤철형제와의 관계를 보면 의리보다는 이념에 더 많이 좌우되는 것 같은 동요성과 다중성을 보인다. 「해방」은 장편소설답게 삶의 자세를 다양하게 제시하고 있다. 김동리는 의사이면서 좌경화된 하윤철과 교수이면서 우경화된 이장우의 공존가능성을 충분히 열어 보이는 것을 주요창작동기로 삼고 있으면서도 하기철 같은 맹목적 좌파 행동대원, 김상철 같은 맹목적인 우파 행동대원, 심재영 같은 반성할 줄 모르는 친일파, 신철수 같은 고등사기꾼 등과 같이 지성과 사고와 윤리를 뛰어넘는 존재들을 구체적으로 형상화하였다.

"제 7호형" 이란 부제가 붙어 있는 「유서방」(〈대조〉, 1949. 3~4)에서는 신문기자인 '나' 의 집의 문간방에 사는 미장이 유서방의 게으르고 허세부리기 좋아하는 생활태도와 정치적 관심을 보여 주는데 초점을 맞추었다. '내' 가 한민당 욕을 해대는 유서방에게 공산당이 아니냐고 넘겨 짚을 때 유서방은 "그러지 마시우, 이놈도 시월 사건에 꼭 보름 동안 장택상이한테 신세진 놈이랍니다" (p.140) 하고 오히려 좌익에 가까움을 시인한다. 유서방은 '나' 의 집의 문간방을 고쳐서 살테니 대신 보증금을 받지 말라고 해 놓고서는 고치지도 않았다. 그리고는 어느날 '나' 를 술집으로 끌고 가서는 신나게 정치평론을 해댄다.

> 술이 얼근해지자 그는 또 정치 이야기를 시작하였다. 정계의 거물들의 이름을 모조리 한번씩 들먹이고는 그 소속과 정치노선에 대해서도 뒤죽박죽 자기류의 견해와 비평을 가하곤 하였다. 그의 말에 의하면 이승만 박사는 그 부인이 조선 사람이 아니기 때문에 대통령은 되었지만 국모가 없는 거와 같다고, 그리고 김구씨는 정말로 애국가지만 김규식 박사만치 진보적은 아니란 것과 여운형씨가 살아 있었더면 그동안 남북통일은 되었을 게라는 것과 그리고 우리가 모두 이렇게 가난하게 사는 것은 한민당 사람들이 집집마다 쌀을 수백석 수천석 수만석씩 쌓아두고 내어주지 않기 때문이라 하더니, 갑자기 목청을 돋구어 '화무는 십일홍이요, 날도 차면은 이우나니…' 하고 노래라기보다는 차라리 고함을 질르는 편이었다.(〈대조〉, 1949. 3~4, p.142)

1949년도의 단편소설에서 이만큼 정치가들의 실명을 들먹거리며 정치가비판을 꾀하는 소설을 찾기란 쉽지 않다. 당대사건을 전체적으로든 부분적으로든 다루면서 정치소설로 나아간다는 것은 이중 삼중의 어려움을 감수해야 할 일이다. 위 대목은 당시의 일반 여론을 담은 것인지 작가 김동리의 사견을 드러내 놓은 것인지 알기 어렵기는 하지만 작중인물 유서방은 해방정국에서의 거물정치인의 사상의 핵심을 잘 파악한 것으로 평가할 수 있다. 미장이의 입을 빌려 당시 가난의 한 원인을 한민당 사람들의 이기심에서 찾은 것도 주목할 만하다.

5. 전시소설로서의 「풍우가」, 「귀환장정」, 「상면」

「풍우가(風雨歌)」(〈협동〉, 1950. 11~1951. 1)는 9·28 수복과 1·4 후퇴 사이에 발표된 작품이다. 이 작품의 중심사건은 부산으로 피난간 길미리가 전투중 다리 부상을 입고 부산육군병원에 입원해 있는 약혼자 석운을 만나 약혼시계를 돌려 주는 것을 받아 왔다가 되돌려 주기 위해 비바람을 뚫고 간다는 것으로 정리된다. 「두꺼비」, 「혈거부족」, 「유서방」과 같이 주요인물이 똑같은 소리를 반복하는 장면을 즐겨 설정하는 김동리 특유의 방법은 이 소설에서도 행사되고 있다. 「풍우가」에서는 상이군인이 된 석운을 향해 미리 친구 임영숙이 "나라와 민족을 위해 몸을 받친 것" 이라고 여러번 반복해서 위로하나 미리는 팔다리 잃은 사람에게 그런 말이 무슨 소용이 있느냐고 반문한다. 석운이 미리를 해방시켜 주겠다는 뜻으로 준 시계를 할 수 없이 받아왔다는 말을 하는 미리에게 영숙은 석운은 나라와 민족을 위해서 몸바친 사람이라고 강조하며 불구자가 된 남성을 위로하고 돕는 것은 여성들의 의무라고 분개하면서 시계를 도로 갖다 주는 심부름을 자처한다. 영숙의 이러한 관념이나 미리가 비바람 뚫고 석유에게로 달려간다는 결말은 「풍우가」를 국군예찬으로 귀결되곤 하는 전시소설로 보게 만든다.

「귀환장정」은 〈신조〉 1951년 6월호에 발표되고 1951년 12월에 창작집 『귀환장정』에 묶인 점에서 전시소설이라고 할 수 있다. 이 소설은 1951년 3월을 시간적 배경으로 하여 제2국민 훈련소에서 석달 후에 귀향 조치 당한 두 장정이 김해의 장정대기소를 떠나 식구들을 찾아 부산으로 가는 모습을 그렸다. 안양이 동향이며 자전거포하다 끌려온 키 큰 의권이와 포도원 일을 하다가 입대한 키 작은 상복은 공평하게 초점화자로 등장하여 소박하고 평범했던 두 사람이 전쟁 때문에 크게 변하고 말았음을 강조한다.

> 건달과 맹추. 이러한 상대자에 대한 불신과 의혹은 음식점에서 더 한층 현저해진 것이다. 상복의 생각에는 의권이가 석달 훈련 끝에 이제 분명히 건달이 된 것같고 의권의 생각에는 상복이가 석달 훈련 끝에 이제 분명히 맹추가 된 것만 같았다. 그리고 사실 이 두 사람의 심리상태는 현재 분명히 이 모양으로 각각 극단적으로 발전 내지 변화되어 있는 것이 사실이었다.(『귀환장정』, 수도문화사, 1951, p.14)

작가후기에 의하면 『귀환장정』은 호랑이를 그리려다가 고양이를 그리고 만 것으로 비유할 수 있다. "처음 영내의 생활을 정면으로 그리려고 했던 것이 그때는 아즉 이 사건의 책임의 소재가 공적으로 구명되지 않았을 때라, 그 반향의 여하에 미묘한 바 있겠고 또 인간성보다 사회성 혹은 정치성에 기울 것 같기도 해서 생각한 결과 지금의 각도를 취했던 것이다" (p.149)와 같은 작가후기의 고백을 보면 『귀환장정』은 처음에는 본격적인 전쟁소설이나 정치소설을 지향했다. 김동리는 당대소설이 기본적으로 안고 있기 마련인 필화(筆禍)가능성을 염두에 두어 평범한 사람들의 보통 피해상을 드러내는 수준을 취했을 것이다.

창작집 『귀환장정』에는 「귀환장정」, 「상면」, 「달」, 「인간동의」 등 네 편의 단편소설이 실려 있다. 「상면」은 「귀환장정」과 마찬가지로 사실에서 취재한 것으로, 부자간이나 형제간에 단 15분 만나기 위하여 세상 어느 것도 버릴 수 있다는 이치를 확인시켜 주고 있다. 「상면」은 이른 봄 경남 함안에 사는 40대 중반의 농민 석규가 광주에 소재한 부대에 있다는 아들 봉호를 만나러 가는 과정을 따라간 소설이다. 석규는 아들을 보고 싶은 나머지 가난이고 농번기고 아랑곳하지 않고 양생원에게 돈 3만원을 빌리긴 하였으나 주로 걸어서 부대를 찾아 간다. "폐농이 아니라 나중에야 굶아서 죽는 한이 있더라도 당장 봉호를 한번 보기 전에는 아무 것도 생각하기 조차 싫다. 우선 아이 얼굴이나 한번 보고 나서 죽든지 살든지 해 보자"(p.33)고 한 것이다. 아버지 석규와 아들 봉호가 두시간 동안 만나 한 일은 국밥 한 그릇 먹고 몇 마디 대화를 나눈 것 뿐이다. 부자간의 만남이란 모티프의 의미가 독자의 상상력을 거쳐야지만 제대로 확보되는 것처럼 「상면」은 엉성한 구성이라는 평가를 벗어나기 어렵다. 「풍우가」, 「귀환장정」, 「상면」 등 이 세 편의 전시소설도 전쟁이라는 당대사건을 다룬 소설은 성공작보다 실패작이 되기 쉬운 법임을 잘 일러 준다.

(『김동리문학의 원점과 그 변주』, 2006 김동리문학 논문모음, 김동리기념사업회, 도서출판 계간 문예)

보론: 김동리 소설과 경주의 의미

김동리는 1913년에 경주군 경주면 성건리에서 태어나 경주 제일교회 소속의 사립 계남학교를 마쳤다. 1926년에 대구 계성중학교에 입학할 때까지 경주에서 태어나 몸과 마음을 키워갔다. 여느 사람과 마찬가지로 김동리도 나이 들면서 고향을 그리워하게 되었다. 「석탈해」라는 역사소설의 서두는 향수의 표출로 채워져 있다.

> 나이 들수록 다시금 고향이 그리워진다. 옛날부터 잊지 못할 고향 산천이란 말이 있지만, 나이 육십 줄에 들고 기억력마저 희미해진 오늘에

> 와서도 내 고향 경주의 산과 내와 들과 수풀과 그리고 여기저기 흩어져 있는 고적들이 지금도 눈에 선하다. 생각 같아서는 한 달에 한 번씩은 내려가고 싶다. 그리하여 며칠이고 푹 쉬며 어릴 때 찾아다니던 남산(南山-金鰲山)이고 반월성 같은 데를 샅샅이 살펴 보고 싶다. 그러나 이것은 생각 뿐이다.(『김동리전집』 4권, 민음사, 1995, p.296)

이 작품의 '나'는 꼭 작가 김동리와 일치하는 인물은 아니지만 대체로 김동리의 심정을 거짓없이 반영하는 인물로는 볼 수 있다. 실제로 김동리에게 경주는 단순한 그리움의 시간이라든가 회억의 공간으로만 남아 있는 것도 아니며 고도(古都)로만 존재하는 것도 아니다.

김동리의 소설에서는 「산화」(〈동아일보〉, 1936. 1. 4~8), 「바위」(〈신동아〉, 1936. 5), 「산제」(〈중앙〉, 1936. 9), 「찔레꽃」(〈문장〉, 1939. 7), 「동구 앞길」(〈문장〉, 1940. 2), 「솔거」(〈조광〉, 1937. 8), 「잉여설」(〈조선일보〉, 1938. 12. 8~24) 등과 같이 막연하게 시골이나 영남지방을 배경으로 한 것은 많지만 정확하게 경주를 배경으로 한 소설은 그리 많지 않다.

김동리 소설에서 경주를 배경으로 한 것으로는 우선 「회소곡」, 「기파랑」, 「수로부인」, 「김양」, 「왕거인」, 「강수선생」, 「눌지왕자」, 「원화」, 「우륵」, 「미륵랑」, 「장보고」, 「양악」, 「석탈해」, 「호원사기」, 「원왕생가」 등과 같은 역사소설을 들 수 있다. 이 소설들은 『김동리 역사소설』(1977)에 묶여져 있는 것으로 왕, 귀족, 장군, 예술가, 승려 등과 같은 신라인이나 가요, 시가, 가야금 등과 같은 신라문화의 즉물들을 소재로 취하는 가운데 『삼국사기』와 『삼국유사』를 원텍스트로 하여 김동리의 상상력을 가미하여 만든 결과에 해당한다. 『삼국사기』가 역사서의 성격이 강하고 『삼국유사』가 설화집의 성격이 강한 것처럼 이 작품들은 형식은 역사소설이지만 내용은 설화소설이라고 해도 좋을 정도다. 이때의 역사소설이 공통적으로 공간배경으로 취한 경주는 신라로 대치할 수 있다. 경주라는 공간배경 혹은 공간개념이 신라라는 시간적 배경 혹은 시간개념으로 대치되고 있다. 이러한 소설들은 경주의 '성내'를 배경으로 한 소설이라는 범주로 묶어 볼 수 있다.

경주를 배경으로 한 단편소설의 하나로 「황토기」(〈문장〉, 1939. 5)가 있다. 이 소설은 앞의 역사소설들과는 달리 구전설화를 이끌어 오는데서 시작하고 있다.

> 금오산(金鰲山)과 수리재에서 뻐쳐내리는 두 산맥이다. 등성이를 벌거벗은 채 이십리 삼십리 씩을 하나는 서북, 하나는 동북으로 보고 뛰어내려 오다가, 겨우 황토골이란 조고만 골작 하나를 낳은 것 뿐으로, 거기서 그 앞을 흘러가는 내물(龍川)을 바라보며, 동네 늙은이들의 입으로 전하는 상룡(傷龍), 혹은 쌍룡(雙龍)의 전설을 이룬, 그 지리적 결구(地理的 結構)는 여기서 끝을 맺는다.(〈문장〉, 1939. 5. p.78)

김동리는 '상룡설'을 등천하려는 황룡 한 쌍이 금오산에서 굴러 떨어지는 바위에 맞아 허리가 끊어지면서 흘린 피가 땅을 적셔 황토가 생겼다는 내용으로, '쌍룡설'은 천왕의 분노를 사 여의주를 잃은 한 쌍의 황룡이 슬픔을 이기지 못하여 서로 서로 머리를 뜯고 피를 흘려 황토가 생긴 것이라는 유래담으로 정리하고 있다. 그리고 당나라 장수가 동국 장수의 출현을 우려하여 산의 혈을 질러 산골에 석달 열흘 붉은 피가 흘러내렸다는 내용의 절맥설까지 덧붙여 놓았다. 쌍룡설, 상룡설, 절맥설은 꼭 경주지방에서만 생겨난 것이라고 보기는 어렵다. 이러한 전설은 큰 산이 둘러싸여 있고 땅이 유난히 붉은 곳이라면 어떤 지방에서든지 나올 수 있는 법이다. 따라서 「황토기」에서의 경주의 고유명사로서의 성격은 약해질 가능성을 안고 있다. 「황토기」에서 상룡설, 쌍룡성과 같은 전설로 만들어진 겉이야기와 억쇠와 득보와의 대결담으로 요약되는 속이야기의 유기성이 강하지 못한 것도 경주라는 공간적 배경의 의미를 크게 보지 않은 요인이 된다. 작품 속에서 과거의 이력이라든가 현재의 행태를 볼 때

덕쇠와 득보의 대립은 분이나 이설과 같은 여자를 둘러싼 단순한 애정갈등에 머문 것으로 비치기 쉽다. 서두에 제시된 전설의 격을 억쇠와 득보의 대립담이 도저히 따라잡지 못하고 있다. 황토골에서 자라 60평생 밖으로 나가본 일이 없는 황토골 토종 농부인 억쇠와 과거에 살인, 간통을 저지르고 쫓겨 다니다가 황토골까지 굴러 들어온 득보의 대립은 필연성도 치열성도 약한 것으로 드러나고 있다.

「무녀도」(〈중앙〉, 1936. 5), 「을화」(〈문학사상〉, 1978. 4), 「만자동경(曼子銅鏡)」(〈문학사상〉, 1979. 10)은 경주를 배경으로 하면서 무녀를 주인공으로 내세운 공통점을 갖는다. 이 작품들은 다음과 같이 공간배경을 제시하고 있다.

(1) 경주 읍에서 성 밖으로 두어 마정 나가면 가장 오래된 조고만 평민촌(잡성촌)이 있다. 이 평민촌 한 구석에 모화(毛火)라는 무당이 살고 있었다. 모화서 온 사람이라하야 모화라 부르는 것이었다.

(「무녀도」, 〈중앙〉, 1936. 5, p.120)

(2) 경주 읍에서 성 밖으로 십여리 나가서 조그만 마을이 있었다. 여민촌 혹은 잡성촌이라 불리는 마을이었다. 이 마을 한 구석에 모화(毛火)라는 무당이 살고 있었다. 모화서 들어 온 사람이라 하여 모화라 부르는 것이었다.(「무녀도」 개작본)

(3) 을화 무당이라고 하면 온 고을에서 모르는 이가 별로 없을 만큼 이름난 그의 어머니의 집을 찾는데 거의 하루가 걸린 것은 (중략) 동네 이름이 성밭 동네를 위시하여 성외리니, 서부리니 하고 종잡을 수 없이 여러 가지인데도 원인이 있었다. 이 서부리 성외리 하는 동네는 읍내 동네의 하나로 되어 있긴 했지만, 읍외의 어느 농촌과도 크게 다를 것이 없었다. 그것은 온 동네가 거의 농가였기 때문만도 아니었다. 그보다도,

어쩌면 이 동네와 성내(城內) 동네들간의 사이에 허물어지긴 했어도 옛 성이 뚜렷하게 남아 있었기 때문인지도 몰랐다. 얼른 보면 긴 돌무더기 같은 옛성이, 이 고도(古都)의 서쪽과 북쪽엔 그냥 남아 있었던 것이다.(『을화』, 문학사상사, 1986, p.22)

(4) 서문거리의 외딴 오두막, 옛날부터 전설처럼 내려오던 그 쓸쓸한 오두막도 물론 없어졌고, 그 자리엔 새로 지은 양기와 집 한 채가 '경주 양조장 서부출장소' 라는 함석 간판을 이마에 붙이고 서 있었다. (중략) 서문거리에서 남쪽으로 한 마장쯤 나가면 성 안쪽으로 오두막 두 채가 성가에 붙어 있었다. (중략) 앞의 큰 오두막엔 석씨 성의 홀아비가 살고 있었고, 뒤의 것은 무당 연달래가 쓰고 있었다.

(「만자동경」, 『김동리전집』 4, 민음사, 1995. p.69)

(1)에서의 "두어 마정" 이 (2)에서는 "십여리" 로, "평민촌(잡성촌)" 이 "어민촌 혹은 잡성촌" 으로 바뀌기는 했으나 이 정도면 (2)는 (1)을 반복해 놓은 것이라고 할 수 있다. 「무녀도」에서는 모화가 사는 곳이 정확하게 경주의 어느 곳인지 구체적으로 밝혀져 있지 않다. 「무녀도」보다 43년 후에 발표된 장편소설 『을화』에 오면서 또 44년 후에 발표된 단편 「만자동경」에 오면서 서부리, 성외리, 서문거리 등과 같은 구체적인 지명을 얻었을 뿐만 아니라 "모화" 가 "을화" 라든가 "연달래" 로 바뀌면서 집의 정확한 위치가 밝혀지게 된다. 「무녀도」에서는 모화의 집동네가 소개된 다음 모화가 살고 있는 집의 마당의 모습이 묘사되고 있다. 기와집, 키를 넘는 이름모를 잡풀, 배암과 개구리 서식 등으로 묘사되고 난 후 "집주위는 높지도 않은 앙상한 돌담이 문허지다 남은 옛성처럼 꼬불꼬불 외어 쌓다 한 군데가 끊어졌을 뿐 울타리랄 것도 없고, 우울한 처마 아래 단 하나 방문은 언제나 무겁게 닫혀져 있었다" (p.121)와 같이 그려지고 있다. 인근 마을에서 굿 잘하기로 소문난 모화이기는 하지만 정작 그녀의 집은 외로

움, 쓸쓸함, 퇴락 등과 같은 이미지로 착색되어 있다. 작가 자신도 "우울한 처마"라는 표현을 쓰고 있을 정도다.

그런가 하면 『을화』에서도 을화가 사는 집을 "명색이 기와집이라고는 하지만 그것은 너무나 허물어져 가는, 낡고, 퇴폐하고, 어둡고, 쓸쓸한 도깨비굴 같은 집이었다."(p.24)와 같이 묘사하고 있으며 동네 한 구석에 있으면서도 사람이 전혀 사는 것 같지 않다든가 돌무데기로 에워싸인 담장이 있다든가 대문이 따로 없다든가 하는 특징을 늘어 놓았다. 이러한 특징은 「무녀도」에서의 모화네 집 안팎의 분위기와 『을화』에서의 을화네 집 분위기가 흡사한 것임을 일러 준다. 아들인 영술이 몇 년만에 돌아와 간신히 찾아낸 을화의 집의 모습은 「무녀도」에서 화자가 소개한 집마당의 분위기와 흡사하다. 『을화』에서는 을화가 사는 집을 찾는 아들 영술의 눈을 따라 가면서 서부리 근처를 자세하게 설명하는 방법을 쓰고 있다. 그런 가운데서 김동리는 을화네가 사는 서쪽으로 갈수록 두엄더미 냄새, 오줌 똥 냄새, 풀썩는 냄새가 뒤엉켜 만들어 낸 지리고 퀴퀴한 냄새가 더 코를 찌른다고 하였다. 이렇듯 을화가 사는 집마당의 모습과 집주위의 동네 분위기는 사실적 상징의 힘을 지니는 것으로 볼 수도 있다.

「만자동경」에서 작중 '나'는 초등학교 동창생이며 서예가인 김수권의 도움을 받아 성둘레를 돌면서 서문거리 일대의 지리적 특징을 묘사한다. 「만자동경」은 단편소설임에도 서쪽 성의 "성터진 데"를 중심으로 한 일대를 자세하게 묘사하고 있다. 성내와 성밖을 연결해 주는 "성터진 데"는 지름길로 되어 있기는 하나 사람들은 아주 급한 일이 아니면 이용하지 않는다는 것이다. 첫째, 길이 험하다는 이유이며 둘째, 오두막을 보는 것이 좋지 않다는 이유였다. 돌무더기 속에서 예사로 뱀이 나오는가 하면 개천 징검다리는 이끼가 많이 끼어 미끄러지기 쉽고 주변이 으슥하여 문둥이나 도둑이 나오기 쉽다는 것이다. 무당이 사는 집, 뱀, 다리, 문둥이, 도둑놈 등은 모두 실재계의 존재임에는 틀림없지만 동시에 비유성이나 상징성을 지니기도 한다. 그럼에도 작중의 '나'는 이 길을 즐겨 다녔다. 지름길이기도 하고 그 길의 쓸쓸함이 왠지 마음을 끌었기 때문이었다. '나' 는 "성터진 데를 넘을 때마다 골무더기 밑에 붙어있는 두 오두막을 한참씩 바라 보는 일도 거의 거르지 않았다" (p.75)고 고백한다. 김동리는 "이 작품에 나오는 옛 성과 그 밑에 있는 오두막 두 채는 옛날의 기억을 되살린 것이고 그 이외의 사건이나 인물들을 백프로 상상으로 꾸며낸 이야기" (『을화』, 후기, p.282)라고 술회한 바 있다.

이렇듯 김동리 소설 속의 경주는 성안과 성밖으로 나누어 살펴 볼 수 있다. 경주의 성안은 불교의 기운이 넘치는 곳이며 성밖은 무속의 기운을 보여 준다. 성안과 성밖은 중심/주변, 지배/피지배, 역사/전설 등의 대립관계를 지니는 것으로 볼 수도 있다. 성밖이 성안을 마치 주변이 중심을 지향하듯이 지향하는 것이라면 무당 을화나 연달내처럼 성 바로 밑에 기거한다는 것은 중심지향 작용이 활발함을 뜻할 수 있다. 「만자동경」에서처럼 성 바로 밑에 오두막 두 채에 한 집에는 박수가, 한 집에는 무당이 살고 있다는 것은 샤머니즘이 성내의 불교와 가까이 있는 것임을 의미한다. 김동리가 경주를 배경으로 하면서도 성내보다는 성에 붙어 있는 집에 주목한 것은 불교나 기독교 못지않게 무속에도 긍정적 관심을 두고 있음을 뜻한다. 성은 안에서 보면 자기를 보호하는 울타리이지만 밖에서 보면 중심에의 통로가 될 수 있다. 『을화』와 「만자동경」에서 거듭 설정하고 있는 무너진 성, 아무나 넘어 갈 수 있는 돌무더기, 성터진 곳 등은 성안과 성밖의 구분이 점점 희미해져 간다는 상징적 의미를 뿜어 내기도 한다. 이렇게 되면 무속을 단순히 밖에 있는 존재로 파악하는 태도는 고쳐질 수밖에 없다. 무속은 단순히 성밖에 있는 것이 아니라 바로 성안과 성밖의 경계선이나 접점에 있는 것이 된다. 김동리가 수십 년간의 창작활동을 통해 암시했던 것처럼, 무속은 주변에 있는 것이 아니라 중심과 주변을 이어주는 위치에 있다.

(2000년 11월 11일, 제1회 문인귀향세미나 주제발표, 보리회와 경주대학교 문예창작과 공동주최)

해방 직후의 "역사" 표제 소설 연구

1. "역사" 표제 소설의 범위

1945년에서 1949년까지 사이에 박노갑(朴魯甲)의 「역사」(〈개벽〉, 1946. 1), 석인해(石仁海)의 「역사」(〈백민〉, 1946. 6, 1946. 12), 허준(許俊)의 「역사」(〈문장〉, 1948. 10), 채만식(蔡萬植)의 「역사」(〈학풍〉, 1949. 2) 등과 같이 "역사"를 제목으로 취한 소설이 발표된 바 있다. 해방 직후의 "역사" 표제 소설은 기본적으로 일제 강점기를 역사서술 형식으로 처리할 것이라는 기대지평을 갖게 한다. 이런 기대감을 충족시켜 주면서 "역사"와 유사한 제목을 취한 몇 편의 소설을 "역사" 표제 소설의 범위에 넣을 수 있을 것이다. 1948년 7월에 육문사에서 간행한 박노갑의 장편소설 『40년』은 비록 "역사"라는 제목은 붙이지 않았지만 "역사"라는 제목이 흔히 취하기 마련이고 요구하기 마련인 통시적 기술이나 종관적 시각을 보여 주고 있어 "역사" 표제 소설의 범주에 넣을 만하다. 또 "사십"이란 말은 "역사"의 대용어로 보아도 무방할 것이다. 채만식은 "총기좋은 할머니"를 부제로 달아 「역사」를 발표했고 같은 시기에 "「역사」 제2화"라는 부제를 달아 「늙은 극동선수」를 〈신천지〉 1949년 2월호와 3월호에 발표하였다. 그리고 훗날 1955년 10월호 〈야담〉에 발표되었던 「아시아의 운명」을 유고로 남겨 놓았다. 「늙은 극동선수」에 달린 부제 "「역사」 제2화"가 「역사」와 「늙은 극동선수」의 연결고리가 되고는 있지만 각각의 작품이 다루고 있는 역사적 사건의 발생시기는 「역사」-「늙은 극동선수」-「아시아의 운명」과 같은 순서로 줄서게 만든다. 「역사」는 신미양요(1871)를, 「늙은 극동선수」는 임오군란(1882)을, 「아시아의 운명」은 갑신정변(1884)을 중심사건으로 다루고 있기 때문이다. 이 세 작품이 실질적으로 「역사」의 제1부, 2부, 3부가 되면서 채만식이 일제 식민통치의 근본원인을 찾아내려 했음을 알게 된다. 그에 따라 일본이 19세기 후반에 들어가면서부터 조선을 병탄하기 위해 수십년 동안 모색하고, 획책하고, 집착했던 것임을 깨닫게 된다.

이외에 "역사" 표제 소설의 범주에 들어갈 수 있는 것으로 채만식의 단편소설 「역로(歷路)」(〈신문학〉, 1946. 6), 안회남의 단편소설 「폭풍의 역사」(〈문학평론〉, 1947. 4), 이갑기의 장편 「역사」 제1부인 「황혼(荒昏)」(『문학비평』, 1947. 6) 등을 들 수 있다. "역로"와 "폭풍의 역사"라는 제목은 "역사"와 비슷한 말로 되어 있어 일제의 역사를 다룬 것 같은 기대를 갖게 하지만 실제로는 혼란과 모색과 대립으로 가득찬 해방 직후의 상황을 다루는데 중점을 둔 것으로 나타난다. 채만식의 「역로」는 서울에서 대전까지 기차를 타고 가면서 여러 인물들이 나누는 시국담을 통해 우리 민족의 앞날의 험로를 예견하고 있다. 안회남의 「폭풍의 역사」는 해방 직후 우익세력이 권력화함에 따라 좌익세력이 한바탕 '폭풍'을 맞은 것으로 서술하고 있다. 이갑기의 「황혼」은 미완장편소설 「역사」의 제1부에 해당하는 단편 분량의 소설로 일제 말엽 좌익극단 "역사극장"의 고난의 역사와 현실을 그려놓은 것이다.

2. "역사" 표제 소설의 다양성

박노갑의 「역사」는 예상외로 역사소설로 구체화되지 않고 당대소설(contemporary novel, Gegenwartsroman)로 나타났다. 1945년 11월 22일에 탈고되어 1946년 1월호 〈개벽〉에 발표된 이 소설은 주인공 김만오의 해방 이전의 행적을 제시하기는 했지만 1945년 8월에서 11월까지의 주인공의 내적 갈등과 선택적 행위를 그리는데 훨씬 더 큰 비중을 두고 있다. 박노갑의 작품들 가운데서는 보기 드물게 긴밀하면서도 짜임새 있는 플롯을 보여 주고 있다. 역사사회적인 의식도 있고 정치적 야심도 있는 젊은 농민이 해방 전에 겪었던 일과 해방 직후에 겪고 있는 일을 비교하려는 작가 나름의 의도는 작가적 관심이 해방 직후 쪽으로 쏠리면서 실패로 돌아가고 말았다. 해방 직전에 김만오는 소출(所出)보다 도조(賭租)가 더 많은 현실을 개선하기 위한 투쟁의 과정에서 주모자로 몰려 감옥에 갔다 온 후 요시찰(要視察) 인물이 되었으나 "좀 더 솔직히 말하면 그는 민족반항기에 있어서 무슨 체계를 밟은 계통있는 운동을 하였다는 것보다는, 참을 수 없는 억압을 참지 못하여, 반항 안할 수 없는 반항을 하여 본 것이었다"[1)]와 같이 묘사되었다. 김만오가 별로 존경도 받지 못하고 동지도 없는 신세가 되고 만데는 "전쟁이다. 대동아전쟁이다. 지원병이다. 학병이다. 징병이다. 보국대다. 정신대다. 징용이다. 의용이다. 공출이다. 정세는 나날이 급하였다"(p.151) 등과 같이 긴박하게 돌아가는 일제 말기에 징용을 피하기 위해 애국반장을 맡았던 이력이 불리하게 작용한 것이다. 해방을 맞으면서 대다수 한국인들 사이에 적극참여, 전환, 참회, 관망, 도피 등과 같은 일대 변화가 있었던 것처럼 만오도 "대대손손에 남의 지배, 압박 밖에 받아 보지 못한, 별로 고맙지 않은 근성이 박힌"(p.155) 아버지가 해방을 맞아 여러 차례 강권하는 것을 이기지 못한

1) 〈개벽〉, 1946. 1, p.149.

나머지 상경하여 정치판을 기웃거리게 된다. 아버지는 농민의 아들이라고 계속 농민만 하라는 법은 없다, 사람은 포부를 가져야 한다, 서울로 가서 한몫 잡아야 한다 등과 같이 주장하며 아들을 내몰았다. 만오는 겸양의 축과 보상심리의 축을 시계추처럼 왕복하는 식의 혼란을 겪은 끝에 상경하기로 결심한다.

> 팔월 십오일 이전에 이미 명색 정치생명이 끊어진 자기가 팔월 십오일 뒤에 갑자기 배당을 요구하는 듯 나서는 것이 꼭 품삯 찾으러 가는 것 이상으로 열적은 일인줄을 잘 알고 있다. 겉으로 볼 때는 가장 순결한 듯한 모습이었다. 그러나, 가장 순결한 듯한 이 모습에 슬며시 의혹을 스스로 품지 않을 수 없었다. 배당을 준다는 이는 누구며, 몫을 바란 사람은 누구냐는 것이었다. 몫을 준다는 사람도 없다. 몫을 바란 사람도 없으면 순결하고 못한 문제가 애초 생길 까닭이 없지 않으냐는 것이었다.
>
> 여기에서 그는 아버지의 아들로서 아버지의 생각과는 다른 점에서 자기를 비판할 계제를 갖게 된 것이었다. 이제야 정말 마감이 온 것이었다. 동시에 출발이었다. 정세를 포착하기 위해서라든지 대세를 관찰하기 위해서라든지 외람한 술어를 피하기로 하였다. 우선 실체가 알고싶은 그 맘씨에 인정의 필연을 느끼었다. 이 맘씨를 멸시할 아무런 이유도 발견하지 못하였다.
>
> 그는 결국 서울을 가기로 하였다.[2)]

해방 이전에 어느 정도 투쟁경력도 쌓았고 그로 인해 남다른 고초도 겪었던 한 젊은 농민이 해방을 맞아 위와 같이 정신적 혼란에 빠진 모습을 박노갑같이 본격적인 심리소설의 한 장면처럼 처리한 것도 유례가 드

2) 위의 책, pp.154~155.

물다. 만오는 일면식이 있었던 어느 정당수령을 찾아가 면담을 요청했으나 일거에 거절당하는 수모를 겪는다. 정당수령집은 "며칠 전만 한 대도 압박의 대상이요, 증오의 표적이었으나"(p.156) 해방이 되자마자 "권세의 전당으로 화한 것"(p.156)이었다. 만오는 수많은 사람들이 제각기 바쁘게 오가는 서울 한복판에서 군중의 고독을 느끼는 동시에 자기발견을 하게 된다. 박노갑의 「역사」는 1945년 11월에 탈고된 것에 비해서는 차분하면서도 날카로운 정치토론장면을 제시하고 있다. 문전박대를 당해 실망해서 돌아온 만오에게 동숙객은 민중과 괴리된 정치의 불필요성과 비라정치의 효율성을 역설하면서도 정치참여의 과열현상을 문제시하였다. 이에 만오는 다음과 같이 정치참여를 당연한 것으로 보았다.

> "정치에 등한하고 않는 것은 제멋대로이겠지만 우리가 역사를 가진 이래 언제 한 번 살아 본 적이 있었겠습니까, 조선사람이 조선정치에 참례를 하는 것이 어찌 잘못일리 있겠습니까. 일체를 도맡아 하는 이 따로 있고 잘못엔 책임을 같이 진다는 것은 묵은 역사를 되푸리하는데 불과한 것이겠지오"
>
> 만오는 이것으로 이 대화의 끝을 맺고 말았다.[3)]

박노갑이 쓴 "역사"라는 표제의 참뜻은 이 소설 말미에서 만오가 서울 생활에 환멸을 느끼고 낙향한 후 야학을 열면서 "여러분! 우리는 오늘부터 우리가 가장 잘 살 수 있는 법을 배우기로 합시다. 이곳의 선생은 누구냐 하면, 서로 선생이 될것입니다. 서로 배웁시다. 배운 것은 곧 실행할 것입니다. 반드시 행하여야 합니다. 그러는 것이 옛날 어느 책에서도 찾을 수 없는 우리 역사를 짓는 것입니다."[4)]라고 호소한데서 찾을 수 있

3) 위의 책, p.159.
4) 위의 책, p.160.

다. 이때의 역사는 과거의 슬픈 역사가 아닌 미래의 밝은 역사이며 그것도 농민이 중심이 된 역사를 가리킨다. 이처럼 박노갑은 현실정치에 환멸을 느낀 순박한 농민을 주인공으로 내세워 한국의 앞날에 희망을 표시하였고 기대를 걸었다. 이 소설은 1945년 11월 22일에 탈고한 것으로 되어 있다. 앞날을 불투명한 것으로 인식하는 가운데서도 농민이 중심이 된 미래를 꿈꾸는 것이 동시대의 소설들과 다른 점이다. 제목은 "역사"로 되어 있음에도 긴장감이 넘치는 당대소설 쪽으로 쏠리고 있다.

"역사"라는 표제와 비슷한 제목을 취한 『사십년』은 주인공 황찬이 태어난 1905년의 일본의 당당한 기세와 조선의 망국적 분위기, 외채(倭債)의 침입으로 인한 조선지주와 농민의 몰락, 서당교육의 지속세, 신작로와 자동차의 출현, 왜놈의 경제침탈, 기미독립만세사건, 조선인 순사들의 조선인 탄압상, 황찬 상경하여 강습소를 거쳐 고등보통학교 입학, 동맹휴학운동 적극참여, 동경유학, 조선인에 대한 혹독한 차별과 감시 체험, 졸업 후 구직 실패하여 낙향, 다시 상경 후 C일보사 취직, 손기정 선수 기사화 과정에서 일장기말소사건으로 폐간조치, M출판사 근무중 사상운동혐의로 수감, 석방, 다시 낙향 후 선비농사 진력, 상경하여 S여학원 교사로 취직, 정신대 차출 명령 거부, 일본 항복, 해방정국 혼란상, 미군에 대한 큰 기대, 조선인의 독립열기 고조, 찬과 춘수의 정치토론 등등과 같은 내용으로 구성되어 있다.

이 소설은 기본적으로 일제의 식민통치약사를 들려 주고 있다. 황찬이 겪은 가난, 동맹휴학, 동경유학, 수감생활, 해방 직후의 기대 등은 황찬의 개인사를 엮어 놓으면서 동시에 한국의 20세기 전반기의 오욕과 고난의 역사를 압축해서 보여 주기도 한다. 그러나 몇 군데서 결정적인 일탈을 보여 준 나머지 작품 전체구성이 "사십년"이란 표제에 잘 부응하고 있지 못한 결과를 남겼다. 황찬이 M출판사 사건으로 감옥에 갔다 온 후 다시 귀향하여 아내와 농사에 대해 대화하는 부분이 너무 길게 처리되어 있고, 황찬 내외가 귀향한 후 목격한 농촌에 대한 묘사가 지나치게 길고 세부적인 것으로 드러나 있다. 뿐만 아니라 재상경한 후 10여 평 짜리 집에 살면서 황찬이 수돗물을 길어 가지고 오는 행위에 얽힌 이야기는 지루할 정도로 장황하다. 『사십년』이 보여 준 또 하나의 서술적 특징으로 작가가 사건이나 상황을 어느 정도 구체적으로 묘사한 다음 소결(小結)의 형식으로 잠언지향적(箴言指向的) 성격이 강한 추상적 진술을 꾀한 점을 들 수 있다.

(1) 그러나 세상은 바뀌고야 말았다. 양반은 한갓 외화뿐이요, 돈없는 양반은 돈있는 상놈에게 점점 친하게 되어 돈과 뼈는 서로 혼인이야기에까지 접근하게 되었다.(『사십년』, 깊은샘, 1989, p.33)

(2) 이렇게 상놈지주는 양반으로부터 해방이되었고, 양반지주 또한 의병이나 화적으로부터 해방이 되었다.(위의 책, p.33)

(3) 세상에는 원래 속지 않는 사람이 없고, 속이지 않는 사람이 없을 것이다.(위의 책, p.45)

(4) 사람은 깨었다는 것이 박한 것이었고, 밝은 것이 또한 박한 것이 되고 말았다. 속인 결과요, 또한 속은 결과라고, 할 수도 있는 것이었다.(위의 책, p.51)

(5) 시대와 시대와의 조화되지 못한 결합에는, 한갖 형식과 기만이 가로 놓여 있을 뿐이었다.(위의 책, p.55)

(6) 왜정 밑에 몰락하는 본바닥 가난과 터바깥 가난은 한데 어울려, 밑도 없는 깊은 구렁으로 굴러 떨어지기로만 작정이었다.(위의 책, p.63)

(7) 이것이 모두, 시키는 왜놈이 한 놈이면, 그 밑에 열 명 백 명, 조선놈이 붙어서, 자치가 자치를 잡아먹는 악독한 싸움이었다.(위의 책, p.65)

(8) 신문을 살리는 것은 결국, 신문을 죽이는 것이 되고 마는 것이었다. 구차히 신문을 살릴진대, 최후의 성터는 무너질 것이요, 참는 것은 초라함 그것 뿐일 것이었다.(위의 책, p.115)

(9) 준다는 사람이 있고, 받을 사람이 있으나, 독립은 냉큼 되지 않았다. 여기에 약자의 비애가 있고 전취(戰取)를 절규하는 소리가 치밀어 오른다.(위의 책, p.176)

이상의 예문들은 봉건제(封建制)에서 자본제(資本制)로의 이행에 따른 재래의 신분질서의 근본적 동요(1, 2), 새로운 시대의 전개에 필연적으로 수반되기 마련인 세대갈등(3), 계몽주의와 합리주의와 같은 근대성의 이면(4, 5), 식민통치가 빚어낸 궁핍상의 심화(6), 해방 이전 친일파의 모습(7), 일제통치하의 한국언론의 진퇴양란(8), 해방 후 진정한 독립의 불투명상태(9) 등과 같은 40년 역사의 주요장면을 어느 정도 제시하고 있기는 하다.

『사십년』은 1905년 농촌에서 태어난 황찬의 해방 직후 1947년 무렵까지의 개인사가 일제식민통치사와 해방 직후의 혼란상을 어느 정도 반영하고 있음을 일러 준다. 한 개인의 삶의 과정이 민족사의 거울 그 자체가 될 수는 없는 것처럼 황찬의 삶은 한국사를 반영하기도 하지만 왜곡하기도 하고 초월하기도 하였다. 『사십년』은 1905년에서 1947년까지의 황찬의 삶을 규정해주고 억압하고 유린한 일제강점사를 나름대로의 시각으로 바라본 흔적을 남기고 있다. 『사십년』은 반일사상과 감정을 대기처럼 깔아 놓으면서 특히 일본의 경제침탈과 일제말기의 탄압상을 주목하고 있다. 합방 직후에 할 수 없이 일본사람의 돈을 빌려 쓴 조선인지주들이 저당, 연대보증, 집달리 등의 제도를 자기네에게 유리하게 만든 일본인들에게 땅을 빼앗기고 만 역사적 사실을 제시하였다.

박노갑은 반제의 태도는 분명히 내보였지만 반봉건의 태도를 취했다고 하기는 어렵다. 서당을 유지하려는 뜻에서 "개화는 개외(改倭)"라고 주장하며 개화열풍을 경계할 것을 권고한 서당훈장의 존재를 부정적으로 보지는 않았다. 그런가 하면 박노갑은 해방 직후 한국인들이 조선독립에 큰 관심을 갖는 것으로 묘사하였다. 한국인들이 위장에 맞지 않는

원조물자인 밀가루라든가 살인적인 고물가를 감수하는 것은 "조선독립을 바란 까닭"이라고 하였다. 그리고 국민들이 해외혁명지사 귀국시 환영대회 개최, 비명에 간 애국지사 장례식 참석, 격렬한 이론투쟁, 미군환영, 소련대표 환영 등의 행동을 보이는 것도 모두 "조선독립을 바란 까닭"이라고 하였다. 이 소설의 끝부분은 주인공 황찬이 정치판에 관계하면서 세상을 앞서 나가는 조카 춘수와 정치토론을 벌리는 것으로 되어 있다. 춘수가 지금 우리나라 노동자들이나 농민들은 일을 제대로 하지 않고 정객들은 당파싸움에만 몰두하는 식으로 건설은 없고 파괴만 있으니 이 땅에 독립이 올 리가 없다고 하자 황찬은 노동자와 농민은 최소한의 여건만 만들어 주면 일을 하게 되어 있다고 응수한다. 황찬이 남북을 통일한 정부를 세우는 것이 진정한 독립의 급선무라고 주장하는 것에 춘수는 통일정부수립은 현재로서는 찬탁론과 연결될 수밖에 없으며 희망으로 끝날 수도 있다고 하였다.

> 춘수는 실무를 모르는 서생에 대한, 실천가의 우월감을 가진 어조같기도 하였다.
>
> "남조선 단독정부란 말인가?"
>
> 찬은 이렇게 물었다.
>
> "하기야 그것도 어쩔 수 없는 한 방법이 아니겠소"
>
> 춘수의 대답이었다.
>
> "유엔도 좋아요. 어디서고 속히 해결만 해 달란 밖에. 그러나 어디서고 미소관계는! 미소관계거든! 조선사람은 모슨 까닭으로, 남북이 갈리어, 없는 동포끼리 피를 흘리고 싸울 의무가 있단 말인가?"
>
> 춘수 보기에 찬은 한낱 서생에 지나지 안하였으나 이렇게 당당히 차고 나섰다.
>
> "아저시는 그럼 뭐요? 중간파요? 좌익이요?"
>
> 춘수의 이 말에는, 그만저만 단념하는 눈치가 보이었다.

"중간이 그른것이라면 나는 중간을 버리겠네! 중간이 옳으면 나는 중간을 갈 수도 있을 것일세. 좌우간, 그른 데도 불구하고, 중간이니까 간다는 중간이니까 좋다는 나는 아마, 아닐 것일세"

찬은 오래간만에 찾아온 옛날 은인에게 말이 너무 지나쳤는가 보아서, 약간의 미소를 하였다.

"아저씨의 뜻은 장하나 그러나 아저씨는 역시, 조직을 벗어난 외로운 병정이요, 실례의 말씀일지는 몰라도"[5)]

『40년』은 "그들은 웃고, 다시, 통일정부수립만세! 자주독립 만세를 목이 쉬도록 불렀다. 열망이 크지 않은 것도 아니었다. 가망이 없는 것도 아니었다. 그러나 혼돈한 국내외 정세는 천구백 사십 칠년 오늘도 마찬가지였다.(1947년 8월)" 와 같이 주인공 황찬의 생각과 열망을 지지하는 식으로 결말 처리되었다. 이런 점에서 비극적인 과거보다는 혼란스러운 현재에 더 큰 관심을 가진 것으로 파악된다. "사십년" 이란 표제는 통시적 서술을 암시하고 있으면서도 실제로는 역사소설과 당대소설을 결합시켜 놓은 형태로 나타났다. 작가가 우리 민족은 진정으로 독립하기 위해 40년을 참고 기다렸다고 외치고 있는 점에서 『40년』은 오히려 당대소설에 가깝다. 그런가 하면 40년간 참고 기다려온 모습을 보여 주는데 큰 비중을 둔 점에서는 역사소설에 가깝다.

석인해의 「역사」는 〈백민〉 1946년 6월호와 1946년 12월호에 분재된 약간 긴 단편소설이다. 이 소설의 서두에 "이 소설은 작자가 학병으로 끌려 가기 전에 나에게 맡긴 것을 간직했다가 이제 세상에 발표한다. 물론 일본제국주의의 압정 하에서 쓴 것은 말할 나위가 없다(K)" 와 같은 작가노트가 제시되어 있다. 작가의 절박한 입장과 창작시기의 어려움은 이 작품에서 그리 큰 변수가 되고 있는 것은 아니다. 1회분은 10년 만에 만난

5) 박노갑, 『사십년』, 깊은샘, 1989, pp.173~174.

친구와 학교 다닐 때 친하게 지내다가 헤어지게 된 과정을 돌이키고 있고 '나'의 오빠가 병에 걸려 낙향한 후 부모로부터 구박을 받으며 살고 있는 모습을 그리고 있다. 2회분은 '나'의 오빠와 친구의 오빠가 정순이라는 여인을 놓고 대립했던 것 때문에 '나'와 친구가 헤어지게 된 것임을 고백하고 있다. 이 점에서 석인해의 「역사」는 폭로소설이라고 할 수 있다. "역사"라는 제목이 주는 무게와 실제 내용이 주는 무게가 현격한 차이를 보이고 있다. 석인해는 이렇듯 가치없는 이야기를 들려주면서 어째서 "역사"라는 제목을 붙여 놓은 것일까.

허준은 「잔등」(〈대조〉, 1946. 1, 1946. 7), 「한식일기」(〈민성〉, 1946. 6), 「속 습작실에서」(〈조선춘추〉, 1947. 12), 「평때저울」(〈개벽〉, 1948. 1), 「속 습작실에서」(〈문학〉, 1948. 7) 등을 발표한 끝에 「역사」를 발표했다. 「역사」는 유항이 아버지가 방랑벽에 빠지게 된 내력, 유항이 아버지가 들려주는 김곽산의 치부담, 덕이라는 소년화자가 들려주는 아버지의 흥망기(興亡記) 등과 같이 세 편의 에피소드가 교직된 소설이다. 허준은 김곽산을 주인공으로 한 이야기를 들려주는데 가장 큰 비중을 두었다. 16살 때 김곽산은 실도랑이 어느 논에 붙은 것이냐 하는 문제로 소송이 붙은 끝에 결국 패소하고만 부친을 따라 다른 지방으로 이사 가서 머슴살이를 하게 된다. 남의 집 고사떡을 먹고 생긴 식체가 원인이 된 어머니의 갑작스러운 죽음은 곽산에게 인생의 허망감과 함께 백절불굴의 용기를 갖게 하였다. 김곽산은 10년 이상 머슴살이를 해서 모은 돈으로 사들인 갈밭을 농토로 개간하여 30대 후반에 주위에서 알아주는 땅부자가 되었다. 유항 아버지는 김곽산이 돈놀이해서 쉽게 돈버는 방법을 택하지 않고 개간이라는 방법으로 우직하게 돈벌게 된 사연을 들려주었다. 김곽산은 54세 때 고향 곽산으로 가 3년 후에 '소작인들에게 잘 해주라'는 유언을 남기고 생을 마감했으나 그 큰 아들은 재산정리하고 서울로 가서 사채놀이를 하게 된다. 김곽산은 존경받는 지주는 될 수 있었으나 아들에게 정직하면서도 이타적인 태도를 이어주는데는 실패하고 만 셈이다. 김곽산을 형님처럼 알고 산 유항이 아버지도 졸지에 처자를 잃고 난 후 방랑벽이 생겼으나 한 번도 김곽산에게 신세지지 않은 것으로 그려지고 있다. 덕이 아버지는 직공우선과 상품저가판매라는 두 가지 방침 아래서 제와공장(製瓦工場)을 경영하여 많은 돈을 벌었으나 조선인 최금만의 적극적인 도움을 받으며 막대한 자금을 동원한 유무라라는 일본인 사업가와 대립하게 된다. 유무라는 덕이 아버지네보다 더 싼 값으로 물건을 파는 방법을 썼으며 더 많은 임금을 준다고 하여 직공들을 빼내가는 수법을 취하였다. 일본인 유무라 못지않게 비열하고 간교한 술책을 부리고 있는 조선인 최금만을 싸늘한 눈길로 바라보고 있긴 하지만 작가 허준은 별로 주저하지 않고 덕이 아버지를 패배자로 그려놓았다.

> 조선에 나오는 일본인이 대개 이러한 경로를 밟어 제 앞수리를 하는 한 개 일본인 구실을 하게 되는 것이지만 그도 대제국국민(大帝國國民)이라는 칼날에 서슬이 푸르른 권력만으로 그만큼 월등한 부력(富力)을 닦어 나온 사람이고 보매 아무리 이 길에 들어서서 일일지장(一日之長)이 있는 아버지라 하더라도 한 번 사업의 적이 되자 하는 날에 있어서 도저히 문제될 수는 없는 사람이었다.[6]

허준의 「역사」는 일본인 앞에서의 조선인의 패배를 인정하는데 목표를 둔 것이 아니다. 김곽산, 유항이 아버지, 덕이 아버지가 정직한 자세라든가 이타적인 정신을 공유하고 있는 것으로 그려지고 있는 것처럼 허준은 힘은 없지만 정직하면서도 공동체지향적인 한국인상을 부각시키려고 했다. 그리고 이러한 한국인을 역사의 주역으로 생각한 것일 수 있다.

채만식의 「역사」(〈학풍〉, 1949. 2)에는 "제1화 「신미전후(辛未前後)」 종(終), 1948. 12. 5 이리(裡里) 가우(假寓)에서"라는 후기가 붙어 있다.

6) 〈문장〉, 1948. 10, p.87.

모두 5부로 구성되어 있는 「역사」는 제1부에서는 "총기 좋은" 노구할미의 자손들의 계보를 제시했고, 제2부에서는 할아버지부터 손자에 이르기까지의 집안 남자들에 대해 할머니가 손자며느리와 이야기를 나누는 장면을 설정했고, 제3부에서는 할머니가 신미양요의 원인, 경과, 결과를 들려주는 형식을 취했고, 제4부에서는 운양호사건의 골자를 추려놓았고, 제5부에서는 일본군의 만행을 폭로하였다. 「역사」에서는 할머니의 남편과 아들들의 삶의 방향을 구한말의 역사의 결과로 보고 있다. 할아버지 박규천은 개화기 때 열강들의 야욕과 국내위정자들의 부정부패상을 문제시하면서 아들들에게 나라일에 목숨을 바치라고 가르쳤다. 박규천은 "동학 뒤처리로 관가에 붙잡혀 참혹한 처형을 당했으나"[7] 열두 명의 손자와 스무 명이 넘는 증손자를 두게 되었다. 박규천의 맏아들 윤석은 의병, 독립운동가, 사회주의자로 이어지는 자기희생적인 대기(大器)의 경우로 기록된다.

> 맏이 윤석은 경술년 일한합방으로 나라가 망하자 망국의 분과 한을 품고, 때에 겨우 스물 한 살의 어린 나이로 의병에 투신을 하였다가 그 다음 해외로 나가 만주, 상해 등지를 전전하면서 조국광복의 투쟁에 몸을 던졌다. 그 뒤에 간도공산당 사건에 가담하였다 몸을 빼쳐 노령으로 들어갔고, 노령으로 들어가서 한 삼사 년은 서신도 오고 하더니, 하다가 소식이 뚝 끊기고 말았다. 이래 십오 년, 집안에서는 죽은 사람으로 쳤고, 더욱이 해방이 되자, 남들은 다들 돌아오는데 유독 그만은 종시 소식조차도 없어 영영 아주 이 세상에 없은 사람으로 단념을 하는 밖에 없었다.[8]

둘째 승석은 "기미년 삼일운동 때에 일인의 총알에 죽은 바 되었다"(p.492)고 기술된다. 이처럼 할머니의 남편과 두 아들은 바로 역사적 사

7) 『채만식전집』 8권, 창작과 비평사, 1989, p.494.
8) 위의 책, p.492.

건에 적극 참여했고 이어 희생당하고 말았다. 이 3부자의 개인사는 동학, 한일합방, 의병운동, 기미년만세, 사회주의운동 등으로 연결된 한국역사의 거울이 되고 있다. 여기에다가 할머니는 이 집의 대주뻘인 관희가 11월 초에 출입을 한 채 이내 소식이 없어 그 모친 윤씨가 아들을 찾기 위해 전주로 내려간 다음의 일을 궁금하게 여기고 있다. 관희도 할아버지나 아버지와 마찬가지로 역사적 사건에 연루된 것으로 암시되고 있다. 82세 된 할머니는 일생 동안 총소리를 세 번 들었는데 이는 역사적 사건의 발발을 상징한다. 신미년(1871년)에 태어난 할머니가 어머니 뱃속에서 들은 첫 번째 총소리는 신미양요를, 5살 때 들은 총소리는 운양호사건을, 11살 때 들은 세 번째 총소리는 임오군란을 의미한다. 할머니는 이 모든 역사적 사건에 대해서는 직간접적인 체험을 근거로 한 강사자(講史者)로 역할하고 있다. 할머니가 신미양요, 운양호사건, 임오군란과 같은 역사적 사건에 대해 간접경험을 근거로 하여 강사자가 되고 있는데 반해 그 후 벌어진 동학, 한일합방, 3·1운동 등으로부터는 피해자로 남게 된다.

「늙은 극동선수」는 할머니 외가의 절손(絶孫) 내력(제1부), 강화조약(講和條約) 후의 대일교섭양상, 국내정치의 혼란상, 최익현의 거병(제2부), 관리들의 부패만연(제3부), 임오군란 발발, 청군개입, 대원군 압송(제4부), 할머니와 손자 며느리의 역사평가(제5부) 등을 중심내용으로 삼고 있다. 할머니로부터 임오군란 전후의 역사를 들은 맏손자며느리 정옥은 다음과 같은 반응을 보인다.

> "조선놈은 다 그 모양이에요. 어떡허다 세력을 잡은다치면, 걸 가지구 제 일을 하려 들구, 누가 무어라기가 무섭게, 외국군대 불러 들여, 반대파를 죽이구…정치나 국민은 어디루 갔던, 나라나 백성은 뉘놈의 물건이 되건, 뉘놈의 종이 되건 저이들 세력, 저이들 지체만 지탕을 할 영으루 걸핏하면 외국에다 청병을 해다간 백성을 도륙하구, 국토를 짓밟게 하구, 순전히 제 한몸, 제 한 집안일 하자는 노릇 아네요?"

그러고는 손자며느리는 혀를 끌끌 차고 나서

"망해 싸죠…그런 놈의 정치가 아니 망하구 어떡허게요? 열 번두 망해 싸죠."[9)]

할머니의 전적인 호응을 이끌어 내면서 임오군란 당시의 친청파 중심의 위정자들에게 초점을 맞추고 있는 젊은 손자며느리의 비판은 1949년 전후의 위정자들을 겨냥하고 있는 것으로도 볼 수 있다. 이러한 추측은 해방 이전의 채만식 소설에서 풍자성이 쉽게 감득된다는 점을 떠올리면 저절로 나올 수 있는 것이다. 이 소설의 맨 앞부분에서 맏손자며느리 정옥은 이 집안의 남자들의 반항적 기질에 감응된 듯 노골적인 현실비판을 꾀한다. 도지사, 고관, 교장 등의 모리행위와 사기행위를 신문에서 본 정옥은 할머니 앞에서 비분강개한다. 관청에 잡혀온 좀도둑이 관인을 향해 진짜 도적은 너희 지배자들이요 양반들이라고 외쳤다는 고사를 할머니가 들려주자 손자며느리는 "요새같은 세상에 불쌍한 백성들을 피를 빨구, 나라를 팔구 벼슬을 팔아 호화롭게 사는 놈들이야말루 도적놈이 아니구 무어냐구 디리댔어 보세요 당장 그 자리서 반주검을 당하는 것도 당하는 것이려니와, 빨강이루 몰려가지구…"[10)]라고 장단을 맞추어 대도론(大盜論)을 펼친다.

「아시아의 운명」은 할머니와 자손들의 근황, 할머니와 세 며느리가 장죽을 물게 된 사연(제1부), 할머니가 갑신정변에 대해 들려주는 이야기의 서두(제2부), 임오군란 직후의 개화당의 대일, 대미 외교활동상(제3부), 김옥균의 거사계획, 일본 죽첨진일랑공사의 지원약속(제4부), 갑신정변 전개양상(제5부), 갑신정변에 대한 할머니의 이야기의 종결(제6부) 등과 같은 중요내용으로 구성되어 있다. 1919년에 둘째 아들 승석이 죽자 시

9) 위의 책, p.542.
10) 위의 책, p.513.

어머니는 며느리에게 담배를 가르쳤다. 할머니는 갑오을미년에 남편이 비명에 가자 25세의 젊은 나이에 담배를 피우기 시작했으나 5년을 넘기지 못하고 끊어 버렸다. 앞서거니 뒷서거니 과부가 된 큰 며느리와 막내며느리도 다 담배를 배워 한집에서 살고 있을 때는 길고 짧은 담뱃대를 물고 동시에 담배연기를 뿜어내는 보기 드문 장면을 연출하기도 하였다. 이런 광경이야말로 역사적 사건의 최대 피해자인 조선여인들의 한을 실감있게 보여주는 광경으로 풀이된다.

「늙은 극동선수」와 「아시아의 운명」에 오면 강사자(講史者)요 서술자인 할머니의 자기 자손들에 대한 이야기가 차지하는 비중은 급격히 작아지고 있다. 채만식의 「역사」 연작은 역사적 사건에 3부자가 희생당한 할머니 집안의 가족사를 들려주는데 궁극의 목표를 들었다. 할머니 집안의 역사는 한국역사의 거울로서 기능하거나 축도로 역할하기도 한다. 신미양요에서 갑신정변에 이르기까지의 격동의 한국역사를 들려 주는데 최종 목표를 둔 것이다. 「역사」 연작의 창작동기의 하나는 해방 직후의 정치가들과 사상운동가들을 향해 한국근대사의 감계(鑑戒)로서의 기능을 행사한데서 찾을 수 있다. 그러나 채만식은 소설가인 이상 이러한 감계의 기능을 역사기술보다는 역사소설을 통해서 행사하고 싶어했을 것이다. 그래서 기억력도 좋고 역사적 사건의 희생자로서의 한도 지니고 있는 할머니를 화자로 내세우게 된 것이다. 남편과 아들들 그리고 과부 며느리의 생애가 몇줄로 압축되어 서술된 할머니 집안의 가족사는 「역사」, 「늙은 극동선수」, 「아시아의 운명」을 '역사'가 아닌 '역사소설' 쪽으로 끌어가고 있다. 할머니가 서술자로 등장하지 않았더라면 또 할머니의 가족사가 단편적으로나마 소개되지 않았더라면 「역사」 연작은 역사기술의 형태로 남게 되었을 것이다. 채만식은 끝까지 소설을 지켰고 그 특유의 비판정신을 유지했다. 채만식에 와서야 "역사"라는 표제에 어울리는 내용이 갖추어졌다고 할 수 있다.

3. "역사" 표제 소설 범위의 확대

1946년 4월 24일에 탈고한 것으로 되어 있는 채만식의 단편소설「역로」(〈신문학〉, 1946. 6)는 대화소설이자 토론체소설이다. 이 소설은 서울역에서 부산가는 기차를 기다리며 '나'와 김군이 나누는 시국담, 서울역에서 천안가는 기차 속에서 김군이 늙은 농부와 잠바청년과 시골신사와 나누는 시국담, 천안에서 대전까지의 기차 속에서 천안으로 쌀사러 온 월급장이 청년이 가세해서 나누는 이야기, 대전에서 밤 열시부터 이튿날 새벽 다섯시까지 기다렸으나 미군전용열차에 올라타지 못하고 다음 차를 기다리며 김군과 '내'가 나누는 이야기 등과 같이 네 토막으로 구성되어 있다.

해방 직후의 사회부조리와 무질서심리에 대한 불쾌감을 담고 있는 첫번째 시국담의 골자는 친일파의 재빠른 변신을 개탄하는 데서 찾을 수 있다. 김군은 농담인지 진담인지 '나'에게 적극적이면서 재빠른 변신을 권한다.

> 아 남들은 팔일오 때에 팔월 십오일 오전 열한시 오십구분까지두 홉혈귀 미영을 쳐부서라, 조선의 자제들아 부형과 농민들아 어서 빨리 이 聖戰을 승리하두룩 지원병에 학병에 증병에 다투어 나가거라, 총후의 협력을 게을리하지 마라, 증용을 기쁘게 나가거라, 그리함으로써 조국 일본의 영광이 그대들의 머리에 빛날지니라, 국어를 상용해라, 생활전부를 내지뻔으로 해라, 그리함으로써 한시 바삐 내선일체를 체현해라, 곤란을 참아라, 불평을 노하지 마라, 승리는 눈앞에 박두하였느니라, 이렇게 목이 터지두룩 연단에서 웨치구 붓이 닳두룩 써내구 하다가 팔월 십오일 오전 열한 시 오십구분까지 말야, 그러다가 오정이 땅 치면서 일본이 항복을 하구 조선은 해방이 되었다 이소리가 들리니깐, 이번에 그 입 그 붓을 그대루 가지구 동포여 왜적은 물러갔다 (중략) 자 건국이다.

> 친일파를 없애여라. 민족반역자를 버히라. 이렇게 들입다 목이 터지두룩 웨치구 붓이 닳두룩 쓰구 하질 않는가? 그렇게 날쌔게 땅재주들 넘는 바람에 제마다 피끓는 애국지사로 건국의 역군으루 환신을 해가지군 과거의 죄상은 어물어물 씻겨 넘거가질 않았나? 죄가 씻기구만 만게 아니라 장차에 무어나 벼슬이라두 제각기 한 자리씩 꿈들을 꾸구 있질 않는가?[11]

이상의 인용문에서는 일제 말엽 친일파들이 같은 동포에게 강요했던 내용이 잘 정리되어 나타나 있다. 그리고 해방이 되자 마자 같은 입에서 전혀 반대의 내용인 일본타도의 소리가 나오고 애국애족주의의 주장이 토해지고 있다. 친일파가 벌을 받기는커녕 새로운 시대의 지배세력으로 둔갑하고 있는 현실이 비판적으로 지적되고 있다. '나' 와 김군은 친일파 괴수들은 온 백성이 주목하고 있어서 변신이 쉽지 않은데 반해 "군소급 죄인들" 은 남몰래 요란을 떨어가며 건국운동에 나섰으며 이는 바로 "건국의 열정이 아니라 제가 나서서 하는 구명운동" (p.276)이라고 평하였다. 김군은 해방 전에 일본에 협조하는 강연을 몇 번 나갔던 '나' 에게 북이라도 하나 사서 구세군처럼 치고 다니며 한바탕 해보든가 아니면 고약한 체취를 없앨 향수를 뿌리고 다니든가 하라고 권고하였다.

> 인민재판 아니 하구서두 썩 효과적인 증벌 아닌가? 그러나 내 자네에게 우정의 표시루다 그 고약한 체취라는 걸 말살시킬 방도를 훈수해 주믄세. 향수를 흡씬 뿌려요. 향수란 다른 게 아니라 야미장수두 좋구 모리행위두 무방하니 어쨌던 돈을 산더미만침 잡아가지굴랑 정당이란 정당은 머 깡그리 물쓰듯기 자금을 대요. 또 신문 잡지두 매수하구 사회단체에두 들입다 기부금을 내구. 그러다치면 그 고약하던 체취가 담박 그

11) 위의 책, pp.274~275.

> 대루 불란서의 고급향수처럼 향그러운 체취루 변하는 동시에 들 코를 벌심거리면서 머릴 싸구 자네 주위루 모여들어, 아 향그러운 그대의 체취여 하구찬미를 할 테니[12)]

작가 채만식이 거의 극화되지 않은 '나'는 빠져나갈 궁리를 하지 않는 사람이다. 또한 북을 치고 다닐 생각도 향수를 뿌리고 다닐 생각도 전혀 하지 않을 사람이다. 사회적인 죄라든가 과오를 범하면 일정한 형식을 통해서 공공연하게 작죄의 경위를 밝히고 그에 상당한 징계를 받는 것이 떳떳하고 속도 후련하지 "불문(不問)을 당하구서 남의 뒷손꾸락질만 받구 살아야 한다는 것은 견델 수 없는 불쾌요 고통이요 슬픔이요 한 거야" (p.277) 하는 사람이다.

서울역에서 천안가는 기차 안의 여러 사람들 사이에서 오고간 대화의 화제는 지도자와 정체(政體)의 문제였다. 김군으로부터 대통령을 뽑게 되면 누구를 뽑겠냐는 질문을 받고 늙은 농부는 이승만을, 잠바청년은 여운형을 뽑겠다고 하였다. 잠바청년은 박헌영이 더 좋다고 하면서도 우리나라를 공산주의로 만드는 것은 시기상조라고 하는 단순치 않은 의견을 내놓았다. 늙은 농민은 평등사회를 만들겠다는 것은 좋지만 그렇다고 지주의 땅을 강제로 빼앗는 것은 있을 수 없다고 하면서 조선이 공산주의가 되면 아라사의 속국이 될까봐 걱정이라고 하였다. 늙은 농민은 일제치하에서 오래동안 비참하게 살아온 때문인지 무엇보다도 나라가 있어야 한다고 했다. 사십대의 시골신사는 미국식 민주주의를 해야 한다는 의견을 내놓았다. 기차의 동승객들이 제각각 다른 국체론(國體論)을 펼치는 것을 보고 김군과 '나'는 기차안이 바로 우리사회의 축도라고 평하였다. 지식인인 '나'와 김군은 이때 '가르치는' 역할은 잠시 접어 둔 채 '듣는' 자로 만족해한다. 부산에서는 쌀이 귀해 한 달에 두 번씩 천안에

12) 위의 책, p.277.

와서 아주 싼값으로 쌀을 사간다는 월급쟁이는 일본으로 쌀을 비싼 값에 밀수출하기 위해 몰려드는 농민들을 향해 개탄하면서 이런 혼란을 빚어낸 근본원인은 지도자, 정상배, 지식인에서 찾아야 한다고 역설했다. 월급쟁이 청년은 "팔일오 이전 일본한테는 좌익이구 우익이구 민족주이구 공산주이구 다들 합치해서 대항하구 했다면서 어째 시방은 아니하는 거예요?"(p.288)라고 하면서 일단 독립이나 된 다음에 싸움하라는 충고를 하였다. 김군과 '나'는 미군전용열차에 한 조선노인이 굽신거려가며 굳이 오르려는 것과 미군이 손가락으로 열차의 지붕을 가리키는 것을 동시에 보면서 남쪽의 미군과 북쪽의 소련군을 어떻게 하면 우리 땅에서 내보낼 것인가 하는 생각을 품었으며 모든 사람들이 동시에 조금씩이라도 희생하고 양보하는 것이 최선책임을 환기시켰다. 작가의 제2의 자아라고 할 수 있는 '나'는 김군에게 "사람이 없나 봐. 한 정당 한 정당의 두령 재목은 있어두 민족의 재목은 안직 없는 모양야"(p.290)라고 지도자 대망론을 펼치기도 한다.

안회남의 「폭풍의 역사」(〈문학평론〉, 1947. 4)는 마을에서 가장 신뢰를 받아 오기는 했으나 온건하고 소극적이었던 지식인 현구가 해방 직후 친일파가 다시 우익세력을 결집시켜 민중을 탄압하는 것을 보고 분개하여 농조와 민청세력의 지도자로 전신하여 해방 후 두 번째 맞는 3·1절 기념일을 강행하기까지의 과정을 보여 주고 있다. 이 소설에서 초점화자로 가장 많이 등장하는 존재는 현구다. 작가 안회남의 입장은 현구의 입장을 통해 구체화되고 있다. "면장이 입이 열 개 있어도 대답을 못할 것이다"(p.102), "이석기 역 면장에게 지지 않는 친일파요 민족의 반역자요 농민의 원수였다. 그가 직접 노무계와 병사계를 지도했던 만큼 징용과 학병으로 죄를 끼친 것은 도저히 용서할 수 없는 것이었던 것이다"(p.103), "그들 민족범죄자의 강압 밑에서 분하고 억울한 10·27의 사건이 비저질 줄은 누구나 꿈에도 예상 못했던 것이다"(p.104), "인근의 각 군청소재지인 읍에는 부력(富力)과 폭력을 가진 반동단체가 속출하였다"(p.110), "기성세력의 반동화 내지 혁명세력에 대한 적극적 탄압으로 나타났다"(p.110), "경향각지에서 좌익이라고 지목되는 단체는 집을 빼앗기었다"(p.111), "남선일대를 뒤집은 여러 곳의 인민봉기 소요항쟁의 일이 각각으로 마을과 마을에 보도되었다. 관리와 경찰은 필요이상으로 겁을 집어먹는 모양이었다. 당황해했다. 고얀한 인물들을 예비검속하였다"(p.112), "시월 일일의 대구사건만 하더라도, 기성 정치세력과 반동세력이 점점 기승기승하여지자 이에 의기양양한 옛날의 친일파 반역자 모리배들이 탄압일로로 경찰을 충동하였으며 경관의 발포로 무고한 희생자가 생겼고"(p.112) 등과 같은 구절에서 면장, 친일파, 반동단체, 기성세력, 관리, 경찰, 반역자, 모리배 등을 부정하고 농민, 좌익단체, 혁명세력, 인민봉기, 희생자 등을 옹호하는 주인공 현구의 입장이자 작가 안회남의 입장이 잘 나타나고 있다.

해방 직후 발표된 소설에서 친일파가 우익에 편입되면서 세력화를 꾀하는 과정을 「폭풍의 역사」처럼 상세하게 제시한 유례는 찾기 힘들다. 이 소설은 28년 전 마을 농민들이 3·1 만세에 적극 참여했을 때 포달이라는 젊은이가 일경의 총에 맞아 "나는 조선백성이다"라고 외치면서 죽은 사건을 중심사건으로 제시했다. 이 소설의 화자는 3·1 만세 때도 농민들이 자발적으로 또 적극적으로 나섰던 것임을 또 8·15 해방 직후에도 농민이 가장 먼저 만세를 불렀던 것임을 강조하였다. 「폭풍의 역사」는 농민들이 면장체포, 면장 서울로 도주, 그동안의 소극적 처신에 대한 현구의 자기반성, 부면장 이석기의 반성과 농민들의 용서, 이석기의 면장승진, 좌우익단체들의 경쟁적 출현, 우익세력이 제시한 무조건통일론과 민족주의론에 대한 현구의 비판, 친일파를 중심으로 한 우익세력의 권력집난화, 이석기의 횡행발호, 현구 반탁반대론 제시, 정치혼란과 경제파국, 대구폭동, 현구와 면장의 정면충돌, 현구 무허가집회주도 혐의로 일주일 구류, 농민봉기, 경찰발포로 돌쇠 사망, 포달과 돌쇠 부자사이로 밝혀짐, 현구 해방 후 제2회 3·1절 기념행사 강행, 친일파와의 전쟁선포 등과 같은 내용으로 구성되어 있다.

면장이 달아난 것을 놓치고 말았을 때 현구는 자신이 해방 직후 상황에 대해 소극적으로 대처해 온 것을 반성했다. 그는 미온적인 태도를 취한 것은 아니지만 농민들과 어울려 감격해하고 흥분하는 것을 어색해하고 부자연스러워 했다. 현구는 기회주의자는 아니지만 어정쩡한 태도를 취했던 것도 사실이다. 그러던 현구는 좌우익단체가 하루가 다르게 경쟁적으로 생겨나는 것을 보고 특히 이승만 박사, 친일파, 관리, 경찰, 모리배 등이 뭉쳐 우익으로 세력화하는 것을 보고 자신의 입장과 태도를 분명히 하게 되었다. 청년 농민 돌쇠가 현구와 의기투합하고 그를 따르는 것도 그런 계기의 하나가 되었다.

> 통일하는 것은 물론 좋다. 그러나 공평한 또 할 수 있는 통일을 해야 할 것이다. 그것은 빤히 두 가지 길이 있다. 하나는 농민 노동자 평민이 지주 자본가 관리 편으로 뭉쳐서, 다같이 전민족이 지주 자본가 관리가 되는 것, 이것이다. 그런데 저편은 이렇게는 못하고, 또 싫은 모양이다. 그러지 말고 민족의 이름으로 그냥 뭉치고 싶은 것이다. 이것이 민족주의를 내세우는 까닭이다. 그러면 또하나의 방법, 즉 지주 자본가 관리가 일제히 농민 노동자 평민이 되어 이쪽으로 뭉치는 것이다. 통일에 대한 성의가 있으면 그럴 것이다. 그러나 그들은 이것도 안되고 싫은 모양이다. 어디까지 그냥 민족주의로 하고 싶은 모양이다. 즉 지주 자본가 관리는 두둑한 주머니는 그냥 두고, 네 것도 내 것이고 내 것도 내 것 식의 그냥 덮어놓고 뭉쳐서 그냥 독립하고 그냥 나라를 세우고 싶은 것이다. 그러나 그냥 독립도 없고 그냥 나라, 그냥 민족, 그냥 통일이란 없는 것이다. 그러한 관념을 떠나서 현실에서 출발해 가지고, 그냥이 아니라 어떠한 방법으로 통일하고, 어떠한 나라를 어떻게 세우겠다는 것, 즉 대다수에 쫓아라 하는 것이 민주주의다. 이것을 반대하고 다같은 민족이다, 그냥 뭉쳐라 하는 것은 공상이고 욕심이며 속임수요, 정답게 의좋게 하자는 것은 실상인 즉 정답고 의좋은 게가 아니라 자기네들만 독재하

> 자는 것이다. 이것은 현실불가능이다. 같은 민족 한 동포다 그냥 덮어놓고 뭉쳐라 하는 것은 기실 일제시대와 다름없는 지배욕을 동포민족이라는 미명으로 기만하는 것이다. 이런 것이 없어져야 정말 우리는 통일하고 독립하고 옳은 나라를 세울 수 있게 되는 것이다. (중략) 그들은 모두 농조원이 되고 민청에 가입했으며, 현구는 자연히 그들의 지도자가 되었다. 현구는 자기자신이 점점 달라지는 것을 느꼈다. 달라질 수밖에는 없었다. 그전처럼 안한하게 안방에 누워 있을 수만은 없다. 남고 부딪치고 싶지 않은 불간섭주의, 자아의 고독을 즐기는 마음, 개인주의, 모든 것에 대한 기피적 미온적 태도가 날로 없어져 갔다.[13)]

이 소설의 주인공 현구가 의식화, 좌경화, 투사화되어 가는 과정을 필연적인 것으로 제시하고 있는 위 인용문에서는 바로 현구를 초점화자로 하여 해방 직후의 지주, 자본가, 관리 등을 논리적으로 비판하고 있음을 확인할 수 있다. 지주, 자본가, 관리 등이 제시하고 있는 민족주의는 다수논리, 자파보호론, 우익독재론 등을 그럴 듯하게 포장한 것에 지나지 않는다는 것이다. 작가 안회남은 프로타고니스트로 삼고 있는 현구를 통해서 부르조아 민족주의의 허구성을 드러내 보이고 있다. 결과적으로 이 소설은 민족주의란 말이 사용자에 따라 다른 뜻을 품게 되는 것임을 확인시켜 주고 있다.

> 그러나 그들 면장과 경찰서 지서장과 옛날 유지와 장터의 유력자, 지주들과 세도와 권력은 다시금 차차로 강하여 갔다. 배후에 군정력과 경찰력, 다시 부력이 있기 때문이었다. 그래서 '그냥 독립을 그냥하자' 하는 관념이 '어떠한 독립을 어떻게 하자' 하는 실행을 함부로 억눌러 버리려 했다. 그들은 그것을 빙자해 가지고 조선의 인민 앞에 새롭게 뚜렷

13) 『한국소설문학대계』 24권, 동아출판사, 1995, pp.513~514.

하게 나타나 오려고 하는 현실을 막으려고 발악했다. 인근의 각 군청소 재지인 읍에는 부력과 폭력을 가진 반동단체가 속출하였다. (중략) 이러한 정세 속에서 면장 이석기는 완전히 옛 모습과 지위와 권력을 회복하였다. 아니 몇 배 더 의기양양해졌다. 부면장에서 면장이 된 것은 그만두고 그래도 일제시대에는 일본인에게 양심을 팖으로 인한 꺼림칙한 것과 비굴이 있었으나 지금에 와서는 당당히 우리 조선나라의 우리 관리요 우리 면장이니까 당당하였다. '나는 우익이다. 이승만 박사 김구 선생 같은 애국자도 우익이다. 세계에서 제일 강한 나라 미국도 우익이다. 됐다. 나도 우익이다…'그는 이러한 정치관을 가지니까, 아주 안심이 되고 세상에 겁날 것이 없었다. '하이-' '곰방와-' '사요나라' 할 때와 뭐 진 배가 없었다. 아무 부족한 것 없이 편하고 좋았다. 또 그를 몇십 배 몇백 배 더 용기있고 대담한 애국자로 만드는 것이 있었다. 반탁이 그것이었다.[14)]

현구는 앞에서 지주, 자본가, 관리 등의 세력이 제기한 남북통일론의 허구성을 제시한 것에 이어 이들이 제기한 반탁론이 불합리성을 안고 있다고 주장하였다. 현구 일파는 신탁론을 주장하는 것은 아니지만 반탁론에는 반대하였다. 해방 직후에는 눈치만 보던 지주, 자본가, 관리, 친일파 등이 이제는 세력을 얻어 우익분자임을 떳떳하게 내세우는 지경이 되었다는 것이다.

그러나 이 시기를 경계선으로 해서 맹렬하고 사나운 바람이 휩쓸어 왔다. 미소공동위원회가 결렬되면서부터의 거세고 무서운 파도도 엄습해왔다. 온 세계를 뒤엎는 폭풍이요, 조선에까지 작은 마을 산골에도 밀려드는 물결이었다. 그것은 진보주의와 보수주의의 충돌로, 민주주의와

14) 위의 책, pp.516~517.

> 비민주주의의 알력으로, 미소정책의 결렬, 좌우합작의 실패, 그것에 따른 기성세력의 반동화 내지 혁명세력에 대한 적극적 탄압으로 나타났다. 일제시대 그대로의 경찰관이 혁명적 애국자를 체포감금하였다. 진보적 신문이 일제히 폐쇄되었다. 언론집회의 자유가 없어졌다. 물가는 한없이 올라가고 악성 인플레는 그칠 줄을 몰랐으며 도탄에 빠진 민생을 비웃는 듯 탐관오리의 추악한 행동은 매일 보도면을 더럽히었다. 경찰수뇌들의 알력과 부패상이 거리낌없이 표면화했다. 지주와 자본가는 기성세력에 야합하여 그들의 부력을 테러단체에까지 사용하였다. 몽둥이를 든 무수한 무뢰한들이 트럭을 몰아 타고 거리거리를 휩쓸며 싸다니었다. 총칼을 가진 경관들은 테러단을 공공연히 묵인했다. 경향 각지에서 좌익이라고 지목되는 단체는 집을 빼앗기었다.[15)]

작가 안회남은 "폭풍" 의 뜻을 경찰관, 탐관오리, 지주, 자본가 등과 대립하는 입장에서 해석했다. 안회남은 '폭풍' 을 혁명세력 적극 탄압, 혁명적 애국자 체포, 진보적 신문 폐쇄, 언론집회 자유 말살, 테러, 좌익단체 척결 등으로 구체화한 것으로 서술하고 있다.

이갑기의 「황혼」은 극단 "역사극장" 의 실질적 경영자인 현제식이 아침에 극단에 가는 도중 단원 정성호네 집에 들러 한때 여류시인이었던 성호아내 명주로부터 더 이상 저당 잡힐 것이 없을 정도로 집안이 곤궁하다는 하소연을 듣고 삼십원을 내어주고 "역사극장" 으로 발길을 옮긴다는 이야기로 전반부를 채우고 있다. 현제식은 극단에 가서도 그동안 집세를 한 푼도 받지 못한 채 아래층에서 늘 소음에 시달려왔던 주인으로부터 당장 집을 비워달라는 통첩을 받자 그 자리에서 50원을 내준다. 「황혼」이 들려주고 싶은 이야기는 이러한 현제식의 물질적 · 정신적 희생담이기보다는 극단원들의 시련담이다. 워래 "역사극장" 은 카프의 깃발 아

15) 위의 책, pp.518~519.

래 창립하여 그 기념으로 "포효하는 전사"라는 외국번역극을 공연할 계획이었으나 당국의 불허로 좌절하고만 역사를 지니고 있었다.

상태가 강명호를 비롯한 새로운 연극인과 동경(東京)서 귀국하야 역사극장을 창설한 것은 재작년봄이엿다. 그리하야 그동안 실천활동으로서 공연을 계획하고 준비한 것은 여러차레엇스나 아직 한번도 성공한일이 업섯든것이다.

그들은 서울로 도라오자 곳 조선프로레타리아예술연맹의 깃발 아래 연극운동의 새로운 과제를 내걸고 무엇보담도 먼저 창립공연의 준비에 착수하엿다. 이때 채택된 각본이「포효하는 전사」이엿다. 그리하야 그들 절문세력의 이채잇는 활동은 곳 조선극계에 여러 가지 방면으로 큰 충동을 주엇다. 정성호 하윤 이하 양심적인 경향을 가진 시성극인이 이에 참가하엿스며 동반자(同伴者)를 표방하는 일부 문화인의 협력을 엇게되어 조선의 신극운동에 새로운 시대가 전개될 역사적인 전환이 준비되고잇섯든 것이다. 그러나 그반면에 다소 저돌적인 기풍이 잇는 그들의 예술적 패기가 조선의 객관적인 특수성을 도외시한 결과 일제관헌의 신경을 자극하야 극도의 증오와 분로를 사게되엿든 것이다. 그리하야 리상태 강명호 등 수다한 희생자를 내고 창립공연은 중도에서 좌절되고 말엇든 것이다. (중략) 영남(嶺南) 모처에서 당(黨)의 재건을 위한 조직이 발각되서 사건은 삽시간에 전조선에 파급되엿다. 더욱이 그중 이사건에 다수의 좌익예술가와 문화인이 관련된것이 적발되엿다. 신문은 호외를 박엇다. 그리고 당원들의 험상스럽게 박인 사진이 딱지표처럼 줄느림이 호외의 한편구석을 차지하엿다. 상태는 옥중에서 추소(追訴)를 당하고 남은 간부중 모모하는 사람으로 신문사진에 등장한 사람이 적지안엇다. 일제는 이것을 기회로 좌익예술진영의 합법성을 말살하고 역사극장을 비롯한 산

16) 〈문학비평〉, 1947. 6, pp.111~112.

하의 조직과 단체는 거의 파멸적인 타격을 밧게되엿든 것이다.[16]

상태는 병보석으로 나오게 되자 "역사극장"을 재건하여 창립 때부터 숙제인 "포효하는 전사"를 공연하기로 한 것이다. 그런데 이 극단은 호프스만이라는 병사가 참호 안에서 총을 버리고 전우들에게 자신들의 숭고한 희생의 결과를 거두어가는 자는 조국도 민족도 아닌 "실로 흡혈마 국제 금융자본과 봉건토착지주들인 것"[17]을 알아야 한다고 절규하는 마지막 장면을 삭제하지 않으면 공연허가가 나올 수 없다는 통고를 받게 되었다. 노동자 출신 배우 김대규가 분개하자 연출가 하윤은 "국민통동원이니 성전완수(聖戰完遂)이니하야 국민전체를 전쟁에 모라넣으려고 애를 쓰고잇는판에 반전사상(反戰思想)을 고취한 각본을 선택한 우리도 무모한일이니 놈들의 신경이 예민해지는것도 무리가 아니야"[18]라고 객관적인 시각을 취한다. 원래 김대규와 하윤은 기질과 생각이 달라 평소에도 자주 충돌해왔던 사이였다. 하윤은 극장 내에서 가장 급진적인 김대규를 "좌익소아병자"라고 비난하였으며 김대규는 전형적인 인테리인 하윤을 "우익적 위험성"이라고 비난해왔다. 이 작품은 현제식이 극장에서 자던 중 상태가 피를 토하자 의사를 부르러 보내고 입원을 시키려 할 때 사꾸라바라는 종로경찰서 형사가 들이닥쳐 상태와 제식을 다 잡아가는 것으로 결말처리되고 있다. 「황혼」으로 제1부의 제목을 취한 장편소설 「역사」의 표제는 극단 "역사극장"을 의미하는 것으로 볼 수도 있지만 이 극단의 역사라든가 카프연극활동의 역사를 가리키는 것으로 볼 수도 있다. 카프연극활동의 역사는 '투쟁사'라는 단어로 요약될 수 있기 때문이다.

17) 위의 책, p.113.
18) 위의 책, pp.113~114.

4. 정리

박노갑의 「역사」는 농민소설과 정치소설과 당대소설이 결합된 것으로, 석인해의 「역사」는 연애소설과 고백소설이 어우러진 것으로, 허준의 「역사」는 인물소설과 부자소설의 유형이 환멸소설로 귀결된 것으로, 채만식의 「역사」 3부작은 가족사소설과 역사가 액자소설을 이룬 것으로 볼 수 있다. 박노갑의 『사십년』은 농민소설이 기반이 된 가운데 역사소설과 당대소설이 합쳐진 것이기는 하지만 역사소설 쪽으로 무게가 쏠린 것이라고 할 수 있다. 채만식의 「역로」는 단편소설임에도 여로소설(旅路小說), 토론체소설, 대화소설, 이데올로기소설, 당대소설, 자기반성소설 등과 같이 여러 소설유형적 요소로 구성되어 있다. 안회남의 「폭풍의 역사」는 당대소설과 농촌소설로서의 시공간적 배경이 이데올로기소설로서의 내용과 잘 어우러진 결과를 보여주고 있다. 이갑기의 「황혼」은 비록 미완이기는 하지만 배우소설과 투쟁소설과 사상소설이 겹쳐진 것이라고 할 수 있다.

(『어문연구』(2005년 제33권 제4호, 한국어문교육연구회)에 실린 논문을 다소 보완했다.)

한국현대작가들의 '도시' 인식 방법

1. '도시소설' 연구상의 난제

신기형이 『한국소설발달사』(1960)에서 제시한 70가지 고전소설유형 가운데는 현대소설에서 재현되고 있는 대중소설, 모험소설, 목적소설, 심리소설, 역사소설, 정치소설, 중편소설, 탐정소설, 통속소설, 풍자소설 등의 유형이 있다. 현대소설에서 도시소설의 상위개념인 공간상의 유형으로는 사회소설, 가정소설, 중국소설, 교산소설(喬山小說) 정도가 제시되었다.[1] 신기형의 고전소설유형론에서는 한국현대소설의 주요유형인 농촌소설도 도시소설도 찾을 수 없다. 도시소설의 유무는 말할 것도 없고 농촌소설의 유무도 고전소설과 현대소설을 구분하는 기준이 된다. 20세기에 들어서기 전까지 도시가 없었으니 도시소설이 없는 것은 당연하다고 생각할지 모른다. 그러나 도시학자들은 도시를 현대의 산물로만 보지 않는다. 사회과학적인 접근법을 취하는 도시론자들은 한반도에도 단군

1) 졸저, 『한국현대소설유형론연구(개정판)』, 집문당, 2004, pp.30~32.

시대의 신시(神市), 고대도시, 삼한의 성읍국가(城邑國家), 삼국시대의 수도, 고려조의 지방도시, 조선왕조 때의 한양과 지방도시(인구 5천~2만) 등과 같은 존재를 인정하고 있다.[2] 이렇게 보면 20세기 이전에 도시는 있었으되 도시소설이란 유형은 안출되지 않는 것이 된다.

우리 소설사에서 도시소설이 하나의 뚜렷한 유형으로 자리잡은 것은 장편소설, 농민소설, 지식인소설, 빈민소설, 여급소설, 역사소설, 심리소설, 세태소설, 전향소설, 주의자소설, 대중소설 등과 같은 여러 유형이 쏟아져 나온 1930년대였다. 이때의 여러 소설유형은 농민소설과 역사소설을 제외하고는 도시를 배경으로 하여 도시의 분위기를 묘사하거나 도시 거주인의 삶의 모습을 그려낸 것을 적지 않게 보여 주었다. 1920년대 소설의 주류였던 경향소설들 중 이익상의 「광란」(〈개벽〉, 1925. 3), 박영희의 「사냥개」(〈개벽〉, 1925. 4), 「사건」(〈개벽〉, 1926. 1), 김기진의 「젊은 이상주의자의 死」(〈개벽〉, 1925. 6~10), 이기영의 「원보」(〈조선지광〉, 1928. 5)[3], 조명희의 「땅속으로」(〈개벽〉, 1925. 3), 현진건의 「운수 조흔 날」(〈개벽〉, 1924. 6), 「사립정신병원장」(〈개벽〉, 1926. 1), 이효석의 「도시와 유령」(〈조선지광〉, 1928. 7), 유진오의 「스리」(〈조선지광〉, 1927. 5) 등은 경성을 배경으로 삼고 있음을 공통점으로 취하였다. 이렇듯 경성을 배경으로 한 소설들은 도시배경소설은 빈민소설, 지식인소설, 노동자소설, 이념소설, 저항소설 등과 같은 여러 유형으로 분광될 수 있음을 깨닫게 한다.

편수로 보자면 빈민소설이 단연 주류가 된다. 1920년대 경향소설에서는 도시보다 농촌이 더 자주 무대로 설정되었다. 1930년대의 도시배경소설은 1920년대부터 양적으로 주류를 이루었던 농촌소설과 대립되기는 했으나 농촌소설과 도시소설을 고루 썼던 김유정, 이효석, 강경애, 이무영 등의 작가가 일러 주는 것처럼 공존의 관계나 상성의 관계를 보여 준

2) 손정목, 「한국에 있어서의 도시의 발달」, 『한국도시론』, 한국도시연구소편, 박영사, pp.11~24.
3) 이 소설의 부제는 "서울"로 되어 있다.

다. 일제치하의 소설에서 농촌과 도시는 식민통치하의 부자유라든가 빈궁을 똑같이 환기시켜 주는 공간으로 기능한다. 이렇게 보면 도시소설을 모더니즘소설로만 몰아가는 것은 단순성이나 피상성을 벗어나기 어렵게 된다.

1930년대의 대표적인 도시소설인 박태원의 「소설가 구보씨(仇甫氏)의 일일」(〈조선중앙일보〉, 1934. 8. 1~9. 19)과 1960년대의 최인훈의 「소설가 구보씨(丘甫氏)의 일일」(1970~1971)의 차이점은 '경성'이 '서울'로 발전적으로 바뀌어가고 있음을 일러준다. 1930년대의 구보는 어느 하루 다방을 제2의 거주공간으로 삼다시피하면서 전차, 술집, 경성역, 백화점, 엘리베이터, 종로네거리 등을 경유하고 오전 두시에 귀가할 때 어머니의 얼굴을 떠올리며 "생활을 찾자"고 다짐하는 것으로 그려지고 있다. 구보가 다방을 나와 남대문을 거쳐 경성역 대합실에 가서 "그곳에는 마땅히 인생이 있을 께다. 이 낡은 서울의 호흡과 또 감정이 있을 께다. 도회의 소설가는 모름지기 이 도회의 항구와 친하여야 한다"[4]고 속다짐한 것을 실천이라도 하려는 듯 초저녁 무렵 종로 네거리에 나와서는 "아직 그는 집에 돌아가지 않아도 좋았다. 그리고 좁은 서울이었으나 밤늦게까지 헤맬 거리와 들를 처소가 구보에게 있었다"[5]와 같이 결심한 데서 서울을 새롭지도 넓지도 않은 도시로 본 것임을 알 수 있다.

이에 비해 1960년대의 구보가 돌아다닌 서울은 새롭게 바뀌기도 하고 넓어지기도 한 느낌을 준다. 1960년대의 소설가 구보는 1969년 동짓달에서 1972년까지 사이에 광화문, 안국동, 관훈동, 청진동, 청계천, 퇴계로 등에 소재한 출판사, 신문사, 헌책방, 다방, 술집, 미술관, 가게, 대학교 등을 돌아나니며 분인이자 도시인으로서 가치정향적인 삶을 영위하고 있다. 구보는 자신의 소설 속에서 또 꿈속의 스님과의 대화를 통해서 도시인들의 삶을 비판한다. 이 소설은 월남전, 실미도 탈출사건, 국

4) 박태원 단편집, 『소설가 구보씨의 일일』, 문장사, 1938, p.249.
5) 위의 책, p.266.

내외의 정치적 상황 등에 대한 적지 않은 관심을 드러내 시대소설적인 색채를 띠우기도 한다. 서울을 배경으로 하지 않았더라면 문인소설이나 시대소설로서의 장력은 유지하기 어려웠을 것이다.

도시를 배경으로 한 소설은 어떤 인물을 주인공으로 했느냐, 작가가 어떤 주제를 드러내고 있느냐, 어떤 담론으로 처리했느냐에 따라 여러 소설유형으로 나타나게 된다. 1930년대의 작가들은 리얼리스트로 분류되었든 모더니스트로 평가되었든 경성을 배경으로 하여 지식인으로서의 자의식의 저변을 솜씨 있게 파헤쳐 내었다. 채만식의 「명일」(〈조광〉, 1936. 10~12), 「소망(少妄)」(〈조광〉, 1938. 10), 「모색」(〈문장〉, 1939. 10), 이기영의 「고물철학」(〈문장〉, 1939. 7), 이태준의 「장마」(〈사해공론〉, 1936. 7), 최명익의 「비오는 길」(〈조광〉, 1936. 4~5), 「무성격자」(〈조광〉, 1937. 9), 유진오의 「가을」(〈문장〉, 1939. 5), 최정희의 「흉가」(〈조광〉, 1937. 4) 등과 같은 소설 속의 주인공들이 경성공간 안에서 주로 활동하거나 거주한 곳은 다르지만 경성을 절망감, 불안감, 허무감 등을 빚어내는 공간으로 본 데서는 기조를 같이하고 있다. 그러나 이들 소설들을 공간배경에 큰 비중을 두어 도시소설로 묶어 보는 수준에서 만족하는 것은 소설의 깊이 있는 이해나 정당한 평가를 자칫 막아버리는 것이 되기 쉽다.

이렇듯 도시를 배경으로 하거나 경성을 무대로 한 소설이 도시소설이 아닌 여러 소설유형으로 나올 수 있다는 것은 도시소설이란 개념의 숙명적인 모호성을 일깨워준다. 도시를 배경으로 한 소설들은 그 범위가 넓어 도시소설로 묶는 것이 쉽지도 않고 깊이 있는 연구를 보장해 주지도 않는다. 도시소설 연구가 잘 진전되지 않는 이유 중의 하나는 도시소설을 범주화하는 것이 어렵다는 점에서 찾을 수 있으며 도시소설을 범주화하기 어려운 가장 큰 이유로는 도시, 도시성, 도시적인 삶, 도시적 가치 등의 개념의 정립이 근본적으로 시공간의 제약을 받을 수밖에 없다는 점을 들 수 있다. 동서를 막론하고 대체로 도시는 계속 발전하고 있거나 새로 만들어지고 있으며 그에 따라 도시적 속성이나 가치도 계속 바뀌어가고 있다.

한 시대의 도시소설을 분석하고 해석하는데 필요한 도시이론은 기본적으로는 시간상, 공간상의 제약을 받을 수밖에 없다. 가령 도시화=산업화라는 공식을 보여 준 1960년대의 우리 소설을 분석하고 해석하는데 있어 1960년대 미국도시를 대상으로 한 이론을 절대기준으로 삼는다거나 탈근대도시론을 적용한다면 사실의 왜곡이나 현상의 오독과 같은 결과가 나타나기 쉽다. 20세기 우리의 도시소설을 범주화하고 의미화하는데 결정적 논거가 될 법한 다음과 같은 도시개념론과 도시역사론은 최소한 1930, 40년대의 한국의 도시소설과는 근본적으로 어울리기 힘든 면을 보인다.

근대화는 경제적으로는 산업화를, 공간적으로는 도시화를, 정치적으로는 민주화를, 문화적으로는 세속화를 뜻하는 복합적인 사회변혁인 것이다. 산업화와 민주화와 세속화는 현장을 갖기 마련인 점에서 도시화는 바로 근대화의 터전이자 원동력이 되고 있다.

민주화, 산업화, 세속화가 응측된 만큼 도시화는 역사발달의 필연이다. 그런데 근대화의 네 가지 세부 속성 등 도시화와 산업화는 서로 직접적인 상관성이 있는 데다 이들의 외형은 분명하고 구체적이다. 거꾸로 민주와와 세속화는 퍽 추상적인 사회가치다. 그래서 도시로 인구가 몰리면서 급속한 산업성장을 이룩하는 경우, 곧 도시화와 산업화를 합해 '도시화 1' (urbanization 1)이라 하고 도시에서 이루어지는 추상적인 모습의 근대화 곧 민주화와 세속화를 합해 '도시화 2' (urbanization 2)라 성의한다(Friedmann, 1973c)

우리의 선행연구도 도시화의 개념을 세분해서 확인하고 있다. '도시화 1' 은 '도시화' 로, '도시화 2' 를 '도회화' 라 이름했다. 전자는 유형적 측면에서 나타난 도시성장을, 후자는 무형의 긍정적 도시가치를 일컫는 것이다.

> 이처럼 집적이익의 확산에는 사회적 의미도 지대하다. 도시화에 따라 확산되는 사회적 가치로 흔히 사회적 이질성, 문화적 활력, 창의성, 합리성, 시민의식 등을 손꼽는다(Friedmann, 1964)[6)]

우리사회는 1970년대와 1980년대에 '도시화 1'을, 1980년대와 1990년대에 '도시화 2'를 달성한 것으로 볼 수 있다. 도시소설에 대한 연구는 반영론을 취하든 생산론을 취하든 역사주의적 방법을 취할 수밖에 없다. 국내학자들 중 서양도시소설이론을 가장 많이 읽고 소개한 이재선은 『현대한국소설사』의 제5장 "도시공간의 시학"에서 특히 루이스 워즈(Louis Wirth)의 『삶의 양식으로서의 도시성』(Urbanism as a way of life)(1968)에서 제시된 인구의 측면, 밀도의 측면, 이질성의 측면의 여러 항목을 소개한[7)] 후, 1960년대 이후 도시소설을 입사소설, 노인소설, 생태소설, 가족분열소설, 유동상태소설, 총람소설 등 6가지로 나누는데까지(pp.275~277) 나아갔다. 도시는 나날이 변해가고 도시인구의 비중이 점점 커져 도시/농촌의 이원구조가 파괴되면 도시의 개념이나 이미지를 간명하게 정의하는 것이 어렵게 된다.

기본적으로, 작가들의 '도시' 인식방법은 도시의 풍경화, 도시인의 초상화, 도시적 삶의 풍속화, 도시적 가치의 추상화 등을 통해 나타난다. 제대로 된 도시소설이 아직은 농촌소설을 질량 양면에서 능가하지 못했던 1930년대 이후 지금까지의 한국소설의 역사는 도시소설이 농촌소설을 양에서나 질에서나 앞질러간 과정으로 해석할 수 있다.

---

6) 김형국, 『한국공간구조론』, 서울대출판부, 1997, pp.58~59.
p.52에서는 도시의 특징을 수평적으로 모여있는 '集'과 수직적으로 쌓여있는 '積'이 합쳐진 '집적'이란 단어로 요약했다.

7) 이재선, 『현대한국소설사』, 민음사, 1991, p.267.
일례로 "밀도의 측면에서 차이와 전문화, 인공적 세계관의 강조, 노동의 장소와 주거 장소의 격리, 빈부나 화려함과 누추함 및 무지와 지성 등의 유별난 대조, 생태학적인 도시의 모형화, 삶의 속화, 경쟁강화, 상호착취, 시계와 교통신호의 상징화, 고독, 마찰, 격앙, 좌절 등을 항목화한다"고 하였다.

2. 이상적인 도시건설을 위한 제언

이미 19세기 말에 서울은 도시개조사업의 대상이 되었다. 1896년 가을부터 착수해 1903년까지 서울개조사업은 도로 및 하천정비사업, 새로운 중심건축물 축조, 새로운 공원지정, 새로운 문명시설도입(전기, 수도, 전화, 철도), 산업시설지역설정(용산관영공장지대) 등과 같은 내용으로 이루어졌다.[8] 이러한 도시개조사업은 도시의 현실과 도시의 이상 사이의 거리를 드러내 보이는 효과도 갖는다. 19세기 말의 한 신문논설을 통해 당시 한성을 대상으로 한 현실론과 이상론 사이의 거리를 헤아려 볼 수 있다.

> (가) 시골 : 나는 시골 안목이라 쇼경의 단청을 구경하는 것과 갓하여 보아도 모를 것이 만히 잇거니와 위션 됴흔 것은 남대문을 들어선즉 좌우에 상고들은 물건매매 일삼으며 각 쳐에 치도를 잘하야 위태하고 험한 곳이 죠곰도 업슬 뿐 아니라 밤이면 길가에 장명등을 집집마다 놉히 돌아오고 가는 행인들이 백쥬갓치 래왕하니 시골셔 드른즉 개화 개화하더니 이것이 참 개화인가 정신이 상쾌하야 집생각을 돈망햇네

> (나) 셔울 : 그대의 말삼을 드른즉 내가 가삼이 벙벙하나 셔울셔난 각 마을 관인들이 개화에 쥬의하야 법률을 실시하매 도하에 원억한 백셩이 업슬 뿐 아니라 각처에 학교를 광셜하야 인재를 교육하고 각 대 병뎡을 교련하야 외구를 방어하며 경찰하는 순검들은 인민의 생명과 재산을 보호하야 졀도의 근심과 협잡의 폐단이 업게 하니 이것이 개화의 효험이 아니고 무엇이며[9]

8) 이태진, 「1896-1904년 서울도시개조사업의 주체와 지향성」, 『한국도시론』, 한국도시연구소편, 박영사, 1998, pp.40~42.

9) 〈독립신문〉, 1899. 11. 2 론셜.

(가)는 한성을 남대문, 상가, 치도, 장명등 등으로 특징화하였으며, (나)는 공정한 법집행, 학교광설, 병정교련, 치안유지, 절도와 협잡 근절 등을 한성의 이상적인 모습으로 제시하였다. (가)는 도시현실론은 주로 눈으로 쉽게 볼 수 있는 내용으로 구성되는 것임을 일깨워 주고 있으며, (나)는 도시이상론은 시각적 관찰에서 한걸음 더 나아가 인식론의 차원에서 구성되는 것임을 가르쳐준다.

염상섭의 장편소설 「사랑과 죄」(〈동아일보〉, 1927. 8. 15~1928. 4. 30)의 제1장은 "서울"이라는 소제목으로 되어 있다. 이때의 서울은 연일 비가 쏟아진 끝에 물난리가 난 비참하고 우울한 도시로 그려지고 있다. 남산을 향한 조선신궁의 신작로의 조약돌판이 쓸려 내려가 고랑이 패어진 것을 메꾸는 공사를 하는 것을 묘사하는 것으로 이 소설은 시작되고 있다. 신문사 자동차와 수해구제회의 자동차가 오가는 와중에서도 남대문 밖으로 사람들이 몰려 나오고 있다. 나흘 전에 무너진 용산 인도교를 구경하러 가는 인파다.

(가) 서울사람들에게는 한여름내 유일한 노리터-소풍터로 생각하는 한강텰교조차 업서젓다는 것은 수만흔 동포가 고초를 견는다는 가엽슨 생각보다 아쉬운 일일지 몰을 것이다. 과연 그네들은 그만치나 텬하태평이요 팔자 조흔 인생들이다. 그러나 또 그만큼 불상하고 가엽슨 백성도 업슬 것이다."[10]

(나) "신용산이 두려빠지면 종로까지 물이 들 껄세" "종로까지라두 들테건 들라지! 언제 두구 볼 세상이든가!" 혹은 모시 두루마기에 고무신도 끌고 혹은 흰 구두도 신은 또 한패에 졂은 축이 지나가며 이러헌 수작을 주고밧는다. 그들은 남이 잘못 되라고만 악담을 하는게 아니라 자

10) 『염상섭전집』 2, 민음사, 1987, p.13.

그네 자신까지를 저주하는 사람들이다. "몇 만원씩들이나 빗을 젓길래 그런 악에 바친 소리들을 하나?" 11)

염상섭은 (가)에 나타난 것처럼 자기네 놀이터가 없어진 것만 아쉬워하거나 무너진 다리를 구경하러 몰려가거나 (나)에서 볼 수 있는 것처럼 종로까지 수해가 나면 어떠냐 하는 경성거주민들을 향해 천하태평이요 팔자 좋은 사람이라고 비아냥거리기도 하고 불쌍하고 가엾은 사람들이라고 놀리기도 하고 남뿐만 아니라 자기자신까지 저주하는 사람들이라고 독설을 퍼붓기도 한다. 도시인들의 이기적 태도와 공동체의식의 부족을 날카롭게 지적한 것이다. 염상섭은 전형적인 것이라고 하기는 어렵지만 1920년대의 경성거주민들의 초상을 그려내고 있다.

정방이는 얼른 말을 맡아서 슬쩍 돌려 놓는다.

"…이번에 동경 대판 등지를 가보니까 해마다 달라져가는 것 같더군요. 생활의 모든 방면이 기계화 물질화해가는 그 속도가 여간 빠른것이 아니에요. 다시 말하면 동양의 구미화(歐美化)입니다. 어쨌든 기계화 물질화하는 것이 좋지 않다는 것은 아니지만 산업상태가 월등히 유치한 우리로서 직접이요, 또 급격히 일본의 그 영향을 받는 것이 걱정이란 말씀이에요. 속담에 뱁새 황새 따라간다는 세음으로 우리의 이러한 고통을 장차 어떻게 해나가야 할지 그것이 전 민족적으로 강구하여야 할 중대문제라고 생각합니다. 일본 자체도 요새 와서는 이 점에 대하여 유의를 하고 다소간 일반이 각성하여 가는 것 같을 뿐 아니라 빈구(濱口) 내각의 유일한 간판이 설약수의라고 합니다마는 우리도 무슨 기관을 통하여서든지 이 당면한 실제문제에 대하여 연구도 하고 프로파간다도 하여야 할 것이라고 믿습니다…" 12)

11) 위의 책, p.14.

12) 염상섭, 『광분』, 프레스 21, 1996, p.28.

위의 인용문은 염상섭의 장편소설 「광분」(〈조선일보〉, 1929. 10. 3~1930. 8. 2)에서 연극단체 적성좌의 단장으로 일본인 연극인 접촉과 촬영소 시찰을 목적으로 일본에 두 달 동안 있다가 온 주정방이 사업가 민병천 집에 초대되어 간 만찬장에서 한 말이다. 주정방이 일본의 기계화, 산업화, 물질화, 구미화가 빠른 속도로 진행되고 있다고 말한 것에는 도시화가 빠른 속도로 진행되고 있다는 지적이 내포되어 있다. 그런가 하면 도시발전론은 일본을 모델로 할 수밖에 없다는 주장도 은근히 나타나고 있다. 물질적 측면에만 힘쓰거나 가시적인 데만 힘쓰는 도시화를 경계하자는 뜻을 노정시킨 것은 앞서 나간 발상이다. 주정방의 주장은 생활개선, 긴축주의, 검약주의 정신을 선전해야 한다는 민병천의 호응을 맞게 된다.

> 그가 어실렁어실렁 종로로 나오니 그의 양식인 불평은 한두 가지가 아니었다. 자연은 마음의 거울이다. 온체 심보가 이뻔새고 보니 눈에 띄는 것마다 모다 아니꼽고 구역이 날 지경이다. 허나 무엇보다도 그의 비위를 상해주는 건 첫째 거지였다.
>
> 대도시를 건설한다는 명색으로 웅장한 건축이 날로 늘어가고 한편에서는 낡은 단층집을 수리조차 허락지 않는다. 서울의 면목을 위하야 얼른 개과천선하고 훌륭한 양옥이 되라는 말이었다. 게다 각 상점을 보라. 객들에게 미관을 주기 위하여 서로 시새워 별의별 짓을 다 해가며 어떠한 노력도 물질도 아끼지 않는 모양같다. 마는 기름때가 짜르르한 헌 누더기를 두르고 거지가 이런 상점 앞에 떡 버티고 서서 나리! 돈 한 푼 주…. 하고 어줍대는 그 꼴이라니 눈이 시도록 짜증 가관이다. 이것은 그 상점의 치수를 깎을뿐더러 서울이라는 큰 위신에도 손색이 적다 못할지라. (중략) 거지를 청결하라. 땅바닥의 쇠똥말똥만 칠게 아니라 문화생활의 장애물인 거지를 먼저 치우라. 천당으로 보내든, 산 채로 묶어 한강에 띄우든…[13]

위의 글은 김유정의 단편소설 「심청」(〈조광〉, 1936. 1)의 거의 앞부분에 있다. "대도시건설", "서울의 면목", "양옥미관" 등의 단어들을 경과하면서 근대도시로서의 경성의 모습이 자연스럽게 스케치되고 있다. 웃음끼를 섞어 시적인 표현을 한 것은 김유정다운데 근대도시 예찬의 기미기 보이는 내용은 강원도 배경의 농민소설을 많이 써낸 김유정으로서는 예외적인 것이 아닐 수 없다. 거지청산을 주장하는 것도 서울 사직골 배경의 빈민소설 「따라지」를 쓴 김유정과는 어울리지 않을 성싶다. 물론 이 때의 초점화자는 "팔팔한 젊은 친구가 할 일은 없고 그날그날을 번민으로만 지내고 하니까 나중에는 배짱이 돌라앉고 따라 심청이 곱지 못한"[14] 건달로 묘사되어 있다. 거지청산론은 경성의 건설을 위한 건전하고 진지한 방안이기보다는 이 소설의 제목처럼 한 건달의 곱지못한 심술의 산물에 가깝다.

네거리를 남쪽으로 꺾여 마침 종각 앞을 지나고 있었다. 먼지조차 수부욱 저어 멀리 사멸된 시대를, 만국박람회의 아프리카 토인관처럼 썩 요령있이 클로즈업해가지고 근처 일대로 가장 첨예하게 반영, 생동하는 당세기와 더불어 어엿이 동거를 하는게 이 종각 보신각이었었다.

그 대조의 야속하게 절창인 품이, 그리하여 가령 유심한 타장사람은 발고서, 응당 여기에 그것이 저 모양을 하고 있는 줄은 번연히 알면서도 그리고 하루 한두 번씩은 이 앞을 오고가고 하는 터이면서도 그러면서도 깜빡 속아서는(진실로 속아서는) 부지중 그리로 눈이 가지곤 하는 게 이 알량한 물건짝이었었다.

"사아, 서건 어떻죠?…"

대영은 고개를 돌려, 짯짯이 종각을 가리킨다. 여자는 그러나 땅만 그

13) 김유정단편선, 『동백꽃』, 문학과 지성사, 2005, p.8.

14) 위의 책, p.7.

대로 내려다보면서 걸을 뿐, 거기엔 주의를 하려고 않는다. 안 보아도 벌써 다 안다는 그런 낯꽃이었고.

대영은 그 다음을 혼잣말로 두런거리듯…

"…낡은 시대가 새로운 현대와 동거를 하는, 저 궁상스럽구 초라한 꼬락서니! …흥! 나두 진작엔 지금과는 다른 감정으루다가 저걸 지지리 두 비웃었더라니!…"[15)]

위의 글은 채만식의 「냉동어」(〈인문평론〉, 1940. 4~5)의 한 부분으로 조선의 중견문인이며 유수한 잡지의 주간인 문대영이 영화배우 지망생인 일본 여자 스미꼬와 정답게 종로거리를 거니는 장면을 담고 있다. 스미꼬가 종각을 보고 도무지 경성과 어울리지 않는다는 반응을 보이자 대영은 종각에 대해 평소 무심했던 태도를 감추면서 "오직, 오직 그저, 신념만은 버리질 않구 서 있으니 유일한 위안이랄는지! …공기만 먹구 생명을 지탱하면서 봄을 기대리는 양서류의 동면처럼"(p.400)이라는 비유를 떠올린다. 이에 스미꼬는 자기가 경성부윤이라면 담박에 철거해버리겠다고 한술 더 뜨는 반응을 내보인다. 그러자 대영은 종각을 거울이라고 하면 만약 스미꼬상의 눈곱이 끼구 분자죽이 얼룩얼룩 진 얼굴이 비쳐보인 것이 불쾌했느냐고 되묻는다. 채만식의 충실한 프로타고니스트인 문대영은 종각은 근대를 지향하는 오백년 넘는 구도인 경성과 오히려 잘 어울린다고 판단한 것이다. 이러한 대영의 인식은 박태원의 「소설가 구보씨의 일일」에서 구보가 다방에서 나와 대한문(大漢門)을 바라보며 "그 빈약한 넘우나 빈약한 옛 궁전은, 역시 사람의 마음을 우울하게 하여 주는 것임에 틀림없었다"[16)]고 한 것과 같은 심정이라고 할 수 있다.

경성과 하얼빈을 공간배경으로 취하면서도 하얼빈에 더 큰 비중을 두고 있는 이효석의 장편소설 「벽공무한」(〈매일신보〉, 1940. 1. 25~7. 28)

---

15) 『채만식전집』 8권, 창작과 비평사, 1989, p.400.

16) 박태원소설집, 『소설가 구보씨의 일일』, 문장사, 1938, p.245.

에서 음악평론가인 천일마는 하얼빈에 가서 좌우편에 즐비한 건물들과 그 속에 왕래하는 사람들을 보고 "완전히 구라파의 한 구퉁이"를 느끼면서 "이곳에 들어서면 웬일인지 올 곳에 왔다는 느낌이 난다"[17]고 하여 작가 이효석의 서구지향주의를 대변하고 있다. 천일마는 나아자를 경성에 데리고 와서는 나아자가 "거리의 규모가 상상 이상으로 째인 것"으로 보고 감탄하자 호텔 밖에는 "구저분한 현실면"이 있을 것이라고 응수하면서 경성도 예외없이 이중도시임을 암시하고 있다.

건축학도 어하영과 음악도인 한정은은 사랑에는 실패하였으나 이상도시 건설사업에는 성공할 것처럼 그려놓은 이태준의 「별은 창마다」(〈신시대〉, 1942. 1~1943. 6)에서 두 남녀 사이에 오고간 도시건설론은 큰 비중을 차지한다.

> (가) "공업, 그중에도 건축, 도시란 아모리 위대한 거라도 건축의 집단이 아닌가? 뉴욕의 큼도 먼저 큰 건축들이 있기 때문! 방학때 나갈 때마다 부산서부터 한심스러운건 무엇때문인가? 그 집들 때문이다. 그렇다면 문화란 먼저 우수한 건축운동이 병행해야 될 것 아닌가?"[18]

> (나) 정말, 하영은 그후 메칠 안 지나 훌륭한 야간직업을 얻었다. '스미다가와' 근처에 있는 어떤 구역소에서 시구정리의 큰 공사를 일으킨 것이다. 길내는 것, 다리 놓는 것, 거기에 따르는 설계, 제도, 복사, 이런 토목기술자가 대량으로 채용되었다.[19]

> (다) "나는 방학에 돌아갈 때마다 부산서부터 차창을 내다볼 때, 늘 우울했었소. 인제 이번에두 나가다 자세보. 그게 집들이겠소? 동리들이

17) 『효석문학전집』 4권, 성음사, 1971, p.61.
18) 『이태준문학전집』 3권, 서음출판사, 1988, p.124.
19) 위의 책, p.154.

겠소? 오죽해 어떤 서양사람은 사람사는 집들을 돼지우리로 비겨 조선엔 목축업이 왕성허다구 했겠수! 그런 모욕을 받어 싸지 뭐요? 뻔적험, 고려자기니 경주 불국사니 허지만 다 양반문화, 몇만분지 일인 세도양반들의 문화였지, 일반국민의 문환 아니였던 거요. 자연이야 좀 좋우? 집질 터들이야 좀 좋우?"[20]

(라) "그래두 도시들엔 기와집이 많지 않어요"

"아니오. 기와집이라고 다 제격에 맞는 집들루 알우? 대구나 평양이나 함흥같은 지방도시엣 기와집들은 재목만 좋은 걸 쓰구 기와만 덮었지, 건축으로 볼때 서울에 대이면 한 세기 이상 뒤떨어진 치졸한 작품들이오. 그리구, 서울서도 예전집들 말이지, 세멘트가 나구, 뼁끼니 라구니 허는 따위가 들어와서부턴 집 본새들을 버린거요."

"왜 그래요?"

"거기두 서양문명의 중독이 있지오. 서양문명이 먼저 들어온 여기 동경이니, 경도니, 신호니 다 한번 먼저 그 중독세렐 받긴 받았던어요. 뼁끼말요. 첨에 칠해 보니까 영구히 썩지두 않을것같구, 채색두 맘대루 낼 수 있는, 말허자면 아주 속된 취미에서 너두 나두 허구 집에다 칠들을 했드라오. 그걸 젤 먼저 애석허게 여긴 건 도리어 구라파 사람들인데, 일본건물은 그 나무를 나무맛이 나게 잘 살린데 특징과 미가 있는데 그걸 뼁끼칠로 뒤집어 씨우니 참 딱헌 일이라구 했지만 누가 들어야지. 나중엔 외국으로 유학갔다온 사람들이 그걸 깨닫구 아주 사회적으로 물의를 일으켜 거이 법령으로 금허다시피 된 거라오. 그런 뼁끼와 라꾸열이 삼사십년 뒤에 인제 서울선 한참이니 얼마나 우서운 꼴이요?"

"허긴 요즘 집장사들 집 가보면 첨엔 번지르르한 것 같어두, 더운땐 땀 흐르는 것같구, 겨울엔 더 차뵈구 않됐습디다. 더구나 마당을 세멘으

20) 위의 책, p.169.

로 다진 것, 또, 똑 목욕탕이나 서양집 변소처럼 집안을 온통 타일루 발른 건 야해 볼 수 없어요 참!"

"그리게 쫀 러스키인가가, 집은 목수가 짓는게 아니라 주인의 지식과 인격이 짓는다구 했지…"

"그렇지만 당신두 이런 서양건물로만 이상촌을 꾸민는 건 역시 서양 중독이랠 수 있지 않어요?"

"아니"[21]

평소 하영은 (가)에 나타난 것과 같은 건축관과 도시관을 지니고 있었으며 (나)에서 보는 것과 같이 동경의 시구정리사업에 채용되어 설계와 토목기술을 터득하게 되어 이론과 경험을 겸비하는 수준까지 나아가게 된다. 어하영이 이론과 실제를 겸비한 건축설계자로 성장하게 된 단초는 (다)에서 볼 수 있는 것처럼 동경-부산-경성을 오가는 길에서 형성된 것이다. 부산의 집들을 보면서 주택개량의 필요성과 건축문화발달의 필요성을 절감한 하영은 조선 안엔 두 가지의 대조적인 건축문화가 존재한다고 파악했다. 하영이 한정은네 집에 갔다가 그 집이 조선의 전통건축양식으로 지어진 것을 보고 감탄했던 일이 있었던 것처럼 하영은 조선의 재래식 건축양식을 가장 높게 평가하였다. 이러한 어하영의 건축관은 우리 옛것은 다 좋다고 하는 식의 작가 이태준의 고완취미(古翫趣味)의 산물로 볼 수 있다. 물론 어하영은 대부분의 건축가처럼 서양 것을 모델로 삼아야 한다는 입장에서 출발하였다. 서양을 모델로 한 건축문화론을 제시하면서도 (라)에서 볼 수 있는 것처럼 페인트와 시멘트를 주재료로 하는 서양건축술의 문제점을 지적한 것은 비범한 안목의 소산이라고 할 수 있다.

21) 위의 책, pp.172~173.

3. 해방 이전 도시의 병리학적 서술

1910년대에 「한의 일생」(1914), 「박명」(1914), 「재봉춘」(1915), 「청류벽」(1916) 등과 같은 단편소설들을 발표했던 그 무렵 소성 현상윤은 동경에서 귀성하는 길에 잠깐 경성에 들렀다가 여러 가지를 관찰한 끝에 「경성소감(京城小感)」이란 글을 쓰게 되었다. 현상윤은 "소부분의 멧멧 방면만 보앗다", "아조 지리멸렬한 단편적 생각" 등과 같이 겸손의 뜻을 표현했지만 「경성소감」은 음미할만한 깊이를 분명하게 지니고 있다. 현상윤의 경성인식은 "경성의 공기는 다른 나라 도회의 공기에 비하야 무겁고 침정(沈靜)하며 이완하고 불활발한 듯이 늣기었다", "경성은 아즉것 경쟁의 미(味)를 감(感)할수업고 자분(自奮)의 기(氣)를 각(覺)할 수 업다", "경성은 아조 사무송(事無訟)하고 사방에 무일사(無一事)한 것갓치 보인다", "경성은 학자를 몰나보는 도회갓다. 따라서 경성은 학문과는 인연이 퍽 먼듯하다", "경성은 서반아나 불란서갓흔 남구라파의 아양잇고 화사한 귀공자풍은 잇스되 독일이나 스코틀랜드갓흔 북구라파의 튼튼하고 근검한 평민적 냄새는 조곰도 업는듯하다", "경성은 아모리 보아도 속보다 것츨 꿈이는 도회가치 보인다. 속에는 개똥을 가젓슬지라도 것헤는 비단을 싸려하는듯하다", "경성에는 중심이 업고 축이 업는 듯하다. 다시 말하면 일에는 일의 중심이 업고 사람에는 사람의 중심이 업는듯하다"[22) 등과 같은 구체적인 느낌이나 통찰로 짜여져 있다. 현상윤에게 경성은 긴장감, 근검한 평민성, 알맹이, 학문적 분위기, 중심과 축 등이 결여된 곳으로 비치고 있다. 현상윤은 아테네, 로마, 프로렌스, 파리, 비엔나 등과 같은 유럽도시의 경우를 들어 제대로 된 도시는 대학이나 학자들의 손에 의해 이루어진 것이라는 인식을 지니고 있었으며 경성도 이런 도시들에 포함되기를 희망했다. 그리하여 경성에 변변한 도서관 하나 없고 학회 하

22) 〈청춘〉, 1917. 11, pp.124~129.

나 없으며 학교선생들이나 학생들은 적당히 공부하는 것에 만족해하는 현실을 안타깝게 생각하였다. 이처럼 「경성소감」은 비판과 비관의 기조를 깔고 있다.

> 거리는 웨 이리도 어지러운가.
>
> 거의 삼십년동안이나 걸어온 사람의 거리가 그렇게까지 어수선하게 눈에 어리운 적은 없었다. 사람의 거리란 일종의 지옥아닌 수라장이다.
>
> …신경을 실다발가티 허크러놓자는 작정이지.
>
> 헹길바닥이란 웨 좀더 곳고 고르지 못하고 삣둘고 두틀두틀한가. 비스듬이 기우러진 가가의 간판은 차라리 떼여버리는 것이 시원할것같다. 움즉이지안는 낡은 수레를 길바닥에 버려둘필요가 있을가. 바닷물속에 장사지내는 편이 옳지. 마저마저 쓸어져가는 집…사람의 신경을 대패밥가티 꾸겨놋는 것은 이것이다. 쓸어저가는 집을 눈앞에 보아야함은 사람의 가장 괴로운 의무일것같다. 숫제 발길로 차서 허러버리는 것이 낫지. 사람이란 개신덕이여서 원대한 계획도 없이 필요에 따라 고자리에 흙을 뭇고 기둥을 세우고 솟을 걸고 측간을 꾸민다. 사람의 심청머리가티 고식적이요 일시적이요 당살치기인 것은 드믈것같다. 대체 거리의 명예로운 시장은 무엇을 하고 있는 셈인가. 쓰러져 가는 집은 버려두고 무었을 꿈꾸고 있는 것인가. 현명한 시장이라면 무었보다도 먼저 거리의 집을 정리하여야 할 것이다. 한 사람의 시민의 일흠에 값갈만한 아니 인간의 위신에 부끄럽지 않을 만한 한 채의 집을 먼저 작만한 연후에 다사림을 베풀어야 할 것이다.[23)]

위의 인용문은 이효석의 「인간산문」(〈조광〉, 1936. 7)의 한 부분이다. 회지이며 주인공인 철학도 문오의 눈에 서울은 삐뚤고 두틀두틀한 거리, 비스듬이 걸린 간판, 길바닥에 방치한 낡은 수레, 쓰러져 가는 집 등으로 구성된 풍경화로 비친다. 문오는 10년 동안 대학에서 철학을 공부하여 "철

23) 〈조광〉, 1936. 7, p.268.

학으로 카오스를 건지려고 하였으나 도리어 카오스의 바다 속으로 빨려 들어가 팔다리를 허부적거리는 격이 되었다."[24] 철학도답게 문오는 경제 생활이 해결된다고 하더라도 사람은 완전히 구제될 수는 없다는 생각을 지니고 있다. "쓰러지지 않는 깨끗한 집이 서고 거지가 없어지고 어지럽든 거리가 한결 정리가 될 것은 사실이나 그러나 그런 거리의 생활의 조건의 영향을 받는다 하더라도 수십세기 동안 묵어내려온 사람의 심청이 일조일석에 칼로 베인듯이 변할 수 있을까"[25]와 같이 의문을 표시하고 있는 것을 보면 문오는 도시화는 도시거주민의 사고와 태도의 발전 끝에 완성되는 것으로 본 것이 된다. 마침내 문오는 대학에서 철학을 공부하던 것을 청산하고 지방도시에 있는 회사로 가기로 결정한다.

> 지방의 큰 도회였으나 그 목적지의 인상이 첫재 퍽 산문적이었다. 옛 문화의 유산에서 오는 그윽한 향긔와 침착한 윤택 대신에 먼저 눈에 띄우는 것은 일종의 신흥도시로서의 분주한 기색과 요란한 혼잡이었다. 대개 아무리 아름다운 곳이라 하더라도 처음으로 찾는 사람에게는 감격을 주는 것보다는 실망과 환멸을 주는 경우가 더 많으니 그것은 그곳을 찾기 전의 꿈이 늘 지나쳐 아름다운 까닭이다. (중략) 문오는 이 거리에서도 역시 과거에 있어서 본 그 어느 거리와도 똑같은 어지러움을 느꼈다. 규모있는 정돈이 없다면 차라리 시적 단편이라도 있었으면 좋을 것을-거리에는 온전히 산문의 독기만이 있다. 고르지 못한 길 쓰러져가는 집 삣두러진 간판 몬지 속에 사는 사람들.[26]

문오는 취직해서 간 지방도시를 "분주한 기색과 신흥도시로서의 요란한 혼잡", "산문의 독기", "고르지 못한 길, 쓰러져 가는 집, 삣두러진 간

---

24) 위의 책, pp.270~271.
25) 위의 책, p.271.
26) 위의 책, p.279.

판, 몬지 속에 사는 사람들" 등과 같이 대체로 부정적으로 묘사하고 있다.

김유정의 「따라지」(〈조광〉, 1937. 2)는 사직공원이 내려다보이는 사직골 꼭대기를 배경으로 하여 소설가수업을 하고 있는 자칭 톨스토이와 제복 공장 여공인 그의 누나, 버스걸인 딸과 다 죽어가는 아버지, 카페걸 영애와 아키코 등 세 가구의 일상성을 그려내고 있다. 이들 존재를 일괄하여 "따라지"로 은유하고 있는 이 소설은 도시빈민의 초상을 여실하게 그려냄으로써 그들 존재를 에워싸고 있는 도시 주변부의 풍경을 자연스럽게 열어 보이게 된다.

이효석의 「벽공무한」에서는 다음과 같이 경성이 아닌 하얼빈을 "쭉정이의 도시"로 인식하고 있지만 이때의 하얼빈은 경성으로 바꾸어도 무방하다. "하얼빈은 어디보다도 심한 쭉정이의 도회"라고 했으니 경성으로 대치하는 것은 무리가 될 수도 있겠으나 천일마는 경성에 있을 때와 하얼빈에 있을 때 거의 비슷한 심사에 젖었었다.

> 거리에 나서면 태반이 가난한 사람이요, 불쌍한 사람이다. 일마는 특히 여행을 할 때마다 느끼는 것이었으나, 거리거리에는 사람의 씨가 필요이상으로 많고 그 대부분이 개미떼같이 그렇게 많이 생겨나서 불행 속에서 허덕이고 스물거리는 것일까. 인간은 고귀하기는커녕 미천하기 짝없다. 뭇 동물하고 다를 바 없이 흔하고 천하고 누추하다.
>
> 물위에 뜬 해꺼운 쭉정이다. 무겁고 단단한 것만이 아래에 가라앉고 찌그러지고 비인 쭉정이 벼씨는 위에 떠서 할 일 없이 떠돌고 헤매인다. 인간의 대부분은 그 쭉정이다. 어느 도회가 그렇지 않으랴만 할빈은 어디보다도 심한 쭉정이의 노회이다. 거리는 국제적 쭉정이의 진열장이다. 삶에 쫓겨 갈 바를 모르고 갈팡질팡 헤매인다. 어제까지 그것을 느끼지 않았던 일마가 아니언만 오늘 불현듯이 그 사상이 줄기차게 솟았다.[27]

27) 『효석문학전집』 4권, 성음사, 1971, p.161.

일마는 남루한 복장을 하고 길에서 꽃파는 여자, 맞은 편 벤취에 앉아서 하루종일 손풍금을 켜는 장님음악가를 쭉정이로 파악하면서 병든 에미랴, 나아자 그리고 자기자신을 쭉정이로 파악한다. 일마는 쭉정이끼리이기 때문에 결합될 수 있었다고 생각한다. 주인공 천일마나 작가 이효석이나 하얼빈을 경성보다 의도적으로 낮추어 본 태도는 갖고 있지 않다.

나아자가 열어 놓은 조선의 옛집들을 바라보면서 동양의 아름다움을 느낄 수 있다고 하자 일마는 "아름다운 것을 즐겨해두 추한 것에서 느끼는 환멸은 얼마나 큰 것일까. 추한 것이 아름다운 것보다는 언제나 더 많으니깐"라고 토를 달고 다시 나아자가 "추한 건 추한 것으로 동정이 가게 되죠"라고 하자 일마는 "팔각당 너머엔 개천이 있구, 그 너머엔 빈민굴이 있다우. 빈민굴 없는 데가 없겠지만 조선은 전체가 한 커다란 빈민굴이라우"[28]라고 엇나간다. 일마는 하얼빈은 쭉정이의 도시로 경성은 빈민굴의 도시로 파악하고 있다.

추한 것은 그것대로 동정이 간다는 나아자의 태도는 이미 「천사와 산문시」(〈사해공론〉, 1936. 4)에서 나타난 바 있다. 작가는 이 짧은 소설을 "잠간만에 보는 서울에는-표면에 드러난 인상에 관한 한도 안에서는…그다지 신기한 변화는 보이지 않는다. 그러기 때문에 반드시 처음으로 여행하는 사람같이 새로 선 건축물에 놀랄 필요도 없고 백화점에 들어가 정신을 빼앗는 것도 없고 상품의 무지 쯤은 지릅떠 볼 것 없이 냉정하게 무시할 수도 있다"고 하면서 "단 한 가지 눈이 가는 것은 솔직하게 말하면 여인풍경"이라고 하였고 "결국 도회문화의 앞장이를 서는 것은 여인 풍경이요 색정문화의 발달이 곧 건전한 도회를 걸어간다고 말함은 일종의 역설일까"[29]라고 하였다. 그러나 이효석은 곧 이어서 어린 사남매를 데리고 사는 회사원 홀아비, 하숙집에 들어선 여행객, 술집 여자들의 모습을 스케치하는 것을 잊지 않는다. 1930년대 중반 이후의 이효석의 소설

---

28) 위의 책, p.217.

29) 『효석문학전집』 2권, 성음사, 1971, pp.55~56

처럼 젊고 발랄한 여성을 도회의 대표적 초상으로 내세운 것이 이효석 소설의 반면이라면 1920년대 말과 1930년대 초까지의 소설처럼 초라하고 외롭고 타락한 빈민들을 설정한 것은 이효석 소설의 또하나의 반면이 된다.

4. 본격적인 도시화시대의 서울풍경화

다방, 약방, 미장원, 여관, 다방, 약방, 다방, 다방, 다방, 미장원, 여관, 비어홀, 대중식사, 대중식사, 대중식사, 자동차부품상, 약방, 병원, 병원, 미장원, 이발소…

잠깐만 훑어보아도 이 모양이다. 하기야 도인은 아직까지 신문에서밖에는 울산공업지대를 구경한 적이 없다. 더 정확하게 말하자면 영등포 공업지구도, 호남평야도, 남해어장도, 강원도, 탄광지대도, 학생시대의 짧은 여행에서 훑어본 것밖에는 자세히 본 적이 없다.

그러기 때문인지 그는, 서울의 어느 거리에서건 가장 많이 눈에 띄는 그러한 간판들이 조마조마해서 견딜 수가 없었다. 온통 먹어치우고 멋을 내고 수리하기만 하면서 살고들 있는 것 같은 것이다.

서울사람들은 그저 남자는 이발소에, 여자는 미장원에 가서 머리털을 가다듬고, 그 다음엔 다방에서 만나 차를 마시고, 그 다음엔 대중식당에 가서 불고기나 냉면을 한그릇씩 먹고나서 그 다음엔 또 다방에 들러 차를 마시고, 그 다음엔 약방에 들러 소화제를 사먹고, 그 다음엔 여관에 가서 사고, 그러다가 병을 얻어 병원엘 가고…

그러기만 하는 것 같았다.

한번 더 되풀이하자면, 어떤 사람은 약을 팔아서 차를 사마시고 냉면을 사먹고 여관비를 내고 병원비를 내고, 어떤 사람은 차를 팔아서 약을 사먹고 냉면을 사먹고 여관비를 내고 병원비를 내고, 어떤 사람은 냉면을 팔아서, 어떤 사람은 손님을 재워주고, 어떤 사람은 주사를 놔주고…

정말 이렇게들만 살아가고 있다고 생각하면 답답해지지 않을 수가 없다.[30)]

이상의 대목은 김승옥의 「60년대식」(〈선데이서울〉, 1968)에 있는 것으로, 갑자기 유명 가수가 된 아내와 이혼한 후 자살을 결심하고 유서를 신문사에 보내는 기행(奇行)을 보인 28세의 교사 김도인의 눈에 비친 서울의 한 풍경이요 풍속을 그려낸 것이다. 비록 왜곡해서 본 것이라는 느낌은 지울 수 없기는 하지만 서울의 풍속의 요체를 집어낸 점도 부정할 수 없다. 서울의 남녀는 이 작품보다 앞서 나온 「서울 1964년 겨울」에서 "서울은 욕망의 집결지입니다"라고 한 대학원생이 규정한 것을 실천에 옮기고 있는 듯하다.

「60년대식」에서는 태백화학연구소의 화학기사인 손경우도 중요한 초점화자의 역할을 하고 있다. 손경우는 자기네 가족이 청계천 변두리에 자리를 잡게된 내력을 들려주고 있다.

우린 1.4후퇴 때 월남했었죠. 환도 무렵, 월남한 사람들은 약속이나 한 듯이 이 청계천 변두리에 자리잡았습니다. 지금은 복개공사를 해서 길이 되었으니 뭐같습니다만 몇 년 전까지만해도 청계천의 그 지저분한 몰골이야말로 가히 국가의 수치라 할 정도가 아니었습니까? 아니 이렇게 얘기하다간 밤새도록 해도 얘길 못다 하겠군요. 제가 하고 싶은 얘긴, 그 무렵 우린 물질적인 생활에서나 정신적인 생활에서나 완전히 뿌리가 없는, 그야말로 하루하루를 어떻게 살아가느냐 하는 것이었다는 것입니다. 그때는 누구나 그랬다는 것이야 잘 아시겠지만…. 우리 집안은 독실한 기독교 가정이었죠. 하지만 전쟁의 그 혼란 바람에 하느님을

30) 『김승옥소설선집』 3, 문학동네, 1995, pp.292~293.

잃어버리고 말았습니다. 누님은 술집 작부노릇을 시작했고 매형은 시장의 장사꾼들에게서 푼돈을 뜯는 깡패가 됐습니다. 형님은 군대에 들어가서 직업군인이 되었고 전 구두닦이, 신문팔이, 양담배장수, 그리고 틈틈이 소매치기도 하면서 학교엘 다니고 있었습니다…제가 어떤 분위기 속에서 자랐나 하는 것을 상상해 주시기 바랍니다. 한번 비가 내리면 며칠씩 질퍽거리는 길, 바라크 음식점에서 풍겨나오는 고약한 기름냄새, 앙칼진 싸움소리, 장사아치들이 어거지로 손님한테 떼를 쓰는 소리, 소매치기, 날치기, 갈보들의 욕지거리, 뭐 길게 얘기할 것 없이 바로 이 이 거리의 확대판, 훨씬 과장된 확대판이라고 상상하시면 틀림없습니다. 지금하고 다른 게 있다면 지금은 모두들 장사꾼은 장사꾼대로 갈보는 갈보대로 제법 전문적으로 분화하여 틀이 잡혔다고나 할 수 있습니다만 그때는 장사꾼이건 갈보건 하루아침에 그렇게 된 사람들이었다는 것입니다. 쉽게 말하자면 아마추어들이었다고나 할까요?[31]

「누이를 이해하기 위하여」(1963)에서는 도시로 몰려간 어민들이 "고장으로 돌아오지는 못하고 차게 빛나는 푸른 색의 아스팔트 위에 그들의 영혼과 육체를 눕혀 버리고 말았다"[32]와 같이 이농민이 급증하였음을 알려주었고 도시로 갔다가 2년 만에 망가져 가지고 온 누이를 보고 어떠한 일들이 누이를 할퀴고, 빨아먹고, 찢고 갔는가를 묻고 있어 도시의 흉포성을 일깨워 준다. 「서울 1964년 겨울」(〈사상계〉, 1965. 6)에서는 대학원생 안이 "서울은 모든 욕망의 집결지입니다"[33]라고 지식인다운 총체적 안목을 드러내 보였다. 「역사(力士)」(〈문학춘추〉, 1964. 7)는 창신동 빈민가에서 하숙하며 의곡삭가 지망생의 눈과 귀로 보고 들은 창신동의 풍경을 "빈민가의 저녁은 소란하기만 하다", "빈민가에 저녁이 오면 공기

31) 위의 책, p.310.
32) 『김승옥전집』 1, 문학동네, 1995, p.100.
33) 위의 책, p.206.

는 더욱 탁해진다. 멀리 도시 중심부에 우뚝 솟은 몸뚱이의 한편으로는 저녁햇빛을 받고 다른 한편으로는 짙은 푸른 색의 그림자를 길게 눕힌다. 빈민가는 그 어두운 빌딩 그림자 속에서 숨쉬고 있다"[34]와 같이 도시는 부유층, 중산층, 빈민층 등으로 복합구성되는 것임을 상징적으로 그려놓고 있다.

이호철의 장편소설 「서울은 만원이다」(〈동아일보〉, 1966. 2. 8~10. 31)는 지방이주민인 길녀가 서울에서 창녀가 되어 파란만장한 생활을 하다가 결국 증발하고 만다는 이야기를 들려 준 것으로 1960년대 서울을 대상으로 한 풍경화와 풍속화의 한 중요한 실례가 되고 있다.

> 서울은 넓다.
>
> 아홉 개의 구에 가와 동이 대충 잡아서 삼백 팔십이나 된다.
>
> 동쪽으로는 청량리너머로 망우리, 동북쪽으로는 의정부를 바로 지척에 둔 수유리, 우이동, 서쪽으로는 인천가도 중간의 영등포 끝, 동남쪽으로는 한강 건너의 천호동너머, 서남쪽으로도 시흥까지 이렇게 굉장한 면적을 차지하고 있다.
>
> 그러나 이렇게 넓은 서울도 삼백 칠십만이 정작 살아보면 여간 좁은 곳이 아니다. 가는곳마다, 이르는 곳마다 꽉꽉 차 있다. 집은 교외에 자꾸 늘어서지만 연년이 자꾸 모자란다. 일자리는 없고, 사람들은 입만 가지고 약아지고, 당국은 욕사발이나 먹으며 낑낑거리고, 신문들은 고래고래 소리나 지른다.
>
> 거리에는 사철 차들이 붐비고 여관마다 다방마다 음식점마다, 술집 극장 당구장 바둑집이 우글우글한다. 입으로는 못살겠다고 저저금 아우성인데 다방도 음식점도 바둑집도 당구장도 삼류극장도 늘어만 가고 있다.
>
> 대관절 서울의 이 수다한 사람들은 모두가 무엇들을 해먹고 사는 것

34) 위의 책, p.79.

일까. (중략)

그렇게 한가운데 들어앉은 몇 안되는 사람들로부터 바깥으로 향하여 불꽃이 튀어나가듯 혹은 물이랑이 퍼져나가듯 몇겹으로 층이 들러싸인다.

첫째 그루우프, 둘째 그루우프, 셋째 그루우프, 이렇게 수십겹이 둘러싸인다. 첫째 그르우프나 둘째 그루우프에 가까이 속하면 속할수록 위엄이 늠름하고 혈색은 좋으나 돈맛은 더 알아서 외곬으로 영악해진다. 천신만고로 얻은 현 지체를 유지하려고 전전긍긍이다.

한편 바깥 쪽으로 가면 갈수록 타고난대로의 구수한 인정은 있지만, 하루하루 살아가는 자질구레한 싸움은 끊이지 않는다. 가운데 쪽에서는 장막 너머에서 저희들끼리 큰 싸움이 끊일 사이 없고 들러리 쪽에서는 들러리대로 두부 한모 가지고도 아옹다옹이다.

하여 서울은 바야흐로 싸움터다. 성실보다는 요령, 일관한 신념보다도 눈치, 진실한 우정보다도 잇속, 협동보다도 적의가 온 서울 하늘을 덮고 있다.[35)]

서울사람들의 보편적인 삶의 행태를 요령, 눈치, 잇속, 적의 등으로 설명하면서 마무리짓고 있는 위의 인용문에서 이호철은 작중의 주요인물들이 거처했고 활동했던 지역을 중심으로 해서 서울을 보기는 했지만, 이중도시(dual city)론[36)]에 입각해서 본 입체적 안목을 드러내고 있기도 하다. 주소도 서울로 되어 있고 외관도 어느 정도 도시성을 지니고는 있지만, 농촌공동체처럼 인정이 넘치고 서민냄새가 물씬 풍기는 곳을 살기 좋은 곳으로 그려놓고 있다. 1930년대의 경성이 좁고, 낡은 외관을 보여 주

35) 이호철, 『서울은 만원이다』, 서음출판사, 1982, p.34.

36) 김형국, 『한국공간구조론』, 서울대출판부, 1997, pp.265~266.
도시의 토지이용이 도심을 중심으로 동심원을 만들면서 분화된다는 도시생태이론에 따르면 가장 가운데에 중심업무지구-백화점, 전문점, 사무실건물, 은행, 호텔, 극장, 박물관, 단체의 본부사무실 등의 입지-가 있고, 그 외곽으로 순차적으로 나아가면서 점이지대, 저소득층 주거지대, 중산층주거지대, 통근자지대가 나타난다는 것이다.

었음에도 모더니즘의 무대가 된 데 반해 1960년대 서울은 근대화와 산업화에 따른 대도시로서의 전진과 약동의 면모를 보여 주었음에도 동시대 작가들로부터는 리얼리즘의 촉수를 더 많이 받았다. 1930년대 작가들이 경성의 중심부에다 작가적 카메라를 갖다 댄 반면 1960년대 작가들은 서울의 주변부나 저소득층 주거지대에 눈길을 많이 돌렸다. 조역인 창녀 미경이가 사망하고 주인공 길녀는 행방불명된 것으로 처리한 이호철은 「서울은 만원이다」의 끝을 다음과 같이 맺었다.

그러나 아뭏든 서울은 만원이다.

의욕적인 새 시장을 만나 서울은 화려하게 단장이 되고 곳곳에 빌딩은 서고 사람들은 날로 문주란의 노래 같은것에나 잠겨 들기를 좋아하고 차관(借款)은 들어오고 차관은 물론 유효적절하게 쓰이고 있을 것이었다. 적어도 우리 선량한 국민들은 그렇게 믿기로 하자. 그렇게 안 믿을 도리가 있는가.

이제 차관을 다 갚고 우리의 근대화가 흔하게 돌아가는 말대로 이루어지고 제이차 오개년 경제기획이 성공리에 이루어지고 그때 모두 옷을 갈아입고 모두 하루하루의 삶이 건실해지고 활기에 차 있게 될 때 그때 우리 앞에 새옷으로 단장한 길녀도 나타날 것이다. 그 시기를 오년 후로 잡을까[37)]

"서울은 화려하게 단장이 되고 곳곳에 빌딩은 서고", "이제 차관을 다 갚고 우리의 근대화가 흔하게 돌아가는 말대로 이루어지고", "제이차 오개년 경제계획이 성공리에 이루어지고", "모두 하루하루의 삶이 건실해지고 활기에 차 있게 될 때" 등과 같은 구절들이 일러주고 있는 것처럼 이 소설은 서울사람들에게 복음을 한국인들에게 희망을 불어 넣어주고

37) 이호철, 앞의 책, p.530.

있다. 주인공 길녀의 앞으로의 운명과 관계없이 이제 서울은 잘 돌아갈 것이라는 식의 낙관론으로 소설을 마무리한 것은 로망스적인 구성으로 볼 수 있다.

5. 신도시의 명암 드러내기

이호철의 「서울은 만원이다」가 1960년대의 서울을 시대소설이요 당대소설로 다룬 것에 비해 이문열의 대하소설 『변경』(1998년 출간)은 1960년대를 다분히 역사소설적 시각으로 바라보고 묘사하고 해석하였다. 이 소설은 1960년대 말의 신도시건설이란 이름의 광주대단지개발을 주요사건으로 설정했다. 작중 주요인물의 한 명인 명훈이 과거의 험악하고 파란많은 삶을 청산하고 광주이주민폭동을 이끌면서 노동운동에 뛰어들었는가하면 여동생 영희는 가출하여 서울에 올라와 화류계로 빠져 생활하다가 강남졸부아들과 결혼하여 바로 광주대단지에 복부인으로 등장하게 된다. 작가는 영희와 같은 새로운 도시의 초상을 다음과 같이 해석하고 있다.

> 그녀에게는 그들처럼 절제된 삶에서 자란 근면과 절제도, 공존(共存)에 대한 이해나 윤리성에 대한 경외(敬畏)도 없었다. 이윤의 극대화란 이름은 같지만 그걸 추구하는 것은 복수욕에 들뜬 벌거숭이 욕망에 지나지 않았다. 따라서 그녀가 무사히 그곳에서 교두보를 확보하고 상승의 길을 걷는다 하더라도 그길은 남은 외길, 곧 천민자본주의뿐이었다.[38]

이 작품은 두 남매의 대조적인 인생행로를 보여 주면서 정부의 광주대

---

38) 이문열, 『변경』 9권, 문학과 지성사, 1998, pp.250~251.

단지개발사업이 빚어낸 허점과 오류를 체계적으로 비판하고 있다. 광주대단지개발사업은 "자본주의가 가지는 부의 집중경향 때문에 그들 가난을 도시 주변에 모음으로써 이제 다수가 된 가난은 불행과 비참으로 남겨지기를 거부하고 있어. 가난은 사회에 대해서 무엇이든 요구할 수 있는 힘이 되고 권리가 된 거야"[39]라는 지적처럼 "가난의 권리화"가 현실화되기 시작했다는 의미를 갖는다. 이문열은 이 작품의 진정한 주인공 인철을 통해 급속한 산업화와 도시화로 양산된 도시빈민이 "탈주한 지식인들의 의식화작업"에 접맥되어 큰 힘을 지닌 세력으로 성장하는 것을 주목하고 있다. 이호철의 「서울은 만원이다」에 나타난 도시이주민 혹은 빈민들은 그 후 수십 년이 경과하면서 이문열의 『변경』에 나타난 바와 같이 상당수가 일류 도시로 들어가기도 하고 "가난의 권리화"를 꾀하기도 한다.

이제 21세기에 들어서 최일남의 『아주 느린 시간』과 같은 단편소설을 통해 서울 근교의 신도시를 배경으로 하여 노년의 여유를 즐기는 도시인들을 만나게 된다.

> (가) 다 알다시피 웬만한 신도시는 어차피 모든 것이 젊고 풋풋하다. 사람은 물론 집도 상가도 나무도 꽃도, 새잡이로 들어오고 짓고 옮겨 심은 것들이다. 당산은 더하다. 본래의 야산이나 땅이야 어디 가랴만 공원으로 꾸미고 콘크리트로 다진 것들 가운데 도무지 헌것을 찾아보기 힘든 평지돌출의 새 천지를 열었다. 그 속에 찡겨사는 늙은이들이라고 굽은 나무 선산을 지키는 푼수로 처음부터 변모의 역사를 지켜 보았으랴. 천만에. 바이오리듬 유지에 어울리는 곳으로 여겨 뒤늦게 끼어들었다가 자신들의 의사와는 상관없이 당산을 수식하는 특이하나 집단구실을 하게 되었다. 한갓진 노인공화국까지는 못된다 하더라도 여생을 보내기 알맞은 노거(老居)의 땅으로 이제는 바깥 지역에까지 소문이 퍼져간다.

39) 이문열, 『변경』 11권, 문학과 지성사, 1998, p.201.

그럴망정 도시의 주인은 어디까지나 한참 일할 나이인 청장년층과 그들의 어린 소생이다.[40)]

(나) 어떤 경우든 서울과는 동떨어져 살던 시절의 이상한 박탈감이나 거리감을 느끼지 않는다. 외려 서울을 발 아래 두고 있다는 심정으로 넉넉하다. 서울로 가는 기차를 상행열차로, 지방으로 가는 기차를 하행열차로 부르는 풍습은 요새라고 다를 리 없지만 상관없다. 시골을 떠나 한강다리를 처음 넘던 순간의 소싯적 감동과는 거리가 멀다. 왁왁 가슴이 떨리고 희망 못지않은 불안으로 오금저리던 당시라든가 그 뒤에 경험한 개인사적 융성 좌절의 기억을 젖히고 서울을 저만치 내려다본다.

먹은 서울물이 지겹다든가 싫은 감정과는 딴판인 별격의 안목이다. 계량하고 남은 소출을 돈과 바꿀 겸, 내친 김에 바깥 소식도 들을 겸 읍내를 내왕하던 내력과 비슷하면서 엄청 다름 셈이다. 서울을 객관화시켜 바라보는 데에서 생긴 사유의 폭이 넓다면 넓다. 나이와 함께 가는, 자신에 대한 성찰이 시간이 한결 자유로운 것이다.[41)]

이문열의 『변경』이 서울을 지방출신이나 농촌출신의 급격한 유입, 치열한 생존경쟁, 아직도 완강하게 남아 있는 이중도시성, 오래된 수도 등으로 인식하고 묘사했던 것과는 달리 최일남의 『아주 느린 시간』은 신도시 당산을 서울시민의 유입, 계획도시, 깨끗하고 젊은 일급도시 등으로 그리고 있다. 서울이 보여주었던 도시성, 도시적 삶, 도시적 가치는 여러 개의 신도시와 위성도시 등을 만나면서 모델이 된 부분도 있었지만 부정과 수정의 대상이 된 부분도 있었다. 그리고 전체적으로 서울과 서울에서의 삶은 성찰의 대상으로 떠오르게 되었다.

(『현대소설연구』, 2007년, 35호, 한국현대소설학회)

40) 최일남, 『아주 느린 시간』, 문학동네, 2000, pp.44~45.

41) 위의 책, p.56.

소설의 발달, 사상의 성장 (한국현대소설 점묘 1)

1. 한국현대소설을 향한 기본시각

레너드 데이비즈(Lennard Davis)가 『사실적 소설들』(Factual Fictions)에서 근대소설의 출현과정을 진화형, 삼투형, 합성형으로 제시한 것(pp.2~7)은 우리 소설에도 그대로 적용시켜 볼 수 있다. 우리 근대소설은 고전소설이 진화된 결과로 볼 수도 있고 사회변화나 사상변이가 침투한 결과로 볼 수도 있으며 여러 가지 문학양식이 합성되는 과정을 드러낸 것으로 볼 수도 있기 때문이다. 이광수의 「무정」(1917), 「무명」(1939), 김동인의 「태형」(1922), 염상섭의 「만세전」(1924), 「양과자갑」(1948), 현진건의 「운수 좋은 날」(1924), 최서해의 「해돋이」(1926), 이기영의 「민촌」(1926), 나도향의 「벙어리 삼룡」(1925) 등의 수록작품을 지금 여기에 대한 인식을 동력으로 한 시대소설로 묶을 수 있다는 점 한 가지만으로도 진화론과 삼투론이 뒷받침된다. 장편소설 쪽으로 시선을 옮기면 합성론은 저절로 설득력을 갖게 된다. 개화기에 서사양식이 신문의 논설을 대행하기도 하고 역사소설과 위인전으로 형상화되기도 하고 홍미 쪽으로 기운 단행본으로 꾸며지기도 한 끝에 작가는 단순한 이야기꾼에서 역사가, 철학자, 교사, 언론인의 모습으로 나타날 수 있었다. 20세기 전반기의 작가들 가운데서도 이인직, 이해조, 안국선, 신채호, 현상윤, 이광수, 유진오, 김남천 등의 작가들은 그야말로 당대를 대표하는 지식인들이었다. 이들의 소설은, 외국에서 수입한 것이든 국내의 역사적 상황에 대한 응전의 산물이든 사상이나 이데올로기의 실험실로 기능하였다.

20세기 전반기의 한국소설은 진보사상, 애국사상, 현실부정론(1900년대), 순응주의, 계몽주의, 이상주의, 정적주의(1910년대), 콜로니얼리즘, 감상주의, 사회주의, 무정부주의, 민족주의, 리얼리즘(1920년대), 모더니즘, 사회주의, 보수주의, 민족주의, 패배주의, 중도주의, 허무주의(1930년대), 도피주의, 과잉적응주의, 정적주의(1940년대 전반기) 등과 같은 이념이라든가 사조를 열어 보였다. 1900년에서 1945년까지의 기간 동안에 정적주의(靜寂主義)로 이름할 수 있는 기간이 최소 1900~1919년과 1938~1945년을 합쳐 15년이 넘는 점은 일제 강점기 한국문학 기본성격을 잘 일러준다. 또한 이러한 역사적 사실은 세계적이며 21세기적인 시각에 빠져 마냥 새로운 해석을 행사하는 태도에 제동을 거는 것이 될 수 있다.

2. 신소설의 넓이와 높이

이인직, 이해조, 안국선, 이광수 등은 계몽주의자요 논설가라는 공통점을 지녔다. 계몽주의자를 한국사회라는 학교의 교사로 비유할 수 있는 점에서 계몽적인 논설은 한국근대소설의 탯줄의 하나가 된다. 이인직(1862~1916)은 1901년 11월부터 1903년 5월까지 미야꼬 신문사의 견습생으로 있으면서 「입사설」, 「몽중방어」, 「한국잡관」 등과 같은 여러 편의 논설을 발표했다. 이때의 논설들에서는 한국비판, 정치적 관심, 일본에

찬, 개화사상, 부국론을 드러내었다. 그는 부국론을 목표로 하면서 그에 이르는 방법으로 친일개화라든가 중상주의를 제시하였다. 친일단체 일진회에서 발행한 〈국민신보〉의 주필(1906. 2~6), 천도교 문명파에서 발행한 〈만세보〉의 주필(1906. 6~1907. 6), 이완용 내각의 지원을 받아 창간된 〈대한신문〉(1907. 7. 8) 사장 등과 같은 이력은 이인직이 미래와 일본과 개화만을 바라보고 질주한 존재임을 입증해 준다. 이인직은 「혈의 누」(1906), 「은세계」(1908), 「귀의 성」(1907~1908) 등과 같은 문제작들을 만들어 낼 줄 아는 이야기꾼으로서의 역량도 충분히 갖추었으면서 공자교 가담, 일본 신극 소개, 한일합방 추진 등과 같이 문화활동과 정치활동을 동시에 펼쳐내는 능력도 보여주었다. 이인직이 고백한 국내의 사상적 모델로는 「은세계」에서의 김옥균이 거의 유일하다고 볼 수 있다.

이해조의 삶은 실천적 애국결사체인 광무사 참여, 제국신문사 기자, 대한협회 교육부 사무장, 기호흥학회 월보 편집원, 매일신보 편집 참여, 친일유생단체 대동사문회 가담 등과 같은 내용으로 요약된다. 합방 후에 이해조는 매일신보에 관여하고 있을 때 「화세계」(1911), 「화의 혈」(1911), 「구의산」(1912) 등 많은 연재소설을 써내었다. 이 중 「화의 혈」은 동학문제를 신소설 중에서는 가장 깊이 있게 다룬 것으로 평가되고 있다. 이해조는 가장 많은 신소설을 써내었을 뿐만 아니라 다양한 소설유형을 보여주기도 했다. 「자유종」(1910)은 토론체소설이면서 사상소설로, 「화의 혈」은 정치소설, 복수담, 동학소설 등의 유형이 합성된 것으로, 「화의 혈」, 「구마검」(1908), 「화세계」, 「구의산」 등은 공안소설의 색채가 뚜렷한 것으로 볼 수 있다. 모범적인 개화주의자요 개량주의자의 면모를 보였던 이해조의 존재방식은 한일합방을 맞으면서 대중소설가요 친일유학자로 변하고 말았다. 이해조가 적극 관여했던 대한협회와 기호흥학회의 이념은 토론체소설 「자유종」을 제외하고는 그 자신의 작품들에서는 구현되지 않았다. 이인직의 경우, 논설에서 드러냈던 태도들 중 친일개화론은 그 이후의 소설들에 분명하게 스며들어 갔다. 이 두 작가는 사상 면에서 논설과 소설이 일치되었던 신채호와 동일한 범주에 넣기 어렵다. 이광수도 내용면에서 소설과 논설이 일치된 경우로 볼 수 있다.

〈대한민보〉에서 '신소설'이라고 이름붙어 있는 「소금강」(1910. 1. 5~3. 6), 「박정화」(1910. 3. 10~5. 31), 「금수재판」(1910. 6. 5~8. 18) 등은 "소설"이라는 이름이 붙어 있는 것에 비해 시대라는 것에 눈을 뜨고 있고, 비판정신을 잘 드러내고 있고, 기록에의 의지를 강하게 내보이고 있고, 보다 진일보한 서술방법을 취하고 있다. 이해조의 소설관은 리얼리즘의 정신과 방법에 대한 인식의 확대를 보여 준 점, 소설의 효능을 재미의 측면보다는 풍속개량의 측면에서 파악한 점, 소설의 특질의 하나로 허구성을 강조한 점 등으로 정리할 수 있다. 이해조는 소설이론과 소설작품의 괴리를 분명하게 드러낸 경우가 되었다. 그만큼 창작여건도 좋지 않고 작가들의 능력도 미치지 못했다는 의미도 된다. 이해조 류의 소설관이 소설양식의 형식면을 강조했다면 신채호 류의 소설관은 작가의 정신면을 강조하였다. 신채호는 「근금 국문소설저자의 주의」(〈대한매일신보〉, 1908. 7. 8)에서 천하대사업을 국민진보, 도덕진흥, 지식계발 등으로 요약한 다음 천하대사업은 장군이나 영웅이 만드는 것이 아니라 부유주졸(婦孺走卒)이 만드는 것, 사회대추향(社會大趨向)은 언문소설이 만드는 것, 소설은 국민의 혼이라는 것 등을 강조하였다. 신소설 자체는 19세기의 수준에서 빠져 나가지 못한 반면 이론은 20세기로 들어왔다. 양계초란 존재를 떠올리면 신채호의 소설론은 예리한 시대통찰의 산물로만 보기는 어렵다. 소설양식에 거는 기대는 높고 신소설의 수준은 로망스를 뛰어넘지 못했다.

최찬식의 「추월색」(1912), 이해조의 「홍도화」(1908), 이상춘의 「박연폭포」(1913), 작자미상의 「우중기연」(1913) 등을 포함하여 많은 작품들이 도적떼를 다루었다. 이들 소설들은 도적떼 모티프를 대체로 복수담이나 모험소설의 수준에서 다루고 있을 뿐 도적떼 모티프에 담겨 있는 사회해체와 사회이동 문제에 눈뜨게 해줄 수 있는 가능성을 살려 내지 못했다. 이인직, 이해조, 최찬식 류의 신소설에서 공통적으로 자주 설정된 사건의 하나는 젊고 선량한 여성의 수난사이다. 여성의 수난사를 메인플롯으로 삼고 있는 작품으로는 이인직의 「혈의 누」, 「귀의 성」, 「치악산」(1908), 이해조의 「빈상설」(1908), 「구의산」, 「모란병」(1911), 최찬식의 「추월색」, 「안의 성」(1912) 등이 있다. 이인직, 이해조, 최찬식은 신여성의 수난사를 가장 중요한 모티프로 설정한 공통점을 지닌다. 진선미를 두루 갖춘 여성이 그렇지 않은 시어머니나 처첩으로부터 모함을 받는다든가 살해위협을 받는다든가 하는 플롯은 상징성을 지닌 것으로 해석할 수 있다. 흔히 가족사가 사회사를 대변하는 것처럼 여성의 수난사는 나라의 위기사를 압축해 놓은 것으로 볼 수 있다. 여주인공이 수난을 당해도 거의 예외없이 해피 엔딩을 맞는다는 결말처리는 고대소설의 수준에서 벗어나지 못한 것으로 볼 수도 있지만 신소설작가들이 소설을 동시대인들에게 위안과 희망을 주는 양식으로 여겼다는 의미도 된다.

3. 「무정」의 전후

이광수는 소설은 논설을 대치할 수 있음을 또 소설쓰기는 사상활동의 한 방안임을 실천적으로 입증해 보인 작가였다. 이광수는 장편소설 「무정」(〈매일신보〉, 1917. 1. 1~6. 14)을 발표하기 직전에 와세다 대학교 철학과에 입학하여 〈매일신보〉에 「교육가 제씨에게」(1916), 「조선가정의 개혁」(1916), 「조혼의 악습」(1916) 등 여러 논설을 발표하였다. 바로 이 논설들의 내용이 「무정」으로 녹아 들어가 중간중간 작가의 전지적 서술로 구체화되었다. "무정"이란 제목을 염두에 두면 이 소설의 중심사건은 이형식이 박영채를 버리고 김선형을 택한 것이 된다. 소설은 이데올로기의 표현양식이며 이데올로기로 사고하고 판단하는 것이라는 명제에서 출발하면 영채의 아버지 박응진 진사와 선형의 아버지 김광현 장로를 주목할 필요가 있다. 박응진은 개신유학자이면서 실천적 지식인으로 사재를 털어 신학문을 가르치는 학교를 경영하다가 망했으며 이에 선생에게 보은하는 뜻으로 제자들이 저지른 강도사건에 아무 죄없이 연루되어 옥살이하다가 세상을 떠난 인물로 형상화되고 있다.

김광현은 원래 재산가로 국장과 감사 등의 벼슬을 지내고 교회장로가 된 인물로 그려지고 있다. 박응진은 천도교신자였고 단발령을 앞장서서 받아들이고 신학문 교육의 실천에 힘썼던 만큼 진정한 개화주의자로 볼 수 있다. 박응진에 비한다면 김장로는 소아적이며 속물이며 단순한 외세주의자가 된다. '진실한 사람', '정성있는 사람', '사람다운 사람'을 대망하던 중 함상모 교장에게서 '깨어있는 사람', '새로운 사람'을 찾은 기생 계월화나 김병욱은 이광수의 대변인이다. 계월화나 김병욱은 이광수가 도산 안창호를 숭배하여 평생을 안창호주의자로 활동할 것이라고 예견하고 있다. 이인직이 김옥균을 교사로 삼았던 만큼 이광수도 동시대인인 도산 안창호를 교사로 삼았다.

1920년대 이후로 가면 국내 작가들 사이에서는 대체로 톨스토이, 마르크스, 크로포트킨 등과 같은 외국인들이 사상의 모델로 자리하게 된다. 박영채는 김장로와 그의 딸 선형이 상징하는 새로운 상부질서 그러면서도 민족, 국가, 위기 등의 개념에는 등을 돌리고 있는 신흥지배세력을 향해 편입의지를 강하게 보이고 있는 이형식과 결합되는 것을 꿈꾸었다가 버림을 받게 되었다. 그리고는 함상모 교장을 존경하는 기생 월화와 건강한 신여성인 김병욱에 의해 다시 태어나게 된 것이다. 이처럼 여러 인물들을 제시함으로써 「무정」은 사상소설, 이념소설, 교사소설 등의 수준에 도달할 수 있었다. 이념소설이나 사상소설이 노벨을 이끌어가는 힘을 지니고 있음을 「무정」이 입증해 주었다. 이광수는 「무정」에서 민족개조론, 교육입국론, 진화론, 생명중시론, 자유연애론, 자아 각성론, 출세주의론 등 크고 작은 여러 가지 사상과 의식을 들려 주었다. 「무정」에서 드러난 구성, 심리전개, 시점 상의 허점은 「개척자」와 그 이후 작품들에서도 반복되고 있기는 하지만 천도교인 박응진에 대한 연민의 시선과 안창호를 향한 숭배의 태도는 독립된 사상소설을 낳기에 이르렀다. 「거룩한 죽음」과 「선도자」가 그것이다.

이광수의 「거룩한 죽음」(1923)은 동학소설로, 동학 창시자 수운 최제우가 사교를 포교했다는 혐의로 1864년에 관군에게 붙들려 대구에서 사형당하게 된다는 내용의 이야기를 들려 주고 있다. 「선도자」(1923)는 주인공 추산 이항목을 독립협회 가입, 부패 관료 비판연설, 수감, 출감하여 서재필 박사와 미국망명, 귀국 후 비밀 정치결사 백령회 조직, 백산중학 경영, 이등박문과의 단독회담, 중국으로의 망명 등과 같은 내용으로 활동하고 투쟁한 인물로 그려내고 있다. 이광수는 이 소설을 통해 도산 안창호의 인물됨과 사상이 어려운 시대를 선도할 수 있는 유일한 방안인 것처럼 선전하였을 뿐만 아니라 사상가로서의 자신을 선전하였다. 김동인은 「춘원연구」(9)(〈삼천리문학〉, 1938. 1)에서 이광수가 뇌동성(雷同性)이 강하다고 하면서 "그 작풍(作風)이 다른 매개(每個) 작품인즉 그 작품을 내어 놓기 전에 춘원이 읽은 책자와 공통점이 많다는 점도 발견할 수가 있으리라 믿는다"(p.117)와 같이 날카롭게 지적했다. 「무정」과 비슷한 시기에 발표된 「혼인론」, 「신생활론」 등의 논설들, 「흙」과 그 직전에 발표된 브나로드 담론을 비교하면 김동인의 예리함을 부정할 수 없다.

4. 옥살이 모티프와 작가정신의 절정(「태형」, 「해돋이」, 「낙동강」, 「무명」)

소설은 현실반영의 기록이라는 명제라든가 소설이 근대적 양식이 되려면 리얼리즘의 태도가 전제되어야 한다는 인식은 서양이 우리에게 가르쳐 준 것만으로 보아서는 안 된다. 이광수와 그 직후 작가들이 19세기 프랑스나 러시아의 리얼리즘문학을 텍스트로 삼았던 것은 부정할 수 없지만 망국분자의 각성과 환멸을 그려낸 염상섭의 「만세전」(〈시대일보〉, 1924. 4. 6~6. 7)의 원제가 「묘지」(〈신생활〉, 1922. 7~9)였던 것처럼 '묘지' 같은 현실이 우리 작가들을 리얼리즘으로 몰아 간 정전의 하나였다고 할 수 있다.

1920년부터 1926년까지 간행된 종합지 「개벽」은 당시의 한국의 과거와 현재를 이끌어온 사상을 평범주의, 영웅주의, 금일주의, 찰라주의, 유교, 범인간적 민족주의, 선심주의, 과격파/온건파, 민족중심/민중중심, 일선융화파/문화파/독립파/사회주의파 등으로 나누어 보기도 하였고 우리의 미래를 이끌어갈 사상으로 노자조화, 여자해방, 실력주의, 강력주의, 평민주의, 문화주의, 인도주의, 사회주의, 무정부주의 등을 제시하였다. 「무정」, 「무명」, 「만세전」, 「운수 좋은 날」은 온건파에 속하고 「태형」, 「해돋이」, 「낙동강」, 「민촌」, 「벙어리 삼룡」 등은 과격파에 속한다는 식으로, 또 「무정」, 「만세전」, 「태형」이 민족 중심에 들어가고 「해돋이」, 「민촌」, 「벙어리 삼룡」이 민중 중심에 들어간다는 식으로 나누어 볼 수 있기는 하지만 이러한 분류를 고착시키기는 쉽지 않다. 온건, 과격, 민중, 민족 등의 용어가 안고 있는 태생적인 모호성도 문제이지만 소설 작품 한 편을 단일한 사상의 표출로 몰아가는 것도 어려운 일이기 때문이다.

1920, 30년대 소설의 한 주류로 옥살이 모티프를 중심 모티프로 취한 것을 들 수 있다. 이들 작품들 중에는 김동인의 「태형」, 이광수의 「선도자」, 조명희의 「R군에게」, 이기영의 「채색무지개」 등과 같이 옥중에 있는 인물을 그리는데 힘쓴 것과 조명희의 「낙동강」, 최서해의 「해돋이」, 이기영의 「고난을 뚫고」 등과 같이 출옥 후의 모습을 그리는데 중점을 둔 것으로 나눌 수 있지만 출옥 후의 모습을 그린 것이 훨씬 더 많다. 예컨대, 이기영은 1920년대에 「해후」(1927), 「채색무지개」(1928), 「고난을 뚫고」(1928), 「자기희생」(1929) 등과 같이 옥살이 모티프를 취한 소설을 썼지만 모두 출옥 후의 모습과 태도를 그리는데 중점을 두었다. 김동인의

「태형」, 이광수의 「재생」, 현진건의 「해뜨는 지평선」 등과 같이 민족파 작가들이 작중인물이 감옥 가게 된 이유로 주로 3 · 1운동이나 독립운동을 제시했던 것과는 달리 조명희의 「R군에게」, 한설야의 「뒷걸음질」, 이기영의 「해후」, 조명희의 「낙동강」 등과 같이 계급파 작가들은 사회주의 활동이나 노동운동을 주된 혐의로 제시하였다. 최서해의 「해돋이」는 주인공이 3 · 1운동에 단순가담한 것 때문에 감옥에 갔다 온 후 독립운동가와 사회주의자로 계속 투쟁하는 것 때문에 다시 감옥에 들어가는 것으로 이야기를 전개하고 있다.

1920년대 소설의 경우, 작품 가운데서 감옥살이하는 인물들은 일단은 적극적인 인물의 범주에 넣을 수 있다. 옥살이 모티프는 1920, 30년대 문제작의 필수요인은 아니지만 충분조건은 되었다. 문학하는 정신을 제대로 살려낸 소설을 만들어내기 위한 현실직시의 과정에서 감옥 모티프는 거의 필연적으로 나오기 마련이다. 예컨대 「무정」에서 옥살이 모티프는 단편적으로 설정되어 있기는 하지만 그 파장은 크다. 제자들이 보은하기 위해 저지른 사건에 연루되어 박응진이 감옥에 갇히자 영채는 아버지를 옥바라지하기 위해 스스로 기생이 된 것으로 그려지고 있다. 박영채가 기생이었던 점은 이형식이 박영채를 포기하는 은밀하면서도 결정적인 이유가 되었다. 박진사의 수감은 이형식과 박영채의 결별이라는 중심사건의 근인이 된 셈이다.

"옥중기의 일절"이란 부제가 붙어 있는 김동인의 「태형」(〈동명〉, 1922. 12~1923. 1)은 4평이 좀 못되는 방에 무려 40여 명을 집어 넣은 극한상황을 설정하여 1920년대의 일제치하의 한국인들의 숨막히는 상황을 상징적으로 들려 준다. 죄수들의 머리 속에는 독립, 자결, 자유, 아내, 아이들, 부모 등 그 어떤 것도 떠오르지 않는다. 답답함과 더위를 견디지 못한 나머지 그 어떤 것을 팔아서라도 냉수 한 모금과 바꿀 수 있었으면 하는 것이 이들의 공통된 욕망이었다. 이 소설은 죄수들이 3 · 1만세 때 아들을 둘이나 잃은 영원영감이 90대의 태를 맞으며 내는 비명소리를 듣는 것으로 끝처리를 하였다. 김동인은 죄수들이 둘러 앉아 3 · 1운동 때 헌병들의 만행을 그대로 이야기하는 장면을 설정하고 있다. 이처럼 「태형」은 김동인이 가장 높이 올라간 리얼리즘의 봉우리에 자리하고 있다. 할머니 김소사와 손녀 몽주가 간도에서 고향 성진으로 돌아오기까지의 과정을 회상하는 것을 중심사건으로 삼고 있는 최서해의 「해돋이」(〈신민〉, 1926. 3)에서 주인공 만수는 3 · 1운동 참여, 함흥감옥에서 일 년 복역, 큰 뜻을 품고 결행한 북간도 왕청행, 독립군 대열 가담, 체포, 징역 7년 언도, 서대문 감옥 수감 등의 과정을 거친다. 이어 만수 처는 달아나 버리고 만수의 어머니 김소사는 성진으로 환향하여 아들 친구들과 딸의 보호를 받아가며 사는 것으로 끝맺음되고 있다. 만수는 함흥감옥에서 오히려 투쟁의지를 가다듬을 정도로 잃어 버린 것보다 배운 것이 많은 것으로 그려지고 있다. 이 소설은 "감옥에 가면 공부하고 나오면 또 주의선전한다"는 말을 하면서 투쟁의지를 다져가는 만수의 선배 경석이 석양을 바라 보며 "아아 조선의 해돋이여" 하고 외치는 것으로 끝을 내고 있다. 소설은 끝났지만 주인공의 투쟁의지는 끝나지 않았다.

옥살이 모티프를 중심 모티프로 취한 작품들 가운데서 「해돋이」처럼 주인공이 첫 번 감옥생활에서 오히려 투쟁의지를 살려 독립운동을 계속하다가 다시 감옥에 간다고 하는 유례는 찾기 힘들다. 「해돋이」는 감옥 모티프를 통해서 불굴의 저항소설로 나아 갈 수 있게 되었다. 조명희의 「낙동강」(〈조선지광〉, 1927. 7)에서 주인공 박성운은 농민의 아들이며 어민의 손자로 도립간이 농업학교를 마치고 군청 농업조수로 일하다가 3 · 1운동을 계기로 열혈투사로 활약한 것 때문에 일 년 반 동안이나 감옥살이를 한다. 감옥에서 나온 후 서간도, 만주, 러시아, 중국 등지를 돌아다니며 투쟁하였다. 오 년 후 국내로 돌아와서는 경상도에 가서 사회운동을 망라하는 활약상을 보였다. 이 소설은 박성운이 일본 경찰의 모진 고문으로 병을 얻어 두 달 후 보석출옥하는 것을 동리사람들이 환영하는 장면에서 시작하여 성운이가 죽은 다음에 성운의 애인 로사가 북행

열차를 타고 가는 것을 묘사하는 것으로 끝내고 있다. 이 조그만 서사공간 안에서 비록 뼈대만 추린 것이기 하지만 사회주의 유입과정과 1920년대의 사상운동의 흐름을 짚어 볼 수 있다. 「낙동강」에는 해방 전 우리 소설들이 자주 취해 온 주요 모티프들이 거의 망라되어 있다. 이 소설은 출옥, 독립운동, 수감, 간도이주, 방랑, 사회주의자, 귀농, 매녀, 농민계몽, 소작쟁의, 야학, 여성투사, 주의자 자녀와 부모의 갈등, 의식화, 주의자 사망 등과 같은 일제치하의 한국인들의 비극적 현실을 일러주는 모티프들로 짜여져 있다. 그만큼 「낙동강」은 단편소설임에도 합성형의 성격을 잘 보여 준다.

1930년대에 옥살이 모티프를 취한 작품들은 감옥에 간 이유로 급진사상운동으로 묶여지는 행위들을 가장 많이 제시하였다. 출옥 후의 모습이나 행동양식을 제시하는데 있어서는 환멸의 플롯을 가장 많이 취하고 있다. 감옥에 갔다 오고 난 다음에 실의에 빠진다든가, 전향해 버린다든가, 심신에 병이 든다든가 하는 것을 말한다. 유진오의 「행로」(1934)에서 종혁의 전락, 「수난의 기록」(1938)에서 세호의 전락, 백철의 「전망」에서 김형오의 자살, 정비석의 「삼대」(1940)에서 경세의 증발, 이효석의 「장미 병들다」(1938)에서 남죽의 타락, 김남천의 「맥」(〈춘추〉, 1941. 2)에서 오시형의 전향, 최명익의 「심문」(1939)에서 현혁의 비참한 전락, 한설야의 「태양」(1936), 「이녕」(1939), 「숙명」(1940) 등의 여러 단편들에서 보이는 주인공의 좌절 등은 환멸의 플롯으로 일괄할 수 있다. 이러한 환멸의 구성은 1920년대의 최서해의 「해돋이」 같은 해당작품들이 출옥 후에도 투쟁의지를 꺾지 않는 쪽으로 결말을 맺은 것과 좋은 대조를 이룬다. 김남천이나 한설야 같은 카프작가들은 감옥에 갔다 온 주인공을 대체로 무력하거나 자조적인 태도를 취한 것으로 그린 반면 프로작가가 아닌 작가들은 동반자작가를 포함하여 연민을 표시하기도 하고 냉소를 보내기도 한다. 출옥 후의 주인공을 어떤 식으로 그리느냐에 따라 단순한 리얼리즘가작가/동반자작가/카프작가로 가를 수 있을 정도다.

물론 이광수의 「무명」(〈문장〉, 1939. 2)과 같이 이데올로기에 관계없이 일제하의 감옥의 풍경을 생생하게 그려낸 것도 있다. 「무명」은 이광수가 거의 극화되지 않은 일인칭 관찰자 시점을 취하여 병감에 수용되어 있는 여러 인물들의 경우를 그려 보이고 있다. 사기죄로 들어 온 정가, 토지사기꾼들에게 도장을 파주어 문서위조범으로 들어온 윤가, 민대감집 마름으로 수십년간 작인들을 등치다가 등장(等狀)의 대상이 되어 마름을 떼인 것이 분해 새 마름집에 방화한 혐의로 들어온 민가, 신문기자로 과부 며느리와 추한 관계가 있다는 부자를 공갈 협박하여 돈 일천육백원을 빼앗아 먹은 죄로 들어온 강가 등은 서로 연일 다툴 정도로 차이를 보이면서 비참한 종말을 맞는다는 공통점을 보인다. 이 작품은 민가와 윤가가 죽고 강은 목수일을 하고 정은 여기 저기 병이 나서 중병환자로 고생하는 것으로 끝맺음하였다. 「무명」은 1930년대 말의 현실을 번뇌와 고통이 극에 달한 '병감'으로 비유한 것처럼 해석될 수 있는 점에서 1920년대 초에 염상섭이 「만세전」에서 당시 현실을 '묘지'로 파악한 것의 연장선에 놓고 볼 수 있다.

5. 의식적 리얼리즘의 걸작들(「만세전」, 「운수 좋은 날」, 「벙어리 삼룡」, 「양과자갑」)

1923년에 이어 1924년에는 최서해의 「토혈」, 「고국」, 김동인의 「유서」, 현진건의 「운수 좋은 날」(〈개벽〉, 1924. 6), 이광수의 「혈서」, 염상섭의 「만세전」, 나도향의 「전차차장의 일기 몇 절」, 김기진의 「붉은 쥐」 등과 같은 문제작들이 나왔다. 이러한 작품들은 소설은 양심적인 현실반영을 기본특질로 한 리얼리즘이 소설의 근대화를 가져 오는 결정적 계기가 되었다는 세계문학사 내의 통념을 정당화해 준다. 또 현실의 충실한 묘사가 성공작의 충분조건이 될 수 있음을 실증해 주었다. 1923~1924년도의 소설들은 시대나 역사나 사회라는 말로 대치될 수 있는 현실에 바짝 다가가는 노력을 보였다. 「만세전」의 모체인 「묘지」는 우리 현대소설에서 조선 총독부의 검열로 말미암아 삭제당해 미완으로 끝나고 만 최초의 소설이다. 이 작품은 작중의 '나'가 시모노세끼에서 부산으로 가는 배에서 여러 차례 일본형사들로부터 가방을 수색당하는 수모를 겪는 데서 중단되었다. 염상섭은 한일합방 직후의 한국사회와 한국인의 삶의 모습을 '묘지'로 제시하려는 의도에서 이 소설을 썼다. 〈신생활〉에 게재되지 않았다면 「묘지」는 태어나지 못했을지도 모른다.

「만세전」은 〈시대일보〉의 분위기에 맞게 조절되었다. 일본에 유학가 있는 이인화는 경성에 와서 아내의 장례를 치르고 다시 동경으로 돌아가는 과정에서 일본인 순사들과 조선인 순사들로부터 몇 차례 검문을 당하고, 굶주림과 공포심에 찌든 조선인들의 얼굴을 목격하고, 수많은 조선인이 목구멍에 풀칠하기 위해 일본이나 간도 등지로 팔려 간다는 사실을 알게 되면서 조선에 대해 제대로 눈뜨게 된 것이다. 동경에 유학하고 있을 때에도 나라니 민족이니 하는 것을 잊고 살았던 이인화는 아내의 장례를 치르고 오는 과정에서 조선의 현실을 냉엄하게 파악하면서 흥분하지도 지사연하지도 않았다. 이인화는 각성은 하였으되 성장하지는 않은 것처럼 보인다. 경향소설이나 프로소설에서 자주 나타나는 절규, 의분, 각오 등은 이 소설에서는 찾기 어렵다. 주인공 이인화는 한국 지식인으로서는 분명 한계를 보였지만 작가 염상섭은 현실의 구석구석을 보여줌으로써 저항은 아니지만 굴종은 더더욱 아닌 자세를 보여 준 것이다.

「만세전」의 주인공 이인화가 상황에 반응하는 면에서 작가 염상섭을 크게 닮은 것처럼 염상섭은 처세 잘 하고 영악한 인물을 프로타고니스트로 세우는 법이 별로 없다. 해방 이후 발표된 장편소설 「효풍」(1948)에서의 영문학자 김관식, 「양과자갑」에서의 영문학자 영수가 염상섭의 진정한 프로타고니스트의 좋은 예가 되고 있다. 「양과자갑」(〈해방문학선집〉, 1948)에서 영수는 미국 유학생 출신이라는 점 한 가지 때문에 일제 말에

두 번 씩이나 유치장 신세를 져 홧술로 세월을 보냈으면서도 해방 이후에는 시대에 편승할 생각을 하지 않는다. 영어실력을 재산으로 하여 조금만 머리를 굴리면 집도 생기고 자리도 생길 판인데 도무지 그런데 관심을 두지 않는다. 영수는 딸 보배가 영문편지를 번역한 것의 사례로 미군과 사귀는 여자로부터 양과자갑을 받아오자 그것을 버리는 행위를 보인다.

현진건은 염상섭과 함께 "보여주기"에 충실했고 독자의 적극적 반응을 이끌어 낼 수 있었다. 의도적으로 보여주기에 충실함으로써 어설프게 말하기의 수법을 쓴 작가들보다 독자들의 적극적 반응을 산 점에서 염상섭과 현진건은 같다. 현진건은 1926년에 11편의 단편을 모아 「조선의 얼굴」이란 소설집을 낸 바 있는데 「고향」과 「운수 좋은 날」이 그야말로 조선의 얼굴을 대표하고 있다. 「운수 좋은 날」(〈개벽〉, 1924. 6)은 가난에 찌든 인력거꾼의 초상화를 그림으로써 1920년대 경성의 풍경화에 도달하는 방법을 취하였다. 인력거꾼을 주인공이면서 초점화자로 내세운 점에서 빈자소설이면서 노동자소설이 된다. 약 한 번 제대로 먹지 못하고 시름시름 앓던 아내가 인력거꾼인 남편이 유난히 돈을 많이 번 날에 죽는 것으로 그린 점에서 비극성이 고조된다. 초기에는 자신의 모습을 그리는데 치중했다가 나중에는 하층민에게로 관심을 모았다는 점에서 나도향은 현진건과 같은 범주에 속한다.

나도향으로서는 말년의 작품이라고 할 수 있는 「계집하인」(1925), 「벙어리 삼룡」(〈여명〉, 1925. 7), 「물레방아」(1925), 「뽕」(1925) 등은 머슴의 존재를 주인공으로 내세우며 남자가 신분이 낮고 돈이 없어 여자로부터 버림을 받는다는 구성을 보여 주고 있다. 「벙어리 삼룡」은 주인집 아들에 대한 표현할 수 없는 분노가 아씨에 대한 연민과 사모를 거치면서 복수의 행동으로 바꾸어가는 과정을 그려내고 있다. 삼룡에게 주인아씨는 이성에 대한 성적 욕구는 본능적인 것임을 일깨워 주었을 뿐만 아니라 주인아들의 천대에 대한 반항심을 갖게 하는 계기가 된다. 따라서 주인아씨는 벙어리 삼룡에게 비의도적인 매개자가 된 것이라고 할 수 있다. 「벙어리 삼룡」의 결말을 장식하는 방화 모티프는 현진건의 「불」, 「사립정신병원장」, 최서해의 「박돌의 죽음」, 「홍염」 등과 마찬가지로 방화를 복수, 응징, 과거정리 등의 의미로 되새기게 만든다.

6. 「민촌」, 경향소설의 출발점

1920년대는 경향소설의 시대라고 해도 지나친 말은 아니다. 경향소설의 범위를 어떻게 보느냐에 따라 경향소설의 의미가 달라질 수 있으며 경향소설의 조건을 어떻게 잡느냐에 따라 경향소설이 차지하는 시간의 폭도 달라질 것이다. 경향이라는 말 앞에 여러 사조의 명칭이 붙을 수 있다고 보는 것은 광의론자의 입장이고 '경향'은 '사회주의적 경향'을 줄인 것이라고 하는 것은 협의론자의 주장이다. 협의론자에 동조할 경우, 경향문학은 못 가진 자, 억압적인 상황, 불공평한 제도 등에 문제의식을 모으면서 무산계급의 해방을 목표로 삼은 것으로 규정된다. 김남천의 주장(〈모던문예사전〉, 〈인문평론〉, 1940. 1)에 따르면 1920년대와 1930년대의 경향소설은 신경향파문학의 별명, 프로문학의 별칭, 카프작가와 동반자작가가 쓴 문학의 총칭 등과 같이 대략 세 가지 의미로 사용되어 왔다. 세 번째 뜻을 확대하면 경향소설은 동반자소설은 말할 것도 없고 전향소설까지 포괄하게 된다.

경향소설에 대해서는 김팔봉과 박영희는 '프로소설의 전단계'라는 뜻으로 좁혀 사용했고, 임화는 「문학의 논리」(1940)에 수록된 여러 편의 평론에서 경향소설을 프로소설까지 포괄하는 것으로 좀 더 넓혀 사용했다. 프로소설까지 포괄하는 경향소설은 노동자, 농민, 빈민, 룸펜 인테리, 사회주의자 등을 주인공으로 내세우면서 삶의 궁핍상이나 사상의 경향성을 드러낸 소설이라고 할 수 있다. 이때의 경향성은 의식이나 감정이나 행동방식의 면에서 일대 변화를 일으키는 것을 의미한다. 의식의 변화는 주로 사회주의사상이나 계급의식으로 기울어지는 것을, 감정의 변화는 가진 자나 짓밟는 자에 대한 증오감이나 파괴본능을 쏟아내는 것을, 행동양식의 변화는 극한상황을 맞아 파괴, 살인, 방화, 자살 등의 공격적이면서 극단적인 행동으로 나아가는 것을 말한다. 대체로 경향소설은 노동소설, 농민소설, 빈궁소설, 이념소설, 저항소설 등으로 구체화되었다.

경향소설로는 「탈출기」(1925), 「기아와 살육」(1925), 「홍염」(1927) 등과 같은 최서해의 소설, 「산양개」(1925), 「지옥순례」(1926) 등과 같은 박영희의 소설, 「붉은 쥐」(1924), 「젊은 이상주의자의 사」(1925) 등과 같은 김팔봉의 소설, 「농부 정도룡」(1926), 「쥐니야기」(1926), 「아사」(1927), 「민촌」(1927) 등과 같은 이기영의 소설, 「낙동강」(1927), 「동지」(1927) 등을 쓴 조명희의 소설, 「합숙소의 밤」(1928), 「과도기」(1929) 등과 같은 한설야의 소설을 들 수 있다. 여기에 송영, 최승일, 김영팔, 윤기정, 박승극, 엄흥섭 등과 같은 카프작가들의 작품과 주요섭, 현진건, 유진오, 이효석, 박화성, 강경애 등과 같이 동반자적 경향을 보이는 작가들의 소설을 추가할 수 있다.

민촌인 향교말의 농민들의 소박하면서도 가난에 찌들리고 굴종적인 모습에 대한 묘사가 배경음악처럼 깔리고 있는 이기영의 「민촌」은 지주의 횡포, 소작인의 굴종, 소작농의 매녀, 지주의 음난, 지식인에 의한 농민들의 각성, 기독교 비판 등과 같이 인과관계로 묶이는 사건들에 의해 견인되고 있다. 집안의 가난을 구하기 위해 벼 한 바리와 돈 쉰 냥에 박주사 아들에게 팔려가는 점순은 서울에서 전문교육을 받은 서울댁 창순으로부터 감화를 받아 어싯눈뜨기하게 된다. 악덕한 부자에게 갖게 된 부정적 감정은 그러한 부자를 편드는 세력이나 제도에게도 화살을 당긴다. 마침내 점순이는 소수의 부자가 다수의 빈민을 억압하는 세상을 찬미하는 교회를 부정하게 된다.

이기영의 소설에서 「농부 정도룡」의 정도룡, 「민촌」에서의 서울댁 창순,「제지공장촌」에서의 샌님,「박승호」에서의 박승호 등은「고향」의 김희준을 예고한다. 경향소설은 관념개진에 중점을 둔 것, 체험서술에 중점을 둔 것, 카프의 창작방법론에 충실한 것, 동반자문학과 같이 형식과 의식을 조화시키고자 한 것 등으로 나누어 볼 수 있다. 이처럼 경향소설에 대해서는 분화되어야 하거나 발전되어야 하는 것으로 인식하여야 한다. 경향소설이 그야말로 많은 작품들을 포괄하는 거대한 소설유형을 이루었다는 것은 그만큼 1920년대의 대다수 한국작가들이 소설쓰기를 통해 현실파악을 해내었거나 현실극복을 모색했다는 의미가 된다. 1928~1929년도의 문제작으로 최서해의「갈등」,「폭풍우시대」, 이기영의「채색무지개」, 한설야의「인조폭포」,「과도기」,「씨름」, 송영의「석탄 속에 부부들」,「다섯 해 동안의 조각편지」, 이효석의「행진곡」,「기우」, 유진오의「오월의 구직자」 등은 광의의 경향소설의 본질적 국면을 열어 보이고 있다.

협의로 보든 광의로 보든 경향소설의 최고의 산모는 카프작가들이다. 카프는 단순한 운동가보다는 실천적인 작가(writer-activist)가 지배했고 이끌어 갔다. 카프결성을 계기로 당시 작가들 사이에서는 조직을 통한 사상운동이 창작활동 못지않게 중요한 것이라는 인식이 확산되었다. 이때의 카프를 통한 집단적 사상활동은 가맹작가들이 소설쓰기라는 작가로서의 본업을 제대로 이행하지 못했을 경우 그것을 보전해주는 역할을 하기도 하였다. 카프동맹 작가들 중 최서해, 조명희, 이기영, 한설야, 김남천 등은 1930년을 전후로 하여 일급의 작가로 평가되었다. 작가들에게 단합, 공동체의식, 정치투쟁, 창작방법 등을 강조했던 카프가 작가는 무엇보다도 잘된 작품을 쓰는 것이 제일이라는 점을 실천을 통해 일깨워 주었나는 것은 아이러니가 아닐 수 없다.

경향성의 분화와 이화 그리고 퇴화 (한국현대소설 점묘 2)

1. 「지하촌」과 「동백꽃」

1920년대의 경향소설은 1930년대에 와서 농민소설, 노동자소설, 주의자소설 등과 같은 거대한 소설유형으로 분화되면서 프롤레타리아소설로 예각화되기도 하였다. 주의자소설은 이기영의 「김군과 나와 그의 안해」(1933), 유진오의 「형」(1931), 「상해의 기억」(1931), 이태준의 「실낙원 이야기」(1932), 「서글픈 이야기」(1932), 이무영의 「타락녀 이야기」(1935), 박화성의 「비탈」(1933), 강경애의 「파금」(1931), 「번뇌」(1935), 김남천의 「남편, 그의 동지」(1933), 박승극의 「풍진」(1935), 한설야의 「귀향」(1935) 등과 같이 유파를 뛰어넘어 많은 작가들에 의해 발표되었다. 주의자소설의 상위개념은 지식인소설에서 찾아야 하며 동위개념의 하나는 예술가소설에서 찾을 수 있다.

공장노동자소설로는 김남천의 「공장신문」(1931), 「공우회」(1932), 「생의 고민」(1933), 이기영의 「종이뜨는 사람들」(1930), 유진오의 「여직공」(1931), 「오월제전」(1932), 「전별」(1932), 이북명의 「질소비료공장」(1932),

「암모니아탱크」(1932), 「기초공사장」(1932), 「공장가」(1935), 엄흥섭의 「그대의 힘은 약하다」(1932), 「온정주의자」(1932), 이효석의 「마작철학」(1930) 등이 있다. 공장노동자소설도 유진오, 이효석 등의 작가가 잘 일러 주고 있는 것처럼 특정 유파의 작가들에 의해 씌어진 것만은 아니다. 나도향의 「벙어리 삼룡」, 현진건의 「운수 좋은 날」, 최서해의 「고국」, 「탈출기」에서 보이는 육체노동자들은 1930년대에 들어와 여러 작품들에서 공장노동자로 전화하면서 집단화, 세력화, 의식화하기에 이르렀다. 1930년대 전반기의 공장노동자소설이 대체로 저항적 지식인과 노동자들을 연결시키는 가운데 노동자들의 저항 모티프를 중심 모티프로 취한 것에 반해 후반기의 소설은 노동자들의 비참한 삶의 모습을 그리는데 역점을 두었다. 전반기 소설은 '소설은 이데올로기적 서술양식' 이라는 공식을, 후반기 소설은 '소설은 현실반영의 서술양식' 이라는 명제를 성립하게 만든다. 이렇듯 저항적이거나 개혁적인 성격이 후퇴한 계기의 하나는 카프해체에서 찾을 수 있다. 이북명은 공장노동자 체험을 살려 소설을 써 냄으로써 소설은 이데올로기의 표출이라는 관념을 강화하는데 크게 기여했다. 유진오는 이북명과는 반대로 노동문제를 이론가로 접근했음에도 이북명과 비슷한 결과를 낳을 수 있었다.

해방 이전 소설유형에서 가장 많은 편수를 담고 있는 농민소설은 1920, 30년대의 농촌의 실상을 그린 것과 농촌개선운동을 그린 것으로 대별해 볼 수 있다. 여기에 농촌을 자연으로만 설정한 이효석의 「돈(豚)」(1933), 「메밀꽃 필 무렵」(1936) 등과 같은 소설이 추가된다. 1920~1930년대의 농촌의 현실을 그려낸 문제작으로는 「노다지」(1935), 「만무방」(1935), 「동백꽃」(1936) 등과 같은 김유정의 소설, 「흙을 그리는 마음」(1932), 「용자소전」(1934), 「제일과 제일장」(1939), 「흙의 노예」(1940) 등과 같은 이무영의 소설, 「양잠촌」(1932), 「서화」(1933), 「고향」(1933~1934), 「돌쇠」(1934) 등과 같은 이기영의 소설, 「사방공사」(1932), 「추수후」(1933) 등과 같은 한설야의 소설, 「하수도공사」(1932), 「홍수전후」(1934~1935), 「한

귀」(1935) 등과 같은 박화성의 소설, 「영원의 미소」(1933~1934), 「상록수」(1935~1936) 등과 같은 심훈의 소설, 「인간문제」(1934), 「지하촌」(1936) 등과 같은 강경애의 소설을 들 수 있다.

김유정 소설을 관류하고 있는 상황은 농촌의 궁핍으로 부를 수 있다. 농촌의 궁핍은 노름, 폭력, 매춘, 도박 등과 같은 비인간적 행태를 불러오는 것임을 김유정소설이 입증해 주고 있다. 그는 가학적이거나 공격적이거나 폭력적인 작중인물을 내세움으로써 현실생활 속에서 최소한의 자아보전 내지 자기방어를 도모하는 효과를 갖기도 한다. 「소낙비」(1935), 「솥」(1935), 「아내」(1936), 「정조」(1936) 등의 단편은 끼니를 잇기 위해 혹은 노름돈을 마련하기 위해 남편이 아내에게 들병이를 권하는 장면을 제시한 데서 공통점을 갖는다. 들병이란 존재는 먹고 살기 위해 최소한의 인륜마저 내팽개친 1930년대 한국농민들의 극단적인 사고와 행태를 가장 잘 설명해 준다. 이상의 「날개」, 「봉별기」, 현덕의 「남생이」 등도 들병이 모티프를 취한 공통점으로 묶어 볼 수 있다.

김유정이 농촌을 배경으로 들병이가 생겨나는 과정을 그리고 있을 때 이상은 도시를 배경으로 병적인 부부관계를 그려 내었으며 현덕은 「남생이」에서 어촌을 무대로 한 들병이의 행태를 구체적으로 그려내고 있다. 김유정이 솔직하게 구복(口腹)을 제일로 안 것으로 나타났다면 이상은 심장과 머리를 제일로 안 것처럼 꾸미고 있다. 「동백꽃」(〈조광〉, 1936. 5)에서 점순이네 집과 '나'의 집은 마름과 소작인의 관계에 놓여 있다. 3년 전에 이 마을에 들어온 '나'의 집에 마름인 점순이 아버지가 땅을 부치게 해주었고, 집터를 빌려 주어 집을 짓게 허락해 주었고 양식도 꾸어 주었다. 심훈, 이기영, 한설야, 엄흥섭 등의 소설에서처럼 마름과 소작인의 사이를 적대관계로 몰아가지 않았던 만큼, 「동백꽃」에서의 화해의 관계는 오히려 예외적인 경우가 된다. 점순이와 일을 저질렀다간 땅도 떨어지고 집도 내쫓긴다는 공포가 작용하고 있어 '나'는 점순이와 일정한 거리를 두었으나 점순이는 '나'를 호감가는 이성으로 대할 뿐이다. '나'에게는 가정의 안녕이 점순에게는 자존심이 검열장치가 되고 있다. 두 남녀는 닭싸움으로 자존심의 대리전을 치른 끝에 사랑하는 관계로 발전하게 된다. 김유정은 지주와 소작인 관계를 당시의 시대정신에 몰려 이념으로 재구성하는 대신 동정이라든가 성충동과 같은 인간본능을 인정하는 태도를 취했다.

강경애의 「지하촌」(〈조선일보〉, 1936. 3. 12~4. 3)은 극빈에 시달리는 농민들의 모습을 그리는데 치중한 것으로, 그 비참한 현실이 빚어지게 된 원인에 대한 접근은 보여 주지 않았다. 이 소설은 동냥을 일삼고 다니는 칠성이가 옆집 사는 맹인처녀 큰년이를 사모하다가 끝내 그 처녀를 놓쳐버린다는 사연과 가족들이 약 한 번 변변히 써보지 못한 채 처참한 몰골을 하고 지내는 것을 경악의 시선으로 목격하게 된다는 이야기를 담고 있다. 이 소설은 비극성을 강조하기 위해 작중인물들을 불구자나 병자로 내세웠다. 칠성이의 어린 동생이 머리에 종기가 나서 쥐가죽을 붙였는데 나중에 그 속에서 구데기가 득실거리게 되어 어머니가 절규하고 칠성이가 비명을 지른다는 결말부분은 엽기적인 느낌을 안겨 주면서 비극성을 고조시킨다.

2. 농촌소설의 인식과 형식(「홍수전후」~「상록수」~「논이야기」)

1920, 30년대 농촌의 실상을 그린 작품들 사이에서는 굶주림 모티프가 비극성을 가장 잘 제시한 것이긴 하지만 홍수 모티프도 한국농민들의 삶의 비극을 잘 반영하고 있다. 홍수 모티프를 중심 모티프로 취하고 있는 소설로는 이광수의 「무정」(1917), 최서해의 「큰물진 뒤」(1925), 한설야의 「홍수」(1928), 이기영의 「홍수」(1930), 「고향」(1933~1934), 박노갑의 「홍수」(1934), 박화성의 「홍수전후」(1934~1935), 한설야의 「홍수」

(1936), 김만선의 「홍수」(1940) 등이 있다. 민족개량주의자 이광수, 카프 작가 이기영과 한설야, 협의의 경향작가 최서해, 동반자 작가 박화성과 박노갑, 리얼리스트 김만선 사이에는 홍수 모티프 처리방법이 분명히 다르게 나타나고 있다. 홍수 모티프는 경향소설, 프롤레타리아소설, 동반자 소설, 전향소설 사이의 차이를 분명하게 드러내 주는 쪽으로 기능하기도 한다. 이들 작가들은 홍수가 난 상황, 주인공의 행동양식, 홍수의 원인, 주제의식 등의 측면에서 분명한 차이를 보여 주고 있다. 최서해와 한설야와 박노갑은 홍수가 더 큰 것으로, 이광수와 이기영은 사람이 더 큰 것으로, 박화성과 김만선은 사람과 홍수가 팽팽하게 맞서고 있는 것으로 그려내고 있다. 카프작가가 인간이나 홍수 그 어느 곳에 역점을 둔 반면 동반자작가는 인간과 홍수 사이를 팽팽한 긴장관계로 보았다. 박화성의 「홍수전후」(〈신가정〉, 1934. 9~1935. 3)는 홍수가 일어나고 사람들이 그와 맞서 싸우는 모습을 어느 작품보다도 생생하게 묘사하였다. 영산강 근처 영산리를 배경으로 한 이 소설에서 송서방은 주어진 현실과 지배세력에 곱게 순종하는 운명론자의 모습을 보여 주고 있다. 가난도 하늘의 뜻이고 홍수도 하늘의 뜻이라고 믿어 버리는 아버지에게 아들 윤성은 앞뒤가 안 맞는다고 하면서 계속 천리 타령만 할 것이냐고 반항한다. 「홍수전후」에서 '홍수'는 윤성 부자를 운명론자와 의지론자로 나누어 버리는 결과도 빚어내고 있다.

이미 1920년대 후기부터 우리 소설사는 귀농 모티프와 계몽 모티프를 중심 모티프로 취한 작품들을 여러 편 보여 주었다. 〈조선농민〉을 비롯하여 여러 농민잡지가 나왔으며 〈조선일보〉는 1929년 3월 창간 9주년 기념사업으로 '농촌생활개선운동'을 펼쳤고 〈동아일보〉는 1931년에서 1934년까지 '학생하기 브나로드운동'을 전개하였다. 1930년대에 들어서면서 관은 관대로, 민족주의자와 사회주의자와 같은 민간인은 민간인대로, 천도교와 기독교 같은 종교단체는 종교단체대로 농민운동을 펼쳤다. 누가 주도하든지 간에 농촌사업은 현실적으로 문맹퇴치운동, 협동조합운동, 소작운동, 반상타파운동, 이상촌 건설운동 등으로 제한되고 구체화될 수밖에 없었다. 이광수의 「흙」과 심훈의 「상록수」는 당시의 합법적인 농촌사업에 대한 백서라고 불러도 좋을 정도다.

박영준의 「모범경작생」(〈조선일보〉, 1934. 1. 10~23)은 조선총독부가 주도하는 농촌운동을 간접적으로 비웃은 셈이 되었다. 이 작품의 주인공 김길서는 마을 전체에서 혼자 보통학교를 졸업, 군청과 면사무소에 마음대로 출입하면서 마을 진흥회, 조기회 회장직을 도맡아 마을 사람들에게 많은 지식을 보급한 공로로 그의 논 앞에 '모범경작' 이라는 말뚝이 박히는 포상을 받게 된다. 기본적으로 지주와 관리의 충복이 된 길서가 마을 농민들이 도조감하를 건의하는 일에 냉담한 반응을 보이는 것은 예정된 일이다. 길서가 일본 시찰단으로 뽑혀 나가자 그의 논 앞에 박혀 있던 "모범경작생" 이란 말뚝은 농민들에 의해 뽑혀버리고 만다. 박영준은 1930년대 중반의 분위기에서도 관(官)을 추종하고 민(民)을 배반하는 길서를 부정적 인물로 그려낼 줄 알았다. 닫혀진 사회에서의 영웅은 열린 사회를 지향하는 농민들에 의해 거부되었다. 긍정적 존재든 부정적 존재든 농민운동가가 농민들로부터 배척당한다는 사건은 「흙」, 「모범경작생」, 「상록수」를 하나로 묶어 준다. 물론 이러한 그룹화는 오래 가지 않는다. 「흙」과 「상록수」에서는 농민들의 배척행위가 중간에 일시적으로 나타난데 반해 「모범경작생」에서는 결말에서 나타나고 있기 때문이다.

「모범경작생」이 농민 편에서 관리와 지주를 간접적으로 조소한 반면 채만식의 해방 후 발표작 「논이야기」(〈협동〉, 1946. 10)는 한덕문이란 어리석고 허황한 농민의 경우를 제시하였다. 19세기 말에 동학가담혐의로 붙잡혀 모진 고문을 견디지 못하고 자복한 후 이방의 강요에 따라 자기네 땅 대부분을 관(官)에 주고 풀려났던 한태수는 경술년에 합방이 되자 그깐 놈의 나라는 잘 망했다고 하였다. 이런 아버지에게 일곱 마지기 물려 받은 한덕문은 술 좋아하고 노름 좋아하다가 빚에 몰려 일본인 길천에게 땅을 팔고 빈털터리가 되면서 일본인들이 쫓겨 가면 자기 땅을 찾을 수 있다는 공상까지 했다. 이 소설은 해방이 되자 길천이 내놓고 쫓겨 간 땅을 한덕문이 공짜로 되찾으려다 실패하고는 독립됐다고 했을 때 만세를 부르지 않기를 잘 했다고 중얼거리는 것으로 끝나고 있다. 아버지 한태수의 삶이 드러낸 비극성과 아들 한덕문의 생각이 빚어낸 희극성은 상승작용을 일으키고 있다.

이무영의 「제일과 제일장」(〈인문평론〉, 1940. 4)은 지식인과 농민 사이의 친화를 모색한 것이다. 도시생활에서의 한계와 회의로 귀향을 결심한 수택은 아버지의 진실을 알게 되면서부터 진정으로 농민을 위한다는 명분 아래 소설창작을 꾀하며 자연스럽게 육체노동경시론을 청산하게 된다. 이광수의 「흙」과 심훈의 「상록수」가 주인공이 귀농한 후 여러 가지 사업을 벌이는 것을 그리는데 치중한 것과는 달리 이무영의 「제일과 제일장」은 귀농 직후의 적응과정에 서술의 초점이 맞추어져 있다. 전자의 작품들이 문명, 근대화, 합리성 등을 도달점으로 본 반면 후자의 작품들은 흙, 자연을 목적지로 삼고 있다. 「상록수」에서 박동혁이 한곡리로 돌아 간 후 한 일은 농우회관 완성, 공동답 설치, 부인근로회 조직, 고리대금업자 강기천에 대한 저항과 설득, 농촌진흥회 운영, 반상타파론 계몽 등이었다. 고리금지, 부채탕감, 소작권 이동금지, 반상타파 중심의 자력갱생론은 급진주의자였기에 가능했고, 동생을 포함한 동네 청년들의 협조가 있었기에 가능했고, 자기 고향이 있기에 가능했다. 농촌사회학의 견지에서 「흙」과 「상록수」가 제로에서 플러스로 나아간 것이라면 「제일과 제일장」은 마이너스에서 제로에 도달한 것이라고 할 수 있다. 「흙」과 「상록수」가 기본적으로 귀농지식인을 교사로 농민을 학생으로 설정한 반면, 「제일과 제일장」은 농민인 아버지를 교사로, 지식인인 아들을 학생으로 설정했다. 아들은 아버지에게 문명이니 이성이니 하는 것을 일깨워 주려한 대신 아버지로부터 양심이니 가치니 하는 것을 배우게 된다.

3. 지식인의 병리학(「소설가 구보씨의 일일」, 「까마귀」, 「날개」)

일제강점기의 소설은 주요 문제적 인물로 농민과 노동자 뿐만 아니라 지식인을 내세웠다. 기본적으로 다면적일 수밖에 없는 지식인 가운데서도 청년지식인이나 룸펜 인테리는 농민이나 노동자와 함께 못가진 자라든가 지배당하는 자로 묶인다. 1920년대에 프로문학의 주인공이었던 룸펜 인테리는 박태원의 「사흘 굶은 봄달」(1933), 「딱한 사람들」(1934), 「전말」(1935), 채만식의 「레디메이든 인생」(1934), 「명일」(1936), 이효석의 「인간산문」(1936) 등에서 보이는 것처럼 내면을 드러내 보이기 시작했다. 이무영의 「루바슈카」(1933), 「거미줄을 타고 세상을 건느려는 B녀의 소묘」(1934), 박태원의 「피로」(1933), 「소설가 구보씨의 일일」(1934), 함대훈의 「인생극장」(1935), 강경애의 「원고료 이백원」(1935) 등과 같은 소설가소설은 지식인의 내면세계를 더욱 깊게 파헤쳐 보였다. 당시에 '내성(內省)' 이라는 말이 유행했던 것처럼 이들 소설들은 행위나 상황보다 주체로서의 내면을 중요한 장면으로 보았다.

박태원의 「피로」는 소설가인 '나' 의 한나절 동안의 생활을 기록한 것으로 「소설가 구보씨의 일일」의 예고편에 해당한다. '나' 는 낙랑다방에서 음악을 들으며 소설을 쓰고 있다가 춘원, 민촌, 노산시조집 등을 들먹거리며 조선문단의 침체를 개탄하고 선배 문인들을 통매하는 문학청년들의 소리를 듣고는 밖으로 나와 버린다. 그리고는 여기 저기 사람들을 관찰하며 돌아다니다가 다시 낙랑다방으로 되돌아온다. 이미 제목이 가리키고 있는 것처럼 이 소설에는 '피로' 라는 말이 여러 번 나온다. 「소설가 구보씨의 일일」(〈조선중앙일보〉, 1934. 8. 1~9. 19)에서 주인공 구보는 실직, 병약, 정신병, 자기성찰, 문학가로서의 의욕 등으로 그 상이 정립되고 있다. 구보 자신이 신경쇠약, 귓병, 난시 등을 앓고 있으면서 자기 주변 사람들을 향해 언어도착증, 과대망상증, 여자음란증, 지리멸렬증, 질투망상증 등과 같은 증세를 찾아내고자 한다. 이 소설은 룸펜이면서 소설가지망생을 설정한 점에서 지식인소설, 룸펜소설, 소설가소설이라고 할 수 있으며 주인공이 병약한 상태를 고백하고 과거에 사랑했던 여인을 생각하는 것으로 그린 점에서 병자소설이며 심리소설이라고 할 수 있다. 「소설가 구보씨의 일일」은 경성 여러 곳과 경성부 사람들을 관찰한 점에서 도시소설의 모델이 되고 있다. 자로, 서해, 앙드레 지드, 스탕달, 아쿠다가와 류노스케 등의 동서양문인과 「홍염」, 「유리시즈」, 「승방비곡」, 「대도전」 등 국내외 작품들을 거명한 점에서 상호텍스트성에 다가간 흔적을 보여 준다.

이태준의 소설은 남녀간의 사랑을 다룬 것, 일제치하의 현실의 단면을 드러낸 것, 뿌리 뽑힌 자의 모습을 그려낸 것, 작가 자신의 삶을 기록해 놓은 것 등으로 나눌 수 있다. 작가 자신의 삶을 기록해 놓은 것에는 「가마귀」(1936), 「장마」(1936), 「패강랭」(1938), 「토끼 이야기」(1941) 등이 들어 간다. 「가마귀」(〈조광〉, 1936. 1)는 가 있을 곳이 없어 친구네 별장에 가 있던 작가가 고독, 가마귀 소리, 남포불, 폐결핵을 앓는 처녀 등을 만나면서 특히 죽음에 대해 깊게 생각하는 기회를 갖게 된다는 이야기를 들려주고 있다. 가마귀는 죽음을 일깨워 주는 흉조이며 죽고 난 다음에도 쫓아 올 공포의 새라고 주장하는 폐결핵 환자인 그 처녀의 공포심을 덜어 주기 위해 작중 작가가 활을 쏘아 가마귀를 죽이는 데서 음산한 분위기는 고조된다. 작중의 작가가 가마귀를 죽이는 장면, 가마귀 뱃속에 부적과 칼이 들어 있는 꿈을 꾸었다고 토로하는 대목, 약혼자가 그녀가 각혈한 피를 반 컵이나 마시는 행위 등은 그로테스크한 분위기가 감도는 서정소설로 내몰아 버린다. 음산하면서도 허망한 분위기를 안겨주는 「가마귀」의 원인적 사건은 처녀가 결핵을 앓다 죽은 사건에서 찾을 수 있다. 작가 김유정과 이상이 폐병으로 연달아 요절했던 그 무렵에 최정희는 주인공이 폐병을 앓는다는 사건을 설정하여 「흉가」를 썼고 현덕은 「남생이」

를 썼다. 채만식이 「밥이 사람을 먹다」(〈백광〉, 1937. 5)라는 김유정 추모사에서 김유정이 결핵을 심하게 앓고 있었음에도 끼니를 잇기 위해 계속 원고를 쓴 것 때문에 죽었다고 한스러워 한 것을 "밥이 사람을 먹다"라고 표현한 것처럼 결핵 모티프는 빈궁 모티프를 대치하는 것이 된다.

1930년대에 들어서면서 다수 작가들이 사회소설로 귀납한 것과는 달리 이상은 박태원 소설을 징검다리로 삼아 삶의 본질, 심층심리, 개인의 자의식 쪽으로 관심을 기울였다. 1920년대 초에 염상섭의 「제야」가 심리소설을 개척한 것이라면 1930년대 초에는 이상의 「십이월 십이일」이 1930년대에 한국소설의 한 주류로 자리잡게 되는 심리소설의 모델을 보여 준 것이라고 할 수 있다. 이후의 이상의 소설은 서사적인 것과 에세이적인 것, 의식세계와 무의식세계의 강한 결합이 분명하게 나타나는 특징을 지니고 있는데 이 소설은 미리 그것을 잘 보여 주고 있다. 이상소설은 소설의 전통적인 시학을 크게 뒤흔들어 놓았다. 「종생기」는 금홍과의 관계를 다룬 「봉별기」(〈여성〉, 1936. 12), 「날개」(〈조광〉, 1936. 4), 변동림과의 관계를 다룬 「실화」, 「동해」 등과 마찬가지로 논픽션인지 소설인지 얼른 구별되지 않은 사소설이자 에세이소설에 속한다. 「종생기」에서는 톨스토이, 도스토에프스키의 삶, 이백의 시, 모파상의 「지방덩어리」, 도스토에프스키의 「카라마조프의 형제」 등을 활용하고 있다. 이렇듯 이상소설은 의외로 온전히 무에서 유를 창조하는 방식을 취한 것은 아니다. 이상은 상호텍스트성이 강한 단편소설을 거의 처음으로 남긴 것으로도 기록될 수 있다.

「날개」는 처음 발표되었을 때의 상태를 보아도 독특한 소설임에 틀림없다. 1936년 9월호 〈조광〉(pp.196~214)의 첫 페이지에는 "이상 작, 화"라는 표시가 있고 두 페이지 (pp.196~197) 상단에 걸쳐 비행물체 같은 그림이 있다. 206과 207쪽 중단에 걸쳐 주인공이 누워 있고 그 위에 ASPIRIN, ADALIN이 교대로 세 번 씩 나와 있는 띠를 제시하고 있다. 작중의 '나'는 아내에게 어떤 행위를 하면 안된다는 것도 알고 있고 의도적으로 아내를 거슬리는 행위를 한 것도 없다. 아내를 의심할 줄도 알고 돈의 효용도 모르는 바 아니고 자존심도 있다. '나'는 기행의 소유자이긴 하지만 비정상적인 사고의 소유자는 아니다. 「날개」에서의 '나'의 아내와의 관계는 「봉별기」에서의 '나'와 금홍이의 관계로 재현된다. 여기서 '나'는 금홍이와 네 차례나 만났다가 헤어지곤 하면서 잠시 잠시 동거하는 관계를 이루고 있는 것으로 그려지고 있다. 「날개」의 '나'에 비한다면 금홍이에게 덜 집착하면서 자전소설적인 요소는 더욱 짙게 드러내고 있다. 「봉별기」에서의 '나'는 금홍이에게 두 남자를 소개해 주었고 네 번째 헤어진 후 집으로 돌아가서 시도 쓰고 소설도 쓰곤 하다가 더 이상 이 땅에서 생활하는 것은 어려워 곧 동경으로 가야겠다는 말을 여기저기 하고 다니게 된다. 이 소설은 '나'와 금홍이가 술상 앞에 마주 앉아 영변가와 육자백이를 주거니 받거니 하다가 금홍이가 "속아도 꿈결 속여도 꿈결 구비구비 뜨내기 세상 그늘진 심정에 불질러 버려라"와 같은 가사를 노래하는 것으로 끝내고 있다. 꽁트 정도의 길이임에도 삶의 허무를 감득하게 하면서 '나'와 금홍이에 대한 독자들의 연민을 한껏 높여 주었다.

4. 경성을 짓는 소설들(「천변풍경」, 「휴가」, 「창랑정기」)

1930년대에 들어서면서 경성을 배경으로 한 소설이 급증하게 된다. 이때의 경성은 단순한 공간배경을 넘어서서 식민지 근대화의 상징적 시공간으로 나타나기도 하고 작가들의 장소애의 성격으로 나타나기도 한다. 모두 50절로 되어 있는 박태원의 장편소설 「천변풍경」(〈조광〉, 1936. 8~10, 1937. 1~9)은 청계천변의 빨래터와 이발소를 여러 사람에 대한 소문을 전달하는 장소로 여기면서 비중이 비슷한 여러 인물들의 이야기를 병렬적으로 제시하고 있다. 이 소설에서는 도박(점룡, 민주사), 간통(민주사, 관철동집, 강석주, 최진국), 폭행(만돌, 애비), 밀수(금은방 주인), 사기

(안성집), 매춘(하나꼬, 기미꼬), 가출(금순) 등과 같이 불법적이며 비도덕적인 행위들을 볼 수 있다. 여러 주요인물들을 보여 주기의 수법으로 형상화하여 피상적 터치와 쇄말주의의 수준을 넘지 못하였다.

최정희의 「흉가」(〈조광〉, 1937. 4)는 신문기자인 '내'가 친정어머니, 형제, 아이와 함께 공간도 넓게 쓰고 경치도 좋은 집에 세 들어 갔다가 그 집이 흉가로 소문난 집임을 알고 불안과 절망에 빠진다는 이야기로 되어 있다. 이 소설은 이 집이 흉가로 소문나기까지의 과정을 솥부치는 늙은이의 입을 통해 비중있게 들려 주고 있다. 미친 것으로 소문난 안주인으로부터 얻어 맞는 흉몽, 새벽 달빛에 비치는 감나무 그림자, 방안에 걸려 있는 탈바가지 등은 여주인공을 공포로 몰아가기에 충분하다. 이 소설의 끝은 집주인에게 이사가겠다고 통보하고 온 '내'가 폐결핵에 걸린 것을 몸살로 잘못 알고 친정 어머니가 약을 지어가지고 오는 것으로 마무리되어 있다. 「흉가」와 「가마귀」는 결핵과 공포심의 모티프를 중심으로 삼고 있는 데서 일치된다. 최정희는 「흉가」 직후에 발표된 일기체소설 「정적기」(1938)에서 "「흉가」 쓴 것이 잘못이라고 집주인이 와서 떠나라고 쫓았다. 한 사람이 아니고 주인양주와 일꾼까지 와서 욱박지르고 야단법석이었다."(p.64), "집주인네들이 아침에 또와서 얼른 떠나지 않는다고 꽃당에 꽃을 마구 뽑아 던졌다"(p.65)와 같이 고백하고 있다. '흉가'로부터의 공포심에서 벗어나기 위해 소설을 썼다가 또 하나의 협박과 공포심을 갖게 된 것이다.

장편소설 「화상보」(1939~1940)를 연재할 무렵에 발표했던 유진오의 「창랑정기」(〈동아일보〉, 1938. 4. 19~5. 4)는 30대의 '내'가 7살 때와 16살 때 그리고 20여 년 후 등 세 차례나 서울 서강에 있는 창랑정을 찾아가 느낀 것을 옮겨 놓은 것이 중심내용이다. 7살에 갔을 때 대원군 시절 선전관, 이조판서를 지낸 삼종 증조부 서강대신을 만난 일과 종근 형수의 교전비인 을순이와 뒷동산에서 놀았던 것이 가장 기억에 남는다. 이 부분에서 작가는 복선을 깔아 놓는다. 즉 종근이가 완고파 할아버지의 결단에 따라 학교를 가지 못한다는 사건을 설정해 놓았다. 서강대신의 사후 손자 종근이의 난봉끼가 빚어낸 창랑정의 몰락은 예정된 것이나 다름없다. 이 소설의 앞부분에서 국내시인, 도연명, 괴테 등의 싯귀를 인용하면서 향수론, 휴식론, 고향론 등을 펼친 것을 보면 「창랑정」은 힘없는 것, 낡은 것, 사라진 것에 대한 향수를 강조한 것이 된다. 창랑정은 옛날에는 권화(權化)의 상징이었기에 그 몰락은 몇 배 허무감을 안겨 준다. 이 소설의 끝은 30대 중반이 된 '내' 가 창랑정 꿈을 세 번이나 꾸고 봄날 일요일에 당인리 행 기차를 타고 찾아 가 창랑정은 없어지고 공장이 들어선 것을 목격하는 것으로 되어 있다. 종근이 형의 난봉으로 인한 서강대신 집안의 몰락은 한국근대사의 축도로 보아도 무리가 없다. 옛것과 우리것이 새것과 세계적인 것으로 대치되면서 겪게 되는 서글픔과 허무감은 이태준의 「패강냉」이라든가 「석양」을 연상케 한다. 그런가 하면 시대의 변화에 적응하지 못한 존재나 세력에게 몰락의 위험을 경고하는 효과를 갖는다.

5. 삶의 윤리에의 근본적 질문(「탁류」, 「태양은 병들다」, 「맥」, 「남생이」, 「잔등」)

1920년대 말에는 염상섭, 최서해, 조명희, 현진건, 이기영, 한설야, 김남천 등이 보여주고 있는 것처럼 소박한 리얼리즘, 양심적 리얼리즘, 비판적 리얼리즘이 나타났고 1930년대 말에는 프로작가들마저도 신변소설, 세태소실, 전향소설 능의 소설유형이 일러주고 있는 것처럼 객관적 리얼리즘 또는 소박한 리얼리즘으로 후퇴하고 말았다. 리얼리스트들은 1920년대 후반과 1930년대 전반에 기세를 올리다가 1930년대 후반에 들어서면서 급격히 하강곡선을 그린다. 김팔봉이 제창한 변증법적 사실주의(1929)를 두고 당시 문인들은 활발하게 찬반논쟁을 벌였다. 안막은 프롤레타리아 리얼리즘(1930)을 제기하였고, 한설야는 프롤레타리아 리얼리즘과 변증법적 사실주의를 동일시하였다(1931). 백철, 박영희, 김남천, 안함광 등이 사회주의적 리얼리즘을 우리 현실에 맞지 않는다는 이유로 부정했던 것과는 달리 권환과 안막은 러시아에서 사회주의적 사실주의를 직수입하여 새로운 창작방법으로 내세웠다(1933). 박영희와 윤곤강은 프롤레타리아 리얼리즘 또는 사회주의적 리얼리즘의 대안으로 심리적 사실주의를 내세웠다(1934). 박영희는 「창작방법은 무엇을 조선문단에 기여하였는가」(〈삼천리문학〉, 1938. 1)에서 임화, 김남천 중심의 프로문학자들이 주장해 온 창작방법에 대해 "비문학자, 비예술가들이 추상한 규정을 문학자에게 예술가들에게 기여하려는 만용과 모순을 지적하지 않을 수 없었다"(p.108), "또 창작방법은 동일한 관념형태-의식형태를 소유하도록 하라는 것이다"(p.109), "문학의 범위는 창작방법에 충실하면 할수록 점점 좁고 적어지기 시작하여서 나중에는 자기자신까지도 질식하게 된 것이다"(p.110) 등과 같이 주장하였다. 창작방법은 결국 진정한 문학정신을 죽이는 것이라는 전향문인 박영희의 주장은 카프작가들을 겨냥하고 있을 뿐만 아니라 '국민문학'을 획책하는 세력까지 겨냥하고 있다. 그럼에도 박영희 자신은 카프, 전향문학, 친일문인 그 어디로부터도 자유롭지 못하였다.

「탁류」(〈조선일보〉, 1937. 10. 13~1938. 5. 11), 「천변풍경」(〈조광〉, 1936. 8~10, 1937. 1~9), 「남생이」(〈조선일보〉, 1938. 1. 8~25) 등은 양심적 리얼리즘을 견지한 것으로, 「맥」(〈춘추〉, 1941. 2)은 양심적 리얼리즘을 포기한 것으로 해석할 수 있다. 물론 「맥」의 오시형을 작가 김남천이 프로타고니스트로 여기지는 않았다는 점이 전제되어야 한다. 허준의 「잔등」(〈대조〉, 1946. 1)은 당대소설이 강요하기 마련인 편들기를 끝까지 털어버리려고 하면서 용서론과 관망론을 펼쳤다. 「탁류」(〈조선일보〉, 1937. 10. 13~1938. 5. 17)는 세태소설의 모델로 평가되어 왔다. 세태소설로 굳히는 것은 「탁류」에게서 당시의 세상을 있는 그대로 정직하게 묘사한 것을 가장 높게 평가하는 것을 의미한다. 세태소설이라는 규정은 정주사 같은 속물, 고태수나 장형보 같은 사기꾼, 초봉이와 같은 무지한 자기희생자에게 지나치게 큰 비중을 둔 결과로 나온 것이다. 남승재는 군산에서는 가난한 집 아이들을 돌보는데 힘쓰는 일을 하는 의사로 형상화되고 있다. 정주사, 초봉, 고태수, 장형보, 박제호 등이 세속사를 그려 내 보인 존재라면 남승재는 신성사를 그려내는 데 힘쓴 존재라고 할 수 있다.

채만식은 「자작안내」(〈청색지〉, 1939. 5)에서 "「명일」의 방향을 좀 더 넓고 세속적인 세계에서 발전시켜 보자던 것이 장편 「탁류」다. 그랬던 것이 어찌하다가 알짜는 남의 눈에 안 뜨이고 일컬어 세태소설이 되어 버렸으니 작품이 자식이라면 자식치고는 불효자식이다"(pp.76~77)라고 독자반응에 대한 불만을 털어 놓았다. 채만식은 박태원의 「천변풍경」과 같이 「탁류」가 세태소설로 묶이는 것을 불쾌하게 생각했다. 「탁류」를 발표한 직후에 채만식은 급격히 니힐리즘에 빠지고 말았다. 「소망」(1938), 「패배자의 무덤」(1939), 「모색」(1939), 「회」(1940), 「냉동어」(1940) 등의 소설에서는 니힐리즘 그것도 소극적 니힐리즘을 감득할 수 있다. 니힐리즘은 채만식이 정신적 핍박과 물질적 궁핍으로 요약되는 거대한 현실 앞에 별 뾰족한 대책없이 마주 선 느낌을 표현한 것이기는 하지만, 이 허무감과 무력감은 현실을 피상적으로 관찰한 데서 거둘 수 있는 것은 아니다. 오히려 깊은 통찰을 거쳐야 허무주의에 도달할 수 있는 것이다. 채만식은 허무주의적 삶의 태도라는 모티프를 중심 모티프로 취한 소설을 통해서 허무감을 이상심리(「소망」), 자살(「패배자의 무덤」), 무력증(「모색」), 달관(「회」), 사랑에의 몰두(「냉동어」) 등과 같이 심화시켰다. 허무주의적 삶의 태도는 한마디로 의식적 리얼리즘의 산물이라고 할 수 있다. 채만식은 「자작안내」에서 1939년에 단편 「선인의 집」, 「홍보의 집」, 「소망이후」, 「금의환향」과 장편 「원장(怨章)」을 써서 "니힐리즘의 독한 호흡"을 내보이려 했다고 고백하였다(p.76). 그러나 이중 한 편도 나온 것이 없다.

한설야는 1930년대 후반에 김용제 같은 논객들로부터 리얼리즘의 선로로 달려가라는 주문을 받기는 했지만 1930년대 후반의 객관적 정세는 한설야가 소박한 리얼리즘, 객관적 리얼리즘, 양심적 리얼리즘을 유지하는 것조차 쉽지 않게 만들었다. 「태양은 병들다」(〈조광〉, 1940. 1~2)는 「태양」(1936), 「철로교차점」(1936), 「이녕」(1939), 「종두」(1939), 「모색」(1940) 등과 같이 종전의 저항적 태도를 포기한 자전적 소설의 한 복판에 들어 있다. 이러한 소설들은 한설야가 적극적이며 비판적인 리얼리즘으로 나가지 못했음을 일러 주면서 큰 서사에서 작은 서사로, 사건소설에서 성격소설로 바뀌어가고 있음을 보여 준다. 한설야의 「태양은 병들다」는 당시 의사의 부정적 모습을 다양하게 그려내어 사적이며 주변적이며 정태적인 현실을 직시하였다. 이 소설의 최초의 원인적 사건은 화원장의 조선인 주인이 일본인 주인의 요리집으로 스카웃되어 가려고 하는 명우의 따귀를 갈겨 고막이 터지도록 하는 데서 빚어진다. 첫 번째로 찾아간 의사, 두 번째 찾아간 공의, 세 번째 찾아간 제생병원 의사 등은 결국 힘있는 자의 편이며 돈에 혈안이 된 자들이라는 공통점을 갖는다. 악덕의사를 고발하는 것은 카프작가로서는 최소한의 체면치레는 되는 것이며 양심적 리얼리즘을 견지한 것이 된다.

「경영」의 속편인 「맥」(〈춘추〉, 1941. 2)에서 주인공 오시형은 옥에서 나와 평양으로 귀향한 후, "비판만 하는 데서는 창조는 생겨나지 않는다", "외부환경에 대한 순응에 떨어지는 한이 있어도 지금 가슴 속의 새로운 맹아를 사랑할 수밖에 없다", "새로운 미래를 세우기 위해서는 일체의 과거가 희생당하고 유린되어도 어쩔 수 없다" 등과 같이 자신의 지식인으로서의 과거생활을 반성하면서 앞으로의 변화를 합리화하는 내용의 편지를 보낸다. 정책, 제도, 정치적 상황 등과 같은 큰 현실 앞에서 무릎을 꿇은 것이 된다. 그는 자기를 유지하고 완성하기 위해 객관적 현실에 복종하는 것이라는 명분을 내세웠다. 이러한 명분은 아시아를 유럽과 마찬가지로 세계사의 한 축으로 생각하는 다원사관에 의해 지지되고 있다. 「태양은 병들다」가 힘없는 존재를 농락하는 악의 존재를 고발하는 태도를 취한 반면, 「맥」은 일본의 대동아공영권을 위해 한 알의 보리가 되겠다는 각오를 들려 주고 있다. 한국인의 입장에서 보면 「태양은 병들다」가 아직은 플러스지대에서 머물고 있는 반면 「맥」은 제로에서 마이너스를 향해 움직이기 시작했다고 할 수 있다.

현덕의 「남생이」는 어촌을 배경으로 노마 어머니는 들병이로 나서고 노마 아버지는 폐병과 배신감과 무력감에 시달리다 죽어간다는 이야기로 되어 있다. 이 소설은 노마 아버지를 초점화자로 더 많이 내세우고 있기는 하지만 들병이 소설의 범주에 넣을 수 있을 정도로 노마 어머니와 털보와 이발사 바가지의 관계를 그리는데 많은 지면을 할애하고 있다. 이 소설의 표제인 '남생이'는 중병을 앓고 있는 노마 아버지를 위해 영이 할머니가 무병장수를 기원하고 부적을 잔 등에 붙인 남생이를 가리킨다. 노마 아버지는 부적을 태운 재를 정한수에 타서 먹으라는 부적을 벽에 붙여놓고 바라보다가 노마가 나무 올라 타기에 성공한 날 죽고 만다. 이런 끝 장면은 현진건의 「운수 좋은 날」을 연상하게 한다. 현덕은 노마, 노마 아버지, 영이할머니, 이발사 바가지 등을 번갈아 초점화자로 내세우면서 심리소설적 촉수를 행사하고 있다.

허준의 「잔등」(〈대조〉, 1946. 1) 속에서 '나'로 나타나는 화가인 천복은 장춘-회령-청진을 거치면서 많은 것을 생각하고 정리도 잘하는 인물로 그려져 있다. 일본인들에게 뱀장어를 잡아 파는 낚시꾼 소년에 대한 관찰과 국밥집 할머니와의 대화가 비슷한 비중으로 그려져 있다. 소년과 할머니의 대조적인 태도는 해방을 맞은 한국인 전체에게 확대 적용시켜 볼 수 있다. 즉 소년은 일본인에게 뱀장어를 공급하여 생계를 꾸려왔음에도 해방 직후에는 자기의 일본인 고객을 감시하고 응징하는 일을 하였으며 할머니는 아들 여러 명이 일제 때 다 없어지고 직공노릇하던 유복자마저도 감옥살이하다 5년 후 죽는 엄청난 비극을 겪었음에도 조선에 남아 있는 일본인 부녀자들을 향한 복수론과 응징론을 연민론으로 대치하고 있다. 할머니는 아들의 동지들이 자치회나 보안대를 장악하고 있음에도 전혀 그들과 접촉하려 하지 않는다. 작중의 '나'는 보복무용론, 소뇌주의, 안심입명론 등을 되뇌이면서 "냉(冷)나" 즉 차가운 나로 돌아가려고 한다. 해방 직후의 혼란상과 불안감이 결과적으로 모든 작가들에게 특정 이념을 선택할 것을 강요하였음에도 허준이 관망론과 용서론을 암시한 소설을 썼다는 것은 주관적이며 의식적인 리얼리즘을 구사했다는 의미가 된다.

6 · 25소설의 인식론과 방법론

1. 6 · 25소설-한국소설의 주류

20세기 후반기의 한국소설사를 이끌어 온 문제작들에는 한국전쟁소설 또는 6 · 25소설이 상상외로 많이 포함되어 있다. 한국전쟁을 소재로 한 소설은 1950년대에서 1970년대까지는 한국소설의 수준을 끌어 올리는 주역이 되었고, 1970년대 이후에는 한국소설의 영역을 넓히는데 결정적인 기여를 했다. 1950년대~1980년대 소설과 1990년대 이후 소설의 차이점의 하나로 전자에 드는 작가들의 대표작들에 6 · 25소설이 최소한 한 편 이상 들어있다는 점을 들 수 있다. 한국작가로서 문제작가가 되려면 문제작으로서의 6 · 25소설을 써내어야 한다는 관념이 성립되었을 정도다. 또한 1990년대 이후는 한국작가들이 6 · 25라는 소재에 기본적으로 무관심해진 시기로 규정할 수 있다. 한국의 젊은 작가들이 한국전쟁이라는 소재에 무관심해진 가장 큰 이유로 소설을 쓰는데 필요한 최소한의 직간접체험을 하지 못한 점을 들 수 있다. 한국의 젊은 작가들은 소설가로서는 한국전쟁이라는 소재로부터는 자유로워졌으나 한국인으로서는 한국전쟁이 빚어낸 남북분단의 현실로부터는 여전히 자유롭지 못한 것이 사실이다.

2. 전시소설에서 성찰소설까지

전시소설(1950. 6~1953. 7)은 박영준의 「암야(暗夜)」(〈전선문학〉, 1952. 4), 「용초도근해(龍草島近海)」(〈전선문학〉, 1953. 11), 김송의 「불사신」(〈전선문학〉, 1953. 5) 등과 같이 군인을 주인공으로 설정한 것, 곽하신의 「처녀애장(處女哀章)」(〈전선문학〉, 1953. 2), 김송의 「두 개의 심정」(〈문예〉, 1952. 5~6) 등과 같이 상이군인을 주인공으로 한 것, 염상섭의 「가두의 점묘」(〈신천지〉, 1953. 9), 최태응의 「자매」(〈신천지〉, 1953. 7), 박연희의 「빙화(氷花)」(〈문예〉, 1952. 5~6) 등과 같이 전쟁통에 전락의 길을 걷게 된 여인들의 경우를 다룬 것 등으로 나누어 볼 수 있다. 국군을 주인공으로 한 소설은 승전의지나 반공정신을 북돋아 주었으며 상이군인이나 전락한 여인을 주인공으로 한 소설은 전쟁은 모든 개인에게 치명적인 상처를 가져다주는 것임을 증언해 주었다.

이런 유형의 소설은 전쟁=악이라는 공식을 잊지 말라고 한다. 본격소설에의 편입가능성을 염두에 두면서 전시소설의 높이를 제대로 파악하기 위해서는 다른 시각에서 유별화해 볼 필요가 있다. 가령, 전시소설에서는 작중 주요인물들이 '화해의 관계'를 모색함으로써 주어진 현실에 효과적으로 응전할 수 있는 힘을 갖게 된다는 점을 일깨워 준 소설들이 하나의 계열로 잡힐 수 있다. 부모와 자식 사이의 핏줄의식, 장군과 사병들 사이의 일체감, 국군이 인민군에게 보내는 연민 등을 강조한 작품들이 여기에 들어 갈 것이다. 물론 이때의 화해관계는 독전(督戰)의 효과를 높이기 위해 의도적으로 설정한 것이라는 측면도 지닌다. 개연성이 크거나 공감도가 높은 방향으로 비극적인 결말을 제시한 작품들은 실제 현실과 상황을 똑바로 응시한 것으로 평가된다. 주인공의 자살 모티프로 결말을 맺고 있는 김송의 「두 개의 심정」, 박영준의 「용초도 근해」, 좌익협조자의 자살 모티프로 끝맺음한 강신재의 「눈물」 등이 그 좋은 예다. 황순원의 「학」(〈신천지〉, 1953. 2), 박영준의 「빨치산」(〈신천지〉, 1952. 5), 최인욱의 「목숨」(〈문예〉, 1950. 12), 염상섭의 「해방의 아침」(〈신천지〉, 1951. 1), 박용구의 「칠면조」 등과 같이 좌우익의 인물을 동일한 무대 위에 올려다 놓고 좌우이념의 속성을 탐구하는 작가의 면모를 보여 줌으로써 전시소설의 넓이를 타개한 경우도 있다. 이러한 소설들은 여러 가지 내외적 조건으로 인해 주체적 판단을 중심으로 한 의식적 리얼리즘은 지키지 못했을망정 객관적 사실제시를 목표로 하는 양심적 리얼리즘은 지켜낸 것으로 평가된다. 리얼리즘 가운데서 초보적인 것이라고 하더라도 양심적 리얼리즘은 독재체제니 식민통치니 전시니 하는 위기의 시대에는 치열하면서도 모험적인 문학정신을 살려야만 도달할 수 있는 것이 된다.

최인욱의 「목숨」은 서울 한강로에서 병원을 운영해 오던 한 의사가 전쟁 직후 피란길에 나서지 못하고 며칠 사이에 인공치하의 세상을 만나게 되자 굴욕감과 공포심을 이기지 못해 자살하고 만다는 이야기를 들려주고 있다. 「해방의 아침」은 인공치하에 있을 때 공장 여맹위원장을 지낸 여인과 또 그 여인으로부터 도움을 받았던 사람들이 서울수복 직후 부역과 횡령의 혐의로 조사받는다는 것을 중심사건으로 내세웠다. 똑같이 한국전쟁을 소재로 한 것이면서도 후방소설은 군인소설이나 전장소설보다는 문학적으로 성공한 작품들을 더 많이 제시하고 있다.

「빨치산」(〈신천지〉, 1952. 5)은 빨치산 부대장으로 여자대원과의 사랑에 빠지면서 빨치산 생활에 차츰 회의를 느끼던 중 국군에게 생포된 사회주의자가 자신의 과거의 행적과 현재의 심정을 고백하는 형식으로 되어 있다. 작가 박영준은 끝까지 중립을 지키려고 했던 것은 아니었다. 또 그러기도 어려웠다. 주인공 김추일은 국군에 의해 생포된 것으로 그려지고 있기는 하지만 이미 사회주의를 향해 회의를 품은 인간으로 기울고 있었다.

「학」(〈신천지〉, 1953. 2)에서 황순원은 대립과 분열로서의 현재는 거짓이며 화해와 동심(童心)으로서의 과거가 참된 것임을 역설하는 의미에서 작품 중간중간에 두 인물이 공유하고 있으면서 좀처럼 잊을 수 없는 과거사를 삽입시키고 있다. 기본적으로 '회상은 미화'라는 이치를 잘 활용하고 있는 이 소설에서 두 인물이 과거로 돌아 가자고 암시하는 것은 현재를 넘어 미래로 가자고 하는 것이나 마찬가지다. 이상에 논급한 작품들은 전쟁은 인간이 지닐 수 있는 극단적인 감정을 가장 잘 드러내는 시공임을 일러 주었다. 굴욕감, 공포심, 절망감, 허무감, 분노 등의 감정이 극화된 것을 전시소설이란 공간 여기저기에서 찾아 볼 수 있다.

단편형식을 지닌 전시소설들에 비한다면 염상섭이 해군정훈장교 시절에 쓴 장편소설 「취우(驟雨)」(〈조선일보〉, 1952. 7. 18~1953. 2. 20)는 전쟁은 한바탕의 소나기라는 인식을 안겨 주는 정도로 극단적 감정의 표현을 절제하고 있다. 주요인물들의 감정의 절제로 극한상황의 설정도 최소화되고 있다. 1950년 6월에서 1951년 1월까지 대략 6개월 동안의 서울 한 복판을 배경으로 하여 한미무역회사 사람들이 전쟁에 대응해 가는 모습을 그려 보이고 있는 「취우」에서 주요인물들은 전쟁을 맞아 재산감추기, 피신, 의용군강제 입대, 구명운동, 탈출, 표변, 재회 등의 행위를 보이는 것으로 그려지고 있지만 절박감이나 긴장감은 그리 강하게 착색되어 있지 않다. 전시소설임에도 흥분되거나 숨가쁜 어조를 취하지 않은 배경은 염상섭 특유의 대가풍과 중립적 태도만으로 시원하게 설명될 수 있는 것은 아니다. 이 소설의 여주인공 강순제는 자진 월북한 남편과 헤어지고 한미무역사장 김학수의 여비서이자 정부로 있으면서 점차 사원 신영식과 사랑하는 사이가 된 것으로 그려지고 있다. 강순제는 전 남편에 대해 "중학교 선생 노릇이나 다소곳이 하는 게 아니라, 공산주의의 책 한 권도 보는 것을 못 봤는데 남북협상이니 뭐니 하고 겉몸이 달아 다니다가 살림도 계집도 다 버리고 넘어간 것이라고 코웃음을 치는"(『취우』, 삼성출판사, 1972, p.113) 식으로 초점화하고 있는가 하면 "원체 빨갱이라면 송충이보다 더 소름이 끼치구 생리적으로 싫으니까!"(p.87)라는 속내를 드러내기도 하였다. 서울수복 때 패주하는 인민군을 향해서는 "젊은 남정네가 눈에 띄기만 하면 끌어다가 모아서 총살을 하고 달아나는 판"(p.309)이라고 묘사했고 수복 직후의 느낌에 대해서는 "그것은 한 숨이 아니라 석달 동안 오그라붙었던 사지를 펴며 힘줄이 쭉 벋어나가고 혈관이 굵어지려 하면서도"(p.324) 등과 같이 묘사함으로써 작가가 반공주의를 지지하고 있음을 분명히 드러내었다. 『취우』는 「절벽」, 「숙명의 아침」 등 20장으로 구성되어 있는데 서울을 수복할 때의 분위기를 그린 장의 소제목을 「해방의 자취」라고 내걸었고 의용군으로 평양까지 끌려 갔던 신영식이 탈출하여 서울로 돌아 왔을 때의 강순제의 기쁨을 그린 장의 소제목을 「기적」이라고 한 것을 보면 염상섭은 장편소설 「효풍」(1948)을 썼을 때의 좌우합작론에서는 분명하게 벗어난 것이 된다.

오상원 소설은 인물, 작중 상황, 중심 모티프 등 여러 기준에서 보면, 수많은 갈래를 드러내게 된다. 「유예」(〈문학예술〉, 1955. 8)와 같이 전장에서 국군이 적에게 포로가 되어 죽음을 기다리고 있는 작품들, 「표정」(〈사상계〉, 1959. 8)과 같이 군인이든 민간인이든 적에게 잡혀 총살당하는 장면을 제시하고 있는 작품들, 「황선지대」(〈사상계〉, 1960. 4)와 같이 낙오된 병사의 모습을 그려낸 작품들, 「증인」(〈사상계〉, 1956. 8)과 같이 전쟁에 나갔다가 불구자가 되어 돌아온 청년을 주인공으로 한 작품들, 「백지의 기록」(〈사상계〉, 1957. 5~12)과 같이 여인이 전쟁을 만나 전락하는 과정을 그린 작품들, 「증인」이나 「백지의 기록」과 같이 전상자가 여자와의 사랑이나 관계를 통해 현실적 고통을 해소하려는 것을 그린 작품들 등으로 갈래를 잡아 볼 수 있다. 6 · 25소설의 작가들 중 오상원은 후방보다는 전선에, 민간인보다는 군인에 작가적 시선을 더 많이 보낸 보기 드문 경우가 된다. 전선이라는 배경이나 군인이라는 주인공을 오상원만큼 비중있게 다루었다고 보기는 어렵지만 그의 옆에는 선우휘, 장용학, 서기원, 전광용 등이 자리잡고 있었다.

황순원의 「나무들 비탈에 서다」(〈사상계〉, 1960. 1~7)가 발표되었던 1960년대라면 최인훈의 「광장」(〈새벽〉, 1960. 11), 장용학의 「현대의 야」(〈사상계〉, 1960. 3), 「요한시집」(〈새벽〉, 1960. 8), 오상원의 「황선지대」(〈사상계〉, 1960. 4), 강용준의 「철조망」(〈사상계〉, 1960. 7) 등이 발표되었던 해이기도 하다. 그리고 염상섭, 김동리, 박영준, 이호철, 최일남, 서기원, 최상규, 전광용, 정한숙 등의 노소작가들이 어울려 활동했던 시기이기도 하다. 4 · 19와 5 · 16이 있었고 1960년대가 펼쳐지기 시작했지만 당시의 6 · 25소설은 상처론, 역사허무주의론, 냉전이데올로기론 등과 같은 인식론을 내보였고, 1950년대의 사실보고나 감정토로의 차원에서 벗어나 논리적 접근과 관념적 서술을 꾀하는 방법론상의 변화를 보이기 시작했다. 1950년대만 하더라도 6 · 25를 소재로 한 경우, 객관지향적인 접근의지보다는 주관적인 보상심리가, 이론적 차원에서의 재조명 욕구보다는 직접, 간접체험이 빚어낸 강박관념이 훨씬 더 큰 동기로 작용했었다. 1950년대의 6 · 25소설의 담론을 노드럽 프라이의 용어를 빌려 고백체 중심(confession)이라고 한다면 1960년대의 담론은 해부 중심(anatomy)이라고 할 수 있다.

「나무들 비탈에 서다」는 휴전 직전에서 1956년도까지를 시간적 배경으로 하여 남녀 젊은이들을 주요인물로 내세워 그들이 대체로 비극적인 종말을 맺기까지의 과정을 따라간 소설이다. 이 소설 속의 여성인물들은 피살, 살인, 비명횡사, 전락 등과 같이 남성인물들과 흡사한 내용의 비극적 결말을 맞은 점에서 남성인물에게는 고락을 같이하는 한짝이 되어 버린 셈이다. 참전한 젊은이들은 6 · 25로부터 정도차는 있지만 상처를 받았다는 공통점으로 묶인다. 동호는 자살했고, 현태는 살해되었고, 김하사는 전사했고, 선우상사는 정신병환자가 되었고, 석기는 불구자가 되어버렸다. 작품의 전반부는 비극적 사건이나 상황의 제시에, 후반부는 현실극복의지의 확인에 중점을 두었다. 동호의 전락과 자살로 말미암아 동호-장숙이의 관계가 근본적으로 파괴된 것은 깨끗한 것의 파멸, 고답적인 것의 파탄 등을 뜻한다. 동호 친구 현태와 동호 애인 장숙이가 부자연스러운 방법으로나마 관계를 맺음으로써 현실은 극복되는 법이라는 의미를 갖게 된다. 동호-장숙이의 관계가 파탄으로 끝나 버린 것이라면 현태-장숙이의 관계는 재생의 의미를 지닌 것이 된다. 「나무들 비탈에 서다」는 일면으로는 비극과 피해자의 논리에, 일면으로는 극복과 생식력의 논리에 뿌리를 내리고 있다. 「나무들 비탈에 서다」는 전후소설, 청년소설, 사랑소설, 허무주의소설 등과 같은 여러 소설유형이 겹친 것이라고 할 수 있다. 황순원은 이미 「학」에서 적개심보다는 우정에 호소하는 미래지향적 태도를 내보였거니와 「나무들 비탈에 서다」에서도 '전쟁이후'를 설계하는 태도를 드러내고 있다.

최인훈의 「광장」(〈새벽〉, 1960. 11)은 1950년대 내내 억제해왔던 정치적 상상력을 4 · 19 직후의 자유로운 분위기를 타고 마음껏 펼쳐 놓은 점에서 정치소설로 불러도 좋을 것이다. 남북한의 이데올로기적 국가기구(Ideological State Apparatus : 루이 알튀세의 용어)를 거의 양비론적 시각에서 접근한 이데올로기소설로 볼 수도 있다. 6 · 25소설을 본격적인 정치소설이자 이데올로기소설로 구체화한 첫 사례라고 할 수 있다. 최인훈은 6 · 25를 남북한 이데올로기 전쟁이라고 인식하는데서 출발한다. 그는 주인공 이명준을 극적인 삶의 주체로 설정하면서도 밀실과 광장의 개념을 중심으로 하여 이데올로기분석과 비판을 수행했다. 그는 이데올로기분석과 비판을 제대로 수행하기 위해 관념소설이라는 방법을 취하는 것을 시슴지 않았다. 1950년대 소설들 가운데서는 이명준과 같이 '남한에서의 대학생활-연좌제로 인한 고통과 방황-월북-신문기자 활동-인민군으로 참전-포로-중립국행-자살'과 같이 변전이 무상한 과정을 밟은 주인공을 찾기 어렵다.

장용학의 「원형의 전설」(〈사상계〉, 1962. 3~1962. 11)은 일본제국 협력단체인 경방단 가입, 반공단체 민보단 가입 등의 경력을 거친 좌익 기회주의자 이도무의 권유로 아들 이장이 인민군 의용군에 입대하는 것으로 시작되는 소설이다. 이장은 그 후 낙동강전투참전–우연한 기회에 국군으로 편입–중공군 개입으로 후퇴–내무서원에 피체–포로수용소 수감–탄광행–간첩으로 남파–전라도 K시 대학교수로 활동-평양에 소환–남으로 탈출 등과 같은 파란만장한 역정을 밟는다. 이장은 남파간첩으로 있을 때 공산주의보다는 그래도 남쪽 부패사회가 나은 것이 아니냐고 하면서 "공산주의는 하나의 비원, 현실도피였고 금욕주의였습니다. 금욕주의란 한마디로 말하면 감각의 문을 닫고 감정을 고갈시키는 일입니다"(『원형의 전설』, 삼중당, 1977, p.109), "무산독재로 계급이 없어질 만큼 인간이 그렇게 간단하단 말인가", "계급의 말살이 아니라 인간의 포기다", "계급을 없앨 수 있고 인간을 해방시켜 주는 것은 독재가 아니라 생산이다"(p.147) 등과 같이 다각도로 공산주의와 마르크시즘을 비판했다. 『원형의 전설』은 그 후반부가 이장이 사생아로 태어난 과정을 추적하여 가족사소설의 골격을 취한 것인 만큼, 6·25소설로서는 불완전한 형태라고 하지 않을 수 없다.

이호철의 「닳아지는 살들」(〈사상계〉, 1962. 7)은 "꽝당꽝당"이라는 쇳소리가 보여 주는 상징적 장치와 온 식구가 20년 전 북으로 시집간 큰딸을 기다린다는 중심사건과 무기력하고 사회성을 상실한 아버지와 아들이라는 모티프로 교직되어 있다. 전 은행두취로 치매를 앓고 있는 아버지는 북으로 간 큰딸이 밤 12시에 돌아 올 것이라는 믿음을 갖고 하루하루 지내고 있고, 큰아들 성식은 작곡가가 되는 것을 꿈꾸고 있으나 파자마 차림으로 늘 집에 있으면서 아무 일도 하지 않는다. 아버지와 아들은 전쟁의 충격으로 인한 비정상심리에서 헤어나지 못하는 전형적인 인물로 그려지고 있다. 이 소설에서 무려 열네 번이나 반복해서 들려오는 "꽝당꽝당"과 같은 쇳소리는 비교적 심신이 건강한 막내딸 영희에 의해 "송곳처럼 쑤신다", "이 집을 주저앉게 할 것같다", "지축을 흔들 듯이 달려 들었다" 등과 같은 느낌을 주는 것으로 풀이된다. 몰락의 조짐이나 압박감의 환기로 풀이되는 쇳소리, 기약이 없는 기다림의 모티프, 무기력한 남자들의 모습 등은 역사허무감이나 집단압박감에 시달렸던 전후 한국사회의 풍경화를 그려내기에 이른다. 이호철은 「닳아지는 살들」의 후편으로 거대한 나무의 뿌리가 뽑히는 소리를 상징음으로 배치한 「무너앉는 소리」를 썼다. 이처럼 「닳아지는 살들」은 상징소설에 도달함으로써 6 · 25라는 소재의 예술적 성취의 가능성을 모범적으로 타개해 주었다.

송병수의 「잔해」(〈현대문학〉, 1964. 9)는 전장소설 혹은 전투소설의 모범이 된다. 전쟁터의 현장성과 공간성을 잘 살려 낸 점에서 상황소설이요 행동소설이라고 할 수 있다. 이 소설은 "삼천 피트의 고도, 김진호 중위는 지상으로 급강하하고 있었다"로 서두를 떼며 김중위가 이리저리 헤매고 다니던 끝에 비행기의 잔해를 발견하고 마침내 울음을 터뜨리는 것으로 마무리 짓고 있다. 이 소설의 진정한 의도는 이러한 결말에 닿기까지 주인공이 겪는 여러 차례의 시련을 보여 주는데 있다. 「잔해」는, 전쟁소설은 순식간에 뒤바뀌는 인간의 운명이라는 문제를 다루면서 초극의 지가 가장 인간적이면서 숭고한 것임을 일깨워준다는 인식의 값진 예가 되고 있다.

박경리의 장편소설 「시장과 전장」은 1964년 12월에 현암사에서 전작장편으로 간행된 것이다. 컴뮤니스트인 주인공 하기훈에 의해 '시장'과 '전장'은 의미상으로 연결될 수 있었고 '소모'라는 공통점을 지닌 것으로 풀이되고 있다. '전장'이 인간이 소모되는 곳이라면 '시장'은 상품이 소모되는 곳이라는 것이다. 「시장과 전장」에서 가장 주목해야 할 인간관계는 사상의 스승 석산과 제자 기훈의 관계다. 이 인간관계를 통해서 기훈의 이중적인 태도와 비정한 성격이 잘 드러나기도 한다. 일제 때 기훈을 자식처럼 아끼며 그에게 사회주의를 가르쳐 주었던 석산은 나중에 아나키스트요 바쿠닌 숭배자로 돌아버린 반면 기훈은 정치권력보다 혁명사상에 더 큰 관심을 가진 사회주의자가 된다. 전쟁 바로 직전에 석산과 기훈이 부모자식같은 사이임에도 사상논쟁에서는 끝내 합의를 보지 못한 것은 전쟁 직후의 두 사람의 비정한 결별을 암시하는 복선으로 기능한다. 작가 박경리는 아나키스트인 석산을 초점화자로 하여 공산주의자 기훈을 정시하고 분석하는 방법을 취했다. 이런 방법은 우익의 관점에 서서 좌익에 대한 적개심을 습관적으로 강조하는 바탕에서 출발하곤 했던 1950년대의 반공소설류보다는 한 걸음 더 나아간 것이라고 할 수 있다. 석산이 실제로 해보였던 마르크스/바쿠닌 비교는 「시장과 전장」의 이데올로기소설로서의 위상을 결정지워주기도 한다. 아나키스트가 코뮤니즘을 비판하게 만들어 놓음으로써 박경리는 가까이서 공산주의를 직시할 수 있게 되었다. 헤겔의 영향 아래서 자라난 점, 부정에 의한 긍정의 파괴, 진보에 의한 보수의 파괴를 통해 새로운 질서가 형성된다는 혁명론을 펼친 점에서 마르크스와 일치되고 있는 미하일 바쿠닌, 그의 키워드는 '자유'요 '개인주의'였다. 이처럼 아나키스트 선생과 컴뮤니스트 제자를 동행, 분열, 논쟁, 대립, 결별의 모티프에 실어 놓은 작품의 유례는 우리 소설에서는 보기가 어렵다.

「시장과 전장」보다 꼭 20년 뒤에 나온 이문열의 「영웅시대」에서는 아나키스트는 사회주의자의 어버이이자 형제로 그려지고 있다. 박경리는 하기훈에게 최소한의 애정을 보내고 있으면서 하기훈을 앞뒤가 막힌 공산주의자의 범주에서 벗어나게 하고 있다. 전향의 한 계기가 되기도 하는 가화와의 관계에서 잘 볼 수 있는 것처럼 하기훈은 광적이면서 융통성 없는 이데올로그로 고착되지는 않는다. 「시장과 전장」은 6 · 25를 소재로 한 작품들이 흔히 도달하기 마련인 각종 소설유형을 한 자리에 종합해 놓은 것이라고 해도 과언이 아니다. 「시장과 전장」은 전쟁소설, 전장소설, 이데올로그소설, 후방소설, 빨치산소설, 지식인소설 등과 같은 소설유형이 어우러져 일대 화음을 내고 있는 오케스트라로 비유된다. 「시장과 전장」에서 박경리가 견지한 양비론, 삶 우선론, 현실직시의 태도 등과 같은 내용들은 대체로 보통사람들의 머리와 입을 통로로 하여 표출되고 있다.

말하자면 전쟁, 이념, 역사, 개인, 사랑, 운명, 욕망 등에 대한 박경리의 인식세계는 기본적으로 상식을 존중하고 있다고 할 수 있다. 「광장」에서의 전쟁론이 높이를 지향한 것이라면 「시장과 전장」에서의 전쟁론은 넓이를 지향한 것이라고 할 수 있다.

박완서의 「나목」(1970)에서 전쟁은 비록 원경으로 작용하고 있지만 화가 옥희도와 여대생 '나'를 나목으로 만들어 놓고 있다. 전쟁의 파괴력은 '나'의 동시대인들을 겨냥하고 있다. 그러나 '나목'은 절망만을 가리키는 것은 아니다. '나목'은 새싹을 키워낼 능력과 희망을 지니고 있는 것이다. 이처럼 '나목'의 이중성이나 생산력을 직시해야 소설 「나목」은 제대로 이해될 수 있다. 전쟁을 원인적 사건으로 한 소설에서 죽음, 이별, 파괴 등의 모티프는 흔하게 나오는 것이기는 하지만 이 소설에서 두 오빠가 죽은 모습을 묘사해 놓은 것은 충격을 준다. 그 늠름했던 오빠들은 행랑채 다락방에서 숨어 자다가 폭격을 맞아 일거에 여기 저기 흩어진 고깃덩어리로 변해 버리고 만다. 오빠의 죽음이라는 모티프는 「나목」 이후에 발표된 「부처님근처」, 「엄마의 말뚝2」, 「그 산이 정말 거기 있었을까」 등에서 반복해서 나타나고 있지만 디테일까지 같은 것은 하나도 없다. 오빠의 죽음은 흔히 이데올로기씨앗이라고 하는 한이나 상처가 되어 내면 깊숙하게 자리하게 된다. 「나목」에서의 벌거벗은 나무는 황순원의 「나무들 비탈에 서다」에서의 비탈에 선 나무와 외형으로는 동일한 이미지를 안겨 주고 있지만 속으로는 상처/생식력과 같은 차이를 드러내고 있다.

1950년대 이래 계속해서 한국작가들에게 작가적 소명의식을 일깨워 주었던 6 · 25라는 소재는 1970년대에 들어와 주로 소년시절에 전쟁을 체험한 작가들의 가슴과 손을 만나면서 조정래의 「황토」, 윤흥길의 「장마」, 김원일의 「노을」, 현기영의 「순이삼촌」, 박완서의 「배반의 여름」, 오정희의 「중국인 거리」, 이동하의 「장난감 도시」, 전상국의 「아베의 가족」, 선우휘의 「쓸쓸한 사람」, 오탁번의 「새와 십자가」 등과 같은 여러 편의 명작으로 태어나게 된다. 한국전쟁의 소년기체험을 공유하고 있는 이들 작가들은 주로 회상의 시점과 증언의 포즈를 통해 아무리 부분적이긴 하지만 전쟁의 실상을 제시하여 전쟁의 의미를 자연스럽게 일깨워 주는 방법을 취했다. 전상국의 「아베의 가족」은 정숙한 가정부인이 외국군인에게 강간당해 하루아침에 집안이 몰락한다는 이야기를 들려 주어 전쟁이 가져다주는 외상을 새로운 각도에서 보게 하였고, 윤흥길의 「장마」는 인간의 삶에 있어서 이데올로기보다 더 센 것은 혈족애임을 일깨워 주었고, 김원일의 「노을」은 이데올로기가 한과 어우러지면서 광폭한 행동주의로 표출되는 과정을 따라가게 하여 사회주의의 실체를 제대로 보게 하였다. 그리고 이동하의 「장난감 도시」, 오정희의 「유년의 뜰」, 「중국인 거리」 등은 전쟁 직후의 한국인의 삶의 모습을 굶주림, 박탈감, 공포심 등의 이미지로 칠한 공통점을 갖는다.

홍성원의 「남과 북」(〈세대〉, 1970. 9~1975. 10)은 대하소설인 만큼 지식층을 중심으로 하여 여러 신분과 계층에 걸쳐 수십 명의 주요인물을 등장시키면서 수많은 사건들을 설정하여 한국전쟁은 어떻게 일어났고 어떻게 전개되었는가를 잘 알게 한다. 홍성원은 주로 사학자 설규헌의 입을 빌려 6 · 25를 서양에서 잠시 꾸어온 이데올로기의 차이 때문에 남쪽 북쪽 한국인끼리 싸운 전쟁으로 성격화하고 있다. 이러한 홍성원의 대리전쟁론은 30년 후에 나온 황석영의 장편소설 「손님」에서의 손님론에게 일종의 원형으로 기능하는 것이라고 하겠다. 물론 홍성원이 말한 공산주의와 자본주의의 이념 대리전은 한국전쟁 전체를 놓고 본 해석이며 황석영이 그려낸 기독교세력과 공산주의세력의 충돌은 황해도 신천에 국한된 것이라는 분명한 차이기 있기는 하다.

이병주의 대하소설 「지리산」(〈세대〉, 1972. 9~1978. 8)은 일제말 학병을 거부하고 지리산에 모여 결성한 보광당의 주요당원이 해방 직후 사회주의자가 되어 훗날 빨치산으로 활동하다가 죽음을 맞기까지의 과정을 주요사건의 하나로 삼고 있다. 이병주는 「지리산」을 전후로 하여 중편소설 「소설 알렉산드리아」(〈세대〉, 1965. 7), 단편소설 「쥘부채」(〈세대〉, 1969. 12), 「겨울밤」(〈문학사상〉, 1974. 2) 등과 같이 이데올로그를 주인공으로 내세우면서 관념적 서술이라든가 토론체를 거리낌없이 구사하는 소설을 집중적으로 발표한 바 있다. 「소설 알렉산드리아」의 작가 '나'와 지주의 아들로 빨치산활동 혐의로 20년을 복역하고 나온 이데올로그와의 치열한 사상전을 그려낸 「겨울밤」은 「지리산」이 연재되던 초기에 발표된 것으로 「지리산」이 독자적인 사회주의자를 주인공으로 내세우는 가운데 북한 비판, 남로당 비판 쪽으로 방향을 잡을 것임을 예고하고 있다. 이병주의 박식함과 섬세한 촉수를 근거로 하여 「지리산」은 크게는 사회주의자로 묶을 수 있는 존재들을 속으로는 서로 분명한 차이가 있는 여러 부류로 나누어 형상화했다.

이문열의 「영웅시대」(1984)는 남로당 계열의 공산주의자 이동영이 전쟁터로 내몰려 일제 때의 아나키스트 단체 동맹원이었던 김철을 만나 이제까지 신봉해 오던 이념에 회의를 품는 데서 시작하여 이동영의 집안이 완전히 몰락하고, 처 조정인이 기독교에 귀의하고, 이동영 자신은 북한에서 숙청당하는 것으로 끝내고 있다. 이러한 서두와 결말을 보이는 「영웅시대」는 중간과정을 전투상황, 피난, 과거회상, 이념논쟁, 회의와 고뇌, 메모 등의 요소들로 구성되어 있다. 역사의 필연적인 요청으로 자기계급과 집안은 몰락할 것이라는 예감, 이에서 빚어진 '살아남아야겠다'는 비장한 각오는 밭이 되었고 이 밭에 노령아재의 사상교육, 박영창의 사상과 중개 역할, 어머니에 의해 어려서부터 몸에 배어온 영웅심리 등이 씨앗으로 뿌려져 마침내 사회주의자 이동영이라는 결실이 맺어지게 된 것이다. 이문열은 이러한 열매가 당에 의해 끝내는 용도폐기되는 것으로 처리하고 있다. 이동영의 처 조정인은 남편의 활동을 적극적으로 뒷받침해 준 것 때문에 부역죄로 1년 동안 감옥살이를 하는 비극으로 이어진다. 그녀는 기독교에 귀의함으로써 남편 이동영의 사상과 삶의 방식에 대한 긍정의 끈을 스스로 끊어 버린 셈이 되었다. 자서전적 사상론이라고 할 수 있는 '동영의 노트'는 「영웅시대」를 관념소설이요 이데올로그소설로 밀어 넣는 결정적 힘으로 작용한다. 그러나 이문열은 한국전쟁의 의미를 해석하는데 있어 '동영의 노트'에 표백된 인식세계에만 의존하고 있는 것은 아니다. 그는 어느 촌로의 입을 통해 나온 통곡과 저주의 소리, 공산주의에서 전향한 사람의 자성론 등도 귀담아 들어야 한다고 했다. 「영웅시대」는 전장소설, 이념소설, 후방소설 등 여러 가지 소설유형을 씨줄과 날줄로 취하고 있지만 특히 이동영의 자기비판과 처 조정인의 자기개신이 견인하고 있는 성장소설이나 각성소설의 골격도 분명하게 취하고 있다. 이처럼 이문열은 이동영이라는 남로당원의 이념의 성장과 실천과정을 끈질기게 따라가 봄으로써 6·25 발생의 주요원인의 하나를 사회주의자의 영웅심리에서 찾아낼 수 있게 된다.

1989년에 10권으로 간행된 대하소설 조정래의 「태백산맥」은 1948년 10월 여수·순천사건에서 1953년 7월 서남지구 빨치산 토벌까지를 시간적 배경으로 삼고 있으며 크게 4부로 구성되어 있다. 제1부와 2부가 '민중'을 중심개념으로 삼았다면 제3부는 '민족'과 '민족주의'를 제4부는 '분단극복'과 '통일'을 화두로 삼은 것이라고 하겠다. 좌우냉전 이데올로기 속에서 그동안 '적'의 이름으로만 불려졌던 빨치산의 존재에게 민족주의나 민중주의의 시각을 들이대어 정당한 자리를 찾아주자는 창작의도가 대하소설 「태백산맥」을 이끌어 갔다. 「태백산맥」은 분단현실의 진정한 극복을 위한 새로운 인식을 세우기 위해 6·25의 원인(遠因)을 면밀하게 파헤쳐 들어가는데 초점을 맞추었다. 이 소설의 주요인물들은 한국전쟁의 원인(原因)과 성격을 어떻게 설명하고 있는가. 한국전쟁의 성격을 개전 직후에는 "사회주의 혁명을 통한 민족통일 달성 시도 세력과 친일·친미의 신식민주의자들 사이의 싸움"으로 파악했던 김범우는 그 후 미군들의 방약무인한 태도를 목격하고 반감을 품으면서 한국전쟁을 통해 자유민주주의 체제의 우월성을 입증하고자 하는 미국의 입장을 추가해서 생각하게 된다. 6·25 직전까지는 '민족'을 어디까지나 '이데올로기'의 우위에 두면서 친일분자와 지주세력 정도를 부정적인 눈길로 보았던 중도파 김범우는 전쟁을 치르면서 좌익으로 돌아서게 되었으며 반미감정을 심화하게 된다. 기본적으로 조정래는 한국전쟁의 원인과 성격에 대해 되도록 다각도에서 접근한 끝에 문자 그대로 새로운 해석으로 나아 가려 한 것인 만큼, 김범우의 주장만을 따오는 것으로는 만족할 만한 답을 들었다고 할 수 없다. 전쟁 발발 직후에 이학송 기자가 한국전쟁은 이데올로기대립전쟁의 성격으로 보기 어렵다는 요지로 한국전쟁의 원인을 설명한 것은 김범우의 주장을 뒷받침해 주게 된다. 일제 때 동경제대 영문과를 졸업했고, 1941년에 공산주의자로 몰려 징역을 살았던 적이 있고, 해방이 되자 자기 농토를 공동농장화하면서 계몽운동에 주력했고, 순천사범학교 교사로 김범우, 염상진, 손승호, 안창민 등에게 결정적인 영향을 주었던 기독교 사회주의자 서민영은 6 · 25의 양상을 이념이 작용한 민족전쟁이면서 외국군대가 개입한 국제전으로, 또 그런 가운데서도 편갈이가 심했던 전쟁으로 정리하고 있다. 「태백산맥」은 정치소설, 역사소설, 전장소설, 영웅소설, 빨치산소설 등 6 · 25소설이 빚어낼 수 있는 소설유형을 망라했다.

김원일의 장편소설 「마당 깊은 집」(1988)은 금융조합서기였던 아버지가 1950년 서울수복 직전 월북한 후 가족들은 대구로 와 '마당 깊은 집'에 세들어 '나'의 어머니의 말처럼 "더러운 세월"을 살아 낸 모습을 그려낸 것이다. 김원일은 중학교 입학을 앞둔 소년 길남이를 자주 초점화자로 내세워 삯바느질로 생계를 이어가는 우리가족의 모습을 그리는데 중점을 두기는 하였으나 교활하고 이기적인 경기댁의 가족, 퇴역장교 상이군인인 준호아버지네 가족, 양키시장에서 헌 군복 파는 평양댁 가족, 김천시 당 부위원장을 지내고 서울수복 직후 월북한 남편 때문에 경찰의 감시를 받는 김천댁 가족, 공장과 귀금속가게를 동시에 경영하여 많은 돈을 버는 주인아저씨네 가족 등의 사연을 부챗살처럼 펼쳐 놓고 있다. 이러한 다가구들이 빚어내는 에피소드는 모두 주목할 만한 내용으로 되어 있다. 김원일은 상이군인 출신 준호아버지와 폐병환자로 좌익사상에 물든 정태가 견해차가 분명한 시국담을 벌리게 하여 자연스럽게 한국전쟁 원인론과 성격론을 드러내 보이게 된다. 인민학교교사, 문화공작대요원으로 참전, 국군에의 귀순, 소위임관, 부상 등의 이력을 거친 준호아버지는 6 · 25를 미소(美蘇)의 대리전의 성격을 지닌 전쟁, 명분을 찾기 어려운 전쟁 등과 같이 규정하였다. 이에 반해 정태는 남한체제비판, 월북 시도, 수감, 미전향장기수 등과 같은 길을 걸어감으로써 한국전쟁을 이데올로기전쟁으로 성격화하는 결과를 빚게 된다.

박완서의 「그 산이 정말 거기 있었을까」(1995)는 자전적 소설의 성격이 강한 것으로, 그동안의 박완서의 6 · 25소설을 집성해 놓은 것으로 볼 수 있다. 이 소설은 인민군 점령하에서 살았던 현저동, 국군이 서울 수복했을 때 살았던 돈암동, 피엑스가 잇는 회현동, '나' 와 올케가 인민군의 강요로 피난을 갔었던 파주군 탄현면 등이 주요공간이 되고 있다. 현저동에서의 '나' , 엄마, 오빠, 올케, 조카 등의 사람은 「엄마의 말뚝」을 떠올리게 하고, 피엑스에서 근무하는 모습은 「나목」을 불러 오게 만든다. "살아남기 위해" 오빠는 거짓말하고, '나' 는 점점 억세지고, 어머니는 뻔뻔해지고, 올케는 장사솜씨가 늘어가게 되는 것을 그리는데 치중함으로써 박완서는 '전쟁은 악' 이란 도식을 확인시켜 준다. 현저동 시절에는 인민군이 무시로 드나들며 오빠의 정체를 집요하게 묻고 '나' 와 올케를 북으로 내몰더니 돈암동으로 오자 성북경찰서 사찰계 형사들이 숙부를 데려가 조사한다. 인민군에게 밥을 해주었다는 혐의로 작은 숙부가 사형당한 일을 겪었기에 21세의 처녀인 '나' 는 경찰서에 가서 이판사판의 심정으로 숙부를 변론한다. "이래 죽이고 저래 죽이고 여기서 빼가고 저기서 빼가고, 양쪽에서 쓸만한 인재는 체질하고 키질해서 죽이지 않으면 데려가고 지금 서울엔 쭉정이밖에 더 남았냐? 그래도 뭐가 부족해 또 체질이냐? 그까짓 쭉정이든 한꺼번에 불싸질러 버리고 말지" (「그 산이 정말 거기 있었을까」, 웅진출판사, 1995, p.129)와 같은 절규는 울림을 주었는지 숙부는 처벌을 면하게 된다. 남북한체제 양비론에 닿아있는 이러한 절규는 「나목」에서는 들을 수 없었던 것이다. 「나목」이 제시한 '전쟁은 트라우마' 라는 공식은 「그 산이 정말 거기 있었을까」에 와서는 '전쟁은 반달리즘' 이라는 공식으로 바뀌고 있다. 그러나 「그 산이 정말 거기 있었을까」는 「나목」처럼 체험적 인식에 머물고 있다. 박완서는 체험적 인식은 제시하면서도 6 · 25소설의 작가들 대다수가 접어들곤 했던 관념적 접근이나 논리적 설명은 독자들에게 맡긴 것처럼 보인다.

황석영의 장편소설 「손님」(2001)은 남북분단, 이데올로기, 한국전쟁 등을 소재로 하면서 진실파악을 겨냥한 그동안의 여러 작가들의 큰 서사들이 일구어 낸 사상이라든가 담론과 비교하면 「손님」은 새로운 경지를 드러낸 것으로 이해된다. 소재도 새롭고 형식도 새롭다. 이 작품에서 우선 주목해야 할 것은 한국전쟁을 전후한 시기의 북한에서의 좌우대립구도를 마르크시즘과 기독교의 대립구도로 구현해 낸 점이다. 황해도 신천지방을 배경으로 기독교와 공산주의의 처절한 대립을 중심사건으로 설정함으로써 좌우대립구도를 구체화한 것은 과거의 다른 작가들의 작품에서는 보기 어려웠다. 종래의 소설에서는 간혹 기독교인들이 공산주의자들로부터의 피해자와 순교자로 그려져 있던 것에 비하면 「손님」에서 기독교인을 가해자요 기득권과 특권의식을 놓치지 않으려는 보수세력으로 그린 것은 새로운 발상으로 다가 온다. 황석영 자신이 "천연두를 서병으로 파악하고 이를 막아내고자 했던 중세의 조선민중들이 '마마' 또는 '손님' 이라고 부르면서 '손님굿' 이라는 무속의 한 형식을 만들어 낸 것에 착안해서 나는 이들 기독교와 맑스주의를 '손님' 으로 규정했다"(작가의 말)고 밝힌 데서 알 수 있는 것처럼 그는 양비론의 입장을 취하고 있지만 실제 작품에서의 주제의 줄기는 기독교인을 더욱 거세게 비판하는 쪽으로 잡히고 있다. 황석영은 사건 당사자들이 모두 화자가 되어 자기를 강변하는 기회를 갖게 하는 독특한 방법을 취하고 있다. 말하자면 주요인물 모두에게 고루 초점화자의 역할을 맡기고 있다는 것이다. 류요한,

류요섭, 박명선, 순남이 아저씨, 이찌로 아저씨 등이 돌아가며 화자가 되어 당시 사건의 진상을 자기 나름대로 서술하는 자리를 갖는다. 「손님」은 진실이 무엇인가를 밝힌다는 큰 목표에 닿기 위해 피해자의 한풀이와 가해자의 참회가 동시에 펼쳐지는 공간을 제공하는 방법을 취하고 있다. 「손님」의 또 한 가지의 큰 특징은 꿈꾸기라든가 헛것보기와 같은 초자연적 모티프를 적극적으로 활용한 점에서 찾을 수 있다. 황석영은 '작가의 말'에서 '황해도 진지노귀굿' 열두 마당을 기본얼개로 하여 「손님」을 쓴 것임을 밝히면서 "냉전의 유령들은 이 한 판 굿으로 잠재우고 화해와 상생의 새 세기를 시작하자는 것이 작자의 본뜻"이라고 했다. 이처럼 「손님」은 과거의 진상을 드러내 보이면서 그때의 피해자들을 적극적으로 위무하여 새로운 상생의 시대의 발판을 마련하겠다는 창작의도를 성공적으로 실천에 옮긴 셈이다. 「손님」은 이데올로기 대립을 민족주의나 참회의 정신으로 해소하고자 한 성찰소설(Reflexionsroman)로 규정해 볼 수 있다.

3. 6·25소설의 다양한 인식과 방법-한국소설의 심화와 확대

이처럼 한국작가들은 6·25라는 소재를 매개로 하여 비극, 이념, 역사, 개인, 갈등, 희생, 사랑, 한, 운명 등의 문제를 체험하고, 인식하고, 설명하는 기회를 가져 왔다. 오늘날 일부 작가들은 이러한 소재를 분단극복에 필요한 감정과 논리를 다지고 소명감을 가다듬는 모멘트로 활용하기도 한다. 민족사적 미래를 제대로 가늠하기 위해서는 6·25의 원인과 경과와 결과를 제대로 파악할 필요가 있다는 역사철학적 인식은 1980년대까지의 우리작가들 사이에서 보편화되기도 했다. 이러한 인식은 한국작가의 정체성을 마련해 주기도 한다. 일단 장편소설의 골격을 취할 경우,

얼핏 어울리기 힘든 소설유형이 병행하거나 중첩되는 현상이 나타나기 마련이다. 지금까지 한국작가들이 6 · 25라는 소재를 통해 빚어낸 주요 소설유형으로 전시소설, 전후소설, 전장소설, 후방소설, 르뽀소설, 사건소설, 이데올로기소설, 시대소설, 역사소설, 가족소설, 이데올로그소설, 국군소설, 빨치산소설, 성찰소설 등을 추려 볼 수 있다. 이제 한국소설은 당대소설에서 역사소설로, 사실폭로소설에서 과거반성소설로, 복수심이나 한을 표출하는 소설에서 화해나 상생을 모색하는 소설로 옮겨가고 있다.

6 · 25에 대한 기본인식은 시대에 따라 다르게 나타나기도 하지만 작가에 따라 다르게 나타나기도 한다. 6 · 25에 대한 기본인식의 변화는 전시문학-반공문학-분단문학-통일지향문학 등과 같은 변화도식에 배어있기도 하지만 모든 작가들의 6 · 25소설을 이러한 변화도식에 재편성해서 넣은 채 해석하고 평가할 수 있는 것은 아니다. 일반인들의 눈에는, 6 · 25는 왜 일어났고 한국인에게 무엇을 남겼는가 하는 질문은 과거지향적인 것으로 비치기 쉽고 통일문제를 어떻게 해결해야 할 것인가 하는 질문은 앞을 내다 보는 것으로 비치기 쉽다. 이때 과거지향적인 것보다 미래지향적인 것이 바람직하다는 상식론은 작가들에게는 잘 맞지 않는다. 소설양식은 과거탐구나 진실탐색을 목표로 하는 역사기록 행위를 모태로 하는 것이기에 미래를 향한 운동이나 모색에는 한계를 지닐 수밖에 없다. 과거재현에 작가적 역량을 집중한 박경리의 「시장과 전장」, 박완서의 「나목」, 윤흥길의 「장마」, 전상국의 「아베의 가족」, 김원일의 「마당 깊은 집」 등은 과거 못지않게 민족사적 미래에까지 작가적 상상력을 뻗친 것으로 평가되는 조정래의 「태백산맥」, 황석영의 「손님」과 함께 어깨를 나란히 하여 한국소설의 심화와 확내에 적극 기여하고 있다.

(이 글은 『강원 인문 논총』 제13집(2005. 6, 강원대학교 인문과학연구소)에 실린 「6 · 25소설의 흐름」을 개제하고 다소 보완한 것이다.)

김상옥산문의 정신과 미학

1. 작은 한국학 자료관

김상옥(1920~2004)은 생전에 『초적(草笛)』(1947), 『고원(故園)의 곡』(1949), 『목석의 노래』(1956), 『삼행시 육십 오편』(1973), 『묵을 갈다가』(1980), 『향기 남은 가을』(1989) 등과 같은 시집을 남겼을 정도로 오히려 과작(寡作)의 시인에 가까웠다. 『시와 도자』(아자방, 1975)에 수록된 54편이 주자료라고 할 정도로 산문도 자주 적게 발표한 셈이다. 수십 개 혹은 수백 개의 도자기를 만든 다음 마음에 들지 않는다고 모조리 깨부순 끝에 실로 오래 간만에 회심의 역작 한 개를 세상에 내어 놓는 도공의 정신이 과작의 결과로 나타난 것이라고 할 수 있다. 실제로 김상옥은 산문집 『시와 도자』의 자서(自序)에서 "솜씨있는 도공은, 그가 비록 시를 모른다 해도 항시 그 가슴 속엔 어떤 시심이 꿈틀거리고 있었을 것이다. 마찬가지로 시인도 또한 슬기로운 시인일진대 의당 그 마음 속 깊이 어떤 훌륭한 조형을 간직하고 있었을 것임에 틀림없다"고 하여 아예 시인과 도공을 동일한 태도와 방법의 장인으로 묶었다. 김상옥이 한국적인 것,

고전적인 것, 전통적인 것 등을 강조하는 시조시인이라는 점을 떠올리면 '시인=도공' 이라는 등식은 예정된 것이나 다름없다. 산문집 제목이 『시와 도자』로 되어 있는 점에서 김상옥의 산문도 결국 시와 도자기의 세계를 잘 설명하기 위해 씌어진 것임을 알게 되며 김상옥은 시와 도자기와 산문을 동일한 정신으로 묶은 보기 드문 시인으로 평가받게 된다. 시조시인으로서의 김상옥과 서화골동품상 아자방 경영자로서의 김상옥이 만나는 지점 바로 거기에서 그의 산문세계가 펼쳐지고 있다. 김상옥이 시조시인이 아니었더라면 서화골동품상 아자방을 경영하지 않았을지 모르며 아자방을 경영하지 않았더라면 산문집이 나오지 않았을지 모른다.

김상옥의 산문은 『시와 도자』라는 제하에 묶여 있는 만큼, 한국 고유의 사물이나 정신에 대한 기본지식을 들려 주고 있는 것이 적지 않다. 김상옥의 산문은 좀 과장해서 말하면 한국학의 작은 도서관이라고 할 수 있다. 예컨대 「탑과 윤필료」에서는 "본디 이 탑이란 범어 파고다의 음역으로 부처님의 사리를 봉안하고 예배하기 위한 집을 뜻한다" (p.138)는 어원과 기본의미를 들을 수 있고, 「원화밀도(院畵蜜桃)」에서는 "원화" 혹은 "원체화(院體畵)" 는 "고대 궁중에서 그림을 맡아 그리던 화원들의 그림을 말하는 것" (p.248)으로 "관화(官畵)" 라고도 한다는 정의를 들을 수 있고, 「태호석연병(太湖石硯屛)」(pp.185~188)에서는 문방사우, 필통, 지통, 묵상(墨床), 연병(硯屛), 태호석 등의 정확한 뜻을 알게 되며 수석(水石)은 잘못된 조어라는 김상옥의 주장과 돌은 고(固), 현(玄), 수(瘦), 준(皴), 혈(穴)과 같은 품성을 지녀야 사랑을 받을 수 있다는 중국인들의 주장을 접하게 된다. 또 「도장(圖章) 전각(篆刻) 도서(圖署) 낙관(落款)」(pp.189~192)에서는 "도장" 과 "낙관" 의 차이를 알게 되며 도장의 중요성을 깨닫게 된다. 「시와 장생문병(長生文甁)」에서는 십장생은 해, 산, 물, 돌, 구름, 소나무, 불로초, 거북, 학, 사슴 등을 말한다는 것을 가르쳐 주면서 솜씨가 뛰어난 화원들이 도자기에서 더러 십장생 무늬를 그려낸다는 것을 알게 만든다. 이조백자에 십장생 무늬가 그려짐으로써 이조백자는 더욱 아름다워지며 마침내 성스러운 느낌을 준다는 것이다.

김상옥은 자신의 지식의 풍부함을 자랑하기 위해서 탑, 도자기, 연적, 그림, 돌, 도장 등에 대한 기본정보를 들려주고 있는 것이 아니다. 그는 자신이 산문에서 다루고 있는 대상을 미화하거나 성화하기 위해 먼저 대상에 관련된 지식과 정보를 들려 주고 있다. 「금관」, 「신종송(神鐘頌)」, 「부채송」, 「원화밀도」 등의 산문은 '기본지식제시+예찬' 이 김상옥 특유의 서술공식임을 잘 입증해주고 있다. 「금관」에서는 "금관총금관" 의 형태를 "입화형(立華形)의 꽃나무와 그 대륜(臺輪)에는 눈부신 금채(金彩)를 더욱 번복 조응케하는, 둥글고 쬐그만 영락(瓔珞)과 비취의 구옥(勾玉)이 수없이 매달렸다. 그리하여 움직이면 꽃잎처럼 가비얍고, 정지하면 삼림처럼 장중하다"(p.216)와 같이 미문으로 묘사하여 예찬의 분위기를 돋우었다. 그런 다음, "신라의 장인은 능히 금속을 쪼아 꿰비치는 섬유질의 감각으로 다루어 낸 것이니, 이같은 기법은 실로 고금동서에 가위 쌍이 없는 일이라 할 것이다"(p.217), "꽃을 황금으로 대체한 슬기도 슬기려니와, 그 슬기를 받침한 그들의 삶이 또한 얼마나 여유로왔을까 싶으니, 생각사록 꿈만 같은 일이다"(p.220), "신라보관은 정말 그 대하는 품위, 그 접하는 인상부터가 너무나 드높고 어엿한 바 있다!"(p.221), "민중의 억압에 행사하기 위한 그런 관이 아니라, 이야말로 정히 풍류의 관이요, 예술의 관이라 할 것이다"(p.222), "불가사의한 아름다움"(p.223), "눈물겹고 호화로운 풍류의 관"(p.223) 등과 같은 '금관예찬론' 으로 빠져들고 말았다. 금속을 섬유질 다루듯이 하는 기술은 동서고금에 유례가 없는 것이라는 식으로 신라의 금관제작기술이 가히 세계 최고라고 주장했고 금관을 통해 신라인의 슬기와 삶의 여유를 느낄 수 있다고 하면서 금관으로부터는 품위, 풍류, 예술미 등을 감득할 수 있다고 하였다. 김상옥은 신라금관을 최상급으로 평가하는 뜻에서 서양의 크라운은 모양, 기능, 제작의도, 인상 등 모든 면에서 신라금관을 도저히 따라 잡지 못한다고 낮추어보는 방법을 썼다. 금관예찬은 우리 특유의 풍류에 대한 미화작업으로 연결되기도 하였다.

「신종송」에서는 삼국사기와 종명(鐘銘)을 출전으로 하여 에밀레종의 본명과 제작경위를 밝히고 송사(頌詞)를 분석하여 종이 "인신장력(人神奬力)", "원공신체(圓空身體)" 등과 같은 신비스러움을 지니고 있음을 밝힌 다음, "유곽(乳廓)이 위로 다붙은 훤칠한 동체(胴體)가 시원스러워 첫눈에 귀품이 흐르기 때문"(p.228), "종의 음향을 연기처럼 머금었던 밸는 '소리의 굴뚝' 이라 할 것"(p.230), "불세출의 위대한 예술품"(p.231), "독일 국립박물관의 관장인 모씨가 찾아와서… '세계무비의 범종' 이라 했다 한다"(p.231), "에밀레 에밀레…그 영묘한 목청으로 다시 우시라"(p.231) 등과 같이 외양과 음향 그 어느 면에서도 세계최고라고 찬사를 아끼지 않았다. 김상옥은 에밀레종의 비범함을 역설하기 위해 "서양에서는 다만 사회의 질서와 민중의 집회를 알리는 하나의 신호기에 불과했으니 어쩔 수 없는 일이다"(p.228), "대개 서양 것은 그 생김새가 용수 모양이고, 중국 것은 작고 크고 간에 어딘지 미련하고, 일본 것은 보나마나 근천스럽기만 하다"(p.229) 등과 같이 외국의 종들을 상대적으로 격하시키는 방법을 썼다. 서양종을 단순한 신호기로 치부했는가하면 서양종과 중국종과 일본종의 생김새가 어딘가 부족한 데가 있다고 거침없이 그 모자란 점을 지적하였다. 뿐만 아니라 서울에 있는 보신각종에게도 에밀레종과 비교해 볼 때 "범작", "형편없는 촌놈", "시꺼먼 한 개 복면의 괴물"(p.228)과 같이 비정하리 만큼 혹평을 가했다.

「원화밀도」에서도 복숭아를 그려 놓은 원체화를 프랑스 화가 발튜스 드 로라의 말을 인용하여 "격조높은 에로티시즘"(p.249)으로 풀이하면서 왕이 거처하는 침실의 장식화마저 서양화는 바로 사람의 살덩어리를 그대로 그린 반면, 동양화는 여체를 연상케 하는 과실을 그려내는 은근한 방법을 취했다고 대비했다. 김상옥이 동양화풍을 더 높게 평가하고 있음은 두말할 것도 없다. 이미 "부채송"이라는 제목을 내걸어 우리 선조들이 만든 온갖 모양의 부채를 예찬한 「부채송」은 재료나 형태나 기능에 따라 우선(羽扇), 피선(皮扇), 포선(布扇), 칠선(漆扇), 유선(油扇), 산선(傘扇), 접선(摺扇), 단선(團扇), 방선(方扇), 의선(儀扇), 노선(奴扇), 합죽선(合竹扇), 무선(巫扇) 등과 같은 수많은 종류의 부채가 있다고 하면서 선추의 여러 가지 종류를 제시하였다. 독자들은 한국부채에 이렇게 많은 종류가 있나 하고 놀라게 될 것이다. 이 글의 끝은 "세계에서 가장 다양한 재료, 가장 다채로운 모양, 가장 아취있고 아름다운 부채는 오직 한국의 부채다"(pp.240~241)와 같은 자신감에 넘친 주장으로 장식되어 있다. 물론 이런 주장은 과학적 근거보다는 감정상의 편향에 줄을 대고 있다. 특히 「부채송」에 오면 간결성과 정확성을 겸비한 김상옥 특유의 문장들이 광휘를 내뿜는다. 부채에 대해서는 최소한의 어휘로 명확한 설명을 해내는 것이 쉽지 않지만 대상의 요모조모를 완전히 이해하고 있는 김상옥인지라 조형미와 형상미를 일구어내는 것은 그리 어려운 일이 아니었다. 다음과 같이 "합죽선"을 만드는 과정을 기술한 것은 김상옥 문장력의 정채가 된다.

> 합죽선은 고운 대껍질을 앞뒤로 포개어 부레풀로 붙여서 즉 합죽하여 만드는 것이다. 엷은 가운뎃살과 굵은 갓살(邊竹)을 다 합죽하는 것이지만 갓살은 일곱 마디 아홉 마디의 촘촘한 대마디 껍질을 붙이고 손잡이 쯤에 소의 흰 뼈를 받치고 그 밑에 검은 흑시(黑柹)를 가늘게 물린다. 합죽한 갓살의 옆가장자리나 마디마다엔 인두로 낙화(烙畵)를 친다. 귀갑(龜甲)무늬나 을(乙)자 무늬를 기하학적으로 연결하여 놓는다. 가운뎃살은 미(米)자 무늬와 박쥐 무늬를 그린다. 손잡이 조짐에는 은이나 백동장식을 붙이고 고리를 끼운다.(p.238)

대상을 장악하는 힘은 대상을 신앙하거나 예찬하는 힘에서 빚어질 수 있다. 이조백자나 신라금관이나 에밀레종이나 부채를 향한 절대긍정은 이들 존재를 능란하게 설명하거나 해석하는 힘을 뿜어내고 있다. 김상옥은 이런 이치를 실천을 통해 보여 주고 있다. 한국의 대다수 문화재와 유적 앞에서 김상옥은 '절대긍정해라! 그러면 이해력과 감상력이 생길 것이다' 라고 외치고 있는 듯하다.

2. '단맛' 의 산문-우리 것의 미와 성(聖)의 발견

김상옥의 산문에서는 도자기에 직간접적으로 연관된 글들이 주류를 이루고 있기는 하지만 이조백자를 인상깊게 송의 형식으로 처리한 글은 그리 많지 않다. 『시와 도자』의 표제산문인 「시와 도자」에서는 "이 단순하고 신비한 빛깔을 한층 더 단순하고 신비하도록 결정(結晶)지은 것! 이것이 곧 우리의 이조백자입니다"(p.57), "우리 백자가 지닌 신비성이란 실로 비범할이만큼 평범한 아름다움을 뜻하는 것입니다"(p.58), "우리 도자기의 장식은 도로 꾸밈을 거세하고, 나아가 단순에의 귀의를 위한 작업이었던 것입니다"(p.59), "주방그릇은 질박하고 제기는 경건하고 문방구와 화장구는 단정하고 아취있어 보입니다. 이러한 주방그릇이나 제기, 또는 문방구나 화장구들의 형태는 백자의 백색으로 하여 그것이 더욱 질박하고, 더욱 경건하고, 더욱 단정, 더욱 아취있게 보인다는 말입니다"(p.63) 등과 같은 이조백자 찬송을 들을 수 있다. 이 글에서는 이조백자의 매력을 단순성과 신비성에서 찾으면서 이때의 신비성을 "비범할이만큼 평범한 아름다움"으로 풀었다. 매력이라든가 아름다움은 비범함이나 응집성에서 비롯된다는 상식을 뒤엎은 셈이다. 단순성과 평범성으로 고도의 아름다움을 자아낼 수 있다는 것 자체가 이조백자의 비범성을 일러준다는 주장이다. 또 이렇듯 평범한 모습으로 비범한 아름다움을 매개했다고 주장하는 것도 김상옥의 비범한 시선과 감각을 일러준다.

「시와 도자」에서 강조되었던 단순성과 평범성은 산문 「백자송」에 오면 "이조백자는 또 하나의 대담한 생략이기도 하다! 그러기에 이것은 범연하면서도 고담(枯淡)하고, 그러기에 이것은 질박하면서도 적막하지 아니한가!"(p.69)와 같은 구절로 재현된다. 「백자송」에 와서는 고담과 적막의 특징이 추가되고 있다. 「백자송」에 오면 백자예찬은 숨가쁘게 고조되고 있다. "일찌기 우리는 고려청자로하여 아름다운 눈물과 꿈겨운 슬픔을 읽었다……그러나 이조백자는 그런 고독, 그런 슬픔, 그런 눈물이사 이미 흔적도 없이 말갛게 씻어내고 말았다"(p.67), "무너진 왕조와 함께, 자고로 비극은 아름다운 것, 뭐든 한 번 절정에 이르고 나면 그만 아닌가! 그저 남는 것 무상이요, 허무에의 체념 뿐인 것을"(p.68), "모두가 백의관음(白衣觀音)의 차림으로 무늬 하나 없는 백자 항아리! 이들은 지금 형용할 수 없는 스스로의 법열에 다만 무사무위(無事無爲)할 따름이다"(p.68), "백자여! 이 무관심의 정물이여! 너야말로 고(古)해도 낡지 않고, 노(老)해도 헐지 않는 것, 불고(不古)와 장금(長今)은 이조 백자 너만이 누릴 수 있는, 시공에 초연하는 조형의 연령미다"(p.70), "오호 여기에 이르러 이미 분향도 기도도 잊어버린, 그 어느 무명에의 불심(佛心)-이리하여, 마침내 우리의 이조백자는 궁극에 다다른 미의 묵시요 미의 종교다"(p.71) 등과 같은 이조백자 신앙을 들을 수 있다. 김상옥은 이조백자를 적극 찬양하기 위해 '정화', '무상', '허무에의 체념', '백의관음', '법열', '무사무위', '무관심', '무명에의 불심' 등과 같이 도교와 불교의 핵심용어를 이끌어 온 다음 초시공성과 영생이란 모든 종교의 꿈도 빌려왔다. 김상옥에게 도자기는 시적 아름다움을 지난 종교의 최고경지를 혹은 들려주고 혹은 보여 주고 있다. 김상옥은 이조백자를 단순히 감상하고 있는 것만은 아니다. 그는 이조백자를 매개로 하여 조선왕조의 역사를 떠올려보고 있으며 삶의 무상함과 동시에 인간존재의 영생에의 희구도 되짚어보고 있다.

이조백자에서 특히 백색의 아름다움에 취하여 「시와 도자」는 "백색은 실로 모든 색상의 조종이요, 또 그 근원이라 할 만합니다. 때문에 모든 색상의 모체요, 또 그 태반이라 할 것입니다"(p.61)라고 백색근원설을 주장했고 「백자송」에서는 백자의 백색은 그냥 백색이 아니라고 하면서 "다시 눈여겨 보면 그것은 유백(乳白)이요, 순백(純白)이요, 담백(淡白)이다. 얼핏 보아 단순한 듯하면서도 어딘지 인정과 체온이 얼룩져 있는 아늑한 빛깔이다"(p.69)라고 백색을 세분해 내었다. 「백색의 조화(造化)」에서는 "백일(白日)", "백주(白晝)" 등과 같은 말을 예로 들어 백색을 밝고 즐거운 이미지로 풀이하는 가운데서 백색을 유백(乳白), 분백(粉白), 담백(淡白), 청백(青白), 황백(黃白), 회백(灰白) 등과 같이 여러 종류로 나눌 수 있다고 하였다. 순백, 유백, 담백 등의 색은 육안으로 잡아낼 수 있지만 청백, 황백, 회백은 김상옥과 같이 이조백자를 평생 완상(玩賞)하고 영송(詠頌)한 사람의 시계에만 들어온 것인지 모른다. 김상옥의 형안에 의해 희색은 유백, 담백, 청백, 황백, 회백 등으로 분광되었다.

그렇다면 김상옥은 절대긍정 혹은 예찬의 대상 속에 인간존재는 넣지 않았는가. 그는 얼마 안되는 숫자이긴 하지만 사표로 삼아야 할 존재, 찬미하고 싶은 존재를 내보이고 있다. 「겸손과 오만」에서는 "극진한 겸손일수록 자칫하면 오만해 보이고, 또 참다운 오만일수록 잘못하면 겸손해 보이기도 하니, 이 역시 재미있는 인간사라 하겠다"(p.283)고 하면서 고하 송진우를 주목했고, 「꽃이 용으로 화한 이야기」에서는 대동여지도를 만들기 위해 온갖 고초를 아끼지 않은 고산자 김정호 선생을 미문으로 기리고 있다. 김상옥은 이 산문에서 『삼행시 육십 오편』(아자방, 1973)에 수록되었던 시 「고산자 김정호선생송(頌)」을 전문 인용하면서 김정호 선생의 고난의 삶과 초인적인 정신은 백년 후생의 마음 속에 꽃으로 피어날 것이라고 예견했다. 이 산문의 끝을 장식하고 있는 "아아, 끝없는 꽃의 편력, 아아, 이 애틋하고 무궁한 목숨의 몸부림이여!"(p.284)라는 구절은 김상옥으로서는 최고의 찬사를 보낸 셈이다. 「지휘봉」에서는 부산에서 악기도 엉망이고 단원들도 급조된 악단을 이끌고 감격적인 연주를 지휘해 낸 애국가 작곡자 A씨에게 찬사를 보냄과 동시에 당시 위정자들을 향해 명지휘자처럼 훌륭한 정치가가 되어 줄 것을 당부하고 있다.

모두 50편으로 된 「묘한 일, 묘한 일」이라는 잠언집 형식의 글에서는 김상옥의 정신세계의 형성과정에서 큰 영향을 준 인물들이 드러나고 있다. 노자, 공자, 장자, 석가모니, 예수, 이순신 장군, 대원군, 추사 김정희, 원효, 이차돈, 세종대왕 등이 신앙의 대상이자 사표의 존재로 나타나고 있다. 「묘한 일, 묘한 일」이라는 제목은 노자의 『도덕경』에서 따 가지고 온 것이다. 잠언 50편을 모두 "묘하다"로 끝맺음한 것은 '감탄할 만하다'라든가 '본뜰 만하다'와 같은 말을 바꾸어 표현한 것이라고 할 수 있다. 공자를 "수천 년이 지난 오늘에도 그를 드높여 대성지성문선왕(大成至聖文宣王)으로, 세계 삼성의 보좌에 그 이름을 모시게 됨도 묘하다"(p.22)고 최대한 높게 평가하였고, 충무공을 가리켜 "그러면, 누구든 저희 겨레와 저희 나라를 사랑하자면 누구를 그의 사부(師傅)로 삼아야 하는가 (중략) 그것은 충무공"(p.24)과 같이 민족 최고의 사부로 올려세웠다. 홍선 대원군을 가리켜 "때를 얻지 못한 기걸(奇傑) 대원군은 묘하다. (중략) 아들보다 아비가 잘났기에 어설픈 경장(更張)도 꺾이었다"(p.39)라고 해석하면서 "목숨을 걸었던 정치에는 실패한 한갓 소일(消日)로 희롱했던 예술에서 성공한 홍선대원군－이하응은 다시 묘하다"(p.39)와 같이 진정으로 성공한 인생으로 매김하였고, 추사 김정희의 글씨에 대해 "학자의 서재에 걸리면 그 주인의 학력이 있어 뵈고 정객의 거처에 걸리면 또 그의 국량마저 있어 뵌다"고 그 다면성을 부각시키면서 "더욱 더 묘한 일은 그것이 진품일수록 위조같고, 또 위조일수록 진품같으니, 이는 흔히 남의 추앙을 받는 자 가운데 파렴치한이 있고, 핍박을 받은 자 가운데 강개지사가 있음과 같은 이치다"(p.40)와 같이 그야말로 기묘하게 해석하였다. 원효와 이차돈을 각각 세종대왕과 이충무공으로 재림한 것으로 파악하여 "이두를 창안한 원효의 아들에서 한글을 창제한 세종의 위업, 불국에 순교한 차돈의 죽음에서 민족을 제도한 충무공의 성인(成仁), 아 끊이지 않는 겨레의 슬기, 겨레의 광명, 겨레의 목숨, 생각하면 생각사록 묘하다"(p.44)고 한 것에서 특정 조상에 대한 숭모의 정신은 절정을 이룬다.

원효와 이차돈을 각각 세종대왕과 이충무공으로 재림한 것이라고 주장한 데서 김상옥 특유의 예리함이 확인된다.

그런데 「묘한 일, 묘한 일」에서 자국인이든 외국인이든 인간존재에 대한 예찬은 주류를 이루지 못한다. 역시 주류는 김상옥의 다른 산문들에서 잘 나타나고 있는 것처럼 유물이나 유적지 같은 대상을 예찬한 데서 찾을 수 있다. 김상옥 산문에서는 풍경(風磬), 불국사, 남대문, 신라금관, 신라 에밀레종, 청자와 백자, 이조백자, 이조의 도공, 연적, 복숭아 연적, 신라왕국, 다보탑과 석가탑, 한반도 오천년 등을 섬기거나 기리는 태도를 쉽게 확인할 수 있다. 그런가 하면 꿈, 매력, 화엄, 마음의 부자, 참선, 영감, 미물, 시각, 여자의 지배력, 보석, 불순물의 미, 어머니의 위대함, 영생불사, 추상적 수사(數詞), 그릇, 흙 등과 같은 사원, 상태, 존재 등이 안겨주고 있는 미묘함에 감탄을 억누르지 못한다. 가시적인 것이든 불가시적인 것이든 또는 인간존재든 물체든 특정대상을 예찬의 대상으로 삼았다는 것 자체가 이미 주관이 작용한 것이라고 할 수 있다. 백자라든가 연적이 중심대상이 되고 있는 산문에서의 예찬은 시에서의 예찬 못지않게 주관이 많이 개입된 흔적을 드러내고 있다. 『향기 남은 가을』(상서각, 1989)이라는 시집에 수록되어 있는 시 「백자」와 「연적의 명」을 보면 산문에서의 예찬과 시에서의 예찬이 크게 다르지 않음을 깨닫게 된다. 「백자」는 "상머리/돌아온 달무리/시점은 까마아득하다//어떤 기교/어떤 품위도/아예 가까이 오지 말라//저 적막/범할 수 없어/꽃도 차마 못 꽂는다"와 같이 되어 있고, 「연적의 명」은 "비우면/가득 채우고/차면 절로 넘치는 연적//네모꼴/모서리마다/천일생수 소탈한 글씨//하늘은/한방울 물도/목숨으로 다툰다 했네"와 같이 되어 있다. 산문에서는 대상을 직접 예찬하는 태도를 취했던 반면, 시에서는 고도로 주관화된 느낌을 통해 대상을 미화했던 점이 다르다면 다른 점이다.

「묘한 일, 묘한 일」을 구성하는 산문들은 대략 5~10행의 길이로 되어 있다. 50개의 글은 독립된 산문이라고 하기에는 지나치게 짧고 시로 보기에는 시로서의 틀을 갖추고 있지 않다. 「묘한 일, 묘한 일」은 독립된 한 편의 산문이라고 하기에는 너무 길고 분절성이 강한 토막글로 되어 있어 김상옥도 한 번은 정독했을 법한 독일 철학자 프리드리히 니체의 아포리즘 형식의 철학서 『즐거운 학문』이라든가 『서광』을 떠올리게 한다. 『즐거운 학문』에서 모두 382개의 아포리즘으로 구성되어 있는데 이중 153번에서 275번까지 약 130개의 글이 10행 이하로 구성되어 있다. 총 575개의 글로 된 『서광』의 경우, 특히 200번 이후로 가면 10행이 넘지 않는 단문들이 주류를 이룬다. 니체의 철학서들은 칸트나 헤겔 류의 논리적이고 추상적인 서술방법 대신에 구체적이고 시적이면서 감정표출을 크게 허용하고 있는 간접고지(indirekte Mitteilung)의 방법을 사용한 것이긴 하지만 그 내용이 쉽게 이해되는 것은 아니다. 니체 류의 아포리즘은 한 편 한 편은 짧기는 하지만 몇 배나 더 긴 다른 철학자의 글 못지않게 여러 가지를 생각하게 만든다.

김상옥의 「묘한 일, 묘한 일」에서도 이렇듯 근본적 사유를 내보인 토막글을 여러 가지 찾아 볼 수 있다. 김상옥은 그의 다른 산문에서 주로 취했던 우리 것 예찬의 형식에서 벗어나 '철학하는 모습' 도 여러 편 보여주고 있다. 김상옥은 「묘한 일, 묘한 일」의 제1번 글을 "있는 것이 있으므로 없는 것도 있는 줄을 알라고 타이른 노자의 말은 생각사록 묘하다" (p.20)로 장식하면서 맨끝 번호의 글의 마지막 대목은 "아아 이 끝없는 끝맺음이여, 끝맺음의 끝없음이여. 더더욱 묘한지고! 묘재(妙哉), 묘재(妙哉)" (p.47)라고 하였다. 1번에서 담담한 껍질이 날카로운 속살을 싸고 도는 형상이 49번에 가서는 영탄과 법열이 뒤섞이며 고조되는 분위기로 이이지고 있다. 1번에서 50번은 50개의 글이면서 동시에 한 개의 글로 묶일 수 있다. 「묘한 일, 묘한 일」의 중간중간에 있는 '우리것 찬미' 는 있는 것/없는 것에 대한 철학적 사유로 가기 위한 도정에 지나지 않는다. "노자는 우주의 근원, 생명의 본존(本尊), 이름의 비롯됨을 오직 여자인 어머니에게서 찾았다" (p.32)든가, 노자의 "곡신불사(谷神不死)" 와 기독교의 영생개념을 비교하면서 "불사(不死)는 영원일 뿐 아니라 초영원까지 산다는 뜻을 그 밑바닥에 깔았으니, 한량없는 동양의 묘리가 깃들여 있어 더욱 묘하다"(p.33)라고 하여 동양을 우위에 놓는 것을 잊지는 않았으나 「묘한 일, 묘한 일」의 뒷부분에 오면 김상옥의 진정한 관심은 죽음, 사라짐, 무를 극복하는 방법을 찾는데 있다. 흙, 도자기, 돌 등에의 숭모는 '있는 것'에 대한 찬미이기는 하나 이 찬미 뒤에 '없는 것'에 대한 슬픔이 숨겨져 있다.

김상옥은 인간은 꿈꾸고 또 꿈꾸어야 하는 존재임을 강조하였다. "곤히 곤드라져 그 잠 속에서 꿈을 꾸게 되고, 다음날 아침 하품하고 깨어나면 그 현실에서 다시 이상이라는 꿈을 꾸게 되는 사람의 생리 또한 묘하다"(p.21), "꿈을 꾸고, 꿈을 깨고, 꿈을 사고, 꿈을 팔아, 은성(殷盛)하는 저자(市場)속. 묘하게도 거기 또 꿈을 꾸므로 현실을 이상하던 즐거운 꿈의 사제(司祭), 꿈의 장사꾼들. 이제 다시 그들의 그 하고한 꿈을 찾아 나타날 징조 있으니 묘하다"(p.45), "꿈에 장자는 나비가 되고 나비가 꿈(현실)을 꾸니 장자가 된다. 꿈이 오고 가는 길, 곧 꿈은 길, 꿈은 빛, 꿈은 목숨으로 다시 삼위일체 우화전생(羽化轉生)하니, 묘하다"(p.45), "옳거니 내가 꿈을 꾸지 않고 너도 꿈을 꾸지 않고 동시에 일체가 다 꿈을 꾸지 않는다면 또 동시에 그 일체도 다 존재하지 않을 수 있으리니 묘하다"(p.46) 등과 같은 잠언은 인간의 정체성의 하나가 꿈임을 제창하거나 반복한 것이라고 할 수 있다. 이러한 과정을 거쳐 김상옥은 마침내 다음과 같이 두고 두고 음미해 볼만한 아포리즘에 도달하고 있다.

> 끝내 묘한지고. 내 한낱 있으므로 너 한낱 있고, 우리네 무리가 있으므로 인류의 덩어리가 이웃하여 몸 두고 있다 하니 묘하다. 내 한 몸 외톨박이 나사못처럼 빠진다면 그 꿈의 무변(무변)한 구성, 그 꿈의 정묘한 밀도, 그만큼 일그러지리니 다시 그 구성, 그 밀도에 내 한 몸 꽃 속의 씨앗처럼 박히어 내 몫의 고운 빛깔, 내 몫의 고운 내음, 내 몫의 고

운 모습, 고스란히 찾아오리라. 아아 묘재(妙哉), 묘재(妙哉)(pp.46~47)

「묘한 일, 묘한 일」의 1번 글에서 '없음'도 '있음'으로 바꾸어 보라고 한 노자의 말을 곰곰히 씹어 본 끝에 49번에 와서는 '나'를 인식하는 철학으로 귀결되고 있다. "내"가 없으면 존재계 자체도 꿈을 이루기 어렵다는 요해가 담겨 있다. "나"를 유달리 강조하는 것은 결국 모든 존재는 허망하다는 인식을 감추어 놓은 것에 지나지 않는다. 「묘한 일, 묘한 일」을 구성하는 50개의 아포리즘은 길이면에서는 그의 산문이 시와 별로 다를 바 없다는 생각을 갖게 하지만 내용 면에서는 산문이 최소한의 다양성을 지니고 있다고 판단하게 만든다.

3. '짠맛'과 '쓴맛'의 산문-비판의 담론과 아픔의 시론

김상옥은 긍정할 만한 존재를 아예 신앙의 대상으로 바꾸기 위해 부정할 만한 존재를 아예 비판의 대상으로 바꾸어 양자를 비교하는 방법을 썼다. 쉽게 말해, 내 것을 미화하기 위해 남의 것을 깎아 내리는 방법을 썼다는 것이다. 이조백자나 에밀레종이나 신라금관을 상찬하는 대목에서 일본 것이나 서양 것은 곧잘 비하되곤 하였다. 이렇듯 김상옥이 특정 목적이나 고정관념을 지니고 비교의 방법을 잘 취했다는 것은 그가 모자란 것, 더러운 것, 이치에 맞지 않는 것을 비판할 줄 아는 것을 의미한다. 「덕수궁의 담장」에서는 덕수궁의 드높은 돌담을 철거하고 가느다란 쇳가치로 간살을 실러 놓은 것 때문에 그동안 고전에의 향수에 젖을 수 있었던 덕수궁돌담길의 운치가 사라지게 되었음을 나무라고 있다. 「태양의 색소」에서는 향토작가들의 합동미술전람회에서 "녹색태양"의 그림을 보고 느낌을 말하는 가운데 우리 민족이 해방 이후 "풋풋하고 싱싱한 빛"을 상징하는 녹색과는 거리가 멀게 가난하고 어두운 생활을 해왔음을 일깨워

주고 있다. 「뽕나무과 거북이」에서는 상구지계(桑龜之戒)의 설화를 들려 주면서 "아직도 우리의 주변에는 시세에 편당(偏黨)하여 너무 잘 난 체 까불고 지껄이다가 저 죽고 남 죽이는 놈이 없지 않을라!" (p.286)고 훈계하였다. 이 설화에서는 어부의 꿈속에서 거북이는 뽕나무로 삶으면 금방 삶아진다는 비밀을 털어 놓은 뽕나무를 나무라고 있다.

「칼과 도자」에서는 김상옥이 일본 국립박물관을 관람하였을 때 일본 코너에는 섬뜩한 느낌을 주는 칼이 많았음을 보면서 "칼을 다듬기에 여념이 없던 문화와 도자기를 굽기에 생애를 바치던 문화" (p.174)를 비교하게 된다. 그러면서 같은 칼이라도 "저 임진왜란때 한산도 앞 바다를 피로 물들이던 충무공의 칼과 한말의 풍운속에서 민씨 침전에다 피비린내를 풍겨 주던 낭인배의 칼은 끝내 같을 수가 없듯이" (p.174)라고 명쾌하게 대비하였다. 충무공의 칼은 애국애족의 칼이요 일본 낭인배의 칼은 침범의 칼이요 패덕의 칼이라는 판단이 깃들어 있다.

「지휘봉」에서는 부산에서의 명지휘자에 의한 감동적인 교향악 연주의 한 사례를 들면서 교향악 연주 지휘와 정치를 같은 것으로 보아 "창의있는 정사란 현실에 빛을 보태고 생활을 드높이는-실감있는 예술이 아닐 수 없다" (p.208)고 하면서 "이 땅의 위정자들에게 손쉽게 기적을 부르지 말라, 국민을 못났다고 탓하지 말라, 후진적인 여건을 핑계하여 혀를 함부로 놀리지 말라, 몸에 한기를 집어넣고 이마에 식은 땀을 흘리라" (p.208)하고 서슬 푸르게 충고하였다. 김상옥으로서는 좀처럼 내보이지 않았던 솔직한 정치비판이다.

김상옥의 산문집의 표제작은 그가 1974년 4월 26일 서울 국립중앙박물관 강당에서 행했던 고미술강연의 초고인 「시와 도자」였다. 이 산문에서는 도자기와 시에 대한 김상옥의 기본인식이 잘 드러나 있다. "시는 언어로 빚은 '도자기' 라고 말할 수 있다면, 도자기는 흙으로 빚은 시라고도 말할 수 있겠기에 말입니다" (p.52)라고 예상된 인식을 보여 준 후 "지금 우리 시단에서 발표되는 대부분의 시에는 시인이 괴로워하는 신음소리가 들리지 않습니다"고 당대의 시단을 향해 불만을 표시하였다. 정도 차는 있지만 괴로움이 없는 사회는 없다고 하면서 "괴로움을 마음 아파하는 사람이 시인이요, 그 아픔을 노래하는 것이 시가 아니겠습니까"(p.53) 하고 의외의 시본질론을 펼친다. "아픔이란 시인이 느끼고 고발하지 않으면 거기엔 참다운 시가 있을 수 없을 것입니다. 오늘 우리의 현실만이 아픈 것이 아니라 그보다 그 아픔을 노래한 시가 없다는 것이 더욱 아픈 것입니다"(p.54), "아픔은 곧 하나의 커다란 진실이기도 합니다"(p.54) 등과 같은 주장은 김상옥의 기본적인 시관이 현실초월론보다는 현실참여론에 맥이 닿아 있는 것으로 보게 만든다.

김상옥은 1970년대 전반기에 발표된 시론에서 그때까지 발표했던 시조집 『초적』(1947), 시집 『고원의 곡』(1949), 『목석이 노래』(1956), 시조집 『삼행시 육십오편』(1973) 등에서 이제껏 자신이 견지해왔던 시풍과는 달리 현실 참여시를 대망한 듯한 느낌을 준다. 물론 "아픔은 진실이요 사랑이요, 또 아름다움이기도 합니다. 부처님도 지극한 사랑을 자비라고 하지 않았습니까? 예술에 있어서도 최상의 미는 아픔이나 슬픔이 아닐 수 없습니다"(p.56)는 주장은 좋은 시의 전제인 아픔을 시인이나 도공이 흔히 겪는 것으로 해석하게 만든다. '아픔의 시론'으로 압축되는 그의 시론이 좀 더 명확하고 풍부한 이론을 전개했더라면 하는 아쉬움이 있다. 「가을의 시」는 베를레에느, 이백, 릴케, 도리스당 도렘 등의 동서양의 가을시를 소개하면서 "아름다운 것은 다 슬프다. 시는 곧 미의 비곡(悲曲)이다. 그중에도 가을의 시는 더욱 그러하다"(p.259)고 중간 정리하였다. 그리고 왕유, 도연명, 헤르만 헷세 등의 가을시도 검토하면서 "그들은 영혼의 고고한 원성(園丁)이 아닐 수 없다"(p.259)고 상찬하였다. 같은 시론이면서도 「시와 도자」가 시적인 표현으로 기울어지기도 했던 것에 반해 「가을의 시」는 내내 산문적 진술에 충실하였다.

(장경열 편, 『불과 얼음의 시혼』-초정 김상옥의 문학세계, 태학사, 2007)

이데올로그비판과 담론확대 그리고 주체성

1.「소설 알렉산드리아」의 원형적 요소

등단작은 대부분의 작가에게 사상면에서나 서술방법면에서 원형으로 기능하기 마련이다. 중편소설 「소설 알렉산드리아」(〈세대〉, 1965. 7)는 이병주(李炳注)의 등단작으로, 작품 곳곳에서 이병주 소설의 원형으로 작용하고 있는 흔적을 분명하게 드러내고 있다. 원형으로서의 작용은 주제나 형식 면의 특징을 반복제시하는 것으로 구체화된다.

「소설 알렉산드리아」에서 처음 나타나 이후의 작품들에서 유사형태로 반복출현하는 것으로 주인공으로서의 이데올로그, 보조존재로서의 일인칭 인물, 관념적 서술, 시적 접근의 개입, 여러 이야기 제시를 통한 입체적 구성이나 액자적 구성 등을 들 수 있다. 「소설 알렉산드리아」의 진정한 주인공은 '나'의 성실하면서도 끈질긴 중계에 의해 그 삶과 사고의 정수가 드러나 버리는 '나'의 형으로 보아야 한다. '나'의 형은 일제 때 대학에서 입신출세와는 거리가 먼 공부를 하면서 코스모폴리탄과 리베랄리스트를 자처했으며 5 · 16 직후에는 혁명의 파도에 휩쓸려 10년 형을 선고받아 감옥에 간 논설위원으로 그려져 작가 이병주의 제2의 자아라고 할 수 있을 정도다. 2천 편 이상 쓴 논설 가운데서 "조국이 없다. 산하가 있을 뿐이다", "이북의 이남화가 최선의 통일방식, 이남의 이북화가 최악의 통일방식이라면 중립통일은 차선의 방법은 되는 것이다. 그런데 이것을 사악시(邪惡視)하는 사고방식은 중립통일론 자체보다 위험하다", "이 이상 한 사람이라도 더 희생을 내서는 안되겠다. 그러면서 어떻게 해서라도 통일은 이룩해야 하겠다"(p.15) 등과 같은 주장이 담긴 단 두 편의 논설이 '나'의 형이 감옥으로 가게된 빌미가 된 것이다.

전형적 지식인이면서 이데올로그인 형과는 달리 플룻 부는 것을 직업으로 삼고 있는 '나'는 감옥에서 형이 보내온 편지 14통을 외항선원인 프랑스인 마르셀 가브리엘에게 보여 주거나 알렉산드리아의 카바레 안드로메다의 무희인 사라 안젤에게 들려 주어 형의 존재를 알리고 이해시킨 역할을 하긴 했다. 형은 감옥에 가지 않았으면 알렉산드리아에 가고 싶다는 말을 하지 않았을 것이고, 또 형이 편지에서 간곡하게 이 말을 하지 않았다면 '나'는 알렉산드리아에 오지 않았을 것이다. 형은 육신은 서대문형무소에 갇혀 있지만 마음은 동생인 '나'를 통해서 꿈과 낭만과 욕망의 도시 알렉산드리아에 와 있다. 이처럼 '나'는 형의 사랑스러운 대리자요 충실한 봉사자로서의 역할을 맡고 있기는 하나 형과 일정한 거리를 두고 있다. 가슴으로는 다가가고 머리로는 일정한 거리를 두는 형상이다. 이때의 거리감은 형에 대한 '나'의 이해력 부족으로 나타나곤 한다.

독일군 게쉬타포였던 앤드레드에 복수하는데 성공한 한스와 사라가 알렉산드리아 법정의 명령에 의해 도시를 같이 떠나자고 했을 때 '나'는 형기가 아직 7년이나 남은 형을 여기서 기다려야 한다고 하면서 두 남녀의 제의를 거절한다. '나'는 앞으로도 7년이나 감옥살이 해야 할 형의 자유를 대신 누려야 할 운명을 선택한 것이다. 그럼에도 '나'는 형은 천재가 아닌데 천재적인 역군이 되려 했던 것 때문에 비극이 싹튼 것이라는 냉철한 판단을 버리지 않는다. 근본적으로 '나'는 '사상'이니 '사상가'니하는 말을 인정하지 않았다. '나'는 '사상'을 정/부정을 가려내고 선/악을 판별하는 것, 자연 속에서 벗어나려고 노력하는 것이라고 규정하면서 "그렇다면 사상이란 인간을 부자연하게 그러니까 불행하게 만드는 작용 이상도 이하도 아닌 것이 아닌가"(p.13) 하고 회의로 가득찬 질문을 던졌다. 이러한 질문 끝에는 '나'는 자연스럽게 사는 인간이며 형은 자초해서 부자연스럽게 사는 인간이라는 대비가 이어지게 된다. 「소설 알렉산드리아」의 '나'처럼 이해력에 한계가 있는 인물을 초점화자로 내세우는 것은 주인공인 형을 긍정만 하지는 않겠다는 작가적 의도를 열어 보인 셈이 된다. 「소설 알렉산드리아」에서의 '나'와 형의 사고의 거리는 「겨울밤」(〈문학사상〉, 1974. 2)에서 사회주의자 노정필과 '나'(작가 이병주)의 사상충돌로 직화(直化)되고 격화(激化)된다.

「소설 알렉산드리아」가 보여 준 또하나의 원형적 요소로 탈전통적이거나 실험적인 소설담론을 취한 점을 들 수 있다. 「소설 알렉산드리아」는 서간체소설, 사상소설, 관념소설, 법정소설 등의 요소가 어우러진 형태라고 할 수 있을 만큼, 전통적인 소설담론에서는 벗어나 있다. 인간, 역사, 전쟁, 이데올로기, 정치 등 큰 문제들을 정면에서 다루어야 할 것이라는 작가적 사명감에 충실하다 보면 관념적 서술은 자연스럽게 빚어지기 마련이라는 이치를 이병주만큼 잘 실증해 준 작가도 드물다. 관념적 서술이 거리낌없이 행해진 곳은 형이 '나'에게 보낸 14통의 서신이었다. 형이 보낸 서신은 논설의 그릇이요 사유의 공간이 되고 있다. 마지막 14번째의 편지에서나 고통과 절망의 신음이 조금 배어 나오고 있을 뿐 나머지 편지에서는 한결같이 사상가나 이데올로그로서의 자부심, 품위, 탐구벽, 견인주의 등을 내보이는데 힘쓰고 있다. '나'의 형은 잡스러워도 인간체취가 풍기는 사상을 지향한다, 구원의 손길 때문에 견디어 나간다, 나는 고독한 황제다(편지 1)라고 하면서 알렉산드리아에 가고 싶다고 했고(편지 2), 10년을 잘 참고 지내겠다고 했다(편지 3). 그리고 죽음(편지 5), 황제의 음식(편지 6), 하나님의 금지규정(편지 7), 자유와 절대성(편지 8), 기독교의 본질과 권력(편지 9), 케네디 암살사건과 영광의 문제(편지 10), 죄의 본질과 감옥생활의 이점(편지 11), 사형폐지론(편지 12), 기독교에서의 기도와 교리(편지 13) 등을 깊이 있게 논하는 기회를 갖는다. 이렇듯 여러 가지 문제를 근본적으로 성찰하고 있는 편지의 내용은 「소설 알렉산드리아」를 사상소설 혹은 에세이소설로 규정하게 만든다.

중립통일론이 용공으로 오인되어 10년 징역형의 사상범이 되고 만 「소설 알렉산드리아」에서의 형은 「쥘부채」(〈세대〉, 1969. 12)에서 사형수 강덕기와 20년 형의 장기수 신명숙으로, 「패자의 관」(〈정경연구〉, 1971. 7)에서 용공분자로 몰린 국회의원입후보자 노신호 교수로, 「겨울밤-어느 황제의 회상」(〈문학사상〉, 1974. 2)에서 지주의 아들이 사회주의에 발을 들여 놓아 빨치산으로 활동하다가 붙잡혀 20년 감옥살이 하고 나온 노정필로 재생되었다. 작가 이병주는 사회주의자 못지않게 용공분자로 낙인 찍힌 존재에 대해서도 큰 관심을 가졌다. 「소설 알렉산드리아」에서의 '나'는 「쥘부채」에서는 동식과 유선생으로 분화되어 재현되고 있으며, 「패자의 관」과 「겨울밤」에서는 사람됨은 전혀 다른 '나'로 나타나고 있다. 「겨울밤」에서 사회주의자 노정필과 사상충돌까지 벌리고 있는 '나'는 이유는 분명치 않지만 오랫동안 옥고를 치르고 나온 것으로 또 소설 「알렉산드리아」를 쓴 것으로 그려지고 있다. 「소설 알렉산드리아」에서의 '나'의 형은 「겨울밤」에서는 빨치산 출신 노정필보다는 '나'에 가까운 존재로 보이기도 한다.

「쥘부채」에서 신명숙은 비상조치법 위반으로 무기형을 받았고 민주당 정권 때 20년 형으로 감형되었으나 17년 되던 해에 병사하면서 강덕기와의 사랑의 표시로 쥘부채를 만들어 유품으로 남겨 놓게 된 것이다. 작중에서 관찰자와 해설자 그리고 해결사의 역할까지 맡고 있는 동식은 신명숙이 칫솔대를 갖고 나비와 나리꽃 모양을 중심으로 하여 여러 모양을 정교하게 빚어내어 만든 쥘부채를 세밀하게 설명하고 있다. 신명숙이 목숨을 바쳐 사랑한 남자 강덕기는 신명숙 이모가 "그 놈이 우리 명숙이를 꾀어서 산으로 들로 돌아다니다가 붙들려선 저는 죽고 명숙이에게 무기징역을 받게 했는데 명숙이가 그놈을 사랑해?"(p.212)와 같이 내뱉은 욕설을 통해 간신히 형상화되고 있는 정도다. 쥘부채는 누가 왜 만들었는가를 집요하게 추적한 동식의 노력에 의해 두 남녀가 겨우 형상화되고 있는 만큼, 「쥘부채」의 진정한 주인공의 자리는 동식이 차지하는 것이 당연하다. 그러나 강덕기와 신명숙이 빚어낸 사랑 이야기가 비록 뼈만 남았다고 하더라도 이 두 남녀가 이병주의 초기 단편소설들 가운데서 가장 비극적인 삶의 내용을 지닌 것임은 부정하기 어렵다. 「쥘부채」의 중심적인 스토리 라인은 프랑스 희곡읽기 스터디그룹에 참여한 유선생, 동식, A, B, C 등의 학우가 여러 차례 빚어내는 대화라든가 토론에서 찾을 수 있다. 이들 사이에서는 설악산 조난사고, 죽음의 방법, 공산당, 정치, 간첩 이수근 사건, 개헌논의, 신, 치욕의 청춘, 케네디 대통령 저격사건 등과 같이 당대의 사건에서 초시대적인 철학적 문제에 이르기까지 다양한 테마에 대한 대화가 오간다. 이들 사이의 대화가 보여 주고 있는 추상적이며 관념적인 경향은 소설이 발표되었을 당시의 표현자유가 냉전체제의 그늘 속에 있었음을 입증해 준다.

「쥘부채」에서는 동식이란 인물만이 작가 이병주의 반영체가 되고 있는 것은 아니다. 동식과 그의 친구들의 정신적 지주이며 전력이 있는 유선생도 작가 이병주의 분신에 해당된다. 동식으로부터 쥘부채 사건만을 뺀 신명숙의 사연을 들은 유선생은 김일성으로부터 미제간첩혐의를 뒤집어쓰고 죽음을 당한 박헌영의 경우를 예시하면서 "태백산에서, 지리산에서 대한민국의 역적으로 죽은 사람들이 김일성 도당으로부터 미국 간첩의 앞잡이 취급을 받았으니 불쌍한 건 그들이다. 자네가 말한 신명숙이란 여자도 그 불쌍한 망자 가운데의 하나라고 볼 수 있지 않을까"(p.193)라고 하여 남로당이라든가 빨치산의 비극성과 어리석음을 동시에 환기시키고 있다. 「쥘부채」는 액자 밖에 있든 안에 있든 주요인물들을 일정한 사상의 포회자로 그려낸 점에서 이데올로그소설에 들어가고, 동식과 세 친구들 사이의 토론성 짙은 대화가 큰 비중을 차지하고 있는 점에서 대화소설에 들어간다. 그런가 하면 비록 간단히 처리되긴 했지만 두 남녀의 끝내 이루어지지 못한 사랑이야기를 들려 준 점에서 사랑소설에 포함된다.

「패자의 관」에서 '나'는 국회의원 입후보자 노신호와 K의 선거참모를 연이어 맡은 것으로 설정되어 있는 만큼, 진정한 주인공은 노신호에게로 돌릴 수밖에 없다. 노신호는 30대 중반의 농과대 교수로, 전쟁 때 받은 충격 때문에 정치에 관심을 갖게 되어 3대 국회의원 선거에 출마하게 되었다. 그는 국회의원이 되면 남북통일의 조속한 추진, 가혹한 법률의 폐지, 부역자로 중형 받은 사람의 구제 등에 힘쓰겠다고 하면서 농대교수답게 하천공사, 간척지 매립, 민둥산개발 등도 서둘러 추진하겠다고 '나' 뿐만 아니라 유권자들에게 약속했다. 무소속으로 출마한 노신호는 사상의 진취성과 사람의 진실됨이 인정되어 나날이 인기가 치솟게 되었다. 군인들을 상대로 한 유세장에서 남북을 통일해야 하되 이 이상 한 사람의 희생도 내는 일이 없도록 해야 한다는 요지의 통일론을 펼친 노신호의 모습에서 「소설 알렉산드리아」의 형을 떠올리는 것은 어려운 일이 아니다. 자유당 정권의 노골적이고 전면적인 탄압 끝에 노신호와 선거운동원들은 부역자로 몰리고 만다. "빨치산이 준동하고 있는 지구에서 빨갱이란 낙인이 찍힌 노신호를 주민들은 도울 수가 없게 된"(p.232) 상황이 벌어졌음에도 노신호는 7백표 차이로 떨어지고 만다. 노신호는 민주당 정권 아래서도 반공세력과 보련관계자 유족들로부터 동시에 내몰린 나머지 제5대 국회의원 선거에서도 낙선한다. 우수하거나 유덕한 존재의 추락이 「시학」에 제시된 아리스토텔레스 류의 비극의 원인임을 상기하면, 작중 '나'의 말처럼 "천부의 재능과 성실과 의욕을 갖고도 패자의 길을 끝내 걷지 않을 수 없었던 노신호"(p.237)는 비극적 인간의 전형이 된다. 단순히 현실반영론에 충실한 작가라면 노신호가 공사장에서 날품팔이하며 지내다가 득병하여 죽는 것으로 소설의 끝을 맺었을 것이다. 소설제목이 「패자의 관」인 것처럼 이병주는 노신호에게 '관' 을 씌워주는 절차를 밟는다. "패자의 관일수록 화려해야 되지 않을까", "패자의 관은 하늘이다. 바람이다. 흙이다. 풀이다" 등과 같은 상상력을 거친 다음 "어떻게 장식해도 죽음은 패배다. 대영웅도 대천재도 대정치가도 한번은 패자가 된다. 그리고 영원히 패자로서 남는다" (pp.237~238) 등과 같은 시적 표현에 닿고 있다. 이러한 표현들은 '모든 존재는 패자다' 라는 충분히 화두가 될 만한 잠언으로 귀결된다. 물론 이러한 결말처리 방법에 대해선 작가가 독자들의 이해의 방향을 지나치게 자기중심적으로 이끌어가는 것이 아니냐는 비판이 있을 수 있다. 독자들 가운데는 죽음은 패배이므로 모든 존재는 패배자라는 식으로까지 작가가 노신호를 위무해 줄 필요가 있었는가 하는 의문을 가질 수 있다. 「패자의 관」이 "아마 성공할지 모른다/그러나 확실히 죽는다/그럼 마찬가지 아니냐"는 콩스탕의 명구로 끝나고 있는 것처럼 「소설 알렉산드리아」와 「쥘부채」도 독일 철학자 니체의 잠언 한 구절을 인용하는 것으로 장식하고 있다. 「소설 알렉산드리아」에서는 알렉산드리아에 동이 트면서 생명의 신비가 넘치는 것을 묘사한 다음, "그러나 나는 애써 중얼거려 본다. '스스로의 힘에 겨운 뭔가를 시도하다가 파멸한 자를 나는 사랑한다' 형이 즐겨 쓰는 니체의 말이다. 그러나 이 비장한 말도 휘발유가 모자란 라이터가 겨우 불꽃을 튀겼다가 담배를 갖다대기 전에 꺼져 버리듯, 나의 가슴에 공동의 허전한 메아리만 남겨 놓고 꺼져 버린다" (p.121)와 같은 현란한 서술로 소설의 대미를 장식했다.

「쥘부채」는 주인공 동식이 안산에 올라 서울시내를 내려다보며 쥘부채를 태워 버리고 강덕기와 신명숙의 사랑의 집념이 계속 살아 있기를 기원하면서 "가장 아름답고", "지혜의 시간"인 석양녘의 분위기를 음미하는 것으로 소설의 마지막 사건을 설정하였다. 이병주는 동식의 이러한 모습은 자라투스트라를 닮아 고고하다고 예찬하면서 "진실로 인간은 더러운 강물과도 같다. 스스로를 더럽힘 없이 더러운 강물을 받아 들이기 위해선 모름지기 바다가 되어야만 하는 것이다"와 같은 니체의 철학서「자라투스트라는 이렇게 말하였다」의 한 구절을 인용하는 것으로 소설의 끝을 맺었다. 니체의 아포리즘을 중심으로 하여 시적 표현으로 끝맺음을 한 태도에서 작가 이병주의 창작의도가 특정인물이나 이념의 절대긍정과 같은 단순한 것이 아님을 확인할 수 있으며 이병주는 주관이 강한 작가임을 인정하게 된다. 그런대로 방향성을 지니고 달려 왔던 스토리 라인이 소설 끝에 와서 시적 상상력이나 시적 표현을 만나면서 독자들의 작품이해에 다소 혼란이 생기는 것도 사실이다. 이병주는 문사철(文史哲)에 걸쳐 엄청난 독서량을 자랑하는 작가이거니와, 앞서 말한 니체철학에의 경사는 그 좋은 예다.「관부연락선」(〈월간중앙〉, 1968. 4~1970. 3),「지리산」(〈세대〉, 1972. 9~1978. 8),「산하」(〈신동아〉, 1974. 1~1979. 8) 등과 같은 대하소설이 더 잘 일러주고 있는 것처럼, 이병주의 초인적인 다작과 박식현시욕구는 엄청난 독서량에서 비롯된 것이라고 할 수 있다. 특히, 단편소설「겨울밤」은 수많은 실존인물명과 책명을 제시함으로써 소설담론의 가능성을 활짝 열어 보인 효과를 갖는다. 이 소설은 이십 년의 형을 마치고 출옥한 사회주의자 노정필이 말이 없다는 점을 강조하기 위해 몇 달 전에 작고한 스웨덴 국왕 구스타브와 그가 노벨상 시상식장에서 만난 펄벅, 윌리엄 포크너, 알베르 카뮈, 가와바타 야스나리 등의 실명을 제시하고 있다. 이외에도 이원조, 김일성,「북의 시인」을 쓴 마쓰모토 세이쵸, 오까무라 야스지,「전쟁사업」의 저자 A. G. 녹크,「폭풍 속의 나뭇잎」을 쓴 임어당,「아시아 전쟁」을 쓴 에드가 스노우, 조용수, 박헌영, 이승엽, 임화, 이현상, 이주하, 김삼룡, 장 콕토, 사르트르, 노만 메일러, 헨리 밀러 등의 국내외 인명과 책명이 나타나고 있다. 이러한 서술태도에 대해 불필요한 박식현시욕구의 산물이라고 비판하는 독자들도 있을 것이고 소설양식의 격조를 높이는 것이라고 긍정평가하는 독자들도 있을 것이다.

2. 「소설 알렉산드리아」 돌아보기와 넘어서기

「소설 알렉산드리아」를 발표한 지 10년이 다가 오면서 작가 이병주는 「겨울밤-어느 황제의 회상」(〈문학사상〉, 1974. 2)을 발표하여 전범국 일본, 남로당 중심의 사회주의자, 지식인의 역할 등에 대한 그동안의 자신의 인식의 방향을 점검해 보고 자신의 작품 「소설 알렉산드리아」를 냉정하게 평가하는 기회를 가질 수 있었다. 사회주의자 노정필의 입을 빌려 「소설 알렉산드리아」를 조작된 센티멘탈리즘, 잔재주, 신성모독, 저열하고 비굴하고 추악한 심성 등과 같이 혹평하게 한 것도 이병주가 냉혹하게 자기성찰을 시도한 것으로 볼 수 있지만 동시에 이 작품의 원형적 가치를 부각시키려 한 의도를 지닌 것으로도 볼 수 있다.

「겨울밤」은 '내'가 얽혔다는 공통점을 갖는 다섯 가지 이야기로 구성되어 있다. 첫 번째 이야기는 이십년 형을 살고 만기출소한 노정필이 실어증에 걸리다시피 하였으며 예과 시절 동기 이원조가 북에서 미제간첩으로 몰려 숙청당한 것을 알지 못한다는 내용으로 되어 있으며, 두 번째 이야기는 노정필의 말없는 얼굴을 보고 '내'가 떠올린 것으로, 중국 소주성에서 젊은 중국인의 목을 벤 일본군 장교 오니시가 종전 후에는 일본의 유력한 경제연구회의 간부로 활동하는 모습을 목격하게 된다는 내용으로 되어 있다. 이 이야기를 들려 주면서 작가 이병주는 일본군의 잔악한 범죄행위를 고발한 여러 책자를 소개하기도 하였다.

세 번째 이야기는 감방 속에서 '내'가 3·15 부정선거 가담죄로 7년 형을 받은 이만용 전경찰국장으로부터 들은 사연으로 짜여져 있다. 일정 때 이만용 아버지 경남부호 하진사 집의 마름직 수행, 이만용 하진사 딸 영신 사모, 하영신과 H군의 노부자 아들 노정필 결혼, 일본순사를 거쳐 해방 직후에 C시 경찰서장으로 지리산 빨치신 토벌대 참여, 노정필 H군 인민위원장 거쳐 빨치산 가담, 하영신의 구명운동 받아들인 이만용의 석방 노력 허사, 노정필 체포되어 복역, 십년 후 이만용도 서대문 형무소 행

등으로 짜여진 이야기는 운명, 역설, 인과응보 등의 단어를 떠올리게 한다. 빨치산의 존재는 이미 「쥘부채」에서 나타난 바 있고 부정선거 모티프는 「패자의 관」에서 다루어진 바 있다. 소심증을 이기지 못해 무죄석방되기 직전 자신을 죽음으로 내몬 허구적 인물 두웅규와 사형수임에도 오히려 스승인 '나'를 걱정하면서 의연함을 잃지 않았던 실존인물 조용수의 대조는 「소설 알렉산드리아」에서 지식인은 난관에 부딪혔을 때 두 개의 자아로 분화되어 웬만한 고통은 잘 이겨 내는데 반해 무식한 사람은 고난을 당하는 자아 밖에 없어 고통을 잘 이겨내지 못한다는 식으로 '나'의 형이 추상적으로 비교한 것을 보다 구체화한 것이라고 할 수 있다. '내'가 제자 조용수의 사형집행을 계기로 제시하게 된 사형제도 폐지론은 이미 「소설 알렉산드리아」에서 중립통일론을 부르짖은 논설위원인 '나'의 형에 의해 제기된 바 있다.

네 번째 이야기는 출옥한 후 '나'와 노정필이 공산주의라든가 문학이라든가 소설 「알렉산드리아」를 중심 화제로 삼아 토론을 벌리는 것을 기록해 놓은 것이다. 실어증 환자로까지 보였던 노정필은 '내'가 쓴 소설 「알렉산드리아」에 대한 반감을 기폭제로 하여 그동안 하고 싶었던 말을 다 털어 놓듯 장광설을 펼쳤다. 공산주의의 정당성을 주장하는 노정필에게 '나'는 "공산주의자들이 쓰는 어떤 수단에 반대할 뿐"(p.273)이라고 단서를 달면서 "공산주의는 부르주아를 말살하는 동시에 인간도 말살하는 것 같던데요. 병을 고치려다가 사람까지 죽이는 서투른 의사 같은 데가 없잖을까요?"(p.273)이라고 응수한다. '나'와 노정필은 작가=기록자라는 주장에는 뜻을 같이 하였지만 이런 주장을 실천에 옮기는 방법에서는 상반된 입장을 드러내었다. 노정필은 시를 장식, 마취, 조작, 기만 등의 양식으로 생각했기에 "기록이 되려면 시와 결별해야 하오. 기록자는 자기 속의 시인을 추방해야 할 거요"(p.277)라고 주장함으로써 소박한 반영론자의 태도를 보이게 된다. 이에 반해 '나'는 "기록이 문학으로서 기능하자면 시심(詩心)과 시정(詩情)이 기록의 밑바닥에 지하수처럼 스며 있어야 한다. 그래야만 설득력과 감정이입이 함께 가능하다"(p.278)고 확신하고 있다. 작중의 '나'의 문학관이 작가 이병주의 문학관임은 두말 할 것도 없다. 여기서, 「소설 알렉산드리아」, 「쥘부채」, 「패자의 관」 등이 시적인 표현으로 끝맺음하게 된 비의를 알 수 있게 되며 이병주의 소설 도처에서 미문, 관념적 서술, 낭만적 발상, 박식 과시 등의 방법이 자주 구현되는 배경요인을 짐작할 수 있게 된다.

물론 이러한 담론상의 특징이 반드시 긍정적 효과만을 갖고 오는 것은 아니다. 예컨대 성참봉집 매화나무를 매개로 한 인과응보담을 들려주고 있는 「매화나무의 인과」(〈신동아〉, 1966. 3)는 결말부분에서 볼 수 있는 것처럼 미문을 지나치게 의식한 나머지 소통의 한계를 드러내고 말았다. 이병주는 어차피 과거나 현재에 집착하기 마련인 반영론을 뛰어넘으려는 작가적 포부를 지니고 있었다. 반영론을 뛰어넘으려는 태도의 하나로 특정 이데올로기나 교조에 복속하는 인간을 비판하는 태도를 들 수 있다. 실제로, 이병주의 소설에서는 이데올로기비판보다는 이데올로그비판이 더욱 강한 어조로 울려 나오고 있다. 이병주가 「소설 알렉산드리아」에서 '나'의 형이 황제를 자칭하고 있는 것으로 그린 것이나 「겨울밤-어느 황제의 회상」에서 '내'가 노정필을 말없음과 거만을 앞세워 철저하게 황제로 처신하려는 존재로 파악한 것은 바로 이러한 이데올로그비판의 한 예가 된다. 「겨울밤」에서의 '나'는 이념대립의 각을 세우고는 있기는 하지만 노정필을 적으로만 몰아가고 있지 않다. 결과는 뜻한 대로 되지 않았지만 '나'는 노정필을 "우리 민족의 수난이 만들어낸 수난의 상징으로 보고 소중히 감싸줄 아량을 가지고 있다."(p.281)

「겨울밤」의 다섯 번째 이야기는 '내'가 노정필의 교조주의와 엄숙주의를 내세우며 황제연하는 태도를 비판하기 위해 큰 고난을 겪으면시도 신의 존재를 인정하며 되도록 밝게 살려는 친구 이야기와 일본군으로 중국에 있을 때 물에 빠진 '나'를 주제해 주고 끝까지 '나'와의 의리를 지킨 중국소년 사동수의 이야기로 짜여져 있다.

이처럼 1970년대 중반에 발표된 「겨울밤-어느 황제의 회상」에서 이병주는 사회주의자를 타자로 삼게되고 공산주의 비판론을 확립하게 된다. 사실상 이병주는 공산주의 이데올로기를 비판하는 것보다 더욱 강한 어조로 공산주의 이데올로그를 비판하고 있다.

(이병주 소설집 『소설 알렉산드리아』 해설, 한길사, 2006)

일원론과 이항대립론과 복수론

1. 한국문학의 정체성을 파악하는 길

한국문학의 정체성을 바르게 파악하는 방법의 하나로 문학사적 통찰을 통한 전통의 추출을 제기할 수 있다. 그런가 하면 의미함량이 높은 과거의 한 시대를 집중적으로 파헤쳐 들어가는 방법도 있다. 기본적으로 문학사 서술이나 단대사적(斷代史的) 탐구는 특정 형태를 취하며 특정시각에 얽히기 마련이다. 이때의 특정연구로는 주제사, 형식사, 서양문학영향사, 사조사 등을 생각할 수 있다. 특정시각에는 반복론, 혼란/정리론, 단선적(單線的) 진행론 등과 같은 역사기본인식론과 민족사관, 민중사관, 진보사관, 이성사관 등과 같은 사관이 포함된다. 사관에 따라 역사서술의 효과가 다르게 나타나기는 하지만, 어떤 사관이더라도 역사적 사실과의 완전한 부합을 이룰 수 없는 것은 사실이다. 일정한 사관을 지닌다는 것은 특정시각에서 일관성있게 적극적으로 해석을 하겠다는 의지의 표시일 뿐이다. 기본적으로 해석행위는 분석행위보다도 사실을 놓치거나 왜곡할 가능성이 높다. 지배자, 지식인, 민중 등과 같이 어떤 존재를 역사의 주체로 상정하든 진보, 투쟁, 혁명 등 같은 어떤 행위를 역사적 사건으로 내세우든 정도차는 있으나 역사적 사실의 부분적 무화나 왜곡을 보일 수밖에 없다. 이런 사관들은 일원론이나 이원론이나 삼분법 그리고 복수론(複數論)을 실천에 옮겨 온 것으로 또 계속 그렇게 할 것으로 이해된다. 예컨대, 민중사관은 일원론에, 투쟁사관은 이원론에, 진보사관은 다원론에 가까운 것으로 볼 수 있다.

과거의 한국문학은 시대에 따라 또 어떤 지배담론이 나타났느냐에 따라 단수론이 맞기도 하고 이항대립론이 적절하기도 하고 정족세론(鼎足勢論)이 합당하기도 하였다. 일원론이나 단수론(單數論)에 서면 우리문학의 역사를 일정한 사상이나 지향작용이 이끌어 간 것으로 보게 되며 이항대립론에 서면 문학사를 두 가지 상반되거나 병행하는 거대한 세력이 끌고 간 것으로 파악하게 된다. 삼분법 이상의 다원론이나 복수론은 한국문학의 역사를 여러 가지 세력이나 동인(動因)이 동시에 작용한 결과로 해석하게 만든다. 한국문학사는 한국문학의 사실을 알려 주는 것이라는 명제 앞에서는 복수론이 가장 신뢰할 만하지만 한국문학사는 한국문학의 본질을 알려 주는 것이라는 명제 앞에서는 복수론을 가장 신뢰하기는 어렵다. 경우에 따라서는 단수론이 타당할 수도 있고 이항대립론이 어울릴 수도 있다.

2. 단수론의 허실

단수론은 일원론이나 절대론이나 지배담론으로 대치될 수 있는 것으로, 한국문학에서는 민족, 민족주의, 민중, 리얼리즘, 모더니즘, 모더니티 등과 같은 개념으로 예시되어 왔다. 한국현대문학의 역사를 민족문학의 시련과 성취의 과정으로 재구성하는 것도 가능하며 리얼리즘이 온갖 수난을 이겨낸 끝에 근본적인 자유를 쟁취하기까지의 과정으로 정리해 왔기 때문이다. 모더니즘이나 근대성도 마찬가지다. 한국현대문학의 역사는 모더니즘의 수용, 구현, 확대 및 심화과정으로 볼 수 있다. 그런가 하면 한국현대문학은 포괄적 의미의 근대성이 역사(役事)한 과정으로 볼 수도 있다. 오늘날, 한국현대문학사를 민중이 주체요, 대상이요, 목적이 된 문학사로 재구성하는 것은 어렵지 않은 것으로 인식되고 있다.

한국문학연구자에는 과학자, 비평가, 이데올로그, 운동가 등 여러 존재가 포함되어 있다. 과학자는 1차적인 자료의 수집과 정리에 힘쓰며 비평가는 해석과 평가에 치중하며 이데올로그나 운동가는 실천논리에 관심을 모은다. 과학자가 과거를 바라보는 존재라면 비평가는 현재에 관심을 집중하는 존재이며 이데올로그나 운동가는 기본적으로 미래를 전망하는데 힘쓰는 존재다. 이데올로그나 운동가는 과학자나 비평가보다는 아무래도 일원론이나 단수론에 더 크게 유혹을 느끼기 마련이다. 이데올로그나 운동가는 이미 특정이념이나 사조를 선택한 존재이기 때문이다. 또 이념의 실천이나 운동의 완수를 사명으로 알고 있기 때문이다. 단수론은 특정사조가 다른 사조들과 병존하거나 경쟁하다가 승리했다는 승리론이나 다른 사조들을 급하게 또는 천천히 집어 삼켰다는 흡수론으로 설명된다. 일원론자들은 자신이 선택한 대상이 가장 옳다고 믿거나 옳다고 믿어야 한다고 생각한다. 그들은 두 가지 사조의 갈등이나 공존을 상정(想定)하면서도 어느 쪽이 승리했는가는 이미 정해 놓고 있다.

오늘날 작게는 문학운동의 한 형식을 취한 것이면서 크게는 새로운 이데올로기의 수준으로 나아간 것의 하나로 녹색사상을 들 수 있다. 비슷한 용어들 가운데서도 녹색문학은 생태문학이나 환경문학보다는 미래지향적인 태도를 강하게 내 보인다. 오늘날 우리나라에서도 녹색이데올로기는 찬반운동을 초월해 있는 정도가 되었다. 리사 벤톤(Risa M.Benton)과 존 레니 쇼트(John Rennie Short)가 공저한 『환경담론과 실천』(1999)에서는 생태학을 환경오염과 환경파괴에 적극적으로 맞서 싸우는 개혁주의적 환경주의자인 피상생태학과 사회 전체에게 끊임없는 변화와 진보를 촉구하는 것에다 최종 목표를 둔 심층생태학으로 나누었다. 피상생태학은 개혁주의에, 심층생태학은 점진주의에 연결시킬 수 있다. 대체로 현실반영에서 그친다고 하는 리얼리즘도 기본정신은 발전사관과 진보논리에 둔 것으로 볼 수 있다. 이미 문학은 처음부터 심층생태학을 실천에 옮겨온 것이 된다. 문학은 민족과 시대에 따라 구체적인 실천방법은 다르지만 녹색이데올로기를 실천에 옮겨 온 것이라고 할 수 있다. 한국문학사도 문학은 녹색이념이라든가 생명사상을 부단히 선전하고 실천에 옮기는 것이라는 명제 앞에서는 예외적인 것이 될 수 없다. 반제반봉건투쟁에 가담했고 반전사상을 펼쳐 왔고 사회발전논리에 기여했던 만큼 한국문학사는 녹색이념 구현의 본보기가 될만하다. 이처럼 운동성은 수용과 배제, 긍정과 부정의 과정을 거쳐 선택과 단일화를 꾀한 것이기에 일원론적 행위에 넣을 수 있다.

한국 현대문학 연구자들 사이에서 보이는 서양이론에의 환원주의는 한국문학적 사실을 재해석한다는 명분과는 다르게 사실의 왜곡이라는 결과를 흔치 않게 빚어내고 있다. 한국 현대문학 연구자들 사이에서 라캉, 들뢰즈, 바흐틴, 폴 리쾨르, 푸코, 에드워드 사이드 등은 제대로 이해되지도 못한 채 한국문학을 새롭게 해석해 줄 것으로 절대적인 기대를 받고 있다. 이들 난해한 인접학문의 학자들이 서사학자나 시론가를 제치고 또 국내 국문학자들을 제치고 절대적인 이론가로 군림하는 것도 일원론의 소산으로 볼 수 있다. 사람 뿐만이 아니다. 글쓰기, 근대성, 상상계/상징계/실재계, 주체/타자, 환유/은유, 텍스트, 담론 등과 같이 포괄적이거나 추상적인 개념들이 한국 현대문학 해석의 절대적인 지침으로 자주 등장하고 있는 것도 우리 연구자들 사이에서 일원론적 시각이나 단수론적 태도가 성행하고 있다는 증거가 된다.

이처럼 연구자들 사이에서 간취되는 서양이론에의 맹목적 추수는 숭신주의(崇新主義, neophilia)로 연결지어 볼 수 있다. 문학연구자에게서 보이는 숭신론적 태도는 대중적 반응을 의식하면서 새것을 선호하고 새

것에 큰 가치를 부여하는 정치논리나 경제논리의 산물일 수도 있다. 숭신주의는 기존체제나 기성세대를 향해 지배나 승리에의 욕망을 드러내 보이는 것인 만큼, 이항대립적 태도보다는 일원론적 태도에 가깝다. 오늘날 한국 사회에서는 여러 방면에서 새것, 앞서가는 것, 바꾸는 것을 선호하는 나머지 새것은 선이라는 미신마저 떠돌고 있음을 보게 된다. 개개인이 잘 살기 위해서 또 한국 사회가 발전하기 위해서 숭신론을 취하는 것은 불가피하다고 할 수 있지만 숭신론이 문학연구자에게까지 깊게 침투된 현상은 긍정적으로 보기 어렵다. 인문학은 자연과학과는 달리 과거를 바라보는 학문분야가 아닌가. 인문학은 기본적으로 과거탐구인 이상, 또 연구자라면 새로운 아이디어 제시보다는 다양한 연구성과의 축적을 최고행위로 삼아야 하는 이상, 신구공존의 분위기로 방향을 잡아야 한다.

3. 이항대립과 복수론의 문제

20세기의 한국문학은 제국주의/민족주의, 사회주의/자본주의, 사회주의/민족주의, 모더니즘/리얼리즘 등과 같은 거대이데올로기 중심의 이항대립체계를 작품 속에서나 문단행태의 면에서 보여 왔던 것으로 해석되고 있다. 시나 소설이 가시적이든 불가시적이든 주로 다루는 갈등관계도 이러한 경향을 잘 반영하고 있다. 그런가 하면 순수문학/참여문학, 순수문학/대중문학 등과 같은 뿌리깊은 이항대립관계를 펼쳐 보이기도 했다. 비교행위가 어느 대상의 본질도 제대로 파악해내지 못하는 경우가 많은 것처럼, 이항대립의 관점으로 한국문학을 설명하는 것은 대립관계를 이루고 있는 작품들이나 문인들을 피상적으로 접근하거나 왜곡시키는 결과를 가져오곤 했다. 이데올로기는 본질적으로 부분성이나 타자성을 지닌 것인 이상, 특히 이념대립으로서의 이항대립은 대상왜곡의 가능성을 높게 지니기 쉽다. 세계적이고 거대한 이데올로기일수록 그에 대한 대응

방식은 다양하게 나타나는 법이다. 일제 강점기에서 사회주의는 지지, 협력, 거부, 무관심, 배반 등 여러 반응을 받았다. 절대적 지지는 경향문학과 프로문학과 카프를 낳았고 협력행위는 동반자작가라는 범주를 설정하게 했고 거부행위는 사회주의거부자들과 사회주의자들로부터 거부당한 존재가 공존하는 결과를 가져왔다. 사회주의로부터 거부당한 존재의 대표적인 예로 아나키스트를 들 수 있다. 잘 알려진 바와 같이 아나키즘은 상호협조론에서 폭력혁명론까지 다양한 태도를 포괄하고 있는 것인 만큼 사회주의와 겹치는 부분도 크면서 동시에 사회주의와의 거리도 분명하다. 사회주의 이념을 배반한 경우로 전향이라는 개념을 들 수 있다. 김팔봉, 박영희, 백철 등과 같은 카프창립자나 프로문학 전도사가 만들어낸 전향의 범주는 최소한 양가적이거나 가치중립적인 것으로 해석할 필요가 있다. 이렇듯 사회주의에 대한 부정적 반응은 민족주의, 점진주의, 아나키즘, 현실초월주의, 예술지상주의 등으로 나타난 만큼 사회주의를 한 축으로 하는 이항대립체계는 다양하게 나타날 수 있다. 문제는 사회주의의 대립개념이 이루어낸 문학적 산물이 사회주의에 크게 떨어지지 않을 만큼의 규모나 세력을 유지하고 있었냐에 있다.

"사회주의와 민족주의의 대립", "사회주의 대 민족주의 투쟁", "민족주의와 사회주의가 공통일치할 만한 경향", "민족적 원기 진작 방향" 등과 같은 소제목으로 이루어진 「계해와 갑자」(〈개벽〉, 1924. 1)는 사회주의와 민족주의가 계급관에서 분명한 차이를 보이고 있고 운동방법에서도 사회주의가 계급투쟁운동에 민족주의가 물산장려운동, 금연금주운동에 역점을 두는 식의 차이를 보이고 있다고 하면서 조선의 민족주의의 특수성을 이해하여 사회주의와의 제휴가능성을 강조하였다.

> 첫재는 사회주의편으로 민족주의에 대한 양해가 잇슬만한 것은 무엇이냐하면 민족주의자(사회주의를 이해하는 민족주의자)들이 누누이 언명함과가티 조선인이 부르지지는바 민족주의라 함은 타열강민족의 칭

하는 제가주의(帝家主義) 군국주의(軍國主義)와가튼 침략주의를 포함하야하는 말이안이오 다만 자기민족의 보존과 자립을 엇기위하야하는 일이며 따라서 보존과 자립을 도(圖)함에는 세부득이 타침략적 민족과 대립하야 그세력을 저항할 만한 민족적지력과 민족적경제력을 도모함에잇다 하는것인즉 이것이 조선인의 특수형편과 특수경우에잇서 피치못할 현상이라함이 저들 민족주의자의 이르는 말이다. 이러한 주창이 조선인사회주의의 처지와 별로 다대한 충돌이 생길이유가 업다함을 알아보아야 할지라.[1)]

이 글은 의열단의 존재에게서 민족주의와 사회주의의 협조나 혼합의 가능성을 찾으면서도 당시 사상운동의 유파는 세분해서 파악하고 있다.

우에서 우리는 작년 일년중의 사상계를 말할 때에 사회주의파와 민족주의파의 대립을 말하엿다. 우리는 이제다시 조선사상계의 파류(派流)를 일언하면 조선에는 현재내외를 통하야 일선융화파(日鮮融化派) 문화파 독립파 사회주의파 4종류의 파류를 갈나볼수잇다. 전에도 누언함과가티 융화파라 하는것은 그자체부터 본래가 직업적임으로 조선인으로 진심한 그파에 속한 인은 일인(一人)도업다하야도 과언이 안이니까 이는 문제도 삼을것이업고 다음 문화파로 말하면 상술한 자본주의적 실력양성하에서 장래의 이상을 달코저하는 운동이며 독립파는 직접의 행동으로 그목적을 달코저함이오 유독사회주의파(唯獨社會主義派)는 민중적 실력양성과 조선의 직접 ○○을 배척함은 안이나 그들의 본의로 말하면 세계무산대중의 본성의요구에 의하야 세계대운과가티 민중의 진행복을 건설하자하는 이상을 가진 자이엇다.[2)]

1) 〈개벽〉, 1924. 1, p.8

2) 위의 책, p.12.

이 글은 민족주의자를 독립운동가와 실력양성론자로 갈라서 본 셈이 된다. 이를 보면 1920년대 사상계를 민족파와 계급파, 민족주의자와 사회주의자로 대별하는 것은 대범하거나 거친 안목의 산물이 되기 쉽다. 이 글은 "민중의 원기를 회복할 유일의 진리는 소수인의 권력적 행위에 잇지 안이하고 물질로써의 평등, 정신으로써의 자유를 그들에게 허여하는 진인한 신사상가의 지도하에 재할뿐이니 갑자년의 신비는 전혀 이속에 뭇처잇섯다"[3]고 끝을 내고 있어 사회주의파=민중파는 공식을 인정하고 있지 않음 셈이 된다.

한국문학사에서 순수/참여 논쟁의 범주에 들어가는 문학논쟁은 여러 차례 있었다. 순수문학은 문학이 철학적 과제와 표현방법으로, 참여문학은 문학이 역사사회적인 과제와 표현방법으로 구체화한 것을 의미한다. 1960년대에는 1963년, 1967년, 1968년에 순수/참여논쟁이 있었다. 이 시기의 순수/참여논쟁은 당대의 한국사회현상과 문단현실에 대한 견해 차이에서 빚어지기도 했고, 프랑스 중심의 앙가주망 문학론의 영향으로 촉발되기도 했고, 문학사적 인식의 차이에서 시작되기도 했다. 이때의 논쟁 참여자들은 이데올로기라는 개념을 협의와 광의로 해석하는 차이를 보이는데서 순수파와 참여파로 갈라지는 면을 보이기도 했다. 1970년대에 들어와 순수파가 참여파를 향해 공식주의, 소재주의, 편내용주의, 도구문학, 목적문학 등과 같이 비판한 것을 보면 또 참여파가 순수파를 향해 형식주의, 초월주의, 소아주의, 이기주의, 도피주의 등과 같이 공격한 것을 보면 순수파는 순수파대로 참여파는 참여파대로 자파가 문학정신이나 방법을 일면만 붙들고 있음을 자인한 것이 된다. 또 상대 진영의 정신과 방법이 의외로 폭넓은 것임을 인정한 것이 될 수도 있다. 1960년대의 순수문학/참여문학의 대립구도는 1970년대의 순수문학/민중문학의 대립구도와 분명히 다른 점이 있다. 무엇보다도 순수문학의 중심개념이나 중

3) 위의 책, p.12.

심세력이 바뀌었다는 점을 들 수 있다.

1960년대의 순수문학파가 현실초월주의자의 모습, 이데올로기 기피자의 모습을 보여 주었다면, 1970년대와 1980년대의 순수문학의 중심은 자유주의 문학론자가 차지하게 된 것이라고 할 수 있다. 그리하여 1980년대 전반기의 한국문학의 흐름을 보고 민중문학진영은 자파의 획기적인 세력확대라고 평가하였고, 자유주의 문학진영에서는 자파의 개신적인 방법과 포용적인 태도가 결실을 거둔 시기로 평하였다. 1980년대 들어 순수문학/민중문학 대립구도가 양 진영의 강경론자들 사이의 첨예한 대립으로 이어지기도 했지만 한편으로는 길트기를 모색하는 분위기도 분명하게 나타났다. 순수문학이 민중문학의 미학실조(美學失調)를 보완해주고 반대로 민중문학이 순수문학의 의식약세(意識弱勢)를 보충해주는 식의 영향을 준 것은 제3의 흐름이나 세력을 불러 왔느냐의 여부와 관계없이 긍정적으로 볼 수 있다. 1980년대의 민중시는 시대의 요청에 따라 전투성을 일층 강화하면서도 독자들의 반응비평에 따라 서정성과 개인성을 수혈받는 것을 거부하지 않았다.

1980년대의 비평가들의 활동상을 주시하면서 쓴 「비평의 유형학을 향하여」에서 김현은 문화적 초월주의, 민중적 전망주의, 분석적 해체주의 등 세 가지 유형을 제시했다. 문화적 초월주의는 순수문학을 민중적 전망주의는 민중문학을 가리킨다. 김현은 문화적 초월주의와 민족적 전망주의에 각각 많은 비평가들을 포함시키는 가운데 제3의 유파인 분석적 해체주의에 이상섭, 김치수와 함께 자신 등 단 3명만을 집어 넣었다.[4] 이러한 3분법은 김현이 자신의 입장에 대해 고민을 많이 한 결과로 보이기도 하지만 이미 김현은 1980년대의 비평계가 순수/민중과 같은 2분법으로 분할하기에는 무리가 따를 정도로 커졌다고 판단한 것일 수 있다. 또는 순수문학은 한 가지 이름으로 묶기가 어렵다고 본 것인지 모른다.

4) 『김현문학전집 7』, 문학과 지성사, 1992, p.234.

순수/민중의 이항대립에 익숙해진 한국문인들의 눈으로 보면 1990년대는 주조를 잡기 어려운 시대가 된다. 1990년대는 이론상으로는 포스트모더니즘시대가 되어 주조가 없는 것이 당연한 것으로 보일 수도 있겠으나 시와 소설은 작은 서사, 개인, 일상성, 놀이 등에 큰 관심을 갖는 것으로 드러나고 있다. 리얼리즘/모더니즘의 2분법에서 헤어나지 못하면 1990년대 중반 이후로 리얼리즘이 부분화, 약화, 중간화되었다고 비판적으로 지적하게 된다. 그러나 이러한 2분법을 받아들이지 않는 사람은 1990년대의 변화상에 대해 다른 진단을 하게 될 것이다.

1960년대와 1970년대에 순수시나 순수문학은 참여시, 민중시, 참여문학, 민중문학 등과 같은 대립항을 지녔지만 순수소설은 본격소설, 예술소설, 고급소설 등의 유사어로 쓰이면서 대중소설이나 통속소설 또는 저급소설과 대립되는 것으로 사용되었다. 일찍이 염상섭은 「소설과 민중」(〈동아일보〉, 1928. 5. 27~6. 3)에서 1920년대 말의 한국소설을 통속소설/프로소설/고급소설로 나눈 바 있다. 염상섭이 고급소설을 중심에 두고 프로소설과 통속소설을 주변에 둔 반면, 같은 해에 김팔봉은 「통속소설소고」(〈조선일보〉, 1928. 11. 9~11)에서 마르크스적 통속소설을 주류로 생각했다. 김팔봉은 프로문학이 성공하려면 일단 통속화와 대중화를 거치면서 많은 독자들을 확보해야 한다고 생각했다. 김팔봉은 당시의 소설을 통속소설과 통속소설이 아닌 것으로 대별할 정도로 통속소설을 긍정적으로 보았다. 통속소설은 분명하게 설명할 수 있는 조건들이 있지만 통속소설 아닌 것은 구체적인 이름을 붙이기 어려운 점이 있었을 것이다. 이듬해에 김팔봉은 「대중소설론」(〈동아일보〉, 1929. 4. 14~20)에서 '대중적 프롤레타리아소설'에 역점을 두었다. 김팔봉은 소설의 질보다는 소설의 가독성(可讀性) 정도를 주시한 것이다.

안회남은 「통속소설의 이론적 검토」(〈문장〉, 1940. 11)에서 문학을 순수문학과 대중문학으로 나누면서도 소설은 순수소설/대중소설/통속소설과 같이 3분하였다. 안회남은 순수소설은 "상식의 수준상승"으로, 대중소설은 "상식의 수준추종"으로, 통속소설은 "상식의 수준저하"로 풀이함으로써 세 가지 유형을 명료하게 구분하는 결과를 가져왔다.[5] 안회남이 말한 대중소설은 오늘날의 중간소설에 해당한다. 정태용은 「문학의 순수성과 대중성」(〈문예〉, 1960. 6)에서 순수성의 대립개념으로 통속성, 대중성, 경향성 등을 들고 유사개념으로는 예술성과 형식성을 들었다. 정태용은 일제치하의 한국소설을 대중소설, 경향소설, 사소설로 나누는 데서 출발하였다.

> 사회와 인간의 대립 속에서 그 시대에 긍정적으로 봉사하는 소설을 우리들은 대개 "대중소설"이라 하고, 비판적 항쟁적 목적으로 나아가는 것을 "경향소설"이라 하면 자기 신변에 도피한 소설을 "사소설" 등이라고 대별할 수 있다. 이들 중에서 대중소설이 좀더 타락한 것을 "통속소설"이라 할 수 있겠고, 비판적 항쟁적인 경향문학의 극단적인 것은 사회주의 또는 공산주의문학 혹은 무정부주의자의 문학으로 되엇고, 그러한 비판정신이 사회적 정치적 성질을 비교적 적게 띠고 노골화하지 않으면서 현사회의 테두리 안에서 개량주의적인 태도로 나아가는 이를 테면 소시민 인텔리의 양심의 문학을 우리는 좀더 고급한 대중(사회)소설, 또는 주지주의 문학에서 찾을 수 있다.[6]

정태용의 주장은 대중소설=사회긍정, 경향소설=사회부정, 사소설=사회무관심, 통속소설=대중소설의 타락 등과 같은 등식으로 정리된다. 물론 이러한 4분법은 그 자체가 완전한 것은 아니지만 순수소설/대중소설과 같은 2분법이나 모더니즘/리얼리즘소설 식의 2분법이 옹색하고 소루한 것임을 암시해 준다. 1980년대 한국문학을 두고 대중화, 상품화, 개그

5) 〈문장〉, 1940. 11, pp.152~153.
6) 〈문예〉, 1960. 6, pp.163~164.

화 등과 같이 비판하는 목소리가 높았던 적이 있다. 이러한 평가행위는 1980년대 문학은 1970년대까지의 고급/저급의 2분법으로는 더 이상 설득력있게 설명하기가 어렵다는 점을 반증해 준다. 대학 강의실에서나 연구실에서 행하는 고상한 것/저속한 것, 엄숙한 것/유희적인 것, 계몽적인 것/쾌락적인 것 등과 같은 이항대립론은 이미 1970년대에 중간소설의 득세로 도전받은 바 있다. 오늘날에는 대학 강의실에서도 고급/중급/저급의 3분법을 취하여 읽을 만하고 음미할 만한 문학의 범위를 넓히고 있다.

일제 강점기 문학을 리얼리즘과 모더니즘의 연결, 병행, 대립으로 구조화하는 것은 한국현대문학 연구자들 사이에서 통설이 되고 있다. 리얼리즘/모더니즘은 민족주의/세계주의, 저항논리/적응논리, 공동체지향/개인지향, 반영론/생산론 등과 같은 여러 각도의 대립관계로 설명되어 왔다. 해방 이전이든 해방 이후든 리얼리즘과 모더니즘으로 한국문학의 의미공간을 대별하는 것은 제한적이면서 초보적인 시각이라고 할 수밖에 없다. 리얼리즘과 모더니즘에 대해 잘 알고 있는 사람이라면 이 소설은 리얼리즘적이다라든가 이 시는 모더니즘적이다와 같은 설명을 통해 많은 것을 유추해서 보완할 수 있겠지만 두 가지 사조에 대해 사전지식이 없는 경우에는 기본적인 이해밖에 할 수 없다. 리얼리즘도 자연주의, 비판적 리얼리즘, 의식적 리얼리즘 등과 같이 수십 가지의 종류로 나눌 수 있는가 하면 모더니즘도 주지주의, 이미지즘, 초현실주의 등을 포괄한다.

리얼리즘소설하면 구체적으로 어떤 소설을 가리키는지 알기 어렵다는 것이다. 모더니즘시도 마찬가지다. 이 두 가지 사조를 통해서만 우리 현대문학의 특질을 설명하려는 태도는 한 시대 한 시대를 만들어 가는데 힘을 쏟은 여러 문인들의 노력과 결실을 본의 아니게 돌아 보지 않는 부작용을 빚어내기 쉽다. 리얼리즘/모더니즘과 같은 이분법에서 헤어나지 못하는 태도는 큰 서사/작은 서사와 같은 이항대립으로 한 시대의 소설의 흐름을 설명하게 할 수도 있다. 한국소설사에서는 어느 시대든지 큰 서사와 작은 서사가 공존했었으며 또 큰 서사가 지배했던 시대가 더 많았었다. 그동안 한국소설사에서 리얼리즘소설은 빈자소설, 농민소설, 노동자소설, 지식인소설, 풍자소설, 전쟁소설, 서정소설 등과 같은 여러 하위유형을 보여 주었고, 모더니즘소설은 도시소설, 심리소설, 시적 소설 등과 같은 하위유형을 보여 주었다. 리얼리즘소설이라든가 모더니즘소설과 같은 소설유형은 이제 몸집이 너무 커져 소설유형이 갖는 엑스레이 촬영과 같은 기본적인 기능마저 행사하기가 어렵게 되고 말았다.

4. 새로운 인식론을 열어야

이 글은 복수론으로 나아갈수록 한국문학의 사실에 완전에 가깝게 부합하고 또 그럼으로써 한국문학의 정체성을 제대로 찾아낼 수 있다는 것을 주장하는데 목표를 둔 것이 아니다. 한국문학사에서 흔히 볼 수 있는 일원론적, 이항대립론적, 3분법적 이상의 복수론적 시각이 구체적으로 어떻게 나타나는지를 살펴 보고 그런 태도들에 내재된 문제점을 한 번 정리해 보아야 한다.

첫째, 일원론이나 이항대립론 또는 3분법을 추수(追隨)한 나머지 한국문학적 사실을 부분적으로라도 무화하거나 왜곡하지는 않았는지 돌아볼 필요가 있다. 둘째, 2분법이나 이항대립론으로 통설이 되다시피한 것은 3분법으로 늘려서 다시 볼 필요가 있다. 문학사를 두 가지 경향이나 사소의 대립구도로 구성하는데서 의도적으로 한 걸음 더 나아가 정립(鼎立)의 형태를 그려 볼 필요가 있다. 셋째, 구체적인 작가나 작품을 논할 경우에는 모더니즘시라든가 리얼리즘소설 등과 같은 포괄적 명칭을 사용하는 대신 한 단계 내려와 대상에 적합한 구체적인 유형을 찾아 주어야 할 것이다. 넷째, 당대 평론가가 대범하게 또는 잘못 사용한 용어를 답

습하려 하지 말고 대상에 맞는 새로운 이름을 찾아 부여할 필요가 있다. 부분적이든 전체적이든 기호에는 그 대상의 본질을 지시하는 기능이 내재되어 있기 때문이다.

(이 글은 2005년 서울대학교 한국문학연구소 주최, "해방 60주년에 다시 생각하는 한국문학의 정체성" 심포지움 기조발표를 다소 보완한 것이다.)

문학전문용어의 외연과 사용방법

1. 최근 문학용어사전 검토

문학비평방법론과 문학연구방법론은 동의어로 이해되고 사용되어 왔다. 또 비평용어와 문학전문용어는 뚜렷하게 구별되지 않은 채 사용되어 왔다. 비평방법론과 문학연구방법론의 차이라든가 비평용어와 문학전문용어의 차이는 문학이론가와 비평가의 차이에 비하면 없는 편이나 마찬가시나. 문학이론가와 비평가의 차이는 문학논문과 평론문의 차이에서 인지되기 시작한다. 흔히 문학논문과 평론의 차이점은 대상이 위치한 시기, 서술주체의 표출정도, 객관적 인식의 강도, 출전제시의 필요성 등의 부면에서 나타나곤 한다.

문학연구에서의 용어의 기능을 제대로 파악하기 위해서는 전문용어사전의 구성방법을 살펴 볼 필요가 있다. 이 과정을 통해 문학비평의 외연과 내포를 보다 확실하게 알 수 있으며 비평용어의 성격을 감지할 수 있기 때문이다. 최근에 영어권 국가에서 간행된 문학이론사전이나 문학비평용어해설집을 보면 문학이론과 문학비평이 동질적으로 사용되고 있음을 확인하게 된다. 마이클 그로덴(Michael Groden)과 마틴 크레이스위르츠(Martin Kreiswirth)가 편찬한 『존스홉킨스대학판 문학이론과 비평의 개론』(The Johns Hopkins Guide to literary theory & criticism, 1994)은 '인명'(names)과 '용어'(topics)에 대한 사전의 형식을 취하고 있다. '인명'에는 아리스토텔레스, 가스통 바슐라르, 롤랑 바르트, 폴 드만, 쟈크 데리다, 토마스 엘리오트, 미셀 푸코, 지그문트 프로이트, 노스럽 프라이, A. G. 그레마스, 위르겐 하버마스, 게오르그 빌헬름 헤겔, 로만 야콥슨, 프레드릭 제임슨, 임마누엘 칸트, 줄리아 크리스테바, 쟈크 라캉, 끌로드 레비스트로스, 게오르그 루카치, 칼 마르크스, 프리드리히 니체, 플라톤, 블라디미르 프로프, 장 폴 사르트르, 페르디낭 드 소쉬르, 윌리엄 쉐익스피어, 가야트리 챠크라보티 스피박, 레이먼드 윌리엄스 등 692명이 수록되어 있으며 조비(曹丕), 공자(孔子), 풍몽룡(馮夢龍), 김성탄(金聖嘆), 유협(劉勰), 노신(魯迅), 모택동(毛澤東), 원굉도(袁宏道) 등과 같은 중국인명과 히데오 고바야시, 무라사키 시키부, 오니시 요시도리, 제아미 등과 같은 일본인명도 포함되어 있다. 194개로 집계되는 토픽은 affective fallacy, alienation, ambiguity, class, collective unconsciousness, dialogism, objective correlative, poetic language, reification 등과 같은 문학전문용어, New Criticism, archetypal criticism, biographical criticism, post-colonialism 등과 같은 문학연구방법, aestheticism, classicism, Enlightenment, existentialism, feminism, surrealism 등과 같은 사조 등으로 나눌 수 있다. 물론 이때의 문학용어의 경우에도 철학, 언어학, 심리학, 사회학, 종교학, 미학 등의 인접학문에서 빌려온 것이 큰 비중을 차지하고 있다.

이레나 마카리크(Ireana R. Makaryk)가 편찬하고 토론토 대학 출판부가 1993년에 간행한 『현대문학이론 대사전』(Encyclopedia of contemporary literary theory)은 '연구방법(approaches)', '학자(scholars)', '용어(terms)' 중심으로 짜여져 있다. 연구방법으로는 원형비평, 시카고학파, 문화유물론, 해체이론, 담론분석이론, 페미니스트비평, 러시아 형식주의,

해석학, 마르크시즘비평, 게임이론, 서사학, 신비평, 현상학적 비평, 탈식민주의론, 정신분석학적 이론, 독자반응비평, 프라그학파의 기호시학, 구조주의, 주제비평, 기호학, 사회비평, 번역론 등과 같이 크고 작은 것이 근 50가지가 제시되어 있다. 그런가 하면 130명 정도가 제시된 '학자' 에는 프로이드, 융, 라캉, 크리스테바 등과 같은 심리학자, 후서얼, 키에르케고르, 하이데거, 니체, 비트게스타인, 푸코, 데리다, 브르디외, 질 들뢰즈, 가다머, 안토니오 그람시, 하버마스 등과 같은 철학자, 소쉬르, 촘스키 등과 같은 언어학자, 엘리아데와 같은 종교학자, 끌로드 레비스트로스와 같은 인류학자, 마샬 맥루한, 에드워드 사이드 등과 같은 문화연구자 등이 포함되어 있다. 철학자에서 문명론자까지 인접학문 학자들이 30명 정도가 포함되어 있어 문학이론은 숙명적으로 철학, 심리학, 언어학, 인류학, 종교학, 미학 등을 모태로 삼는 것임을 인식하게 한다.

'용어' 로는 120개 정도가 제시되었는데 요즈음 우리 문학평론에서 많이 쓰고 있는 것으로 아우라, 이항대립, 카니발, 코라, 코드, 비판이론, 현존재, 욕망, 결핍, 담론, 글쓰기, 여성적 글쓰기, 제노텍스트, 페노텍스트, 헤게모니, 이데올로기적 국가기구(ISAS), 이데올로기, 상징계/상상계/실재계, 내포독자, 호명, 상호텍스트성, 주이상스, 랑그/파롤, 환유/은유, 미메시스, 서술자, 패러디, 포스트 모더니즘, 권력, 주체/타자, 기호, 텍스트 등과 같은 용어들을 추려 볼 수 있다. 젊은 문학연구자들 사이에서 애용되고 있는 이 용어들 가운데는 그 뜻이 간단하고도 쉽게 설명될 수 있는 것은 거의 없다고 해도 지나친 말은 아니다. 실제 여러 용어사전을 뒤져 그 뜻을 파악하거나 정리하면서 글쓰는 사람은 그리 많지 않은 형편이다. 역설적이게도, 새내로 된 용어사전을 보면 이런 용어들이 그리 간단히 사용될 수 없는 것임을 깨닫게 되어 용어사용에 주저하게 된다.

노르웨이 공대에서 영국현대문학을 전공하고 있는 제레미 호돈(Jeremy Hawthorn)은 『현대문학이론사전』(A Glossary of Contemporary Literary Theory)(1998)에서 「해설집 사용방법」이란 서문 성격의 글을 썼다.

호돈은 앤 제퍼슨(Ann Jefferson)과 대비드 로비(David Robey)가 편찬한 『근대문학이론』(1980)과 로만 셀덴(Roman Selden)과 피터 윗도슨(Peter Widdowson)의 『현대문학개론』(1993)을 참고하여 비평유파와 연구방법을 인류학과 문화연구, 바흐틴그룹, 해체, 담론분석, 페미니즘, 언어학, 마르크시즘, 미디어연구, 서사학, 신비평, 신역사주의와 문화유물론, 현상학과 제네바학파, 탈식민주의, 프라그마틱스, 프라그학파, 심리학과 정신분석, 독자반응비평, 러시아형식주의, 기호학과 정보이론, 문학사회학, 구조주의와 후기구조주의, 문체와 문체론 등과 같이 22가지로 정리하였다. 이상의 22가지 연구방법은 오늘날의 문학연구학파와 비평방법을 거의 망라한 것으로 볼 수 있다. 이중 전통적이거나 오래된 방법으로 언어학, 마르크시즘, 뉴크리티시즘, 현상학과 제네바학파, 프라그학파, 심리학과 정신분석, 러시아형식주의, 문학사회학, 구조주의와 후기구조주의, 문체와 문체론 등 10가지를 추릴 수 있다. 제레미 호돈은 오래된 비평방법과 새로운 비평방법을 비슷한 비중으로 섞어 놓았다.

제레미 호돈은 각 비평사조의 키워드로 적게는 4가지(현상학과 제네바학파)에서 많게는 80가지(서사학)를 제시하였다. "인류학과 문화연구"는 '문화', '문화연구', '소설', '신화', '신역사주의', '문화적 유물론', '감정의 구조' 등 10가지의 키워드를, "바흐친그룹"은 '동화', '카니발', '원심력의(centrifugal)/구심력의(centripetal)', '시공성', '시공간상의 접근', '대화성', '담론', '생략삼단논법', '다성악', '혼종성', '사물화', '의미론적 위치' 등 23가지의 키워드를, "해체"는 '아포리아', '고고학적 글쓰기', '저자', '중심', '코페르니커스적 혁명', '욕망', '차연', '분산', '글쓰기', '이성중심주의', '남성중심주의', '주체', '주체성', '텍스트성' 등 34가지의 키워드를, "담론분석"은 '지식의 고고학', '담론', '외향성', '발생텍스트와 현상텍스트', '다원자가론', '미끄러지기', '봉합', '토픽', '발화' 등 17가지의 키워드를, "페미니즘"은 '양성구유성', '전기주의', '신체', '사이보그', '여성적 글쓰기', '성애론', '응시', '젠더', '장르', '여성비평',

'동일의 논리', '마술적 리얼리즘', '규범으로서의 남자', '주변성', '명목론', '타자', '모계가족제', '쾌락', '탐구서사', '동성애론', '주체와 주체성' 등 50가지의 키워드를, "언어학적 방법"은 '자의적인', '동사의 상', '공시론과 통시론', '차이', '언어의 기능', '랑그와 빠롤', '언어학적 패러다임', '메타언어', '기호', '사회방언', '통합론과 계열론' 등 25가지의 키워드를, "마르크시즘"은 '부재', '소외', '아우라', '하부구조와 상부구조', '계급', '변증법', '경제주의', '과정', '인식론적 단절', '헤게모니', '이념소', '이데올로기', '지식인', '호명', '문학적 생산양식', '유물론', '리얼리즘', '문제적' 등 41가지의 키워드를, "서사학"은 '행위와 행위자', '디에게시스와 미메시스', '사건', '상호텍스트성', '거대서사', '화자', '스토리와 플롯' 등 무려 80가지의 키워드를 제시하였다.

"포스트컬러니얼리즘"은 '동맹', '매판', '이중 식민지화', '혼성', '모방', '원주민보호주의', '노마드', '하위그룹', '혼합주의' 등 25가지의 키워드를, "정신분석학적 비평"은 '원형비평', '신체', '욕망', '응시', '거울단계', '쾌락', '억압', '징후', '전이', '무의식' 등 41가지의 키워드를, "독자반응비평"은 '해석', '의미와 의의', '열린 텍스트와 닫힌 텍스트', '수용이론' 등 26가지의 키워드를, "구조주의와 후기구조주의"는 '인습', '변용', '글쓰기', '기능', '상동성', '랑그와 빠롤' 등 23가지의 키워드를, "기호학과 정보이론"은 '디지털과 아날로그', '도상', '신화', '기호' 등 15가지의 키워드를 제시하였다. 이에 비하면 "미디어연구"(8가지의 키워드), "신비평"(9가지), "신역사주의와 문화유물론"(7가지), "현상학적 비평과 제네바비평"(4가지), "프래그마틱스"(5가지), "프라그학파/언어학적 모임"(9가지), "러시아 형식주의"(9가지), "문학사회학"(7가지), "문체와 문체론"(11가지) 등은 키워드가 적은 점에서 응용도가 적은 연구방법이라고 할 수 있다.

찰즈 브레슬러(Charles E. Bressler)는 『문학비평 : 이론과 실제의 안내』(Prentice-Hall, 1994)에서 비평방법을 뉴크리티시즘, 독자반응비평, 구조주의, 해체비평, 정신분석비평, 페미니즘, 마르크시즘, 문화시학(Cultural Poetics) 또는 신역사주의, 문화연구 등 9가지를 제시했다. 이 9가지 중 1990년대 이후로 새로 제시된 것은 해체, 페미니즘, 문화시학, 문화연구 등 4가지다. 새로운 사조와 기존사조가 비슷한 비중으로 되어 있다. 이 중 뉴크리티시즘, 정신분석비평, 마르크시즘, 독자반응비평 등은 1950년대 이래 지금까지 한국문학연구자들이 관심을 가졌고, 의지했고, 압력으로 작용하기도 했던 비평방법이다. 이 책의 278쪽에서는 "비평유파의 개관" 이란 제목 아래 이 9가지 비평방법을 '의미가 궁극적으로 남아 있는 곳' (place where meaning ultimately resides), '진리와 가치' (truth and value), '목표' (goal), '평가태도' (evaluation of critic) 등의 항목으로 비교하고 있다. 이 중 각 비평방법의 "의미가 궁극적으로 남아있는 곳" 은 ① 신비평 : 텍스트 뿐, ② 독자반응비평 : 독자+텍스트, ③ 구조주의 : 주로 텍스트, ④ 해체비평 : 상호텍스트성, ⑤ 정신분석 : 텍스트, 작가, 그리고 독자, ⑥ 페미니즘 : 텍스트, 작가, 그리고 독자, ⑦ 마르크시즘 : 텍스트, 역사, 그리고 이데올로기, ⑧ 신역사주의 : 상호텍스트성, ⑨ 포스트컬러니얼리즘 : 상호텍스트성과 같이 정리되었다. 정신분석과 페미니즘이 "텍스트, 작가, 독자" 로 묶이고 해체비평과 신역사주의와 포스트컬러니얼리즘이 "상호텍스트성" 으로 묶인다.

그리고 '진리와 가치' 는 ① 신비평 : 텍스트가 진리를 드러낸다, ② 독자반응비평 : 독자와 텍스트가 진리를 창조한다, ③ 구조주의 : 텍스트 속에는 지시적인 진리가 없다, ④ 해체비평 : 진리는 상대적이다, ⑤ 정신분석 : 텍스트는 작가의 진리와 작가에 대한 진리를 드러낸다, ⑥ 페미니즘 : 텍스트는 여성에 대한 작가의 관념을 드러낸다, ⑦ 마르크시즘 : 텍스트는 억압과 계급갈등을 드러내고 사회주의를 촉진시킨다, ⑧ 신 역사주의 : 진리는 상대적이다, ⑨ 포스트 컬러니얼리즘 : 진리는 상대적이다와 같이 정리되었다. 해체비평과 신역사주의와 포스트컬러니얼리즘이 "진리는 상대적인 것" 이라는 인식을 공통적으로 지니고 있다. 그리고 '목표' 는 ① 신비평 : 유기체적 통일(organic unity), ② 독자반응비평 : 독자의 반응, ③ 구조주의 : 구조적 관계, ④ 해체비평 : 부조화(incongruity), ⑤ 정신분석 : 작가의 창작동기와 독자의 반응, ⑥ 페미니즘 : 텍스트 속의 여성과 여성 속의 텍스트 발견, 여성독자의 반응, ⑦ 마르크시즘 : 이데올로기의 노출과 혁명요구, ⑧ 신역사주의 : 문학과 역사의 경계선 무너뜨리기, ⑨ 후기식민주의 : 식민지인의 압박감 보여주기 등과 같이 간명하게 정리되었다. '비평의 평가태도' 에서는 신비평만 제외하고는 모든 비평유파가 '비엘리티스트' 로 규정되었다.

조셉 칠더스(Joseph Childers)와 게리 헨치(Gary Hentzi)가 공편한 『컬럼비아대학판 현대문학 · 문화비평 사전』(The Columbia Dictionary of Modern Literary & Cultural Criticism, 컬럼비아대학 출판부, 1995)은 'abjection' 에서 시작하여 'zeugma' 로 끝나는 517가지의 용어들을 해설해 놓은 사전이다. 이 용어해설집의 가장 큰 특징은 전통적이거나 오래된 용어보다는 새로운 용어를 소개하는데 힘쓴 흔적이 역력하다는 점이다. 그만큼 어려운 용어들이 많이 채택되고 설명되고 있다.

각 비평방법이나 사조가 내건 목표에 닿기 위해서는 비평사조의 핵심을 건지는 공부를 할 필요가 있다. 각 비평방법론이나 사조를 대표하는 저서들을 찾아 읽으면 깊이있는 이해가 보장되기는 하나 대번에 전체적인 이해에 닿기는 쉽지 않다. 대표적인 논저를 읽는 것에 앞서서 아니면 병행해서 해야 할 것은 용어사전을 펼쳐 키워드의 뜻을 익히는 일이다. 키워드의 뜻을 제대로 아는 것은 책임있고 좋은 비평을 쓰는데 필수조건이 된다. 동시에 남의 글에 대한 확실한 이해력을 보증하고 증진시켜 준다. 에드문트 훗서얼 류의 현상학적 비평, 쟈크 데리다 류의 해체비평, 라캉 류의 심리학, 에드워드 사이드 류의 후기식민주의 등 위에서 제시한 새로운 연구방법은 참으로 난해하기 짝이 없다. 물론 정신분석, 신비평, 문학사회학, 독자반응이론 등과 같이 오래된 사조라고 해서 다 쉽게 이해되는 것은 아니다. 예컨대, 볼프강 이저 류의 독자반응비평이나 프레드릭 제임슨 류의 마르크시즘 비평은 난해하다는 평을 듣고 있다.

2. 최근 용어사용태도의 문제점

후기구조주의, 후기마르크시즘, 후기식민주의, 후기모더니즘 그 어떤 것이든 '포스트' 시대의 특징의 하나는 넓은 의미의 문학비평이 어려워지고 있는 데서 찾을 수 있다. 과거의 비평에 대해서는 일반 독자들이 어렵다고 했지만 오늘날의 비평에 대해서는 글쓴 이와 동업자의 관계에 있는 비평가나 연구자들조차 이해가 되지 않는다는 소리를 거침없이 뱉곤 한다. 이러한 현실이 빚어지게 된 가장 큰 이유로 서양에서 들어오는 여러 비평사조의 용어들이 한국적 사고와 잘 맞지 않는다는 점을 들 수 있다. 서양 사람들은 우리 한국인들과 생각하는 방법이 근본적으로 다르기 때문에 서양의 용어에 대한 이해와 소통이 잘 안되는 현실은 어쩔 수 없다고 합리화해 보기도 하지만 그것으로 해결되는 것은 없다. 여기에다가 서양의 최신 비평사조나 저서를 근거로 하여 한국에서 글쓰는 사람들이 서양비평을 제대로 이해하지 못하고, 이해하려 하지 않고, 이해하지 않은 채 글쓰는 행위를 부끄럽게 생각하지 않는 태도들이 몰이해와 불통의 현실을 심화시켜 왔다. 이런 태도를 표현인문학의 대세라고 주장하는 경우도 있다. 이 글을 이해하지 못한다고 하면 날보고 무식하다거나 공부가 부족하다고 흉보는 것이 아닌가 하고 조심해 하는 태도가 만연해 있는데 이런 소극적인 메타비평의 태도도 몰이해와 불통의 현실을 심화시키는 요인의 하나가 된다.

특정 용어를 사전류에 적힌 의미대로 쓰는 대신 특정 저서가 해석해 준 대로 쓰는 경우 반드시 출전을 밝혀야 할 필요가 있다. 글쓰는 사람도 잘 모르는 용어들을 마구 쓰고 있는 현상이라든가 읽는 사람도 잘 모르겠다는 반응을 되도록 억제하는 태도가 쉽게 간취되는 현실들이 고쳐지려면 책임있는 양질의 용어사전이나 용어해설집이 나와야 한다.

오늘날 외국어로 된 용어사전을 해석하는데는 과거보다 몇 배나 힘이 든다. 각 전공학자들이 학제간 교류나 통섭을 큰 소리로 외치고는 있지만 그만큼 학문간의 담쌓기는 갈수록 심해져 이웃학문의 새로운 용어를 빠르고도 정확하게 이해한다는 것은 거의 불가능하게 되었다. 앞서 예시한 것처럼 문학용어사전은 철학용어, 심리학용어, 언어학용어, 사회학용어, 미디어용어 등을 적지 않게 담아 놓고 있다. 이런 마당에 외국어로 된 최신 문학용어사전은 여러 전공학자들이 합동으로 번역작업을 해도 완벽하게 만들기는 어려울 것이다. 사계의 유능한 학자가 번역책임을 진 용어해설집에서도 한국어로서는 부자연스런 어법을 쓴 용어, 외래어 형태로 남아 버린 용어, 잘못 번역된 용어 들을 쉽게 발견하게 된다. 신진학자들의 글에서 잘못 번역된 용어를 그대로 가져다 쓰는 일은 쉽게 또 자주 보곤 한다. 역자들도 전문용어의 뜻을 정확하게 알고 번역하면 오역의 가능성을 줄이게 될 것이다.

비평이 작품해석과 평가에 무게가 가 있는 것이라면 논문은 분석과 해석에 역점을 두는 것으로 차별화해 볼 수 있다. 비평은 평가 쪽으로 기울어져 있는 양식이기에 전문용어를 쓰는 기회나 필요성은 논문양식보다 적기는 하나 비평이 전문용어를 정확하게 쓰고 필요한 데 써야 할 당위성은 논문과 다를 바가 없다. 논문보다는 주관성과 자의성이 강한 양식이라고 해서 평론은 전문용어의 의미를 이해시키는 노력을 면제받을 수 있는 것은 아니다. 학술논문보다는 비평이 독자의 범위가 넓다는 전제를 세울 수 있다면 비평가들이 전문용어를 조심스럽게 써야 할 필요성은 더욱 커질 수밖에 없다.

문학용어가 언어학, 철학, 심리학, 사회학, 미디어론 등과 같은 인접학문에서 차용해 온 것이 많은 이상, 문학연구자가 인접학문을 공부하는 것은 숙명이라고 하지 않을 수 없다. 그러나 모든 문학연구자는 인접학문을 공부해서 응용하는데는 한계를 지니기 마련이다. 문학적 글쓰기와 글읽기에의 가용성(可用性)을 염두에 두고 인접학뮤의 저서들을 접할 수밖에 없다. 인접학문을 총체적으로 파악해 가면서 공부하고 원용한다는 목표의 설정은 처음부터 무리가 따르는 일이다. 그렇다고 문학연구자는 철학용어든 심리학용어든 자의적으로 대충 이해하고 또 근거도 제시하지 않고 전지적으로 써도 좋다고 하는 것은 아니다. 이렇게 정리해 놓고 보면 문학 본래의 것이든 옆에서 빌려 온 것이든 용어 하나하나가 중요하지 않은 것이 없다. 문학적 글쓰기를 하는데 활용할 수 있는 용어 몇 개를 찾아내기 위해 이론서를 뒤적거린다고 해도 지나친 말은 아니다.

오늘날의 용어사전은 나날이 변해가고 새로워지는 용어를 담아야 하는 것이기에 과거보다 제작의 어려움이 클 수밖에 없다. 이런 기본적인 어려움은 시대가 갈수록 커질 것이다. 용어사전을 보고 출전을 다는 일은 옛날에는 하지 않았으나 이제는 용어사전 자체가 어렵고도 복잡한 책이 된 것이기에 글쓸 때 참고했으면 분명히 출전을 달아 줄 필요가 있다. 이제는 연구자들이 사전 보는 일을 감추거나 대수롭지 않게 여길 것이 아니라 오히려 자주 적극적으로 들쳐 보아야 한다. 분명하게 명심해야 할 것은 용어사전을 정독하는 것은 어디까지나 학문이나 비평의 출발점이지 도달점도 아니고 중간역도 아니라는 사실이다.

계속 수정하고 증보해가는 대백과사전이 지식의 최고의 보고인 것처럼 정성을 다해 만든 용어사전은 해당분야의 정보를 대표하는 것이라고 할 수 있다. 여행갈 때나 피난갈 때 사전만은 꼭 가지고 갔다는 국내외 문인이나 학자의 사례가 드물지 않은 것처럼 용어사전은 정보를 증대시켜 주며 판단력을 높여 준다. 뿐만 아니라 사전을 적극적으로 활용하면 전문용어의 가용범위가 넓어질 수밖에 없다. 똑같은 비평문이라고 하더라도 글의 성격에 따라 비평용어의 가용범위는 조절될 수밖에 없다. 메타비평의 성격이 짙거나 전문성이 높은 평론이라면 전문용어가 동원되는 범위가 넓어져야 하겠지만, 일반독자들을 대상으로 한 해설 성격이 짙은 평론에서는 전문용어를 많이 쓰는 것은 좋은 글을 남기는데 오히려 장애가 되기 쉽다.

(이 글은 『문학비평용어사전』(한국문학평론가협회 편, 국학자료원, 2006)의 서문에 수록되었던 「문학비평과 비평용어의 기능」을 수정 · 보완한 것이다.)

절창(絶唱)에 이르는 길

1. 가독성과 울림의 사이

일반 시독자들은 말할 것도 없고 전문독자들마저도 '좋은 시' 란 어떤 것이며 '읽을 만한 시' 란 어떤 것인가 하는 질문을 던지곤 한다. 시연구자들도 연구대상에 포함된 시라고 해서 모두 좋은 시라고 평가하는 것은 아니다. 선행연구자들에 의해 끊임없이 명시(名詩)로 다루어진 것에 대해 과연 명시인가 하는 질문을 던지는 것은 결코 쉬운 일이 아니다. 평소 연구대상이나 비평대상을 선정하는 데서 서로 큰 차이를 보이는 시론가들도 막상 특정시대의 명시목록을 합의해서 만드는 자리에서는 거의 차이를 보이지 않는다. 한 연구자가 다른 연구자를 설득해가며 자기 나름의 명시목록을 고집하는 것은 쉬운 일이 아니다. 수십년 동안 명시목록이나 연구대상에 들어갔던 시가 하루아침에 가치가 없다는 재평가를 받고 밀려날 가능성은 적기 때문이다. 그런가 하면 수십년 동안 연구대상이나 비평대상에서 제외되어 왔던 시작품이 하루아침에 절창이나 명시로 재평가될 가능성도 높지 않다. 이런 고착화 경향에 대한 불만은 한국

현대시사는 계속해서 새롭게 기술되어야 할 것이라는 소망으로 이어지기도 한다.

일반 독자들 사이에서 절창이나 명시의 개념이 형성되어 가는 과정에는 비합리적이며 미신적인 요소가 포함되어 있다. 일반 독자들은 유명한 시인을 좋은 시를 쓴 시인의 범주에 집어넣는 경향을 보인다. '유명한 시인은 대개 훌륭한 시인으로 검증된 존재다. 훌륭한 시인은 명시를 남길 확률이 높다. 시인은 좋은 작품을 쓰면 유명해진다' 는 식의 관념은 '시인은 유명해지면 좋은 작품을 쓴다' 는 관념보다 훨씬 합리적이고 현실적이다. 훌륭한 시인이라고 해서 쓰는 것마다 명시고 부르는 것마다 절창이 되는 것은 아니다. 유명한 시인의 시를 미신에 따라 또는 버릇처럼 명시에 집어넣는 태도는 시를 제대로 읽지 않으려는 행태의 산물일 수도 있다.

명시의 개념은 정서나 사고나 표현의 면에서 비범하다는 반응을 불러일으키는 시라고 설명할 수 있다. 비범한 것은 곧 잘된 것이라는 등식은 하나마나한 소리처럼 들릴지 모른지만 시작품을 앞에 놓고 비범성을 가려내기는 그리 쉽지 않다. 비범성이 있는 시라면 시를 읽는 순간 감동을 안겨 준다. 시인이 일반인들이 느끼기 어렵거나 상상하기 어려운 것을 해내어 그것도 알기 쉽게 표현해내면 좋은 시로서의 기본이 서기 마련이다.

그러나 일반인들과 시인들의 차이는 감성이나 지성의 차이에서 확인하는 것보다는 그러한 감성이나 지성을 언표화하는 능력의 차이에서 확인하는 것이 쉽다. 시에서 감동을 정서적 차원으로만 해석하면 좋은 시의 범위와 수준을 왜곡할 가능성이 높다. 감동을 폭넓게 해석하여 새로운 인식의 제시라든가 정보의 확대를 포함시킬 필요가 있다. 작가가 소설을 종합양식으로 인식하는 태도가 독자들의 소설양식에 대한 기대지평을 넓혀 주는 것처럼 시인들도 시양식을 폭넓게 볼 필요가 있다. 최근 비등하고 있는 '서정시 주류설' 을 당연한 것으로만 받아들이지 말고 그런 통념이 시의 발언약화나 기능축소를 가져오는 것이 아닌가 냉정하게 돌아 볼 수 있어야 한다. 오늘날의 서정시 주류설은 시의 약화나 소외의 현상을 극복해 보자는 대안으로 제시된 측면이 있기는 하지만 거꾸로 시의 약화나 소외를 불러온 원인으로 작용한 면도 없지 않다. 전통적으로 서정시는 시의 대명사로 기능해 오긴 했지만 과연 현대사회에서 서정시만으로 만족할 만한 대응이 되겠는가.

시양식의 경우, 가독성(可讀性)이 점점 더 중요한 기준이 되고 있는 것이 현실이다. 가독성이란, 누가 쓴 시든 잘 읽히지 않고 잘 이해되지 않으면 명시로 평가될 가능성이 줄어든다는 이치를 내포한다. 가독성이란 기준에게 원칙적으로 올바른 방향을 잡아 주는 것이긴 하지만 일반 독자들의 가독성을 오히려 혼란에 빠지게 하는 것으로 이른바 해설비평이나 주례비평을 들 수 있다. 이런 비평유형 못지않게 문제되는 것이 당파성비평이나 뇌동성비평(雷同性批評)이다. 이런 유형의 비평에서는 좋은 시가 주관적으로 또 부자연스럽게 제시된다. 일례로, 자파의 유명시인 아무개가 썼으니 호소력이 적거나 이해가 좀 안되는 구절이 있다고 하더라도 좋은 시의 대열에 포함시키자는 태도를 볼 수 있다. 아무리 작품이 잘된 것이라고 해도 자파가 아닌 시인에게는 냉담하고 반대로 졸시를 써도 자파에 속하면 계속 지원해 주는 해묵은 관행이 우리 시단 곳곳에 숨어 있다. 그런가 하면 객관적 견지에서 작품만 좋으면 그동안 어떤 유파에 있었든 가리지 않고 시와 시집을 발표시키는 출판풍토도 분명하게 자리잡아 가고 있다. 시집간행의 경우, 당파성 지키기와 당파성 넘어서기 그 어느 것을 더 좋다고 하기 어렵다. 당파성 지키기가 진정한 문학적 주체로서의 색깔내기로 이해될 수도 있는 것처럼 당파성 넘어서기는 상업적 전략의 한 방안으로 채택된 측면도 있기 때문이다.

울림이 있는 시, 짜임새 있는 시, 명시는 비슷한 개념이긴 하지만 한 편의 시가 명시로 평가받으려면 일단 울림을 주어야 하고 잘된 시라는 평가를 받아야 한다는 전제도 숨어 있다. 울림을 준다는 말은 감동을 준다는 말보다 뜻이 약하기는 하지만 그물을 더 넓게 쳐놓은 것으로 볼 수도 있다. 시인의 노력 여하에 관계없이 감동을 주는 시의 출현은 점점 어려워지고 있다. 감동이란 말은 감정적 호소로 제한되어 사용되기 쉽다. 이런 이유들은 감동이란 말을 울림이란 말로 대치해서 사용하도록 몰아간다. 시는 울림을 줄 수 있어야 한다. 그래서 독자들이 감성이나 사고를 열어 놓을 수 있어야 한다.

2. 명시로 가는 여러 길-잠언지향성, 발견의 정신, 구체성, 압축미

시인들은 어느 시대이건 간에 시로 시론을 쓰기도 하고 시인론을 쓰기도 한다. 시현상론이나 시본질론을 담은 시를 통해서 자신이 살고 있는 시대나 사회를 간접진단하기도 한다. 장철문은 「지겹다」(〈문학판〉, 2005년 여름호, p.45)에서 "시가 아니면 세상의 줄을 놓칠 것같은 위기감이 지겹다", "내가 놓기 전에는 시가 놓지 않을 것을/또다시 확인하는 것이 지겹다", "시여, 바라보고 바라보고 바라봐도 너는 왜 떨어지지 않느냐"라고 하여 아무리 악조건이라도 자신은 시를 쓰는 행위를 통해서 세상을 인식하고 사회에 적응하는 것을 계속하겠다는 각오를 내비치고 있다. 장철문은 내가 시를 좇는 것이 아니라 시가 나를 좇는 것이라고 범상하지 않은 표현을 씀으로써 자기가 시인이 된 것은 일종의 숙명임을 강조하게 된다.

정호승은 시 「윤동주 시집이 든 가방을 들고」(『이 짧은 시간동안』, 창작과 비평사, 2004)에서 "윤동주 시집이 든 가방을 들고 구두를 신는 순간/새로 갈아 신은 양말에 축축하게/강아지의 오줌이 스며들 때/나는 왜 강아지를 향해/이 개새끼라고 소리치지 않고는 견디지 못하는가"와 같이 자책감이 잔뜩 배어든 갈등을 드러내고 있다. 그는 시인 윤동주로부터 "세상에서 가장 어려운 일은/사람의 마음을 얻는 일이라는데", "진실로 사랑하기를 원한다면 용서하는 법을 배워야 한다"는 가르침을 받았다고 털어놓고 있다. 정호승이 윤동주시를 탐독하면서 인생의 교사로 삼지 않았더라면 "나는 밥만 많이 먹고 강아지도 용서하지 못하면서/어떻게 인생의 순례자가 될 수 있을까"와 같은 감상어린 자책감에 빠지지는 않았을 것이다. 「윤동주 시집이 든 가방을 들고」는 시인 정호승이 시창작의 한 목표를 "인생의 순례자"에 두고 있음을 알게 한다. 순례자에는 탐구자라는 뜻도 있지만 구도자란 의미도 담겨 있다. 정호승의 자책감은 일찍이 김수영이 「어느날 고궁을 나오면서」에서 "왜 나는 조그마한 일에만 분개하는가"라고 서두를 떼면서 설렁탕집 여주인, 야경꾼, 이발장이에게만 화를 내고 욕설을 퍼부은 자신을 책망하면서 "모래야 나는 얼마큼 적으냐/바람아 먼지야 풀아 난 얼마큼 적으냐/정말 얼마큼 적으냐…"는 자조감으로 끝맺음한 것을 떠올리게 한다. 김수영이 시인에게는 불의에 맞설 수 있는 용기가 있어야 한다고 생각한 반면 정호승은 웬만한 고통이나 불이익을 받아들일 수 있는 아량을 시인의 보편적 덕목으로 생각한 것이다.

천양희는 「파지」에서 시 한 구절을 만들기 위해 수많은 파지를 남기는 것을 고통스럽게 생각하는 자신을 "내 손은 시마(詩魔)를 잡기보다 시류와 쉽게 손잡는 것은 아닐까" 하는 질문을 거치면서 잘못된 것으로 판단하게 된다. 그리하여 "파지의 늪을 헤매다가 기진맥진하면 걸어나온다"와 같은 상황을 당연한 것으로 받아들이게 된다.

원고료도 주지 않는 잡지에 시를 주면서
정신이 밥 먹여주는 세상을 꿈꾸면서
아직도 빛나는 건 별과 시뿐이라고 생각하면서
제 숟가락으로 제 생을 파먹으면서
발 빠른 세상에서 게으름과 느림을 찬양하면서
냉정한 시에게 순정을 바치면서 운명을 걸면서
아무나 말할 수 없는 것들을 말하면서

새소리를 듣다가도 '오늘 아침 나는 책을 읽었다'*고 책상을 치면서
시인은 시적으로 지상에 산다

시적인 삶에 대해 쓰고 있는 동안
어느 시인처럼 나도 무지하게 땀이 났다

*연암 박지원의 글 「답경지(答京之)」에서

이상은 천양희의 시 「시인은 시적으로 지상에 산다」(『너무 많은 입』, 창작과 비평사, 2005)의 전문이다. 여기서 "시적으로"라는 키워드는 약간의 자존심을 포함한 자조적인 뉘앙스를 풍긴다. 그런가 하면 시인에게 "시적으로" 살라고 은근히 몰아가는 세상을 향한 냉소적 반응도 담고 있다. "시를 주면서", "세상을 꿈꾸면서", "시뿐이라고 생각하면서", "제 생을 파먹으면서", "게으름과 느림을 찬양하면서", "운명을 걸면서", "아무나 말할 수 없는 것들을 말하면서", "책상을 치면서" 등과 같은 기본행위와 인식을 한 줄에 꿰는 것이 "시적으로"라고 판단하게 되면 이 말이 풍요롭게, 밝게, 생동감있게 등과 같은 상태부사와 대립되는 뜻으로 사용되었음을 알게 된다. 천양희는 시를 쓰는 것에서 현실적이며 물질적인 보상을 제대로 받을 수는 없지만 시쓰는 것이 팔자가 아니겠냐는 체관론(諦觀論)에 빠져 있는 듯하다. 체관론이 상반된 해석을 낳을 수 있는 것처럼 천양희는 자신이 시인이라는 점을 즐거워하지도 않으면서 슬퍼하는 기색도 보이지 않는다. 이번에는 「시인이 되려면」을 통해 천양희는 시인들을 자기성찰의 분위기로 몰아간다.

시인이 되려면
새벽하늘의 견명성(見明星)같이
밤에도 자지 않는 새같이
잘 때에도 눈뜨고 자는 물고기같이

몸 안에 얼음세포를 가진 나무같이
첫 꽃을 피우려고 25년 기다리는 사막만년청풀같이
1kg의 꿀을 위해 560만 송이의 꽃을 찾아가는 벌같이
성충이 되려고 25번 허물 벗는 하루살이같이
얼음구멍을 찾는 돌고래같이
하루에도 70만번씩 철썩이는 파도같이

제 스스로를 부르며 울어야 한다

자신이 가장 쓸쓸하고 가난하고 높고 외로울 때*
시인이 되는 것이다

*백석의 시 「흰 바람벽이 있어」 중에서

「시인은 시적으로 지상에 산다」가 시인이 처한 현실을 제시한 것이라면 「시인이 되려면」은 시인다운 시인이 되는데 필요한 당위론을 들려 주고 있다. 천양희는 좋은 시는 그리 간단하게 나오는 것이 아님을 강조하는 뜻에서 대부분의 사람들은 해내기 어려운 행위나 태도를 여러 동식물을 동원하여 제시하고 있다. 견명성, 새, 물고기, 나무, 사막만년청풀, 별, 하루살이, 돌고래, 파도 등은 웬만한 시인으로서는 닿기 어려운 투명한 정신, 구도의지, 근면성, 인내심, 기다림, 자기갱신 등을 수행하고 있다. 천양희는 자기자신을 포함해서 오늘날의 모든 시인들에게 이렇듯 비상한 노력을 했는지를 묻고 있다. 이 시의 맨 앞에 제시된 "시인이 되려면"에서 "시인" 앞에 "좋은이"나 "훌륭한"이란 수식어가 붙었어야 했다. 「시인은 시적으로 지상에 산다」에서 "시적으로" 사는 태도는 「시인이 되려면」에서는 "자신이 가장 쓸쓸하고 가난하고 높고 외로울 때 시인이 되는 것이다"와 같은 마지막 구절에서 보이는 것처럼 쓸쓸하고 가난하고 외로운 사람으로 구체화되곤 한다. 천양희는 이렇듯 사람들이 가기 싫어하는

쓸쓸함, 가난, 자부심, 외로움에 다가가야 참된 시인이 된다고 믿고 있다. 천양희는 이미 「시인은 시적으로 산다」에서 "시적으로 산다"는 말을 통해 참된 시인은 대중적 삶으로부터 소외될 수밖에 없음을 내비친 바 있다. 천양희의 정신은 다음과 같이 「베스트 셀러 시인들을 위하여」(『바다호수』, 문학동네, 2004)에서 '대중시인'을 상정한 이시영의 시각과 맞닿아 있다.

> 누구나 다 한때는 순결한 영혼들이었다. 독자들이 그 영혼에 입맞추자 그들은 곧 배부른 돼지들이 되어 부끄러움도 잊고 제 분홍 머리들을 서점의 진열대 위에 올려 놓은 채 호호 웃고 있으니 우리가 이제 싸워야 할 대상은 민주주의의 적이 아니라 바로 저 상업의 노예들인지도 모른다.

명시가 애송시가 될 수 있으려면 또 먼저 애송시가 된 후 명시가 될 수 있으려면 아포리즘을 포함하거나 그 자체가 아포리즘이 될 수 있어야 한다. 김소월은 "그런대로 한 세상 지내시구려/사노라면 니칠날 잇스리다"(「못니저」)를, 서정주는 "한송이 국화꽃을 피우기 위해 봄부터 소쩍새는 그렇게 울었나보다"(「국화옆에서」)를 , 김춘수는 "나는 너에게 너는 나에게/잊혀지지 않는 하나의 의미가 되고 싶다"(「꽃」)를 남겼다. 이런 구절들은 애송구이면서 충분히 격언과 같은 기능을 행사해 왔다. 시인들이라면 그야말로 인구에 회자되는 구절 하나 쯤은 남기고 싶어할 것이다.

최근에 김정웅은 「기쁨에 죽고 슬픔에 산다면」(『마른 작설잎 기지개 켜듯이』, 문학동네, 2004)에서 "기쁨은 가볍다/그래서 빨리 사라지고/슬픔은 무겁다/그래서 오래 남는구나"와 같은 잠언을 남겼고, 「사람이 아름다울 때」(상동)에서는 "모든 슬픔이 아름다운 것은 아니지만/아름다운 것은 모두 슬프다//모든 사람이 아름다운 것은 아니지만/사람의 뒷모습은 모두 아름답다"와 같은 격언지향적인 구절을 보여 주었다. 김정웅이 보여준 잠언지향적 구절들은 기본적으로 낯설지는 않다. 물론 낯설지 않다는 반응에는 신선미가 없다는 판단이 내포될 수 있다. "아름다운 것은 모두 슬프다"와 "사람의 뒷모습은 모두 아름답다"에서 "모두"라는 낱말이 김정웅다움을 보증해 준다. 물론 "모두"라는 낱말이 들어감으로써 오히려 잠언으로서의 공감도가 다소 떨어진 점은 부인할 수 없다. 단어 "모두"는 예외를 인정하지 않고 있기 때문에 그만큼 현실성이 떨어지는 것이 된다. 이런 잠언들은 시인 김정웅 나름의 경험법칙을 가능한한 압축해서 표현한 것이라고 할 수 있다. 김정웅의 삶은 시인의식을 통과하면서 여러 가지의 잠언을 낳게 된 것이다.

오세영은 최근에도 잠언지향성이 강한 시를 내놓았다. 시 「겨우살이」(『시간의 쪽배』, 민음사, 2005)에서는 "당당한 건 다만 산다는/그것/확실한 건 다만 서 있다는 그 자체"라든가 "하늘 아래 생은 별보다 아름답다", "어두울수록 빛나서 생은 아름답다" 등과 같이 잠언으로 음미할 만한 구절들을 만나게 된다. 그런가 하면 시 「해일」에서는 "사랑할 땐 누구나가 순한 짐승", "사랑엔 언제나 질투가 따르는 법" 등과 같은 소박한 경험법칙을 보게 된다. 오세영은 시라는 공간을 자기 나름대로 체험하고, 느끼고, 인식하면서 얻게 된 결정체를 담아 놓는 그릇으로 여겨왔다. 오세영이 시인 자신이 터득하여 선생님말씀의 형식을 취하고 있는 반면 정호승은 아버지나 어머니로부터 시인 자신이 배운 형식을 취하고 있다. 오세영이 말하는 자의 입장을 취하였다면 정호승은 듣는 자의 자세를 취한 것이라고 할 수 있다. 정호승은 「미리 읽어 본 아버지의 유서」에서는 "사랑이란/이별의 순간이 다가오기 전까지는/그 깊이를 알지 못한다"는 아버지의 말씀을 들려 주고 있고, 「무덤을 지키는개」에서는 "인생은 언제 어디서나 다시 시작할 수 있다는/어머니의 말씀을 결코 잊을 수 없었을 것이다", "인생은 비천한 것이 아니라 숭고한 것이라고 늘 말씀하시던/어머니의 미소를 결코 잊을 수 없었을 것이다"와 같이 어머니를 진리의 발화자로 설정하였다.

시에서의 잠언은 다양하거나 오랜 시간에 걸친 체험에서 결실을 거두는 형식으로 나타나곤 하지만 표현상의 한 버릇으로 나타나는 경우도 많다. 그러기에 젊은 시인들 사이에서도 잠언으로 되었거나 잠언을 내포한 시가 종종 나타나게 된다. 잠언은 그 특징의 하나를 짧은 길이에서 찾을 수 있는 만큼 한두 문장으로 압축되어 나타나는 것이 상례이긴 하나 다음과 같이 아예 한 연으로 확장된 경우도 있다.

늙어간다는 것은
五慾의 국물로 얼룩진 밥숟갈 하나를
흐물흐물 늘어진 팔뚝으로 애써
입으로 끌어올리는 일, 결국은
자신의 몸뚱이가 세월의 밥이 될 때까지

(이인원의 「밥상들」에서)

사람이 늙어가는 것을 "오욕"을 촌철로 하여 설명한 것에 대해서는 공감과 거부감이 교차할 수 있다. 거부감을 드러내는 독자들은 이 잠언지향적 구절에는 새로움이 없다고 하기 쉽다. 그러나 이런 거부감의 가능성은 "자신의 몸뚱이가 세월의 밥이 될 때까지"와 같은 모순어법(oxymoron)의 구절을 만나면 대번에 줄어 들 것이다.

잠언은 일단 '뼈'의 형식을 취하는 것이기에 제 아무리 강렬한 인상을 준다고 하더라도 잔상이 오래 남거나 잔향이 오래 붙어 있다고 하기는 어렵다. 물론, 독자가 그 잠언을 외워서 필요할 경우에 재생시킨다면 그 잔향은 다시 살아나게 된다. 강렬한 인상도 주면서 잔향도 오래 풍겨 줄 수 있는 시를 '발견의 시'로 부를 수 있을 것이다. 이런 발견의 시는 신인과 기성을 가리지 않고 나오고 있다. 우선 이규리의 「어느날, 우리를 울게 할」(〈문학수첩〉, 2005년 여름호, p.133)이란 시 전문을 인용해 보자.

노인정에 모여 앉은 할머니들 뒤에서 보면

다 내 엄마 같다
무심한 곳에서 무심하게 놀다
무심하게 돌아갈,
어깨가 동그럼하고
낮게 내려앉은 등이 비슷하다
같이 모이니 생각이 같고
생각이 같으니 모습도 닮는 걸까
좋은 것도 으응,
싫은 것도 으응,
힘주는 일 없으니 힘드는 일도 없다
비슷해져서 잘 굴러가는 사이
비슷해져서 상하지 않는 사이
앉은자리 그대로 올망졸망 무덤같은
누우면 그대로 잠에 닿겠다
몸이 가벼워 거의 땅을 누르지도 않을*
어느날 문득 그앞에서 우리를 울게 할,
어깨가 동그럼한 어머니라는,
오, 나라는 무덤

*브레히트의 시 「나의 어머니」에서 인용

이런 발견은 "밤에도 자지 않는 새", "눈뜨고 자는 물고기"(천양희, 「시인이 되려면」)와 같은 고도의 탐구심과 긴장이 있어야 나올 수 있는 것이기는 하지만 노인정 할머니들 아니 어머니에 대한 예사롭지 않은 관심이 없어도 나오기 어렵다. 이규리는 노인정 할머니들의 운명 속에서 어머니의 운명을 내다보고 있다. 시인은 어머니와 노인정 할머니들이 외양도 같아지고 생각도 같아진다는 점을 반복강조하고 있다. 브레히트의 시 「나의 어머니」에서 인용했다고 하는 "몸이 가벼워 거의 땅을 누르지도 않을" 이란 구절은 삶의 허무를 일깨워 주는 정채(精彩)라고 할 수 있다. 그런가 하면 가볍다는 말은 어머니의 희생적이고 때묻지 않은 삶을 규정해 주기도 한다.

신달자의 「저 우주의 신비를 보아라」(『오래 말하는 사이』, 민음사, 2004)는 목욕탕에서 젊은 임신부의 등을 닦아 주다가 터질 것같이 부풀어오른 배를 보고 "아 저 우주의 신비를 봐", "열 손톱이 찡하게/지르르 지르르/울리는 종소리를 듣는다", "50층 건물보다 더 나를 압도하는/검은 젖꼭지와 저 아름다운 동산" 과 같이 발견의 기쁨을 터뜨리고 있다. 시인 자신이 경이로운 발견을 했다고 생각할 정도니 과장심리에 젖는 것은 무리가 아니다. 만일 신달자가 이런 발견 끝에 "여자가 꽃핀다/어머니가 꽃핀다/생명이 꽃핀다" 로 이 시를 마무리 지었다면 상식적 관찰이라는 평가에서 벗어나지 못했을 것이다. 시인은 대상의 관찰에서 머물지 않고 "내 손이 꽃이 되어 피어나고 또 피어난다/오랜만에 너무 빛나고 귀한 내 손이여" 와 같이 임신부로부터의 발견을 자신의 경이로운 체험으로 귀납시키고 있다. 어머니로서의 삶과 시인으로서의 탐구심이 오랫동안 앞서거니 뒷서거니 하며 함께 걸어온 끝의 산물이라고 할 수 있다.

추상같은 구중궁궐, 종묘 정전(正殿)의 문짝은
일부러 아귀를 맞추지 않았다 한다. 모셔둔
위패의 혼령이 자유로이 드나들게 하기 위해서란다
나뭇잎 하나가 흔들리면 다른 나뭇잎이 흔들리고
멧새가 울면 또 다람쥐가 쥐똥만 한 눈을 반짝이듯
서로가 드나드는 것은 애초에 우주의 일
(중략)
내가 애인들로부터 배운 질투와 증오와
내가 세상으로부터 배운 상처와 추억과
내가 삶으로부터 배운 권태와 환멸과 죽음만으로

문을 닫아걸고선 나의 고독을 우겨댔던 것인데,
추상같은 호령도 꺽지 못한 사당의 혼령이란 것도
사실 버리고는 갈 수 있으나 놔두고는 갈 수 없었던
사무치는 마음 아니겠는가, 그 마음 못 다하여
이 지상의 아귀가 맞지 않는 문으로
가끔씩은 사무쳐서 드나드는 그리움이 아니겠는가.

위의 시는 고재종의 「아귀가 맞지 않는 문이 있다」의 절반 정도를 인용해 온 것이다. 존재와 존재 사이에 천상/지상, 삶/죽음, 선조/후손을 뛰어 넘는 교감이 있고 소통이 있는 흔적을 "아귀가 맞지 않는 문"에서 찾아 낸 것이다. 고재종은 개개인이 각종 갈등과 싸움에 시달리고 있으면서도 또 본능처럼 개인에의 회귀를 시도하면서도 결국은 타자와의 교감이나 소통을 지향하는 것임을 발견해 내었다. "나뭇잎 하나가 흔들리면 다른 나뭇잎이 흔들리고~서로가 드나드는 것은 애초에 우주의 일"과 같은 대목은 만물은 조응하는 법이라는 이치를 떠올리게 하며 끝부분의 "이 지상의 아귀가 맞지 않는 문으로/가끔씩은 사무쳐서 드나드는 그리움이 아니겠는가"는 모든 개인이 느낄 법한 외로움을 잠시나마 덜어 준다. 고재종은 전원시에서 사상시로 나아가고 있을 뿐만 아니라 외로움을 타고 있는 사람들에게 위로시(Trostgedicht)를 읽어 주고 있다.

엘리베이터

(전략)
모판 위의 삶을 실은 홀수층 엘리베이터와
칠성판 위의 죽음을 실은 짝수층 엘리베이터는
1층에서 만난다. 울며 떨어지지 않으려는 가족들과
짝수층 엘리베이터에 실린 죽음을

홀수층 엘리베이터에서 내려 바라보는 사람들 앞에서
흰 헝겊으로 들씌워진 한 사람만
짝수층 엘리베이터에 남고, 문이 닫히고,
잠시 후 B1에 불이 들어온다. 그새
홀수층 엘리베이터 안에는 다시 사람들이 채워진다
더 들어가요. 같이 좀 탑시다…아우성이 채워지고, 문이 닫히고,
빽빽해진 모판은 비워지기 위해 올라가기 시작한다
1층, 3층, 5층, 7층, 9층, 11층…
삶과 죽음을 오르내리는 사다리는 잠시도 쉬지 않는다

엘리베이터는 나른다. 병든 입으로 들어갈 밥과 국을
엘리베이터는 나른다. 더 이상 밥과 국을 삼키지 못하는 육체를
엘리베이터는 나른다. 병든 손을 잡으려는 수많은 손들을
엘리베이터는 나른다. 더 이상 병든 손조차 잡을 수 없는 손들을

이상은 나희덕의 「엘리베이터」(『사라진 손바닥』, 문학과 지성사, 2004)에서 2/3 정도를 인용해 온 것이다. 병원 엘리베이터의 풍경은 일상적이지는 않지만 그리 낯선 것은 아니다. 표면상으로 낯익은 풍경은 풍경 속에 감추어진 비밀을 파헤치고 싶어하는 호기심을 거두어 가버리기 쉽다. 짝수층 엘리베이터와 홀수층 엘리베이터의 이용자는 분명하게 가려지는데 반해 삶과 죽음은 의외로 아주 가까이 있는 것임을 환기시키고 있다. 관념상으로는 멀기만 한 생과 사는 병원 엘리베이터를 공간적 배경으로 삼아 겹쳐 보이기도 하면서 종종 하나라는 상상마저 하게 한다. 나희덕은 "엘리베이터는 나른다"라는 반복구를 설정하여 이 세계의 변함없는 진행을 확인시키고 있으면서 그 안의 이용자를 병원 직원, 중병환자, 사망자, 문병객 등으로 나누어 인간세계에서는 끊임없는 변화가 이루어지고 있고 차이가 생겨나고 있음을 일깨워준다. 나희덕은 이 시를 통해서

비범한 발견은 공감가는 표현을 유도하는 법임을 실천을 통해 증명하고 있다.

시와 산문의 차이점의 하나는 시는 언어를 최소로 사용하며 때로는 목적 그 자체로 본다는 점에서 찾을 수 있다. 옛날에는 시인들은 최소의 언어로 최대의 효과를 보려한다는 말을 썼지만 오늘날에는 최대의 효과를 거두고자 하는 욕심은 버린 듯하다. 언어를 가급적 적게 사용하겠다는 의지는 압축미에의 지향으로 이어진다. 추상적, 간접적, 내면적인 것에 경사되었던 한국시인들은 1960년대 이후로 서서히 그러나 분명하게 압축미에 대한 인식을 달리하기 시작했다. 구체적이거나 서사적이거나 직접적인 표현방식을 통해서도 압축미는 얼마든지 살려낼 수 있다는 식으로 인식이 바뀌었다.

여기저기 이틀이 멀다하고 부쳐오는 우편물이 지겹다
봉투를 뜯는 것이 지겹다
재활용박스에 던져넣는 것이 지겹다
읽지 못했다는 부채감이 지겹다
쓰지 못한다는 부담이 지겹다
신통찮은 것밖에 갖지 못했다는 열패감이 지겹다
책을 쌓는 것이 지겹다
그위에 또 책을 사다 쌓는 것이 지겹다
이를 악물고라도 읽지 않으면
몇 푼의 용돈마저 벌 수 없는 것이 지겹다
학생들 앞에서 아는 척하는 것이 지겹다
누구는 무슨 상을 탔고 누구의 정치는 낮고
안주만 씹는 것이 지겹다

(장철문의 「지겹다」(〈문학판〉, 2005년 여름호)에서)

"지겹다"는 감정 속에는 세상을 향한 부정적 감정보다는 자책감이 더 많이 포함되어 있다. 자신의 게으름, 불성실, 열패감, 위선 등을 반성하는 태도가 잘 드러나고 있다. 장철문은 추상적인 표현도 쓰지 않으며 돌려서 말하지도 않는다. 이 시인이 어떤 모양으로 살아가고 있으며 또 시인으로 어떻게 활동하고 있는가는 금방 또 분명하게 드러나고 있다. 독자가 읽는 대로 이해할 만큼 내용이 쉽다고 해서 이 시를 가볍게 보아서는 안 된다. 시인이 내대신 "지겹다"는 소리를 내뱉었다고 생각할 독자들이 한둘이 아니기 때문이다.

고추밭을 걷어내다가
그늘에서 늙은 호박 하나늘 발견했다
뜻밖의 수확을 들어올리는데
흙속에 처박힌 달디단 그녀의 젖을
온갖 벌레들이 오글오글 빨고 있는 게 아닌가
소신공양을 위해
타닥타닥 타고 있는 불꽃같기도 했다
그 은밀한 의식을 훔쳐 보다가
나는 말라가는 고춧대를 덮어주고 돌아왔다

가을갈이를 하려고 밭에 다시 가보니
호박은 온데간데 없다
불꽃도 흙 속에 잦아든 지 오래다
자세히 들여다보니
그녀는 젖을 다 비우고
잘 마른 종잇장처럼 땅에 엎드려 있는 게 아닌가
스스로의 죽음을 덮고 있는
관뚜껑을 나는 조심스럽게 들어올렸다

한 웅큼 남아 있는 둥근 사리들

위 인용문은 나희덕의 시 「어떤 출토(出土)」의 전문이다. 앞서 논한 「엘리베이터」처럼 오랫동안의 관찰을 통해 건져 올린 느낌과 인식의 내용을 구체적인 표현과 서사적인 결구에 담아 전달하고 있다. 나희덕의 시인의식은 "늙은 호박"을 노쇠와 무가치의 이미지로 보는 것에서 벗어나 "흙속에 처박힌 달디단 그녀의 젖을/온갖 벌레들이 오글오글 빨고 있는게 아닌가"와 "그녀는 젖을 다 비우고/잘 마른 종잇장처럼 땅에 엎드려 있는 게 아닌가"에서 잘 볼 수 있는 것처럼 희생의 이미지를 부각시키고 있다. 늙은 호박의 생을 한 웅큼의 사리를 남길 정도의 소신공양의 과정으로 풀이한 데서 시인의 날카로운 시선과 깊이있는 사유를 실감하게 된다. 나희덕은 대상의 진실을 파헤쳐 내기 위해 추상적 접근도 버리고 간접화방법도 피해갔다. 어줍지 않은 자신의 내면을 끊임없이 오르락 내리락하며 정수를 건져내려고 하는 시와 시인에 비하면 또 선언적 관념에 갇혀 세상을 쉽게도 쪼갰다 뭉쳤다 하는 시와 시인에 비하면 얼마나 명료하며 무거운가.

71년 가을 홍사단 골목 어정거리다 동대문서에 들어갔을 땐 '너 돌 던졌지?' '안 던졌습니다' 형사는 정말 '안 던졌습니다' 또박또박 받아 적었다. 먼 방에서 울부짖는 소리 들으며 이틀 만에 나왔다. 80년 봄 야학 하다 남대문서에 끌려갔을 땐 '이 새낀 때릴 데가 없네' 그러더니 정말 한 대도 안 때렸다. DJ지지 삐라 뿌린 야학 교장 거품 물고 욕했더니 사흘 만에 내보내줬다. 나와서는 계엄군 법무관이던 고등학교 동창과, 내란 음모죄 대학동창 만나게 해주고 흐뭇했다. 몸도 마음처럼 약했기 때문에, 나는 가해자도 피해자도 아니었다.

위의 시는 이성복의 「이 새낀 때릴 데가 없네」의 전문이다. 이 시는 얼핏 짧디 짧은 산문의 인상을 준다. 이성복은 자아, 내면, 상처, 불안감 등에서 좀처럼 시선을 떼지 않는 시인으로 알려져 왔다. 이런 시선집중은 자기의 자랑스럽고 건강한 점만 가려 표현하는 영리한 창작의도와는 거리가 멀다. 최근까지의 그의 시의 기조가 그러하듯 그는 자신한테 손해가 되는 것의 여부에는 신경 쓰지 않고 자신을 파헤치고 털어 보이기도 한다. 그는 자신을 발가벗김으로써 독자들의 시선과 비판의식을 오히려 자신을 발가벗긴 세상과 시대에 쏠리게 하는 방법을 쓰고 있다. “몸도 마음처럼 약했기 때문에, 나는 가해자도 피해자도 아니었다”와 같은 명쾌하고도 단순하게 보이는 마지막 구절은 이성복의 여러 가지 심사를 용광로처럼 녹여낸 것으로 비유할 수도 있다. 제목과 본문 사이에 작은 활자로 인용되어 있는 베르톨트 브레히트의 「살아남은 자의 슬픔」의 “물론 나는 알고 있다. 오직 운이 좋았던 덕택에 나는 그 많은 친구들보다 오래 살아남았다”는 구절은 이 시를 부끄러움과 반영웅심리를 중심으로 한 복합감정이 떠받치도록 한다.

〈“　”〉표 속에 들어가고 싶었다
따옴표 속 거기가 가장 좋은 곳일 것 같아서
〈 ? 〉표를 앞세우고 거침업시 휘젓고 싶었다
세상은 의문투성이 나만의 해답을 찾고 싶어서
〈 , 〉표로 물러 앉아서 숨돌리고 싶었다
힘들어 너무 살기 힘들어 지친 나머지
〈 . 〉표로 마감하며 종적없이 숨어 버리고 싶었다
살아봐도 별 수 없는 세상에
불필요한 나 같아서

〈 ! 〉표로 순간순간을 감탄하며 살고 싶은
마침내 욕심 가득한 갓 마흔을 넘어섰다
41년생이라서 41세로 살아야 하는.

위의 시는 유안진의 「나이계산법」(『다보탑을 줍다』, 창작과 비평사, 2004)의 전문이다. 다소 말장난의 기운이 돌고 있기는 하나 문장부호의 뜻을 활용하여 자신의 삶의 상황이나 소망을 드러내 보려한 발상이 참신하다. 시인의 삶 가운데서 가장 좋았던 때, 의문과 회의로 가득찼던 때, 쉬고 싶었던 때, 숨어 버리고 싶었던 때가 구체적인 내용소개를 거쳤더라면 시의 울림이 좀 더 커졌을 것이다. 자신의 삶의 과정을 총체적으로 돌아보려 하는 시는 서사성을 좀 더 적극적으로 살려 낼 때 효과를 높일 수 있다.

최근 우리시의 특징의 하나로 외형의 양극화 현상을 들 수 있다. 시조나 한시번역시보다 더 짧은 단시들이 많이 발표되는 한편으로는 길이면에서 짧은 수필과 비슷한 장시도 적지 않게 나오고 있다. 단시가 돈오(頓悟)나 섬광과 같은 느낌을 담아내는 쪽으로 나타나고 있다면 장시는 주로 역사적 상상력을 전개하거나 민족주의적 발상을 펼쳐놓는 식으로 구체화되고 있다.

(1) 소년 문구 형이 아직 어린 영조 형을 업고 뜰팡에서 구슬치기하는
꿈을 꾸었다.
그런데 그곳은 어디인가?

(이시영의 「관촌수필」 전문)

(2) 죽은 아이의 옷을 태우는 저녁
머리칼 뜯으며 울던 어머니가 날아간다
비워서 비워서 시린
저 하늘 한복판으로

(이우걸의 「기러기」 전문)

(3) 몸이 굉장히
굉장히, 굉장히

어려운 방정식을 푼다
풀어야 한다
혼자서
하염없이 외롭게
혼자서.

(황인숙의 「병든 사람」 전문)

(4) 내 가슴에 손가락질하고 가는 사람이 있었다
내 가슴에 못질하고 가는 사람이 있었다
내 가슴에 비를 뿌리고 가는 사람이 있었다
한평생 그들을 미워하며 사는 일이 괴로웠으나
이제는 내 가슴에
똥을 누고 가는 저 새들이
그 얼마나 아름다우냐

(정호승의 「내 가슴에」 전문)

이시영의 「관촌수필」은 고향이 같은 소설가 이문구와 시인 임영조가 같은 해(2003년)에 세상을 떠났다는 사실을 아는 독자들에게는 삶의 허무를 더 크게 울려 주게 될 것이다. "그런데 그곳은 어디인가?" 라는 물음은 허무감을 고조시킨다. 이우걸이 시조시인임을 모르는 독자들은 「기러기」를 단형 자유시로 보기 쉽다. 단형의 자유시인지 시조인지 구분이 되지 않는다는 점은 시조의 정체성에 대한 시비를 불러일으킬 수도 있다. 이우걸은 시조형식을 취하면 상상력도 얼마간 제한되는 이중고를 이겨내면서 기러기를 새롭게 심상화하는데까지 나아갔다. 시조다움을 확인시키기 위해 표현방법이라든가 제재라든가 현실인식의 면에서 미리 틀 속으로 들어가려고 하는 태도는 시조의 발전에 보탬이 되지 않는다. 황인숙의 「병든 사람」은 고도로 압축된 단시임에도 "굉장히", "푼다", "혼자서" 등과 같은 반복구를 보여 주고 있다. "굉장히"는 엄청난 고통을, "혼자서"는 인간육신의 외로움을 일깨워 준다. 이 단형만으로도 병든 사람의 고통과 외로움을 실감할 수 있을 정도다. 정호승의 「내 가슴에」는 "이제는 내 가슴에~얼마나 아름다우냐"와 같은 후반부의 3행이 없었더라면 울림을 주기가 어려웠을 것이다. 이 3행을 통해 정호승은 늙는다는 것의 이미지를 긍정적으로 힘있는 것으로 그려낼 수 있었다.

장시로는 이건청의 「겨울산」, 「죽창」(『푸른 말들에 관한 기억』, 세계사, 2005), 신대철의 「홍주성」(『누구인지 몰라도 그대를 사랑한다』, 창작과 비평사, 2005), 송수권의 「섬진강」(『언 땅에 조선매화 한 그루 심고』, 시학, 2005) 등이 돋보인다. 「겨울산」은 구례에 있는 매천 황현 선생댁을 찾아 가 매천의 절명시를 떠받친 정신을 찾아보고자 한 것이며, 「죽창」은 한국전쟁 때 충남 금산군 남이면 석옹리에 살고 있었던 외삼촌들이 공비에게 끌려가 죽창에 찔려 죽은 사건을 떠올리고 있다. 「홍주성」에서는 1896년에 항일의병장인 안병찬이 스스로 목을 베어 목에 괸 피로 혈서를 써 관찰사 이승우에게 보낸 사건과 1906년에 홍주의병과 일본군 사이에 있었던 모듬내 전투사건을 다루었다. 「섬진강」은 지리산을 휘감고 도는 섬진강의 유래를 밝혀 놓은 것으로 국토사랑시의 범주에 든다. 장시는 길이 면에서나 사상의 면에서나 서사시의 연장선에 놓여 있다고 할 수 있다. 이건청과 신대철과 송수권은 한국의 인물(황현, 안병찬, 항일의병장 등)이나 국토(홍주성, 섬진강, 지리산 등)를 향해 송(頌)의 형식을 취한 점에서 공통된다.

3. 늘려야 할 것-한국어 어휘, 현실인식, 주체성

이상에 제시한 우리시의 바람직한 자세나 방법에 들어가지 않는 것들은 반성이나 개선의 대상으로 볼 수 있다. 이 글에서 제시한 긍정적인 시정신이나 방법도 다른 시론가의 눈에는 반대되는 것으로 비치는 경우가 생길 수도 있다. 어떤 유형의 시가 주류를 이루는 것을 바람직스럽게 생각하느냐에 따라 긍정과 부정의 판은 재편될 수 있다.

오늘날 한국시인들이나 시작품들 사이에서 쉽게 또 자주 간취되는 문제점들을 살펴 볼 필요가 있다. 첫 번째로 한국시인들이 한국어의 보존과 가능성 개발에 소극적이라는 점을 지적하지 않을 수 없다. 시에서 언어는 그 자체가 목적이 될 수 있다는 주장을 자주 들을 수 있고 또 그것에 이의를 제기할 수 없을 정도로 시양식에서 언어는 가장 중요한 요소다. 1960년대 이후로 한국시인들은 유파를 초월하여 감성, 사상, 의식 등을 드러내는데 힘을 쓰면서 언어목적설보다는 언어수단설에 기울어지는 현상을 보여 왔다. 어휘의 질량면에서 일반독자들보다 낫지 않아도 좋은 시를 쓸 수 있다는 시인들의 관념은 계속 통용되고 있다. 독자들은 시인들에게 많은 어휘의 제시와 함께 적절한 어휘선택의 능력을 기대한다. 시인이 아무리 많은 어휘를 알고 있다고 해도 실제 시를 쓸 때 정확한 어휘선택을 하지 않으면 그 시는 제대로 구축될 수 없다. 특히 단시나 잠언지향성이 강한 시에서 잘 나타나는 것처럼 단어 하나 하나가 작품의 운명을 결정짓는다. 시를 통해 우리 고유어를 알게 되었다든가 국어의 관용구를 배웠다든가 하는 독자는 점점 찾기가 어려운 것이 현실이다. 우리 것을 사랑하고 신앙대상으로 삼는 자연시, 향토시, 국토사랑시 같은 유형에서조차도 한국어에 대한 시인의 남다른 사랑을 확인하기가 쉽지 않다. 해방 이후의 우리시의 역사는 시의 기능이 확대되는 과정으로 해석할 수 있기는 하지만 어휘량이 늘어난 역사로 볼 수는 없다. 한마디로 시의 기능확대와 어휘확대가 비례하지 않았다고 할 수 있다. 시인이 어휘가 빈곤하면 대상을 느끼거나 파악하는데 깊이를 확보하기가 어렵고 언어선택의 부정확성이 반복되면 감동을 주기가 어렵다. 이러한 현상을 극복할 수 있는 방안의 하나로 엄정한 비평정신의 확립을 들 수 있다. 비평가들은 시에서 잘못된 어법을 생각이 깊거나 상상력이 풍부한 표현으로 여기는 태도에서 벗어나야 한다.

둘째, 자연시가 압도적으로 주류를 이루는 현상에 대해 생각해 볼 필요가 있다. 자연시가 시의 중심이요 전통시라는 점에 대해서 이의를 달기 어렵긴 하지만 의도적으로 현실을 외면하고 초월하는 태도를 정도라고 할 수는 없다. 나름대로 말하면 현실이란 개념은 정책, 제도, 정치적 상황, 시대정신, 거대이데올로기 등으로 표현되는 역사적 현실로 확대되기도 하고 개인이 자기유지, 자기실현, 자기완성하는데 필요한 제반 상황과 여건들로 좁혀지기도 한다. 현실은 작게는 일상성으로 크게는 역사성으로 나타난다. 현실을 외면하지 말라는 말은 자신의 일상성을 돌아보면서 시상을 얻으라는 주문도 되고 양식있는 지식인으로서의 역사비판이나 시대비판을 시도하라는 요구도 된다. 정치적 상상력을 특정 유파의 시인들의 전유물로 알아서는 안된다. 앞으로 우리 시단에서는 사회시, 시대시, 일상시, 세계관시 등이 늘어나야 할 것이다.

셋째, 진정으로 주체성있는 시인과 개성있는 시작품이 늘어나야 한다는 점을 강조하고 싶다. 특정 시유형이 주류를 이루고 있다는 주장이나 특정 유파가 지배를 하고 있다는 주장은 그것 자체의 옳고 그름을 떠나 유행심리나 경향성을 촉발할 수도 있고 촉진할 수도 있다. 기본적으로 유행심리나 경향성은 몰주제적인 태도로 구체화되기 쉽다. 진정으로 주체적 사고를 갖추면서 개성적인 표현방식을 취한 시인이 그렇지 않은 시인들보다 훨씬 적은 것이 엄연한 현실이다. 참된 주체성을 갖추고 개성이 넘치는 작품이 늘어나야 보다 다양한 시유형이 나올 수 있다. 여러 가지 시유형이 비슷한 힘을 가지고 공존하는 현상이 나타날 때 우리의 시와 문학은 더욱 큰 힘을 갖추게 될 것이다.

(〈서정과 현실〉, 2005 하반기)

찾아보기

1. 용어 찾아보기

ㄱ

ㅇ

ㅈ

ㅊ

2. 인명 찾아보기

ㅅ

ㅇ

ㅈ

ㅊ